CÁLCULO

FUNÇÕES DE UMA E VÁRIAS VARIÁVEIS

www.editorasaraiva.com.br

PEDRO A. **MORETTIN** + SAMUEL **HAZZAN** + WILTON DE O. **BUSSAB**

CÁLCULO

FUNÇÕES DE UMA E VÁRIAS VARIÁVEIS

{ 3ª EDIÇÃO }

ISBN 978-85-472-0110-4

DADOS INTERNACIONAIS DE CATALOGAÇÃO NA PUBLICAÇÃO (CIP)
ANGÉLICA ILACQUA CRB-8/7057

Morettin, Pedro Alberto
  Cálculo: funções de uma e várias variáveis / Pedro A. Morettin, Samuel Hazzan, Wilton de O. Bussab. – 3. ed. – São Paulo: Saraiva, 2016.
  448 p.

  Bibliografia
  ISBN 978-85-472-0110-4

  1. Cálculo 2. Funções (Matemática) 3. Variáveis (Matemática) I. Título II. Hazzan, Samuel III. Bussab, Wilton de O.

16-0274   CDD-515.9
                                           CDU-517.5

Índices para catálogo sistemático:
1. Cálculo

Av. das Nações Unidas, 7221, 1º Andar, Setor B
Pinheiros – São Paulo – SP – CEP: 05425-902

SAC 0800-0117875
De 2ª a 6ª, das 8h às 18h
www.editorasaraiva.com.br/contato

Vice-presidente	Claudio Lensing
Diretora editorial	Flávia Alves Bravin
Gerente editorial	Rogério Eduardo Alves
Planejamento editorial	Rita de Cássia S. Puoço
Aquisições	Fernando Alves
	Julia D'Allevo
Editores	Ana Laura Valerio
	Fernando Penteado
	Isabella Sánchez
	Marcela Prada Neublum
	Patricia Quero
Produtores editoriais	Alline Garcia Bullara
	Amanda Maria da Silva
	Daniela Nogueira Secondo
Comunicação e produção digital	Mauricio Scervianinas de França
	Nathalia Setrini Luiz
Suporte editorial	Juliana Bojczuk Fermino
Produção gráfica	Liliane Cristina Gomes
Revisão	Cláudia Cantarin
	Lilian Queiroz
Diagramação	2 estúdio gráfico
Capa	Bruno Sales
Impressão e acabamento	Intergraf Ind. Gráfica Eireli

Copyright © Pedro A. Morettin, Samuel Hazzan e Wilton de O. Bussab
2016 Saraiva Educação
Todos os direitos reservados.

3ª edição

Nenhuma parte desta publicação poderá ser reproduzida por qualquer meio ou forma sem a prévia autorização da Saraiva Educação. A violação dos direitos autorais é crime estabelecido na lei nº 9.610/98 e punido pelo artigo 184 do Código Penal.

351.880.003.001

PREFÁCIO

Este livro traz, em um só volume, os dois livros previamente publicados pelos autores: *Cálculo: Funções de uma variável* e *Cálculo: Funções de várias variáveis*. Nele foram reescritos vários tópicos de modo a tornar mais didática a sua apresentação. Na grande maioria dos assuntos tratados foram inseridos novos exercícios e dois novos tópicos foram introduzidos: noções de equações diferenciais e integrais duplas.

Nesta Terceira Edição, além da correção de alguns erros, a Seção 7.7 sobre equações diferenciais foi reescrita, tornando-se o Apêndice C, e foi utilizada a planilha Excel e o *software* Mathematica para a elaboração de cálculos e gráficos ilustrativos, presentes no Apêndice D.

O livro está dividido em quatro partes. A primeira abrange os capítulos 1 e 2. O objetivo dessa parte é fornecer uma breve recordação de certos assuntos pertencentes ao Ensino Médio, e o professor poderá desenvolvê-los total ou parcialmente, de acordo com a necessidade de revisão.

A segunda parte abrange os Capítulos 3 ao 7, que abordam as funções de uma variável, desde a introdução até derivadas e integrais.

Na terceira parte, que abrange os Capítulos 8 a 12, é desenvolvido o estudo de funções de duas ou mais variáveis. Por razões didáticas, apresentamos primeiro o estudo completo de funções de duas variáveis e, em seguida, fazemos a extensão para três ou mais variáveis.

Na quarta parte apresentamos, nos Capítulos 13 e 14, um complemento ao estudo de Cálculo, que corresponde a uma introdução à Álgebra Linear: o estudo de matrizes, determinantes e sistemas lineares.

Em todos os capítulos procuramos demonstrar — por meio de exemplos e exercícios — as diversas aplicações encontradas em Administração, Economia e Finanças.

O programa, assim desenvolvido, cobre de modo geral os temas de Matemática dos cursos de Economia, Administração e Ciências Contábeis e Atuariais. Caberá ao professor a seleção dos tópicos a serem abordados em função do programa e da carga horária disponível.

Finalmente, gostaríamos de agradecer aos comentários e sugestões recebidos dos colegas, incorporados nesta edição.

Os Autores

SUMÁRIO

PARTE I — PRELIMINARES

Capítulo 1 — Conjuntos 3
   1.1 Introdução 3
   1.2 Subconjuntos. 6
   1.3 Operações envolvendo conjuntos 8
   1.4 Conjunto das partes de um conjunto 14
   1.5 Produto cartesiano 15

Capítulo 2 — Conjuntos numéricos 20
   2.1 Números inteiros 20
   2.2 Números racionais. 20
   2.3 Números reais. 22
   2.4 Equações do 1º grau 25
   2.5 Inequações do 1º grau 27
   2.6 Equações do 2º grau 28
   2.7 Intervalos 30
   2.8 Módulo ou valor absoluto 33

PARTE II — FUNÇÕES DE UMA VARIÁVEL

Capítulo 3 — Funções 39
   3.1 Introdução 39
   3.2 O conceito de função 43
   3.3 Funções reais de uma variável real 44
   3.4 Primeiras normas elementares para o estudo
       de uma função 49
   3.5 Principais funções elementares e suas aplicações . . . 54
       3.5.1 Função constante 55
       3.5.2 Função do 1º grau 55
       3.5.3 Funções custo, receita e lucro do 1º grau 59
       3.5.4 Funções demanda e oferta do 1º grau 65
       3.5.5 Depreciação linear 71
       3.5.6 Função consumo e função poupança 72
       3.5.7 Função quadrática 74
       3.5.8 Funções receita e lucro quadráticas 79
       3.5.9 Função polinomial. 82

    3.5.10 Função racional 83
    3.5.11 Função potência 88
    3.5.12 Função exponencial — Modelo de crescimento
          exponencial 94
    3.5.13 Logarítmos 98
    3.5.14 Juros compostos 103
    3.5.15 Funções trigonométricas 105

Capítulo 4 — Limites 108
    4.1 Sucessões ou sequências 108
    4.2 Convergência de sucessões 109
    4.3 Limite de funções 111
    4.4 Formas indeterminadas 115
    4.5 Limites infinitos 117
    4.6 Limites nos extremos do domínio 118
    4.7 Continuidade de uma função 121
    4.8 Assíntotas verticais e horizontais 123
    4.9 Limite exponencial fundamental 124

Capítulo 5 — Derivadas 128
    5.1 Introdução 128
    5.2 O conceito de derivada 131
          5.2.1 Derivada de uma função num ponto 131
          5.2.2 Função derivada 132
    5.3 Derivada das principais funções elementares 134
          5.3.1 Derivada da função constante 134
          5.3.2 Derivada da função potência 134
          5.3.3 Derivada da função logarítmica 135
          5.3.4 Função seno e função cosseno 136
    5.4 Propriedades operatórias 137
    5.5 Função composta — Regra da cadeia. 139
    5.6 Derivada da função exponencial 140
    5.7 Função inversa 142
    5.8 Interpretação geométrica da derivada 146
    5.9 Diferencial de uma função 147
    5.10 Funções marginais 149
    5.11 Derivadas sucessivas 157
    5.12 Fórmulas de Taylor e Maclaurin 157

Capítulo 6 — Aplicações de derivadas 162
    6.1 Crescimento e decrescimento de funções 162
    6.2 Concavidade e ponto de inflexão 171
    6.3 Estudo completo de uma função 173
    6.4 Máximos e mínimos por meio da segunda derivada . . . 178

Capítulo 7 — Integrais 186
   7.1 Integral indefinida 186
   7.2 Propriedades operatórias 187
   7.3 Integral definida 190
   7.4 A integral como limite de uma soma 197
   7.5 O excedente do consumidor e do produtor 200
   7.6 Técnicas de integração 203

PARTE III — FUNÇÕES DE VÁRIAS VARIÁVEIS

Capítulo 8 — O espaço n-dimensional 213
   8.1 Introdução 213
   8.2 O espaço bidimensional 213
   8.3 Relações em R^2 214
   8.4 Distância entre dois pontos 216
   8.5 O espaço tridimensional 219
   8.6 Relações em R^3 219
   8.7 Equação do plano em R^3 220
   8.8 Distância entre dois pontos em R^3 221
   8.9 O conjunto R^n 222
   8.10 Bola aberta 222
   8.11 Ponto interior 223
   8.12 Conjunto aberto 223
   8.13 Pontos de fronteira de um conjunto 224

Capítulo 9 — Funções de duas variáveis 226
   9.1 Introdução 226
   9.2 Funções de duas variáveis 227
   9.3 Gráficos de funções de duas variáveis 231
   9.4 Curvas de nível 237
   9.5 Limite e continuidade 240

Capítulo 10 — Derivadas para funções de duas variáveis 243
   10.1 Derivadas parciais 243
   10.2 Função derivada parcial 245
   10.3 Significado geométrico das derivadas parciais 247
   10.4 Diferencial de uma função 251
   10.5 Função composta — Regra da cadeia 255
   10.6 Funções definidas implicitamente 257
   10.7 Funções homogêneas — Teorema de Euler 261
   10.8 Derivadas parciais de segunda ordem 265
   10.9 Integrais duplas 266

Capítulo 11 — Máximos e mínimos para funções de duas variáveis ... 273
    11.1 Introdução ... 273
    11.2 Critérios para identificação de pontos de máximo ou mínimo ... 278
    11.3 Uma aplicação: ajuste de retas pelo método dos mínimos quadrados ... 283
    11.4 Análise dos pontos de fronteira ... 288
    11.5 Máximos e mínimos condicionados ... 298

Capítulo 12 — Funções de três ou mais variáveis ... 306
    12.1 Introdução ... 306
    12.2 Limite e continuidade ... 307
    12.3 Derivadas parciais ... 308
    12.4 Funções diferenciáveis — diferencial de uma função ... 309
    12.5 Função composta — Regra da cadeia ... 310
    12.6 Funções definidas implicitamente ... 311
    12.7 Funções homogêneas — Teorema de Euler ... 312
    12.8 Derivadas parciais de segunda ordem ... 313
    12.9 Máximos e mínimos ... 314

PARTE IV — MATRIZES DETERMINANTES E SISTEMAS LINEARES

Capítulo 13 — Matrizes e determinantes ... 319
    13.1 Matrizes ... 319
    13.2 Operações com matrizes ... 323
    13.3 Determinantes ... 329

Capítulo 14 — Sistemas de equações lineares ... 335
    14.1 Definição e resolução ... 335
    14.2 Matriz inversa ... 348

Apêndice A — Notas suplementares sobre limites ... 356

Apêndice B — Notas suplementares sobre derivadas ... 361

Apêndice C — Noções sobre equações diferenciais ... 366

Apêndice D — Uso do Excel e Mathematica ... 378

Referências ... 397

Respostas ... 399

Índice remissivo ... 433

PARTE I

PRELIMINARES

- **Capítulo 1**
  Conjuntos

- **Capítulo 2**
  Conjuntos numéricos

Capítulo 1

Conjuntos

1.1 Introdução

A linguagem da teoria dos conjuntos tem sido bastante utilizada em Matemática, de forma a tornar mais precisos muitos de seus conceitos. Contribuíram, de maneira relevante, para o desenvolvimento dessa teoria, o matemático suíço Leonard Euler (1707–1783), o alemão Georg Cantor (1845–1918) e o inglês John Venn (1834–1923).

Conjunto é uma ideia primitiva, isto é, não se define. Podemos dizer que um conjunto (coleção, classe, família) é constituído de elementos.

Um conjunto está bem caracterizado quando podemos estabelecer com certeza se um elemento pertence ou não a ele. Surge assim uma relação também primitiva de pertinência entre um elemento e um conjunto.

Exemplo 1.1 Constituem conjuntos:

a) os números inteiros entre 1 e 100, inclusive;
b) os pontos de uma reta;
c) os números reais entre 0 e 1, exclusive.

Designamos os conjuntos geralmente por letras maiúsculas latinas: $A, B, C...$
Os elementos são habitualmente representados por letras minúsculas latinas: $a, b, c...$
Assim, se A for o conjunto dos números inteiros positivos, a afirmação "x pertence ao conjunto A" significa que x é um número inteiro positivo qualquer, e escrevemos, simbolicamente, $x \in A$, usando o símbolo de pertinência $\in$ (lê-se "pertence"). Por outro lado, $\frac{3}{2}$ não pertence a A, o que representamos simbolicamente por $\frac{3}{2} \notin A$. O símbolo $\notin$ (lê-se "não pertence") é a negação de $\in$.

É possível usar figuras para representar conjuntos e, como em muitos casos não interessa saber quais são seus elementos, podemos representá-las por uma região do plano delimitada por uma curva fechada. Tais figuras, muito úteis no estudo dos conjuntos, são chamadas de diagramas de Euler-Venn.

Pelo motivo exposto, faremos, algumas vezes, abstração dos elementos de um conjunto. Estes podem ser pessoas, livros, pontos de um plano, números reais e outros.

Há duas maneiras de designar simbolicamente os elementos e os conjuntos:

1 — Método da enumeração ou método tabular

Esse método é usado geralmente quando o número de elementos do conjunto não é muito grande. O método consiste em escrever os nomes dos elementos entre chaves. Por exemplo, o conjunto dos números pares positivos e menores do que 12 pode ser assim representado: $\{2, 4, 6, 8, 10\}$.

A mesma notação poderá ser usada se o número de elementos for grande, desde que, escrevendo-se os primeiros elementos, possamos inferir quais são os elementos omitidos. Assim, o conjunto dos números pares positivos e menores que 50 pode ser representado por $\{2, 4, 6, ..., 48\}$, em que separamos por reticências os primeiros elementos e o último.

Em particular, quando o conjunto é infinito, mas com possibilidade de identificação dos elementos que se sucedem, usamos também as reticências para indicar os elementos omitidos. Assim, o conjunto dos números pares positivos pode ser representado por $\{2, 4, 6, 8, ...\}$.

Exemplo 1.2 São ilustrações do método da enumeração:

a) o conjunto A dos números primos positivos menores do que 10:

$$A = \{2, 3, 5, 7\}$$

b) o conjunto B dos números pares positivos menores do que 6:

$$B = \{2, 4\}$$

c) o conjunto C dos números primos positivos pares:

$$C = \{2\}$$

d) o conjunto dos números inteiros não negativos, que denotaremos, daqui por diante, por N:

$$N = \{0, 1, 2, 3, 4, ...\}$$

e) o conjunto dos números naturais, indicado por N^*, que é o próprio conjunto N sem o zero:

$$N^* = \{1, 2, 3, 4, ...\}$$

O conjunto B é chamado conjunto binário (formado por dois elementos), o conjunto C é chamado conjunto unitário (constituído por apenas um elemento) e os conjuntos N e N^* são chamados conjuntos infinitos. Observemos que, ao indicar um determinado conjunto seguido de asterisco, estamos indicando o conjunto original com a eliminação do número zero.

2 — Método da designação de uma propriedade característica dos elementos

Nem sempre é possível representar um conjunto pelo método anterior. Assim, não podemos designar os nomes de todos os elementos do conjunto formado pelos números reais entre 0 e 1.

Outra maneira de representar simbolicamente um conjunto é por meio de uma propriedade que é satisfeita por todos os elementos do conjunto e que não é satisfeita por elementos que estão fora do conjunto. São exemplos o conjunto dos números fracionários menores do que 5, do conjunto dos números que são primos, do conjunto dos pontos de uma reta entre dois pontos dados e do conjunto das cidades de determinado estado.

Seja P o conjunto dos números fracionários entre 0 e 1. Cada elemento de P deve ser um número fracionário compreendido entre 0 e 1 (propriedade definidora do conjunto).

Para representarmos um elemento qualquer do conjunto P, usamos um símbolo chamado variável, que pode ser indicado por uma letra do alfabeto, x, por exemplo. Dizemos que a variável é um símbolo que pode ser substituído por qualquer elemento de um conjunto, denominado domínio da variável. No caso do presente exemplo, o domínio da variável x é o conjunto dos números fracionários compreendidos entre 0 e 1. Portanto, P pode ser indicado por:

$$P = \{x \text{ tal que } x \text{ é fracionário e } 0 < x < 1\}$$

ou então:

$$P = \{x \text{ é fracionário tal que } 0 < x < 1\}$$

Se chamarmos de F o conjunto dos números fracionários e usarmos um símbolo para "tal que", usualmente " | " ou " : ", teremos:

$$P = \{x \mid x \in F \text{ e } 0 < x < 1\}$$

ou ainda:

$$P = \{x \in F \mid 0 < x < 1\}$$

Em geral, o conjunto dos elementos que satisfazem determinada propriedade p pode ser indicado por:

$$\{x \mid x \text{ satisfaz } p\}$$

Observemos que os métodos da designação e da propriedade não são mutuamente exclusivos, ou seja, há conjuntos que podem ser representados por ambos os métodos.

Exemplo 1.3 São exemplos do método exposto:

a) o conjunto D dos números inteiros não negativos menores do que 1.000:

$$D = \{x \mid x \in N \text{ e } x < 1.000\}$$

ou então:

$$D = \{x \in N \mid x < 1.000\}$$

b) o conjunto E dos números fracionários cujos quadrados são maiores ou iguais a 9:
$$E = \{x \mid x \in F \text{ e } x^2 \geq 9\}$$
ou então:
$$E = \{x \in F \mid x^2 \geq 9\}$$

Nas considerações seguintes, é interessante observarmos a existência de um conjunto que não contém elementos, o qual será chamado **conjunto vazio**.

Assim, o conjunto dos números primos divisíveis por 6 e o conjunto das raízes naturais da equação $x^2 + 1 = 0$ são exemplos de conjuntos vazios.

Usaremos a notação { } ou ϕ para representar o conjunto vazio. Convém notar a diferença entre o conjunto vazio e aquele cujo único elemento é o zero, isto é, o conjunto {0}, que não é vazio.

1.2 Subconjuntos

Dados os conjuntos $A = \{1, 2, 3\}$ e $B = \{1, 2, 3, 4\}$, notamos que todo elemento de A pertence a B. Dizemos que A é parte de B ou que A **está contido em** B. De modo geral, dizemos que um conjunto A está contido no conjunto B, ou que A é **subconjunto** de B, se, e somente se, todo elemento de A também pertencer a B. Indicamos por $A \subset B$.

Exemplo 1.4 São ilustrações da definição:

a) $\{0, 1\} \subset \{0, 1\}$;
b) $\{0, 1\} \subset \{0, 1, 3\}$;
c) $N^* \subset N$;
d) $\{0, 2, 4, 6, ...\} \subset N$.

Se $A \subset B$, dizemos também que B contém A, e indicamos por $B \supset A$.

É fácil observar que o conjunto vazio está contido em qualquer conjunto. De fato, se o conjunto vazio não estivesse contido em A, existiria pelo menos um elemento do conjunto vazio (ϕ) que não estaria em A; mas isso é um absurdo, pois o conjunto vazio não contém elementos.

Notemos também a diferença entre os símbolos $\in$ e $\subset$. O primeiro é usado para relacionar elemento e conjunto, enquanto o segundo relaciona dois conjuntos. Assim, dizemos que $1 \in \{1, 2\}$ e não $1 \subset \{1, 2\}$. Todavia $\{1\} \subset \{1, 2\}$ pois $\{1\}$ é um conjunto unitário. A negação do símbolo $\subset$ é indicada por $\not\subset$ (lê-se: não está contido).

Admitiremos a existência de um conjunto que contém todos os elementos com os quais estamos trabalhando. Tal conjunto é chamado **conjunto universo** e será indicado pela letra E. Por exemplo, na geometria plana, o conjunto universo pode ser considerado aquele que contém todos os pontos do plano.

Nessas condições, sendo A e B conjuntos contidos no universo E, a relação $A \subset B$ será representada pelo diagrama de Venn da Figura 1.1, em que o retângulo simboliza o conjunto E e os círculos, os conjuntos A e B.

Figura 1.1: Representação da relação $A \subset B$

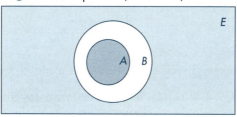

Vimos que $\{0,1\} \subset \{0,1\}$. Logo, a afirmação de que $A \subset B$ não exclui a possibilidade de B estar contido em A. Quando isso acontece, dizemos que os conjuntos A e B são iguais e indicamos por $A = B$.

Formalmente, dizemos que os conjuntos A e B são iguais se, e somente se, todo elemento de A pertencer a B e todo elemento de B pertencer a A.

Exemplo 1.5

a) $\{0, 1\} = \{1, 0\}$
b) $\{x \in N \,|\, x^2 - 3x + 2 = 0\} = \{1, 2\}$
c) $\{4\} = \{x \in N \,|\, x - 4 = 0\}$
d) $\phi = \{x \in F \,|\, x^2 + 1 = 0\}$

Se não for satisfeita a igualdade entre os conjuntos A e B, dizemos que A é diferente de B e escrevemos $A \neq B$. No caso do item (a) do exemplo anterior, é importante observarmos que a ordem em que aparecem os elementos no conjunto é irrelevante.

Exercícios

1. Escreva em notação simbólica:
    a) a é elemento de A.
    b) A é subconjunto de B.
    c) A contém B.
    d) A não está contido em B.
    e) A não contém B.
    f) a não é elemento de A.

2. Enumere os elementos de cada um dos conjuntos:
    a) Conjunto dos números naturais entre 8 e 12 (inclusive).
    b) Conjunto das vogais do alfabeto.
    c) Conjunto dos números pares entre 0 e 18 (exclusive).
    d) Conjunto dos números primos pares positivos.
    e) Conjunto das frações próprias positivas de denominador 7.
    f) $\{x \,|\, x^2 - 1 = 0\}$.
    g) $\{x \,|\, x$ é letra da palavra ARARA$\}$.
    h) $\{x \,|\, x^2 = 9 \text{ e } x - 3 = -6\}$.
    i) $\{x \,|\, x$ é algarismo do número 2.134$\}$.

3. Escreva os conjuntos abaixo usando o método da propriedade característica:
   a) $\{1, 3, 5, 7, ...15\}$.
   b) $\{1, 7\}$.
   c) O conjunto dos números pares entre 5 e 21.
   d) O conjunto dos números reais entre −1 e 10, incluindo −1 e excluindo o 10.

4. Seja A o conjunto $\{3, 5, 7, 9, 11, 12\}$. Enumere cada um dos conjuntos abaixo:
   a) $\{x \in A \,|\, x^2 \neq 9\}$.
   b) $\{x \in A \,|\, x + 9 = 16\}$.
   c) $\{x \in A \,|\, x \text{ é primo}\}$.
   d) $\{x \in A \,|\, x^2 - 12x + 35 = 0\}$.
   e) $\{x \in A \,|\, x + 1 \notin A\}$.

5. Se $A = \{a, e, i\}$, diga se as proposições abaixo são corretas ou não:
   a) $a \in A$
   b) $a \subset A$
   c) $\{a\} \in A$
   d) $\{a\} \subset A$

6. Construa todos os subconjuntos dos conjuntos:
   a) $\{0, 1, 2\}$
   b) $\{1, \{2, 3\}\}$
   c) $\{R, O, M, A\}$

7. Dados os conjuntos $A = \{x \,|\, x \text{ é par positivo e menor que } 7\}$ e $B = \{2, 4, 6\}$, assinale V (verdadeiro) ou F (falso):
   a) $A \subset B$
   b) $B \subset A$
   c) $A = B$

8. Diga se as proposições abaixo são corretas ou não:
   a) $\{1, 2, 3\} = \{3, 2, 1\}$
   b) $\{1, 2, 1, 2\} \subset \{1, 2, 3\}$
   c) $\{4\} \in \{\{4\}\}$
   d) $\phi \subset \{1, 2, 3\}$
   e) $\{2, 3\} \supset \{x \,|\, x^2 - 5x + 6 = 0\}$
   f) $\{B, R, A, S, A\} \subset \{B, R, A, S\}$

9. Classifique os conjuntos abaixo como finitos ou infinitos:
   a) O conjunto dos números inteiros múltiplos de 5.
   b) O conjunto das frações compreendidas entre 1 e 2.
   c) O conjunto das raízes da equação $x^6 + x^5 - x^2 = 0$.
   d) $\{x/2 \,|\, x \in N \text{ e } x < 5\}$.
   e) $\{x/y \,|\, x \in N \text{ e } y \in N^*\}$.

1.3 Operações envolvendo conjuntos

Passemos a estudar certas operações que podem ser efetuadas entre conjuntos. Aqui, são de fundamental importância dois conectivos: *ou* e *e*. Convém considerar a diferença que existe, mesmo no vernáculo, entre esses dois conectivos e as duas versões sobre o conectivo *ou*.

Podemos dizer:

a) Após os exames, passarei de ano ou ficarei reprovado.
b) Vou encontrar João ou Paulo.

Na primeira sentença *ou* é exclusivo, pois não poderão acontecer as duas coisas simultaneamente: passar de ano e ficar reprovado. Na segunda *ou* é inclusivo, pois poderei encontrar João, Paulo ou ambos. Em geral e no que segue, *ou* será utilizado no sentido inclusivo, isto é, dizer p ou q significa p ou q ou ambos.

O conectivo *e* é usado quando liga duas afirmações que devem valer simultaneamente. Assim, dizer "Vou ao cinema e ao teatro" significa que irei ao cinema e também ao teatro.

Sejam P e Q dois conjuntos de um mesmo conjunto universo E. Passemos a estudar algumas operações envolvendo P e Q.

Intersecção de conjuntos

Chama-se intersecção de dois conjuntos P e Q de um universo E ao conjunto de elementos de E que pertencem simultaneamente a P e Q. Indica-se a intersecção por $P \cap Q$ (lê-se P inter Q). Em símbolos:

$$P \cap Q = \{x \in E \mid x \in P \text{ e } x \in Q\}$$

A região destacada da Figura 1.2 representa a intersecção de P e Q.

Figura 1.2: Representação da relação $P \cap Q$

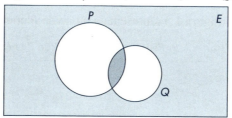

Exemplo 1.6

a) Sendo $P = \{1, 2, 3, 5\}$ e $Q = \{1, 3, 5, 7\}$, então $P \cap Q = \{1, 3, 5\}$.
b) Sendo $A = \{1, 3, 5, 7, ...\}$ e $B = \{0, 2, 4, 6, ...\}$, então $A \cap B = \phi$.
c) Sendo $M = \{1, 2, 3, 4, 5\}$ e $S = \{1, 2, 3\}$, então $M \cap S = S$.
   Ou seja, quando $S \subset M$, então $M \cap S = S$ (Figura 1.3).

Figura 1.3: Ilustração de $M \cap S = S$

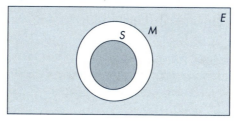

d) $\phi \cap A = \phi$ qualquer que seja o conjunto A.
e) $N^* \cap N = N^*$, pois $N^* \subset N$.

Toda vez que dois conjuntos P e Q têm intersecção vazia, são chamados de disjuntos (Figura 1.4).

No exemplo dado (item b), os conjuntos A e B são disjuntos.

Figura 1.4: Os conjuntos P e Q são disjuntos

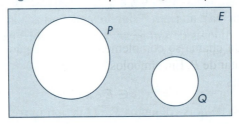

União de conjuntos

Consideremos os conjuntos P e Q de um universo E. Chama-se união (ou reunião) de P com Q ao conjunto dos elementos de E que pertencem a P ou Q (ou inclusivo). Indica-se a união de P com Q por $P \cup Q$ (lê-se P união Q). Simbolicamente temos:

$$P \cup Q = \{x \in E \mid x \in P \text{ ou } x \in Q\}$$

A região destacada da Figura 1.5 representa a união de P com Q.

Figura 1.5: Representação da relação $P \cup Q$

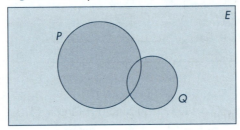

Exemplo 1.7
a) Se $A = \{1, 2, 3\}$ e $B = \{1, 3, 5\}$, teremos $A \cup B = \{1, 2, 3, 5\}$.
b) Se $P = \{0, 2, 4, 6, ...\}$ e $Q = \{1, 3, 5, 7, ...\}$, teremos $P \cup Q = N$.
c) Se $D = \{1, 3, 5\}$ e $F = \{1, 3\}$, então $D \cup F = \{1, 3, 5\} = D$.
   Isto é, se $F \subset D$, então $D \cup F = D$. (Figura 1.6)
d) $N^* \cup N = N$.

Figura 1.6: $D \cup F = D$

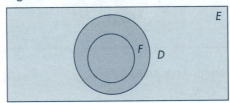

As definições dadas para dois conjuntos podem ser estendidas para três ou mais conjuntos, reduzindo-se sempre a uma operação com dois conjuntos.

Complementar de um conjunto

Dado um conjunto P contido num universo E, chama-se complementar de P ao conjunto de elementos de E que não pertencem a P. Indica-se o complementar de P por P^c.

A operação realizada chama-se complementação. A região destacada da Figura 1.7 representa o complementar de P. Em símbolos:

$$P^c = \{x \mid x \in E \text{ e } x \notin P\}$$

Figura 1.7: Representação de P^c

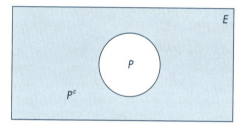

Exemplo 1.8
a) Se $E = \{1, 3, 5, 9, 10\}$ e $P = \{1, 9\}$, então $P^c = \{3, 5, 10\}$.
b) Se $E = N^*$ e $P = \{2, 4, 6, 8, ...\}$, então $P^c = \{1, 3, 5, 7, ...\}$.
c) Se $E = N$ e $P = N^*$, então $P^c = \{0\}$.

Diferença de conjuntos

Sejam P e Q dois conjuntos contidos num universo E. Chama-se diferença $P - Q$ ao conjunto dos elementos do universo que pertencem a P, mas não pertencem a Q. Simbolicamente, temos:

$$P - Q = \{x \in E \mid x \in P \text{ e } x \notin Q\}$$

A região destacada da Figura 1.8 representa a diferença $P - Q$.

Figura 1.8: Representação de $P - Q$

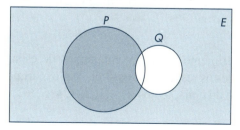

Exemplo 1.9
a) Se $P = \{1, 3, 5, 7\}$ e $Q = \{5, 6, 9\}$, então $P - Q = \{1, 3, 7\}$.
b) Se $P = \{1, 2, 3, 4, 5\}$ e $Q = \{1, 2, 3\}$, então $P - Q = \{4, 5\}$ e $Q - P = \phi$.
c) Se $P = \{0, 2, 4, 6, ...\}$ e $Q = \{1, 3, 5, 7, ...\}$, então $P - Q = P$.

Observemos que $P^c = E - P$ e $P - Q = P \cap Q^c$.

Considerando conjuntos quaisquer A, B, C e um universo E, são válidas as seguintes propriedades:

(P1) $A \cap A = A$;
$A \cup A = A$.
(P2) $A \cap B = B \cap A$;
$A \cup B = B \cup A$.
(P3) $A \cap (B \cap C) = (A \cap B) \cap C$;
$A \cup (B \cup C) = (A \cup B) \cup C$.
(P4) $A \cap (B \cup C) = (A \cap B) \cup (A \cap C)$;
$A \cup (B \cap C) = (A \cup B) \cap (A \cup C)$.
(P5) $A \cap E = A$;
$A \cap \phi = \phi$;
$A \cup E = E$;
$A \cup \phi = A$.

(P6) $E^c = \phi$;
$\phi^c = E$;
$A \cup A^c = E$;
$A \cap A^c = \phi$;
$(A^c)^c = A$.
(P7) $A \cap (A \cup B) = A$;
$A \cup (A \cap B) = A$.
(P8) $(A \cap B)^c = A^c \cup B^c$;
$(A \cup B)^c = A^c \cap B^c$.

Tais propriedades podem ser verificadas por meio do diagrama de Venn. Assim, por exemplo, a propriedade (P3) — associativa da intersecção — pode ser verificada por meio da Figura 1.9, em que a parte (a) destaca $A \cap (B \cap C)$, ao passo que a parte (b) destaca $(A \cap B) \cap C$.

Figura 1.9: Verificação da propriedade P3

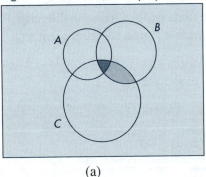
(a)

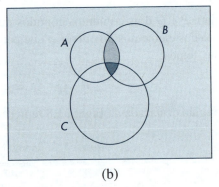
(b)

Exemplo 1.10 Num experimento aleatório, chamamos de espaço amostral (e indicamos por E) um conjunto de todos os resultados possíveis. No experimento do lançamento de um dado e observação da face de cima, temos $E = \{1, 2, 3, 4, 5, 6\}$.

Chamamos de evento qualquer subconjunto de E. Assim:
- o evento ocorrência de um número par é dado pelo subconjunto $A = \{2, 4, 6\}$;
- o evento ocorrência de um número maior que 4 é dado pelo subconjunto $B = \{5, 6\}$;
- o evento ocorrência de um número maior que 7 é dado pelo conjunto vazio;
- o evento ocorrência de um número menor que 7 é o próprio conjunto E.

O evento dado pelo conjunto vazio é denominado evento impossível, ao passo que o evento que coincide com E é denominado evento certo.

Exercícios

10. Sendo $E = \{1, 2, 3, 4, 5, 6, 7, 8, 9\}$, $A = \{1, 3, 5, 7, 9\}$, $B = \{2, 4, 6, 8\}$ e $C = \{1, 2, 3, 4, 5\}$, calcule:
    a) $A \cup C$
    b) $B \cup C$
    c) $A \cap B$
    d) $A \cap C$
    e) $A - C$
    f) $C - A$
    g) $A - B$
    h) $B - A$
    i) A^c
    j) C^c
    k) $(A \cup B)^c$
    l) $(A \cap C)^c$
    m) $(A - B)^c$
    n) $(A - C)^c$
    o) $(A - B) \cap C$
    p) $(A - C) \cup (B - C)$

11. Sejam $E = \{0, 1, 2, 3, 4, 5, 6, 7, 8, 9, 10\}$, $A = \{1, 3, 5, 7, 9\}$, $B = \{0, 2, 4, 6\}$ e $C = \{9, 10\}$. Obtenha os conjuntos:
    a) $A \cap B$
    b) $A \cup B$
    c) $B \cap C$
    d) $A^c \cap B^c$
    e) $(A \cup B) \cap (A \cup C)$
    f) $A \cup \phi$
    g) $(A \cap B) \cap C$
    h) $A \cap C^c$

12. Para os diagramas abaixo, assinale a região correspondente:

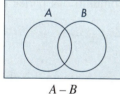
$A - B$

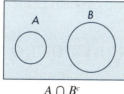
$A \cap B^c$

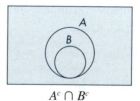
$A^c \cap B^c$

13. Para os diagramas abaixo, assinale a região correspondente:

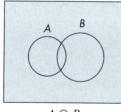
$A \cap B$

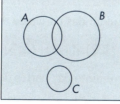
$(A \cup C) \cap B$

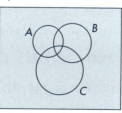
$(A \cup B) \cap C$

14. Sabendo-se que E representa o conjunto universo, determine os conjuntos:
    a) $E \cup A$
    b) $A \cup A$
    c) ϕ^c
    d) $\phi \cup A$
    e) $A^c \cap A$
    f) $A^c \cup A$
    g) E^c
    h) $E \cap A$
    i) $E - A$
    j) $A \cap A$
    k) $A - \phi$
    l) $A - E$

15. Verifique, por meio do diagrama de Venn, que:
    a) $(A \cap B) \subset A$
    b) $A \subset (A \cup B)$
    c) $(A - B) \subset A$
    d) $(A - B) \subset B^c$

16. Verifique, usando o diagrama de Venn, que:
    a) Se $A \subset B$ e $B \subset C$, então $A \subset C$
    b) $(A \cap B) \cup (A \cap B^c) = A$
    c) $(A \cup B) \cap (A \cup B^c) = A$
    d) $A - (B - C) = (A - B) \cup (A \cap B \cap C)$

17. Verifique, por meio do diagrama de Venn, que, se $A \subset B$, então:
    a) $A \cap B = A$
    b) $A \cup B = B$

18. Usando as propriedades das operações, simplifique:
    a) $A \cap (A \cap B)$
    b) $(A \cup B) \cap (A \cup B^c)$
    c) $A \cap (A \cup B)$
    d) $(A \cap B^c) \cap (A^c \cap B)$

19. Se A e B são dois conjuntos finitos disjuntos, e se $n(A)$, $n(B)$ e $n(A \cup B)$ indicam, respectivamente, o número de elementos de A, B e $A \cup B$, então $n(A \cup B) = n(A) + n(B)$. O que acontecerá se A e B não forem disjuntos?

1.4 Conjunto das partes de um conjunto

Consideremos o conjunto $A = \{1, 2\}$. Os possíveis subconjuntos de A são:

$$\{1\}, \{2\}, \{1, 2\} \text{ e } \phi$$

Esses conjuntos constituem um novo conjunto chamado conjunto das partes de A e indicado por $P(A)$. Assim:

$$P(A) = \{\{1\}, \{2\}, \{1, 2\}, \phi\}$$

De modo geral, o conjunto formado pelos subconjuntos de um conjunto A é chamado conjunto das partes de A e é indicado por $P(A)$.

Exemplo 1.11
a) Dado o conjunto $A = \{1, 2, 3\}$, o conjunto das partes de A é

$$P(A) = \{\{1\}, \{2\}, \{3\}, \{1, 2\}, \{1, 3\}, \{2, 3\}, \{1, 2, 3\}, \phi\}$$

b) Dado o conjunto $B = \{a, b, c, d\}$, o conjunto das partes de B é

$$P(B) = \{\{a\}, \{b\}, \{c\}, \{d\}, \{a, b\}, \{a, c\}, \{a, d\}, \{b, c\}, \{b, d\}, \{c, d\},$$
$$\{a, b, c\}, \{a, b, d\}, \{a, c, d\}, \{b, c, d\}, \{a, b, c, d\}, \phi\}$$

c) Se $A = \{1\}$, então $P(A) = \{\{1\}, \phi\}$.
d) Se $A = \phi$, então $P(A) = \{\phi\}$, que não é vazio.

Notemos que no exemplo (a) o número de elementos de A é 3 e o de $P(A)$ é $2^3 = 8$.

A justificativa é que o número de subconjuntos de A é o número de combinações de 3 elementos tomados 0 a 0 (igual a 1, pois tal combinação é o conjunto vazio), mais o número de combinações de 3 elementos tomados um a um, mais o número de combinações de 3 elementos tomados 2 a 2, mais o número de combinações de 3 elementos tomados 3 a 3.

Assim, o número de elementos de P(A) é:

$\binom{3}{0} + \binom{3}{1} + \binom{3}{2} + \binom{3}{3}$, em que $\binom{3}{i}$ representa o número de combinações de 3 elementos tomados i a i. Ora, a análise combinatória nos ensina que essa soma vale $2^3 = 8$.

Com raciocínio análogo, verificamos que:
- no caso (b), o número de elementos de P(A) é $2^4 = 16$;
- no caso (c), o número de elementos de P(A) é $2^1 = 2$;
- no caso (d), o número de elementos de P(A) é $2^0 = 1$.

De modo geral, se um conjunto tem n elementos, então seu conjunto das partes terá 2^n elementos.

1.5 Produto cartesiano

Já vimos que os conjuntos {a, b} e {b, a} são iguais porque a ordem dos elementos não importa. Todavia, às vezes, essa ordem é essencial; assim, na geometria analítica, o par de números (3, 4) define o ponto de abscissa 3 e ordenada 4, ao passo que o par (4, 3) define o ponto de abscissa 4 e ordenada 3. Quando interessa a ordem dos elementos considerados, os elementos são indicados entre parênteses. Quando houver dois elementos (a, b), o par é chamado de par ordenado; quando tivermos três elementos (a, b, c) cuja ordem importa, teremos uma tripla ordenada e assim por diante.

Exemplo 1.12 Sejam os conjuntos $A = \{1, 2\}$ e $B = \{3, 4, 5\}$. Podemos formar um novo conjunto de pares ordenados, em que os primeiros elementos pertencem a A e os segundos elementos pertencem a B, isto é:

$$\{(1, 3), (1, 4), (1, 5), (2, 3), (2, 4), (2, 5)\}$$

Esse conjunto é chamado produto cartesiano de A por B e é indicado por $A \times B$.

De modo geral, dados dois conjuntos A e B, chama-se produto cartesiano de A por B o conjunto dos pares ordenados cujos primeiros elementos pertencem a A e os segundos elementos pertencem a B, isto é:

$$A \times B = \{(x, y) \mid x \in A \text{ e } y \in B\}$$

Notemos que, em geral, $A \times B$ é diferente de $B \times A$. No Exemplo 1.12 temos:

$$B \times A = \{(3, 1), (3, 2), (4, 1), (4, 2), (5, 1), (5, 2)\}$$

Assim, nenhum elemento de $A \times B$ pertence a $B \times A$ (note que $(1, 3) \neq (3, 1)$).

Podemos representar graficamente o produto cartesiano. A Figura 1.10 mostra o gráfico de $A \times B$ do Exemplo 1.12.

Figura 1.10: Produto cartesiano $A \times B$ do Exemplo 1.12

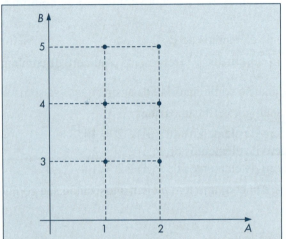

Exemplo 1.13 Uma maneira de obter todos os elementos de um produto cartesiano de dois conjuntos é por meio do diagrama de árvore. A Figura 1.11 ilustra os elementos de $A \times B$, em que $A = \{1, 2, 3\}$ e $B = \{a, b, c, d\}$.

Figura 1.11: Diagrama de árvore do produto cartesiano $A \times B$ do Exemplo 1.13

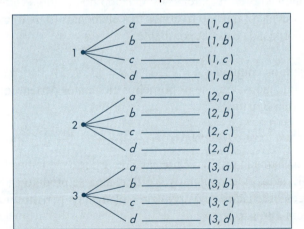

É fácil verificar que o número de elementos de um produto cartesiano $A \times B$ é igual ao produto do número de elementos de A pelo número de elementos de B. Isto é:

$$n(A \times B) = n(A) \cdot n(B)$$

em que $n(A \times B)$, $n(A)$ e $n(B)$ representam o número de elementos de $A \times B$, A e B, respectivamente.

Exemplo 1.14 Uma moeda e um dado são lançados. Um espaço amostral desse experimento pode ser obtido pelo produto cartesiano $A \times B$, em que A é o conjunto dos resultados do lançamento de uma moeda e B o dos resultados do lançamento de um dado, ou seja, $A = \{K, C\}$ e $B = \{1, 2, 3, 4, 5, 6\}$, em que K representa cara e C representa coroa. Os elementos do produto cartesiano são os pares ordenados

$(K, 1)$	$(C, 1)$
$(K, 2)$	$(C, 2)$
$(K, 3)$	$(C, 3)$
$(K, 4)$	$(C, 4)$
$(K, 5)$	$(C, 5)$
$(K, 6)$	$(C, 6)$

Exercícios

20. Outra maneira de obter os elementos de um produto cartesiano de dois conjuntos (além dos diagramas de árvore) é por meio da construção de *tabelas de dupla entrada*. Por exemplo, os elementos de $A \times B$, em que $A = \{1, 2, 3\}$ e $B = \{a, b, c, d\}$ são obtidos pela tabela a seguir:

B / A	a	b	c	d
1	(1, a)	(1, b)	(1, c)	(1, d)
2	(2, a)	(2, b)	(2, c)	(2, d)
3	(3, a)	(3, b)	(3, c)	(3, d)

Use esse tipo de tabela para obter $A \times B$ nos casos:
a) $A = \{0, 1\}$ e $B \{2, 3\}$.
b) $A = \{a, b, c\}$ e $B = \{x, y, z\}$.
c) $A = \{1, 2, 3\}$ e $B = A$.

21. Uma pessoa vai viajar da cidade A para a cidade C, passando pela cidade B. Existem três estradas ligando A e B e cinco estradas ligando B e C. De quantas maneiras poderá a pessoa fazer o seu percurso?

22. Dado o conjunto $A = \{1, 2, 5, 7, 8\}$, determine:
a) O conjunto $A^2 = A \times A$ e sua representação gráfica.
b) O subconjunto $W = \{(x, y) \in A^2 | x < y\}$.
c) O subconjunto $Z = \{(x, y) \in A^2 | y = 2x + 3\}$.
d) O subconjunto $T = \{(x, y) \in A^2 | x - y = 4\}$.

23. Use o conceito de produto cartesiano para representar o conjunto dos resultados possíveis no lançamento simultâneo de dois dados.

24. Use o conceito de produto cartesiano para representar o conjunto dos resultados possíveis para o lançamento de duas moedas.

25. Define-se como diferença simétrica de dois conjuntos A e B, contidos num universo E, o conjunto dado por:

$$A \Delta B = (A \cup B) - (A \cap B)$$

Por exemplo, se $A = \{1, 2, 3\}$ e $B = \{2, 3, 5, 7\}$, então:

$$A \Delta B = \{1, 5, 7\}$$

a) Verifique que $(A \Delta B) \Delta C = A \Delta (B \Delta C)$.
b) Obtenha $A \Delta E$.
c) Obtenha $A \Delta A^c$.
d) Obtenha $A \Delta \phi$.

26. Um conjunto de n elementos possui um total de 1.024 subconjuntos. Qual o valor de n?

27. Dizemos que os conjuntos $A_1, A_2, A_3, ..., A_n$, todos não vazios, formam uma partição do conjunto universo E se são dois a dois disjuntos e sua união é igual a E. Isto é:
  i) $A_i \neq \phi$ para todo $i = 1, 2, 3, ... n$;
  ii) $A_i \cap A_j = \phi$ para todo $i \neq j$;
  iii) $A_1 \cup A_2 \cup .... \cup A_n = E$.

O diagrama abaixo representa uma partição do conjunto E:

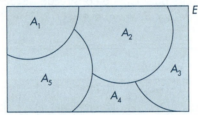

Dê duas possíveis partições de $E = \{1, 2, 3, 4, 5, 6\}$.

28. Em uma pesquisa com 100 estudantes verificou-se que aqueles que gostam de uma só ciência são: Matemática, 18; Física, 20; Química, 22. Gostam de duas ciências: Matemática e Química, 15; Química e Física, 17; Matemática e Física, 9. Gostam das três ciências: 6 alunos.
  a) Faça o diagrama de Venn para a situação.
  b) Quantos estudantes gostam de pelo menos duas ciências?
  c) Determine $n(M)$, $n(F)$ e $n(Q)$, em que $n(M)$, $n(F)$ e $n(Q)$ indicam respectivamente o número de alunos que gostam de Matemática, Física e Química.
  d) Determine $n(M^c)$ e $n(M \cup F \cup Q)$.

29. Faça um diagrama de árvore para $\{1, 2, 5\} \times \{a, b, c, d\}$.

30. Na figura, escreva uma expressão para cada região numerada. Por exemplo, 8 é $(A \cup B \cup C)^c$.

31. Se A, B e C são conjuntos quaisquer, determine uma fórmula para o número de elementos de $A \cup B \cup C$.

32. Foi realizada uma pesquisa na indústria X em que foram feitas a seus operários apenas duas perguntas. Responderam sim à primeira pergunta 92 operários, 80 responderam sim à segunda, 35 responderam sim a ambas e 33 responderam não a ambas as perguntas feitas. Qual o número de operários da indústria?

33. Em uma pesquisa foram encontrados os seguintes resultados: 60% das pessoas entrevistadas fumam a marca A de cigarro; 50% fumam a marca B; 45% fumam a marca C; 20% fumam A e B; 30% fumam A e C; 15% fumam B e C, e 8% fumam as três marcas.
    a) Que porcentagem não fuma nenhuma das três marcas?
    b) Que porcentagem fuma duas marcas?

34. Em um levantamento, constatou-se que 80% dos entrevistados são casados, 44% são homens casados, 12% são mulheres casadas sem filhos e 30% são mulheres casadas com filhos. Verifique se essas porcentagens são compatíveis.

Capítulo 2

Conjuntos numéricos

2.1 Números inteiros

Já conhecemos o conjunto dos números inteiros positivos:

$$N^* = \{1, 2, 3, 4, 5, 6, ...\}$$

e o conjunto dos números naturais:

$$N = \{0, 1, 2, 3, 4, 5, 6, ...\}$$

Da impossibilidade de efetuarmos a subtração $a - b$ para todos os valores a e b de N, introduzimos os números inteiros negativos, colocando, por definição:

$$a - b = -(b - a), \text{ se } a < b$$

Por exemplo:

$$3 - 7 = -(7 - 3) = -4$$
$$8 - 10 = -(10 - 8) = -2$$

Obtemos assim o conjunto dos números inteiros, que indicaremos por:

$$Z = \{..., -3, -2, -1, 0, 1, 2, 3, ...\}$$

Nesse conjunto efetuamos, sem restrições, adições, multiplicações e subtrações. Persiste ainda uma impossibilidade: o quociente entre dois números inteiros pode não ser inteiro, isto é, a divisão de um inteiro a por um inteiro b só dará um número inteiro se a for múltiplo de b.

2.2 Números racionais

Consideremos a equação $b \cdot x = a$, com $b \neq 0$. Tal equação admitirá como raiz $x = \dfrac{a}{b}$, e esse quociente só dará um número inteiro se a for múltiplo de b. A fim de que tal equação sempre admita solução, definimos como número racional toda fração $\frac{a}{b}$ em que a e b são inteiros, e b é diferente de zero (a é chamado de numerador e b, de denominador da fração). Indicamos o conjunto dos números racionais por Q. Assim:

$$Q = \left\{ \frac{a}{b} \mid a \in Z, b \in Z, b \neq 0 \right\}$$

Por exemplo, $\frac{2}{5} \in Q$, $\frac{-3}{4} \in Q$, $\frac{7}{2} \in Q$ e $\frac{6}{2} \in Q$.

Observemos que qualquer inteiro a também é racional, pois $a = \frac{a}{1} \in Q$. Dessa forma, temos as seguintes relações de inclusão:

$$N^* \subset N \subset Z \subset Q$$

Todo número racional $\frac{a}{b}$ pode ser representado sob a forma decimal, bastando para isso dividirmos a por b. Podem ocorrer dois casos:

- A representação decimal é finita.
  Por exemplo: $\frac{3}{4} = 0{,}75$; $\frac{1}{2} = 0{,}5$; $\frac{-3}{5} = -0{,}6$.

- A representação decimal é infinita e periódica (dízima periódica).
  Por exemplo: $\frac{1}{3} = 0{,}3333...$; $\frac{47}{90} = 0{,}5222...$

De modo geral, é possível dizer que os números representados por decimais infinitas periódicas são racionais; isso porque $\frac{3}{4}$, digamos, pode ser representado por $0{,}750000...$, $\frac{1}{2}$ por $0{,}500000...$, ou seja, acrescentamos zeros à direita da representação finita.

Notemos ainda que $0{,}9999... = 1{,}0000...$, isto é, podemos ter um número racional com duas representações decimais.

Para transformarmos uma decimal exata, ou dízima periódica, em fração, podemos proceder como nos exemplos a seguir:

Exemplo 2.1 Escrever sob forma de fração as decimais exatas:
a) 0,75;   b) 1,27;   c) 0,043.

Um dos modos de resolvermos essa questão consiste em escrever no numerador os algarismos do número decimal, sem a vírgula, eliminando os zeros antes do 1º algarismo diferente de zero. No denominador escrevemos 1 e tantos zeros quantos forem os algarismos depois da vírgula. Assim, temos:

a) $0{,}75 = \frac{75}{100}$;   b) $1{,}27 = \frac{127}{100}$;   c) $0{,}043 = \frac{43}{1.000}$.

É claro que a fração obtida pode ser simplificada. Por exemplo, a primeira pode ser simplificada da seguinte forma: $\dfrac{75}{100} = \dfrac{3}{4}$.

Exemplo 2.2 Escrever sob forma de fração as dízimas periódicas:

a) 0,6666...
b) 0,52222...

Resolução

a) Façamos $x = 0{,}6666...$ e multipliquemos ambos os membros por 10. Teremos:

$$\begin{cases} x = 0{,}6666... \\ 10x = 6{,}6666... \end{cases}$$

Subtraindo membro a membro a 2ª relação menos a 1ª, obtemos:

$9x = 6$ e, consequentemente, $x = \dfrac{6}{9} = \dfrac{2}{3}$.

b) Façamos $x = 0{,}5222...$ e multipliquemos ambos os membros por 10 e depois novamente por 10. Teremos:

$$\begin{cases} 10x = 5{,}2222... \\ 100x = 52{,}2222... \end{cases}$$

Subtraindo membro a membro a 2ª relação menos a 1ª, obtemos:

$90x = 47$ e, consequentemente, $x = \dfrac{47}{90}$.

Observação

Caso queiramos arredondar uma decimal exata ou dízima periódica, devemos lembrar que, se um determinado algarismo for maior ou igual a 5, o anterior deve ser arredondado para ele mais 1; caso o algarismo considerado seja menor que 5, o anterior deve permanecer como está. Por exemplo, os números abaixo foram arredondados para duas casas decimais:

a) 9,637 para 9,64;
b) 0,054 para 0,05;
c) 0,3333... para 0,33.

2.3 Números reais

Consideremos dois números racionais p e q, com $p < q$. Entre eles haverá sempre um outro número racional, por exemplo, a média deles $(p + q)/2$. Entre p e $(p + q)/2$ haverá também outro número racional, como a média deles $(p + (p + q)/2)/2$. Com raciocínio análogo, podemos concluir que entre p e q há sempre infinitos números racionais. Quando isso acontece com elementos de um conjunto, dizemos que ele é **denso**. Assim, o conjunto Q é denso.

No início, pensou-se que o conjunto dos racionais englobasse todos os números, pelo que foi exposto. Todavia, um simples fato atribuído a Aristóteles (384-322 a.C.) mostrou a existência de novos números chamados irracionais. O fato foi a determinação da medida da diagonal d de um quadrado de lado de medida igual a 1.

Pela Figura 2.1, se aplicarmos o teorema de Pitágoras, teremos $d^2 = 1^2 + 1^2 = 2$ e, consequentemente, $d = \sqrt{2}$.

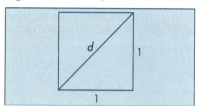

Figura 2.1: Ilustração do número $\sqrt{2}$

O fato é que se constatou que o número $\sqrt{2}$ não era racional. Para provar essa propriedade, costuma-se utilizar o método da redução ao absurdo: tal método consiste em admitir como verdade a negação do que se quer provar; se após um encadeamento lógico de raciocínio chegarmos a uma situação absurda, concluímos que o que levou a esse absurdo foi admitir como verdade a afirmação inicial (negação do que se quer provar). Dessa forma, concluímos que, sendo falsa a negação do que queríamos provar, é verdadeira a afirmação inicialmente proposta.

Provemos então que $\sqrt{2}$ não é racional. Admitamos, por absurdo, que $\sqrt{2}$ seja racional. Assim sendo, $\sqrt{2}$ pode ser expressa por uma fração simplificada a/b, em que a e b são inteiros e primos entre si (pois a fração foi totalmente simplificada). Logo,

$$\frac{a}{b} = \sqrt{2} \Rightarrow \frac{a^2}{b^2} = 2 \Rightarrow a^2 = 2b^2 \tag{2.1}$$

Como a^2 é múltiplo de 2, a^2 é par. Consequentemente, a também é par. Assim, a pode ser escrito sob a forma $a = 2k$ (k inteiro). Substituindo tal resultado em (2.1), teremos:

$$(2k)^2 = 2b^2 \Rightarrow 4k^2 = 2b^2 \Rightarrow b^2 = 2k^2 \tag{2.2}$$

Pela relação (2.2), b^2 também é múltiplo de 2, logo é par; consequentemente, b é par. Ora, concluir que a e b são números pares é um absurdo, pois são primos entre si. Logo, só pode ser falso o que foi admitido inicialmente por absurdo (que $\sqrt{2}$ era racional). Conclusão: $\sqrt{2}$ não é racional. Tal número foi chamado de irracional.

Se usarmos uma calculadora veremos que:

$$\sqrt{2} = 1,41421356...$$

Verificamos que esse número pode ser expresso por uma decimal infinita, mas não periódica; aliás, todo número irracional pode ser escrito sob a forma de decimal infinita, mas não periódica. Pode-se provar que toda raiz quadrada de número inteiro cujo resultado não seja inteiro é um número irracional. Assim, por exemplo, são irracionais os números (verifique com uma calculadora):

$$\sqrt{3} = 1,73205080...$$
$$\sqrt{5} = 2,23606797...$$
$$\sqrt{7} = 2,64575131...$$

Outro número irracional usado em várias áreas da Matemática é o número *pi* (π), dado por 3,141592...

Designemos por I o conjunto de todos os números irracionais. A união do conjunto dos racionais com o dos irracionais dá origem a um conjunto chamado conjunto dos **números reais**, indicado por R. Assim:

$$R = Q \cup I$$

Pelo que foi visto, podemos dizer que o conjunto de todos os números representados por decimais infinitas constitui o conjunto dos números reais. De fato, se $x \in Q$, ele tem representação decimal infinita e periódica e, se $x \in I$, ele tem representação infinita e não periódica.

A representação geométrica (Figura 2.2) de um número real pode ser feita utilizando-se um eixo orientado geralmente para a direita. Seja O a origem desse eixo; um número real $x > 0$ é representado pelo ponto P à direita de O, de modo que a medida do segmento OP seja igual a x; o número negativo $-x$ é representado pelo ponto P', simétrico de P em relação a O. O número 0 é representado por O.

Figura 2.2: Representação geométrica dos números reais

É claro que, se $x_2 > x_1$, então x_2 é representado à direita de x_1.

Exemplo 2.3 Represente geometricamente os números: 4, –3 e 0,75.

Temos:

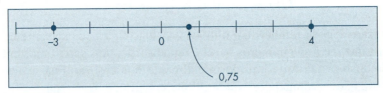

Exercícios

1. Diga se cada uma das sentenças é verdadeira ou falsa.

   a) $\pi \in Q$ c) $\dfrac{2}{3} \in Z$ e) $-3 \in Z$ g) $\pi \in I$ i) $2\pi \in Q$

   b) $\sqrt{5} \in N$ d) $\sqrt{-1} \in R$ f) $\sqrt{2} \in Q$ h) $0,43 \in Q$ j) $2,44444... \in I$

2. Escreva na forma decimal (exata ou dízima periódica) os seguintes números racionais:

   a) $\dfrac{2}{5}$ b) $\dfrac{5}{3}$ c) $\dfrac{7}{5}$ d) $\dfrac{16}{50}$ e) $\dfrac{25}{99}$ f) $\dfrac{42}{90}$

3. Escreva os seguintes números na forma decimal, arredondando o resultado para duas casas decimais (se possível use uma calculadora):

   a) $\dfrac{32}{25}$ b) $\dfrac{5}{18}$ c) $\dfrac{125}{200}$ d) $\dfrac{31}{29}$ e) $\dfrac{150}{99}$ f) $\dfrac{150}{990}$

4. Escreva os seguintes números racionais sob a forma de fração:

   a) 0,43 b) 0,07 c) 2,454 d) 12,12 e) −0,72 f) 3,1415

5. Escreva as seguintes dízimas periódicas sob a forma de fração:

   a) 0,8888... b) 0,2424... c) 2,555... d) 0,7222... e) 0,6555... f) 0,62555...

6. Quais os valores reais de x e y de modo que $x^2 + y^2 = 0$?

7. Usando uma calculadora, obtenha as seguintes raízes, com aproximação de 4 casas decimais:

   a) $\sqrt{12}$ b) $\sqrt{30}$ c) $\sqrt{78}$ d) $\sqrt{500}$

2.4 Equações do 1º grau

Chamamos de equação do 1º grau na incógnita x, no universo real, toda equação redutível à forma

$$a \cdot x = b$$

em que a e b são números reais quaisquer com $a \neq 0$.

Para resolvermos esse tipo de equação, basta dividir os membros por a:

$$\dfrac{a \cdot x}{a} = \dfrac{b}{a} \Rightarrow x = \dfrac{b}{a}$$

O valor encontrado $\dfrac{b}{a}$ é chamado de raiz da equação.

Exemplo 2.4 Resolva a equação: $4x - 12 = 8 - 6x$.

Resolução

- Transpondo os termos com x para o 1º membro, e os números para o 2º membro, obtemos:

$$4x + 6x = 8 + 12$$

- Agrupando os termos semelhantes:

$$10x = 20$$

- Dividindo ambos os membros por 10:

$$x = \frac{20}{10} = 2$$

- Conjunto solução: $S = \{2\}$

Exemplo 2.5 Resolva a equação $\frac{x-2}{3} + \frac{x-3}{2} = \frac{1}{6}$.

Resolução

- Multiplicando todos os termos da equação por 6 (em que 6 é o mínimo múltiplo comum dos denominadores):

$$6 \cdot \frac{(x-2)}{3} + 6 \cdot \frac{(x-3)}{2} = 6 \cdot \frac{1}{6}$$

- Efetuando as operações indicadas:

$$2(x-2) + 3(x-3) = 1$$
$$2x - 4 + 3x - 9 = 1$$

- Transpondo os termos com x para o 1º membro, e os números para o 2º membro:

$$2x + 3x = 1 + 4 + 9$$

- Agrupando os termos semelhantes:

$$5x = 14$$

- Dividindo os membros por 5:

$$x = \frac{14}{5}$$

- Conjunto solução: $S = \left\{\frac{14}{5}\right\}$

Exercícios

8. Resolva as equações do 1º grau:

   a) $5(x - 2) = 4x + 6$
   b) $-4(4 - x) = 2(x - 1)$
   c) $-2x = -6$
   d) $-3x + 1 = -8$
   e) $3(x - 5) = 2$
   f) $2(x + 1) = 2$
   g) $-3(x + 2) = -6$
   h) $0,1(x - 2) + 0,5x = 0,7$
   i) $0,4(x + 3) - 0,2x = 4$
   j) $0,3(y - 1) + 0,4(y - 2) = 7$

9. Resolva as seguintes equações do 1º grau:

a) $\dfrac{x-1}{4} + \dfrac{x}{3} = \dfrac{1}{6}$

b) $\dfrac{x+1}{5} + \dfrac{x-2}{3} = 4$

c) $\dfrac{3x+2}{4} - \dfrac{x+2}{3} = 1$

d) $\dfrac{2x+1}{6} + \dfrac{x}{3} = \dfrac{x-1}{4}$

e) $\dfrac{10x}{3} + 5x = \dfrac{12-x}{5}$

f) $\dfrac{x-4}{4} + \dfrac{3x-1}{3} = 1$

g) $\dfrac{2x-1}{9} - \dfrac{x-4}{5} = x$

h) $\dfrac{2x+5}{x-3} = \dfrac{1}{3} + \dfrac{4}{x-3}$

i) $\dfrac{3x}{x+1} = 4 + \dfrac{2x}{2x+2}$

j) $\dfrac{2y}{5} - \dfrac{5+2y}{3} = 1$

k) $\dfrac{4t}{3} - \dfrac{2t+1}{5} = 2$

l) $M = 100 + 100i$ (incógnita i)

m) $\dfrac{2k-3}{2} = \dfrac{2}{3} + \dfrac{m-5}{9}$ (incógnita m)

n) $y = \dfrac{2x+1}{x-3}$ (incógnita x)

10. O lucro mensal de uma empresa é dado por $L = 50x - 2.000$, em que x é a quantidade mensal vendida de seu produto. Que quantidade deve ser vendida mensalmente para que o lucro mensal seja igual a $ 5.000,00?

11. O custo mensal de produção de x camisas de uma fábrica é $C = 5.000 + 15x$. Qual a quantidade mensal produzida sabendo-se que o custo mensal é $ 8.000,00?

12. O saldo de uma aplicação financeira após t meses de aplicação é dado por: $S = 2.000 + 40t$. Após quanto tempo de aplicação o saldo dobra?

2.5 Inequações do 1º grau

Inequações do 1º grau na incógnita x são aquelas redutíveis a uma das formas:

$$a \cdot x < b \quad \text{ou} \quad a \cdot x \leq b \quad \text{ou} \quad a \cdot x > b \quad \text{ou} \quad a \cdot x \geq b$$

em que a e b são números reais quaisquer com $a \neq 0$.

A resolução é feita de modo análogo ao das equações do 1º grau, porém lembrando que, quando multiplicamos ou dividimos os membros da inequação por um número negativo, o sentido da desigualdade muda. No caso de multiplicarmos ou dividirmos os membros por um número positivo, o sentido da desigualdade não se altera.

Exemplo 2.6 Resolva a inequação $3(x-4) > x + 2$.

Resolução

Temos sucessivamente:

$$3(x-4) > x + 2$$
$$3x - 12 > x + 2$$
$$3x - x > 2 + 12$$
$$2x > 14$$
$$x > 7$$

Portanto, o conjunto solução é $S = \{x \in R \mid x > 7\}$.

Exemplo 2.7 Resolva a inequação $2(x-1) < 5x + 3$.

Resolução

Como no exemplo anterior,
$$2(x-1) < 5x + 3$$
$$2x - 2 < 5x + 3$$
$$2x - 5x < 3 + 2$$
$$-3x < 5$$
$$x > -\frac{5}{3}$$

Portanto, o conjunto solução é $S = \left\{x \in R \mid x > -\frac{5}{3}\right\}$.

Exercícios

13. Resolva em R as inequações:

    a) $2x > 10$

    b) $-3x < 12$

    c) $2x + 1 \geq x - 5$

    d) $3(x-4) \leq 2(x-6)$

    e) $4(2x-3) > 2(x-1)$

    f) $\dfrac{x-1}{2} + \dfrac{x}{3} \geq 4$

    g) $\dfrac{x+2}{5} - \dfrac{x+3}{2} \geq 1$

    h) $\dfrac{3y-5}{2} + \dfrac{y-2}{3} \geq 4$

    i) $\dfrac{2m-4}{2} + \dfrac{m-1}{3} \leq 1$

14. O lucro mensal de uma empresa é dado por $L = 30x - 4.000$, em que x é a quantidade mensal vendida. Acima de que quantidade mensal vendida o lucro é superior a $ 11.000?

15. O custo diário de produção de um artigo é $C = 200 + 10x$. Sabendo-se que em determinado mês o custo diário oscilou entre um máximo de $ 4.000 e um mínimo de $ 2.000, em que intervalo variou a produção diária nesse mês?

2.6 Equações do 2º grau

Uma equação do 2º grau, na incógnita x, é toda equação redutível à forma $ax^2 + bx + c = 0$, em que a, b e c são constantes reais quaisquer com $a \neq 0$. As raízes desse tipo de equação podem ser obtidas por meio da seguinte fórmula resolutiva:

$$x = \frac{-b \pm \sqrt{b^2 - 4ac}}{2a}$$

na qual o valor $b^2 - 4ac$, indicado usualmente por Δ (delta), é chamado de discriminante da equação. É fácil notar que:

- se $\Delta > 0$, a equação terá duas raízes reais distintas;
- se $\Delta = 0$, a equação terá uma única raiz real;
- se $\Delta < 0$, a equação não terá raízes reais.

A dedução da fórmula anterior é feita da seguinte forma:

$$ax^2 + bx + c = 0$$

$$x^2 + \frac{b}{a}x = -\frac{c}{a}$$

$$x^2 + \frac{b}{a}x + \frac{b^2}{4a^2} = \frac{b^2}{4a^2} - \frac{c}{a} \quad \left(\text{adicionamos } \frac{b^2}{4a^2} \text{ a ambos os membros}\right)$$

$$\left(x + \frac{b}{2a}\right)^2 = \frac{b^2 - 4ac}{4a^2}$$

$$x + \frac{b}{2a} = \pm\frac{\sqrt{b^2 - 4ac}}{2a}$$

$$x = \frac{-b \pm \sqrt{b^2 - 4ac}}{2a}$$

Exemplo 2.8 Resolva a equação $x^2 - 4x + 3 = 0$.

Resolução

Como $a = 1$, $b = -4$, $c = 3$ então:

$$x = \frac{4 \pm \sqrt{4^2 - 4 \cdot 1 \cdot 3}}{2 \cdot 1}$$

$$x = \frac{4 \pm \sqrt{4}}{2}$$

$$x = \frac{4 \pm 2}{2}$$

$$x = \frac{4 + 2}{2} = 3, \text{ ou } x = \frac{4 - 2}{2} = 1$$

Portanto, o conjunto solução é $S = \{1, 3\}$.

Exemplo 2.9 Resolva as equações incompletas do 2º grau:
a) $x^2 - 3x = 0$;
b) $x^2 - 9 = 0$.

Resolução

As equações do 2º grau com $b = 0$ ou $c = 0$ são chamadas incompletas. Sua resolução pode ser feita pela fórmula resolutiva, ou ainda como veremos a seguir:
a) de $x^2 - 3x = 0$, temos $x(x - 3) = 0$.

O produto será 0 se um ou outro fator for 0. Assim:

$$x = 0 \quad \text{ou} \quad x - 3 = 0 \Rightarrow x = 3$$

Portanto, o conjunto solução é $S = \{0, 3\}$.

b) de $x^2 - 9 = 0$, temos $x^2 = 9$.

Se x elevado ao quadrado dá 9, então $x = \sqrt{9} = 3$ ou $x = -\sqrt{9} = -3$.

Portanto, o conjunto solução é $S = \{3, -3\}$.

Exercícios

16. Resolva as seguintes equações:

a) $x^2 - 5x + 4 = 0$

b) $x^2 - 7x + 12 = 0$

c) $t^2 - 6t + 8 = 0$

d) $x^2 - 4x + 4 = 0$

e) $x^2 - x + 3 = 0$

f) $-x^2 + 3x - 2 = 0$

g) $-m^2 + 5m = 0$

h) $y^2 - 6y - 3 = 0$

i) $t^2 - 2t - 5 = 0$

j) $1 + \dfrac{4}{x^2} = \dfrac{3}{x}$

k) $\dfrac{5}{3+m} + 2 = \dfrac{3}{3-m}$

l) $\dfrac{2}{p} = \dfrac{5}{p^2} + 1$

17. Resolva as seguintes equações:

a) $x^2 - 5x = 0$

b) $-2x^2 + 6x = 0$

c) $x^2 - 25 = 0$

d) $-m^2 + 16 = 0$

e) $2k^2 - 8 = 0$

f) $3x^2 = 0$

18. Quanto vale a soma das raízes da equação $(3x - 2)(x + 5) = (2 + x)^2$?

19. Para que valores de k a equação na incógnita x, $x^2 - 2kx = 1 - 3k$, tem raízes iguais?

20. O lucro mensal de uma empresa é dado por $L = -x^2 + 10x - 16$, em que x é a quantidade vendida. Para que valores de x o lucro é nulo?

21. Em relação ao exercício anterior, para que valores de x o lucro é igual a 9?

22. A receita diária de um estacionamento de automóveis é $R = 100p - 5p^2$, em que p é o preço cobrado por dia de estacionamento por carro. Qual preço deve ser cobrado para alcançar uma receita diária de $ 375?

2.7 Intervalos

Os intervalos são particulares e importantes subconjuntos de R. Sejam os números reais a e b tais que $a < b$. Definimos:

• **Intervalo aberto**

É o conjunto de valores reais entre a e b (excluídos os extremos a e b), indicado por $]a, b[$, isto é:

$$]a, b[= \{x \in R \mid a < x < b\}$$

A representação geométrica é dada pela Figura 2.3.

Figura 2.3: Representação do intervalo $]a, b[$

• **Intervalo fechado**

É o conjunto de valores reais entre a e b (incluídos os extremos a e b), indicado por $[a, b]$, isto é:

$$[a, b] = \{x \in R \mid a \leq x \leq b\}$$

A representação geométrica é dada pela Figura 2.4.

Figura 2.4: Representação do intervalo $[a, b]$

• **Intervalo semiaberto à esquerda**

É o conjunto de valores reais entre a e b, excluindo a e incluindo b, indicado por $]a, b]$, isto é:

$$]a, b] = \{x \in R \mid a < x \leq b\}$$

A representação geométrica é dada pela Figura 2.5.

Figura 2.5: Representação do intervalo $]a, b]$

• **Intervalo semiaberto à direita**

É o conjunto de valores reais entre a e b, incluindo a e excluindo b, indicado por $[a, b[$, isto é:

$$[a, b[= \{x \in R \mid a \leq x < b\}$$

A representação geométrica é dada pela Figura 2.6.

Figura 2.6: Representação do intervalo $[a, b[$

• **Intervalo aberto de a até infinito**

É o conjunto de valores reais maiores do que a, indicado por $]a, \infty[$, isto é:

$$]a, \infty[= \{x \in R \mid x > a\}$$

A representação geométrica é dada pela Figura 2.7.

Figura 2.7: Representação do intervalo $]a, \infty[$

- **Intervalo fechado de a até infinito**

  É o conjunto de valores reais maiores ou iguais a a, indicado por $[a, \infty[$, isto é:

  $$[a, \infty[= \{x \in R \mid x \geq a\}$$

  A representação geométrica é dada pela Figura 2.8.

  Figura 2.8: Representação do intervalo $[a, \infty[$

- **Intervalo aberto de menos infinito até b**

  É o conjunto de valores reais menores de que b, indicado por $]-\infty, b[$, isto é:

  $$]-\infty, b[= \{x \in R \mid x < b\}$$

  A representação geométrica é dada pela Figura 2.9.

  Figura 2.9: Representação do intervalo $]-\infty, b[$

  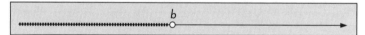

- **Intervalo fechado de menos infinito até b**

  É o conjunto de valores reais menores ou iguais a b, indicado por $]-\infty, b]$, isto é:

  $$]-\infty, b] = \{x \in R \mid x \leq b\}$$

  A representação geométrica é dada pela Figura 2.10.

  Figura 2.10: Representação do intervalo $]-\infty, b]$

  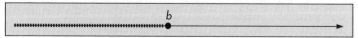

Finalmente, todo o conjunto R dos reais pode ser identificado pelo intervalo $]-\infty, -\infty[$.

Como os intervalos são particulares subconjuntos de R, podemos operar com eles da mesma maneira com que operamos outros conjuntos, lembrando apenas que o conjunto universo é R.

Exemplo 2.10 Se $A = [-1, 3[$ e $B = \left[\dfrac{1}{2}, \infty\right[$, determine:

a) $A \cup B$; b) $A \cap B$; c) A^c.

Resolução

Temos:

Logo:

a) $A \cup B = [-1, \infty[$;

b) $A \cap B = \left[\dfrac{1}{2}, 3\right[$;

c) $A^c =]-\infty, 1[\cup [3, \infty[$.

2.8 Módulo ou valor absoluto

Dado um número real x, chamamos de valor absoluto, ou módulo de x, o número indicado pelo símbolo $|x|$ e dado por:

$$|x| = \begin{cases} x, \text{ se } x > 0 \\ -x, \text{ se } x < 0 \\ 0, \text{ se } x = 0 \end{cases}$$

Assim, por exemplo:
$|7| = 7$

$|-4| = -(-4) = 4$

$\left|-\dfrac{2}{3}\right| = -\left(-\dfrac{2}{3}\right) = \dfrac{2}{3}$

Se P é a representação geométrica do número x, então a distância de P até a origem é dada pelo módulo de x (Figura 2.11).

Figura 2.11: Representação geométrica de $|x|$

Propriedades do módulo

1) Se $|x| = k$, então $x = k$ ou $x = -k$, em que k é um número positivo.
2) Se $|x| < k$, então $-k < x < k$, em que k é uma constante positiva.
3) Se $|x| > k$, então $x > k$ ou $x < -k$, em que k é uma constante positiva.

Exemplo 2.11
a) $|x| = 3 \Rightarrow x = 3$ ou $x = -3$;
b) $|x| < 5 \Rightarrow -5 < x < 5$;
c) $|x| > 7 \Rightarrow x > 7$ ou $x < -7$.

Exemplo 2.12
Resolva a inequação $|2x - 3| < 7$.

Resolução
Temos sucessivamente:
$$|2x - 3| < 7$$
$$-7 < 2x - 3 < 7$$
$$-7 + 3 < 2x < 7 + 3$$
$$-4 < 2x < 10$$
$$-2 < x < 5$$

Portanto, o conjunto solução é o intervalo $]-2, 5]$.

Exercícios

23. Dados os intervalos $A = [2, 8]$ e $B = [7, 20]$, obtenha:
    a) $A \cup B$ b) $A \cap B$ c) $A - B$ d) A^c em que o universo é o conjunto R

24. Se $A = [1, \infty[$ e $B = [0, 5[$, obtenha:
    a) $A \cap B$ b) $A \cup B$ c) $A - B$

25. Represente geometricamente os conjuntos:
    a) $A = \{x \in R \mid x - 1 > 3\}$
    b) $B = \{x \in R \mid 4 - x < 1\}$
    c) $C = \{x \in R \mid x^2 - 6x + 5 = 0\}$
    d) $D = \{x \in R \mid |x| = 5\}$
    e) $E = \{y \in R \mid |y| = 2\}$
    f) $F = \{t \in R \mid |t| \leq 2\}$
    g) $G = \{t \in R \mid |t| > 1\}$
    h) $H = \{m \in R \mid |m - 2| < 3\}$

26. Obtenha os valores de x que satisfazem cada uma das inequações:
    a) $|x| < 12$
    b) $|x - 6| < 3$
    c) $|1 - 2x| < 7$
    d) $|x| > 8$
    e) $|x - 7| > 2$
    f) $|2 - 3x| > 5$

27. Existe uma probabilidade igual a 95% de que a vida x de uma bateria (medida em meses) satisfaça a relação:
$$\left|\frac{x-24}{4}\right| < 1{,}96$$
Qual o intervalo de variação de x?

28. Existe uma probabilidade igual a 90% de que as vendas x de uma empresa, no próximo ano, satisfaçam a relação $\left|\frac{x-15}{3}\right| < 1{,}65$, em que as vendas são dadas em milhares de unidades. Qual o intervalo de variação de x?

PARTE II

FUNÇÕES DE UMA VARIÁVEL

- **Capítulo 3**
  Funções

- **Capítulo 4**
  Limites

- **Capítulo 5**
  Derivadas

- **Capítulo 6**
  Aplicações de derivadas

- **Capítulo 7**
  Integrais

Capítulo 3

Funções

3.1 Introdução

Na Matemática, como em outras ciências, muitas vezes queremos estabelecer uma relação ou correspondência entre dois conjuntos.

Suponhamos, por exemplo, que temos dois conjuntos: um conjunto de números, $A = \{1, 2, 3, 4\}$, e um conjunto de quatro pessoas, $B = \{Ari, Rui, Lina, Ester\}$. Uma relação de A em B pode ser aquela em que ao número 1 se associa o nome Ari, ao 2 se associa Ester, ao 3 se associa Lina e ao 4, Rui. Esquematicamente, usamos a seguinte representação, chamada de diagrama de flechas (Figura 3.1).

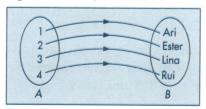

Figura 3.1: Relação entre A e B

Ou seja, aos números em ordem crescente associamos os nomes em ordem alfabética. Outra maneira de representar seria utilizando a notação de pares ordenados:

$$(1, Ari) \quad (2, Ester) \quad (3, Lina) \quad (4, Rui)$$

Notemos que a correspondência estabelecida determina um conjunto de pares ordenados, que chamaremos:

$$M = \{(1, Ari), (2, Ester), (3, Lina), (4, Rui)\}$$

É claro que essa não é a única relação que pode ser estabelecida entre os conjuntos A e B.

Vejamos outros exemplos. Façamos corresponder ao número 1 os indivíduos do sexo masculino e, ao número 2, os indivíduos do sexo feminino. Temos o diagrama da Figura 3.2, constituindo o conjunto:

$$N = \{(1, Rui), (1, Ari), (2, Ester), (2, Lina)\}$$

Figura 3.2: Relação entre A e B

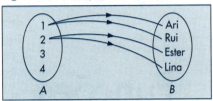

Uma terceira relação que podemos considerar é aquela que associa aos números ímpares o nome Ari e aos números pares o nome Lina. Teremos o diagrama da Figura 3.3, constituindo o conjunto:

$$P = \{(1, \text{Ari}), (2, \text{Lina}), (3, \text{Ari}), (4, \text{Lina})\}$$

Figura 3.3: Relação entre A e B

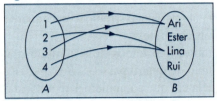

Notemos que os conjuntos M, N e P são formados por pares ordenados cujos primeiros elementos pertencem a A e cujos segundos elementos pertencem a B. Ou seja, todos são subconjuntos do produto cartesiano de A por B. Isto é:

$$M \subset A \times B, \quad N \subset A \times B \quad \text{e} \quad P \subset A \times B$$

É possível determinar outras relações de A em B, mas todas serão subconjuntos de $A \times B$. Como $A \times B$ tem 16 elementos, e o número de subconjuntos de $A \times B$ é 2^{16}, podemos estabelecer, ao todo, 2^{16} relações de A em B. Assim, temos a seguinte definição formal:

S é uma relação de A em B se S for um subconjunto de $A \times B$

Exemplo 3.1 Sejam os conjuntos $A = \{1, 2, 3\}$ e $B = \{2, 3, 4, 5\}$ e seja a relação dada por:

$$S = \{(x, y) \in A \times B \mid y = x + 1\}$$

Teremos, então:

$$S = \{(1, 2), (2, 3), (3, 4)\}$$

Na Figura 3.4 temos a representação da relação por meio do diagrama de flechas.

Figura 3.4: Representação da relação $y = x + 1$

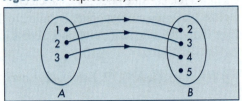

Quando os conjuntos A e B são numéricos, as relações são formadas por pares ordenados de números. Um par ordenado de números reais pode ser representado geometricamente por meio de dois eixos perpendiculares, sendo o horizontal chamado de eixo das abscissas ou eixo x; e o vertical, de eixo das ordenadas ou eixo y.

Um par ordenado (a, b) pode ser representado colocando-se a no eixo x, e b no eixo y, e traçando-se uma vertical por a e uma horizontal por b. O ponto P de intersecção dessas duas retas é a representação do par (a, b), conforme a Figura 3.5.

Figura 3.5: Representação geométrica do par ordenado (a, b)

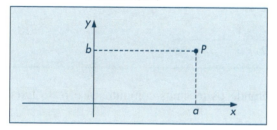

Dessa forma, podemos representar geometricamente a relação S, conforme a Figura 3.6:

Figura 3.6: Representação da relação $y = x + 1$

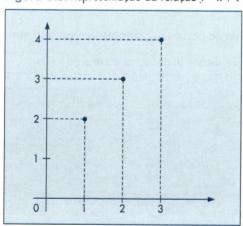

Exemplo 3.2 Considerando os conjuntos A e B do exemplo anterior, observemos a relação:

$$T = \{(x, y) \in A \times B \mid y > x\}$$

Teremos:

$$T = \{(1, 2), (1, 3), (1, 4), (1, 5), (2, 3), (2, 4), (2, 5), (3, 4), (3, 5)\}$$

O gráfico e o diagrama de flechas da relação estão ilustrados na Figura 3.7.

Figura 3.7: Gráfico e diagrama de flechas da relação $y > x$

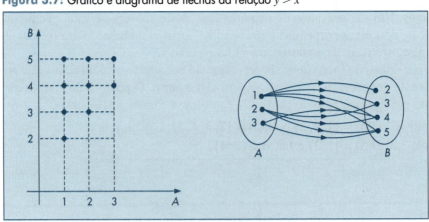

Exemplo 3.3 Considerando os mesmos conjuntos A e B do Exemplo 3.1, observemos a relação:

$$U = \{(x, y) \in A \times B \,|\, y = 2x\}$$

Teremos:

$$U = \{(1, 2), (2, 4)\}$$

O gráfico e o diagrama de flechas encontram-se representados na Figura 3.8.

Figura 3.8: Gráfico e diagrama de flechas da relação $y = 2x$

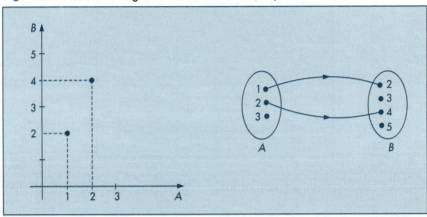

Definida uma relação S de A em B, podemos considerar dois novos conjuntos: o domínio da relação $D(S)$ e o conjunto imagem da relação $Im(S)$.

O domínio de S é o conjunto dos elementos $x \in A$ para os quais existe um $y \in B$ tal que $(x, y) \in S$. O conjunto imagem de S é o conjunto dos $y \in B$ para os quais existe um $x \in A$ tal que $(x, y) \in S$. Em outras palavras, o domínio é o conjunto dos elementos de A que possuem um correspondente em B dados pela relação.

É claro que $D(S)$ é um subconjunto de A, e $Im(S)$ é um subconjunto de B. Quando não houver possibilidade de confusão, o domínio e o conjunto imagem são indicados simplesmente por D e Im, respectivamente.

Exemplo 3.4 Os domínios e o conjunto imagem das relações dos exemplos anteriores são, respectivamente:
- exemplo 3.1: $D(S) = \{1, 2, 3\}$ e $Im(S) = \{2, 3, 4\}$;
- exemplo 3.2: $D(S) = \{1, 2, 3\}$ e $Im(S) = \{2, 3, 4, 5\}$;
- exemplo 3.3: $D(S) = \{1, 2\}$ e $Im(S) = \{2, 4\}$.

Exercícios

1. Sendo $A = \{1, 3, 5, 7\}$ e $B = \{3, 5, 8, 9\}$, escreva sob a forma de conjuntos as relações de A em B, com $x \in A$ e $y \in B$, dadas por:
   a) $x < y$
   b) $x \geq y$
   c) x é divisor de y
   d) $x = y$
   e) $y = x + 2$

2. Faça o gráfico e o diagrama de flechas de cada relação do exercício anterior.

3. Dê o domínio e o conjunto imagem de cada uma das relações do exercício 1.

3.2 O conceito de função

Consideremos os seguintes diagramas de flecha que representam relações de A em B (Figura 3.9):

Figura 3.9: Relações entre A e B

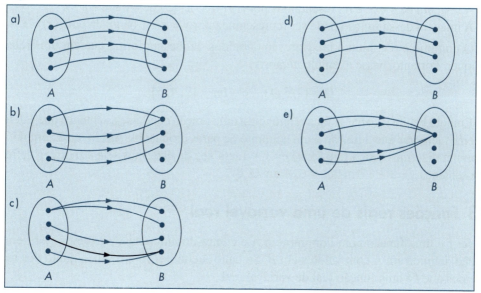

Observemos que, entre essas relações, têm particular importância aquelas que obedecem à definição seguinte:

Uma relação f de A em B é uma função se e somente se:

a) todo elemento x pertencente a A tem um correspondente y pertencente a B definido pela relação, chamado imagem de x;
b) a cada x pertencente a A não podem corresponder dois ou mais elementos de B por meio de f.

Verificamos que as relações (a), (b) e (e) da Figura 3.9 são funções de A em B, ao passo que (c) não é função, pois a um dado x pertencente a A correspondem dois elementos de B; (d) também não é função, pois existe um elemento de A que não tem correspondente em B.

A imagem y também é habitualmente representada por $f(x)$ (lê-se f de x); x é chamada variável independente e y, variável dependente.

Exemplo 3.5 Sejam $A = \{1, 3, 4\}$ e $B = \{2, 4, 5, 7\}$ e a função que a cada $x \in A$ se associa um $y \in B$, de modo que $y = x + 1$. Teremos o diagrama da Figura 3.10.

Figura 3.10: Diagrama da relação $y = x + 1$

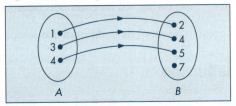

A imagem de 1 é 2, e representamos por $f(1) = 2$ (lê-se f de 1 é igual a 2).
A imagem de 3 é 4, e representamos por $f(3) = 4$ (lê-se f de 3 é igual a 4).
A imagem de 4 é 5, e representamos por $f(4) = 5$ (lê-se f de 4 é igual a 5).
A imagem dessa função pode ser representada por $y = x + 1$ ou ainda por $f(x) = x + 1$.

O domínio e o conjunto imagem são definidos da mesma forma que em uma relação qualquer. Portanto, nesse exemplo, temos:

$$D = \{1, 3, 4\} \quad \text{e} \quad Im = \{2, 4, 5\}$$

Embora habitualmente se faça referência a uma função dando-se a sentença que a define, devemos lembrar que a função é um conjunto de pares ordenados. Assim, no Exemplo 3.5, é comum dizermos seja a função $f(x) = x + 1$, em vez de dizermos seja a função f definida pela sentença $y = x + 1$, em que $x \in A$ e $y \in B$.

3.3 Funções reais de uma variável real

Se f é uma função com domínio em A e contra domínio em B, dizemos que f é uma função definida em A com valores em B. Se tanto A como B forem subconjunto dos reais, dizemos que f é uma **função real de variável real**.

Exemplo 3.6 Seja a função dada pela sentença $f(x) = 2x$, sendo o domínio o conjunto $A = \{1, 2, 3, ..., n, ...\}$ e $B = R$.

Assim:

$$f(1) = 2, f(2) = 4, f(3) = 6, ..., f(n) = 2n, ...$$

Portanto, o conjunto imagem é $Im = \{2, 4, 6, ... 2n, ...\}$ e, sendo A e B subconjuntos de R, dizemos que f é uma função real de variável real. O gráfico é dado pela Figura 3.11, e podemos verificar que os pontos do gráfico estão alinhados.

Caso tivéssemos uma função definida pela mesma sentença $f(x) = 2x$, porém com domínio $A = R$, o gráfico seria formado por todos os pontos da reta da Figura 3.12.

Figura 3.11: Gráfico de $f(x) = 2x$ do Exemplo 3.6, em que $D = N^*$

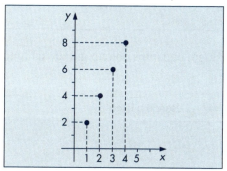

Figura 3.12: Gráfico de $f(x) = 2x$ do Exemplo 3.6, em que $D = R$

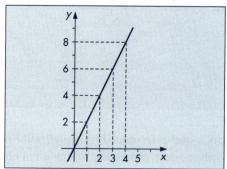

Exemplo 3.7 Existem diversos recursos computacionais, disponíveis hoje em dia, para a elaboração de gráficos de funções. Geralmente o recurso consiste em digitar os valores de x e os correspondentes valores de y, que o *software* gera o gráfico ponto a ponto.

Suponhamos, por exemplo, querer obter o gráfico da função $y = 4x - x^2$, no intervalo $[0, 4]$. Usando a planilha Excel, podemos gerar os valores de x a partir de 0 e com passo igual a 0,1 até atingirmos o valor 4 (isto é, atribuímos para x os valores: 0; 0, 1; 0, 2; 0, 3; ...; 4). Para cada valor de x obtemos, por meio da planilha, os correspondentes valores de y.

De posse das colunas com x e y, selecionamos, por meio do editor de gráficos, o gráfico de dispersão. Obtemos o gráfico da Figura 3.13:

Figura 3.13: Gráfico de $y = 4x - x^2$ usando o Excel

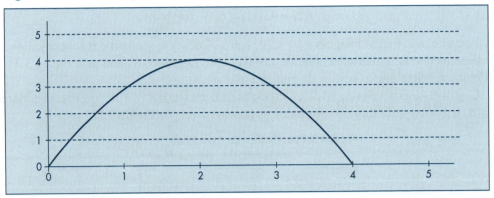

Com procedimento análogo, podemos obter o gráfico da função $y = x^3 - x$, no intervalo [−1, 1] (Figura 3.14).

Figura 3.14: Gráfico de $y = x^3 - x$ usando o Excel

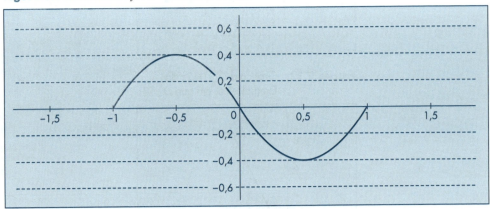

É importante observarmos que esse procedimento permite obter uma ideia do gráfico dentro de um intervalo de valores de x. Para termos uma ideia global do gráfico, em todo o domínio, precisamos estudar outros recursos que veremos mais para a frente.

Exemplo 3.8 Uma calculadora é vendida por $ 200,00 a unidade. Sendo x a quantidade vendida, a receita de vendas será $200x$. Assim, podemos dizer que $R(x) = 200x$ é uma função que fornece para quantidade vendida (x) a receita correspondente. O domínio e o conjunto imagem são dados por:

$$D = \{0, 1, 2, 3, 4, \ldots\} \text{ e } Im = \{0, 200, 400, 600, 800, \ldots\}$$

Exercícios

4. Dada a função $f(x) = 7x - 3$, com $D = \mathbb{R}$, obtenha:

   a) $f(2)$
   b) $f(6)$
   c) $f(0)$
   d) $f(-1)$
   e) $f(\sqrt{2})$
   f) $f\left(\dfrac{1}{2}\right)$
   g) $f\left(-\dfrac{1}{3}\right)$
   h) $f(a+b)$

5. Dada a função $f(x) = 2x - 3$, obtenha:

   a) $f(3)$
   b) $f(-4)$
   c) o valor de x tal que $f(x) = 49$
   d) o valor de x tal que $f(x) = -10$

6. Dada a função $f(x) = x^2$, obtenha
   a) $f(x_0)$
   b) $f(x_0 + h)$
   c) $f(x_0 + h) - f(x_0)$

7. Dada a função $f(x) = x^2 - 4x + 10$, obtenha os valores de x cuja imagem seja 7.

8. Dada a função $f(x) = mx + 3$, determine m sabendo-se que $f(1) = 6$.

9. Faça o gráfico da função $f(x) = 2x + 1$, com domínio $D = \{0, 1, 2, 3, 4\}$. Qual o conjunto imagem?

10. Faça o gráfico da função $f(x) = x^2$, sendo $D = \{-3, -2, -1, 0, 1, 2, 3\}$. Qual o conjunto imagem?

11. Qual o gráfico da função $f(x) = 3$, sendo $D = \mathbb{R}$?

12. Esboce o gráfico da função f, de domínio $D = \mathbb{R}$, dada por:
$$f(x) = \begin{cases} 1, \text{ se } x \geq 0 \\ -1, \text{ se } x < 0 \end{cases}$$

13. Uma livraria vende uma revista por $ 5,00 a unidade. Seja x a quantidade vendida.
    a) Obtenha a função receita $R(x)$.
    b) Calcule $R(40)$.
    c) Qual a quantidade que deve ser vendida para dar uma receita igual a $ 700,00?

14. O custo de fabricação de x unidades de um produto é dado pela função $C(x) = 100 + 2x$.
    a) Qual o custo de fabricação de 10 unidades?
    b) Qual o custo de fabricação da décima unidade, já tendo sido fabricadas nove unidades?

15. Resolva o exercício 14 considerando a função custo $C(x) = \frac{1}{3}x^3 - 24x^2 + 600x + 400$.

16. Chama-se custo médio de fabricação de um produto o custo de produção dividido pela quantidade produzida. Indicando o custo médio correspondente a x unidades produzidas por $Cme(x)$, teremos: $Cme(x) = \frac{C(x)}{x}$.
    O custo de fabricação de x unidades de um produto é $C(x) = 500 + 4x$.
    a) Qual o custo médio de fabricação de 20 unidades?
    b) Qual o custo médio de fabricação de 40 unidades?
    c) Para que valor tende o custo médio à medida que x aumenta?

17. Em determinado país, o imposto de renda é igual a 10% da renda, para rendas até $ 900,00. Para rendas acima de $ 900,00, o imposto de renda é igual a $ 90,00 (10% de $ 900,00) mais 20% da parte da renda que excede $ 900,00.
    a) Qual o imposto de renda para uma renda de $ 600,00?
    b) Qual o imposto de renda para uma renda de $ 1.200,00?
    c) Chamando de x a renda e de y o imposto de renda, obtenha a expressão de y em função de x.

18. Em determinada cidade, a tarifa mensal de água é cobrada da seguinte forma: para um consumo de até 10 m^3 mensais, a tarifa é um valor fixo de $ 8,00. A parte consumida no mês entre 10 m^3 e 20 m^3 paga uma tarifa de $ 1,00 por m^3, e o que exceder 20 m^3 paga $ 1,40 por m^3.
    a) Calcule a tarifa de quem consome 2 m^3 por mês.
    b) Calcule a tarifa de quem consome 15 m^3 por mês.
    c) Calcule a tarifa de quem consome 37 m^3 por mês.
    d) Chamando de x o consumo mensal (em m^3) e de y a tarifa, obtenha a expressão de y em função de x.

19. Um vendedor de assinaturas de uma revista ganha $ 2.000,00 de salário fixo mensal, mais uma comissão de $ 50,00 por assinatura. Sendo x o número de assinaturas vendidas por mês, expresse seu salário total S como função de x.

20. Um retângulo tem um perímetro igual a 40. Expresse a área do retângulo em função da medida x de um de seus lados.

21. Um triângulo equilátero tem cada um de seus lados medindo x. Expresse a área do triângulo em função de x.

22. A seguir estão os gráficos de relações de A em R. Quais podem e quais não podem ser gráficos de funções?

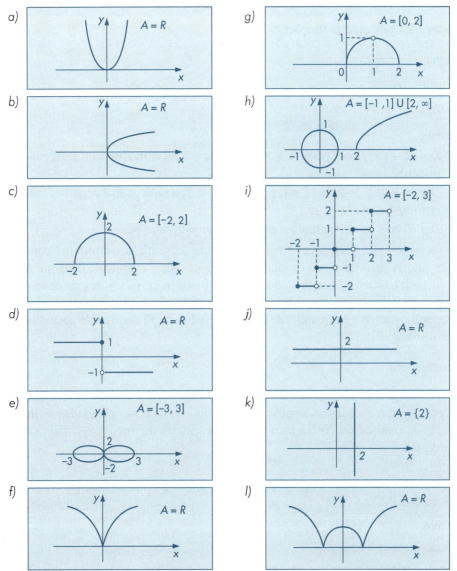

3.4 Primeiras normas elementares para o estudo de uma função

Domínio

Quando temos uma função real de uma variável real, de A em B, sabemos que A é um subconjunto dos números reais. Nos exemplos dados anteriormente, a função era definida por uma sentença $y = f(x)$, e os conjuntos A e B eram especificados.

Nas situações em que não é mencionado o domínio, convenciona-se que ele seja formado por todos os valores reais de x para os quais exista imagem y.

Exemplo 3.9 Considere as funções:

a) $f(x) = \dfrac{2}{x-3}$;

b) $f(x) = \sqrt{x-2}$;

c) $f(x) = x^2 + 5x$.

Temos:

a) $D = R - \{3\}$, pois o valor $x = 3$ faz que o denominador seja zero (não existe a fração);

b) $D = \{x \in R \mid x \geqslant 2\} = [2, \infty[$, pois, para $x < 2$, o radicando é negativo e não existe a raiz quadrada;

c) $D = R$, pois nesse exemplo x pode ser qualquer valor real.

Observemos que, em funções envolvendo situações práticas, o domínio é constituído de todos os valores reais de x para os quais tenha significado o cálculo da imagem. Assim, por exemplo, caso tenhamos uma função custo $C(x) = 400 + 3x$, os valores de x não podem ser negativos (não podemos ter quantidades negativas). Além disso, caso o produto seja indivisível (por exemplo, quando x é a quantidade de carros), o domínio é constituído apenas de números inteiros não negativos.

Interceptos

São os pontos de intersecção do gráfico de uma função com os eixos. Os pontos de intersecção com o eixo x têm coordenadas do tipo $(x, 0)$ e são chamados x–interceptos. Os pontos de intersecção com o eixo y têm coordenadas do tipo $(0, y)$ e são chamados de y–interceptos.

Exemplo 3.10 Vamos obter os pontos de intersecção do gráfico da função $y = (x^2 - 1)(x - 2)$ com os eixos x e y.

Temos:

- Intersecção com o eixo y.

Como o ponto procurado é da forma $(0, y)$, devemos fazer na função $x = 0$. Assim:

$$y = (0^2 - 1)(0 - 2) = 2$$

Portanto, o ponto procurado é $(0, 2)$.

- Intersecção com o eixo x.

Como o ponto procurado é da forma $(x, 0)$, devemos fazer na função $y = 0$. Assim:

$$0 = (x^2 - 1)(x - 2) \Rightarrow x = 1 \text{ ou } x = -1 \text{ ou } x = 2$$

Portanto, os pontos procurados são: $(1, 0)$, $(-1, 0)$ e $(2, 0)$.
O esboço do gráfico dessa função encontra-se na Figura 3.15.

Figura 3.15: Esboço do gráfico da função
$y = (x^2 - 1)(x - 2)$

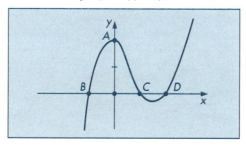

Funções crescentes e decrescentes

Dizemos que uma função f é crescente num intervalo $[a, b]$ se, à medida que aumenta o valor de x, dentro do intervalo, as imagens correspondentes também aumentam. Em outras palavras, f é crescente num intervalo $[a, b]$ se, para quaisquer valores x_1 e x_2 do intervalo, com $x_1 < x_2$, tivermos $f(x_1) < f(x_2)$.

Analogamente, dizemos que uma função f é decrescente num intervalo $[a, b]$ se, à medida que aumenta o valor de x, dentro do intervalo, as imagens correspondentes vão diminuindo. Em outras palavras, f é decrescente num intervalo $[a, b]$ se, para quaisquer valores x_1 e x_2 do intervalo, com $x_1 < x_2$, tivermos $f(x_1) > f(x_2)$. A Figura 3.16 ilustra essas duas situações.

Figura 3.16: Funções crescente e decrescente

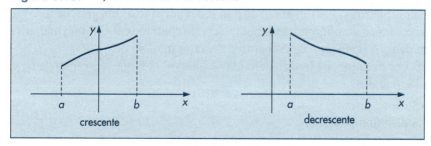

Caso a função tenha a mesma imagem em todos os pontos de um intervalo $[a, b]$, dizemos que a função é constante naquele intervalo.

Uma função que seja crescente ou constante num intervalo é chamada não decrescente naquele intervalo; se uma função for constante ou decrescente num intervalo, ela é chamada não crescente naquele intervalo. A Figura 3.17 ilustra funções não decrescentes e não crescentes.

Figura 3.17: Funções não decrescente e não crescente

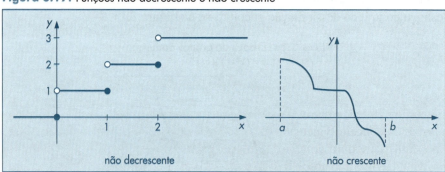

não decrescente   não crescente

Pontos de máximo e de mínimo

Seja f uma função definida num domínio D. Dizemos que x_0 é um ponto de máximo relativo (ou simplesmente ponto de máximo) se existir um intervalo aberto A, com centro em x_0 tal que:

$$f(x) \leq f(x_0) \qquad \forall x \in A \cap D$$

Em outras palavras, x_0 é um ponto de máximo relativo se as imagens de todos os valores de x pertencentes ao domínio, situados num intervalo centrado em x_0, forem menores ou iguais à imagem de x_0. A imagem $f(x_0)$ é chamada de valor máximo de f.

Analogamente dizemos que x_0 é um ponto de mínimo relativo (ou simplesmente ponto de mínimo) se existir um intervalo aberto A, com centro em x_0, tal que:

$$f(x) \geq f(x_0) \qquad \forall x \in A \cap D$$

Em outras palavras, x_0 é um ponto de mínimo relativo se as imagens de todos os valores de x pertencentes ao domínio situados num intervalo centrado em x_0 forem maiores ou iguais à imagem de x_0. A imagem $f(x_0)$ é chamada de valor mínimo de f.

Assim, por exemplo, na função definida no intervalo $[a, b]$ e representada no gráfico da Figura 3.18, teremos:

Pontos de máximo: a, x_2, x_4
Pontos de mínimo: x_1, x_3, b

Figura 3.18: Ilustração de pontos de máximo e de mínimo

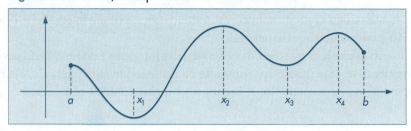

Por outro lado, dizemos que x_0 é um **ponto de máximo absoluto** se:

$$f(x) \leq f(x_0) \ \forall x \in D$$

e x_0 é um **ponto de mínimo absoluto** se:

$$f(x) \geq f(x_0) \ \forall x \in D$$

Portanto, a diferença entre um ponto de máximo relativo e máximo absoluto é que o primeiro é um conceito vinculado às vizinhanças do ponto considerado, ao passo que o segundo é ligado a todo o domínio da função. A mesma diferença ocorre entre ponto de mínimo relativo e mínimo absoluto.

Na função representada na Figura 3.18, x_2 é ponto de máximo absoluto, e x_1 é ponto de mínimo absoluto.

Estudo do sinal de uma função

Estudar o sinal de uma função significa obter os valores de x para os quais $y > 0$ ou $y < 0$ ou $y = 0$.

Desse modo, por exemplo, na função definida no intervalo [2, 10] e representada na Figura 3.19, teremos:

- $y > 0$ para $2 \leq x < 3$ ou para $7 < x \leq 10$;
- $y < 0$ para $3 < x < 7$;
- $y = 0$ para $x = 3$ ou $x = 7$.

Figura 3.19: Ilustração do sinal de uma função

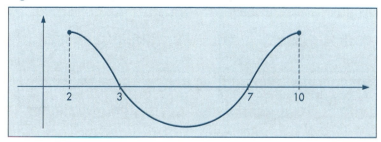

Simbolicamente, representamos da forma indicada na Figura 3.20:

Figura 3.20: Representação simbólica do sinal de uma função

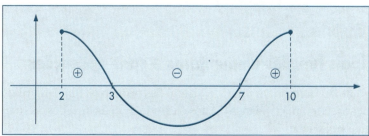

Exercícios

23. Obtenha o domínio das seguintes funções:

a) $y = 2x + 7$

b) $y = \dfrac{1}{x-2}$

c) $y = \dfrac{1}{x} + \dfrac{3}{x-3}$

d) $y = \sqrt{x}$

e) $y = \sqrt{x-2}$

f) $y = \sqrt{2-x}$

g) $y = \dfrac{3}{\sqrt{x-1}}$

h) $y = \sqrt{2x-6} + \dfrac{3}{x}$

i) $y = \dfrac{\sqrt{x-3}}{x-1}$

j) $y = \sqrt{x} + \sqrt{x-2}$

24. Obtenha os intervalos nos quais a função dada é crescente e nos quais é decrescente, indicando pontos de máximo e de mínimo para a figura a seguir:

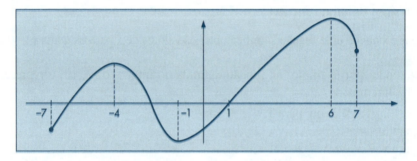

25. Estude o sinal das seguintes funções:

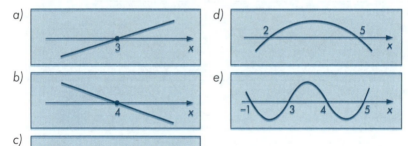

3.5 Principais funções elementares e suas aplicações

Neste item procuraremos dar uma ideia geral das principais funções utilizadas nas áreas de administração, economia e finanças. Após o estudo de cada uma dessas funções, veremos algumas de suas aplicações.

3.5.1 Função constante

É toda função do tipo $y = k$, em que k é uma constante real. Verifica-se que o gráfico dessa função é uma reta horizontal, passando pelo ponto de ordenada k (Figura 3.21).

Figura 3.21: Gráfico da função constante $y = k$

3.5.2 Função do 1º grau

Esse tipo de função apresenta um grande número de aplicações.

Uma função é chamada de função do 1º grau (ou função afim) se sua sentença for dada por $y = m \cdot x + n$, sendo m e n constantes reais com $m \neq 0$.

Verifica-se que o gráfico de uma função do 1º grau é uma reta. Assim, o gráfico pode ser obtido por meio de dois pontos distintos (pois dois pontos distintos determinam uma reta).

Exemplo 3.11 Vamos esboçar o gráfico da função $y = 2x + 1$.

Atribuindo a x os valores 0 e 1, por exemplo, teremos:
- $x = 0 \Rightarrow y = 2 \cdot 0 + 1 = 1$, assim temos o ponto $(0, 1)$;
- $x = 1 \Rightarrow y = 2 \cdot 1 + 1 = 3$, assim temos o ponto $(1, 3)$.

Dessa forma, a reta procurada passa pelos pontos $(0, 1)$ e $(1, 3)$ e seu gráfico é o da Figura 3.22.

Figura 3.22: Gráfico da função $y = 2x + 1$

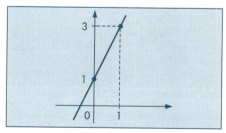

Exemplo 3.12 Obtenhamos a função cujo gráfico é dado na Figura 3.23.

Figura 3.23: Função do 1º grau

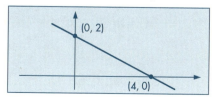

Seja $y = m \cdot x + n$ a função procurada. Então:
- o ponto (0, 2) pertence ao gráfico, logo: $2 = m \cdot 0 + n \Rightarrow n = 2$;
- o ponto (4, 0) pertence ao gráfico, logo: $0 = m \cdot 4 + n \Rightarrow 4m + n = 0$;
- tendo em conta que $n = 2$, obtemos: $4m + 2 = 0 \Rightarrow m = -1/2$.

Desta forma, a função procurada é $y = -\dfrac{1}{2}x + 2$.

Observações

1) A constante n é chamada de coeficiente linear e representa, no gráfico, a ordenada do ponto de intersecção da reta com o eixo y (Figura 3.24).

A justificativa para essa afirmação é feita lembrando que, no ponto de intersecção do gráfico da função com o eixo y, a abscissa x vale zero; assim, o ponto de intersecção é da forma $(0, y)$, e, como ele pertence também ao gráfico da função, podemos substituir x por 0 na função $y = m \cdot x + n$. Teremos então:

$$y = m \cdot 0 + n \Rightarrow y = n$$

Portanto, o ponto de intersecção do gráfico com o eixo y tem ordenada n.

2) A constante m é chamada de coeficiente angular e representa a variação de y correspondente a um aumento do valor de x igual a 1, aumento considerado a partir de qualquer ponto da reta; quando $m > 0$, o gráfico corresponde a uma função crescente, e, quando $m < 0$, o gráfico corresponde a uma função decrescente (Figura 3.24).

Figura 3.24: Coeficiente linear e angular de uma reta

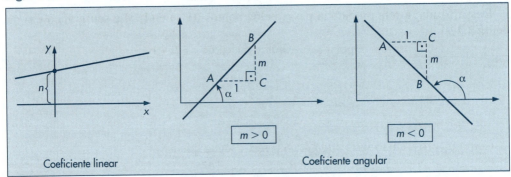

A demonstração dessa propriedade é a seguinte:

Seja x_1 a abscissa de um ponto qualquer da reta e seja $x_2 = x_1 + 1$. Sejam y_1 e y_2 as ordenadas dos pontos da reta correspondentes àquelas abscissas. Teremos:

$$y_1 = m \cdot x_1 + n \tag{3.1}$$

e

$$y_2 = m \cdot x_2 + n \tag{3.2}$$

Subtraindo membro a membro as relações (3.2) e (3.1), e tendo em conta que $x_2 = x_1 + 1$, obteremos:

$$y_2 - y_1 = m(x_2 - x_1) \Rightarrow y_2 - y_1 = m$$

Assim, m corresponde à variação de y correspondente a uma variação de x igual a 1. Notemos ainda que, se $m > 0$, teremos $y_2 > y_1$ e, consequentemente, a função será crescente. Por outro lado, se $m < 0$, então $y_2 < y_1$ e, consequentemente, a função será decrescente. É fácil verificar no triângulo ABC da Figura 3.24 que $m = tg\alpha$, em que α é o ângulo de inclinação da reta em relação ao eixo x.

3) Conhecendo-se dois pontos de uma reta $A(x_1, y_1)$ e $B(x_2, y_2)$, o coeficiente angular m é dado por:

$$m = \frac{y_2 - y_1}{x_2 - x_1} = \frac{\Delta y}{\Delta x} \tag{3.3}$$

A demonstração de (3.3) é feita considerando-se o triângulo ABC da Figura 3.25.

Figura 3.25: Interpretação do coeficiente angular

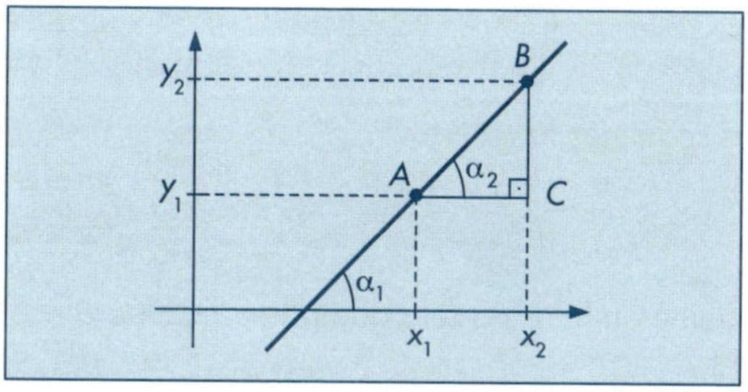

Temos:

$$tg\alpha_2 = \frac{\overline{BC}}{\overline{AC}} = \frac{y_2 - y_1}{x_2 - x_1}$$

Como $\alpha_2 = \alpha_1$, então $tg\alpha_2 = tg\alpha_1$ e $m = tg\alpha_1$, segue que $m = \frac{y_2 - y_1}{x_2 - x_1}$.

A demonstração é análoga se na Figura 3.25 considerarmos uma reta de uma função decrescente.

4) Conhecendo um ponto $P(x_0, y_0)$ de uma reta e seu coeficiente angular m, a função correspondente é dada por:

$$y - y_0 = m(x - x_0) \tag{3.4}$$

De fato, seja $Q(x, y)$ um ponto genérico da reta, distinto de P (Figura 3.26).

Figura 3.26: Determinação da reta por um ponto e pelo coeficiente angular

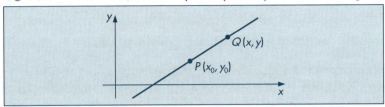

Teremos

$$m = \frac{y - y_0}{x - x_0} \Rightarrow y - y_0 = m(x - x_0)$$

e obtemos (3.4).

Exercícios

26. Esboce os gráficos das funções:
   a) $y = 5$
   b) $y = x + 1$
   c) $y = 3x + 2$
   d) $y = -x + 2$
   e) $y = -3x$
   f) $y = -5x + 6$
   g) $y = 6 - 10x$
   h) $\begin{cases} y = 2x, \text{ se } x \geqslant 0 \\ y = x, \text{ se } x < 0 \end{cases}$
   i) $\begin{cases} y = 2x + 1, \text{ se } x \geqslant 1 \\ y = 3, \text{ se } x < 1 \end{cases}$

27. Estude o sinal das seguintes funções:
   a) $y = 2x - 6$
   b) $y = 3x + 12$
   c) $y = -2x + 8$
   d) $y = -3x$
   e) $y = 5x + 2$

28. Obtenha o coeficiente angular da reta que passa por A e B nos seguintes casos:
   a) $A(1, 2)$ e $B(2, 7)$
   b) $A(0, 3)$ e $B(2, 5)$
   c) $A(-1, 4)$ e $B(3, 5)$
   d) $A(-2, 1)$ e $B(5, -2)$

29. Obtenha a equação da reta que passa por P e tem coeficiente angular m nos seguintes casos:
   a) $P(1, 3)$ e $m = 2$
   b) $P(0, 0)$ e $m = 3$
   c) $P(-1, 4)$ e $m = -1$
   d) $P(-1, -2)$ e $m = 2$
   e) $P(0, -4)$ e $m = -3$
   f) $P(-2, 0)$ e $m = -1$

30. Obtenha a equação da reta que passa pelos pontos A e B nos seguintes casos:
   a) $A(1, 2)$ e $B(2, 3)$
   b) $A(-1, 0)$ e $B(4, 2)$
   c) $A(2, 1)$ e $B(0, 4)$

31. Obtenha as funções, dados seus gráficos, nos seguintes casos:

a)
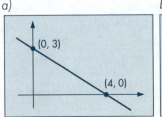

b)
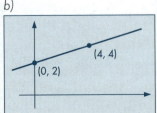

c)
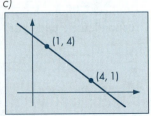

3.5.3 Funções custo, receita e lucro do 1º grau

Seja x a quantidade produzida de um produto. O custo total de produção (ou simplesmente custo) depende de x, e a relação entre eles chamamos de função custo total (ou simplesmente função custo) e a indicamos por C.

Existem custos que não dependem da quantidade produzida, tais como aluguel, seguros e outros. A soma desses custos que não dependem da quantidade produzida chamamos de custo fixo e indicamos por C_F. A parcela do custo que depende de x chamamos de custo variável e indicamos por C_V.

Assim, podemos escrever:

$$C = C_F + C_V$$

Verificamos também que, para x variando dentro de certos limites (normalmente não muito grandes), o custo variável é geralmente igual a uma constante multiplicada pela quantidade x. Essa constante é chamada de custo variável por unidade.

Seja x a quantidade vendida de um produto. Chamamos de função receita o produto de x pelo preço de venda e a indicamos por R.

A função lucro é definida como a diferença entre a função receita R e a função custo C. Assim, indicando a função lucro por L, teremos:

$$L(x) = R(x) - C(x)$$

Exemplo 3.13 O custo fixo mensal de fabricação de um produto é $ 5.000,00, e o custo variável por unidade é $ 10,00. Então a função custo total é dada por:

$$C = 5.000 + 10x$$

Se o produto em questão for indivisível (por exemplo, número de rádios), os valores de x serão 0, 1, 2, 3, ..., e o gráfico será um conjunto de pontos alinhados (Figura 3.27). Caso o produto seja divisível (como toneladas de aço produzidas), os valores de x serão reais positivos, e o gráfico será a semirreta da Figura 3.28, pois se trata de uma função do 1º grau.

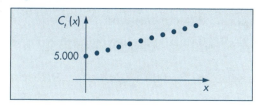

Figura 3.27: Função custo com domínio discreto

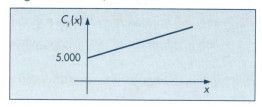

Figura 3.28: Função custo com domínio contínuo

Quando nada for dito a respeito das características do produto, admitiremos que ele seja divisível, sendo o gráfico então uma curva contínua.

Exemplo 3.14 Um produto é vendido a $ 15,00 a unidade (preço constante). A função receita será:

$$R(x) = 15x$$

O gráfico dessa função será uma semirreta passando pela origem (pois se trata de uma função do 1º grau com coeficiente linear igual a zero). Assim, o gráfico dessa função encontra-se na Figura 3.29.

Figura 3.29: Gráfico da função receita $R(x) = 15x$

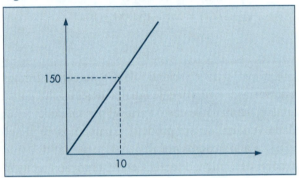

Se colocarmos o gráfico da função receita desse exemplo e o da função custo do exemplo anterior num mesmo sistema de eixos, teremos a Figura 3.30. Nessa figura, podemos observar que os gráficos se interceptam num ponto N; nesse ponto, a receita e o custo são iguais e consequentemente o lucro é zero. A abscissa desse ponto é chamada de ponto de nivelamento ou ponto crítico e indicada por x^*.

Figura 3.30: Ponto crítico ou de nivelamento

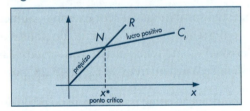

Observemos que:

- se $x > x^*$, então $R(x) > C(x)$ e, portanto, $L(x) > 0$ (lucro positivo);
- se $x < x^*$, então $R(x) < C(x)$ e, portanto, $L(x) < 0$ (lucro negativo ou prejuízo).

Exemplo 3.15 Suponhamos que a função custo seja $C(x) = 5.000 + 10x$ e a função receita seja $R(x) = 15x$.

O ponto de nivelamento é o valor de x tal que:

$$R(x) = C(x)$$

Ou seja,

$$15x = 5.000 + 10x$$
$$5x = 5.000$$
$$x = 1.000$$

Assim, se $x > 1.000$, o lucro será positivo e, se $x < 1.000$, o lucro será negativo (prejuízo). A função lucro é dada por

$$L(x) = R(x) - C(x)$$
$$L(x) = 15x - (5.000 + 10x)$$
$$L(x) = 5x - 5.000$$

A diferença entre o preço de venda e o custo variável por unidade é chamada de **margem de contribuição por unidade**. Portanto, em nosso exemplo, a margem de contribuição por unidade vale $ 5,00 (15 – 10).

Exemplo 3.16

a) Um produto é vendido com uma margem de contribuição unitária igual a 40% do preço de venda. Qual o valor dessa margem como porcentagem do custo variável por unidade?

b) Um produto é vendido com uma margem de contribuição unitária igual a 50% do custo variável por unidade. Qual o valor dessa margem como porcentagem do preço de venda?

Resolução

a) Admitamos um preço de venda igual a $ 100,00. Dessa forma, a margem de contribuição é igual a $(0,40) \cdot 100 = 40$, e, portanto, o custo variável é igual a $ 60,00. Logo, a margem de contribuição como porcentagem do custo variável é $\frac{40}{60} = 0,6667 = 66,67\%$.

b) Admitamos um custo variável por unidade igual a $ 100,00. Dessa forma, a margem de contribuição é igual a $(0,50) \cdot 100 = 50$, e, portanto, o preço de venda é igual a $150,00. Logo, a margem de contribuição como porcentagem do preço de venda é $\frac{50}{150} = 0,3333 = 33,33\%$.

Observações

1) Em geral, para grandes intervalos de variação de x, o gráfico da função custo tem o aspecto da Figura 3.31. Até o ponto A os custos crescem lentamente e depois de A passam a crescer de forma mais rápida (isso corresponde ao fato de que um grande aumento na produção implica novos investimentos). Podemos também perceber pelo gráfico que até o ponto B o gráfico da função custo é aproximadamente uma reta, e essa suposição foi a que utilizamos neste item.

Figura 3.31: Função custo genérica

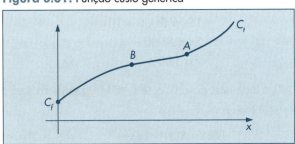

2) Na função receita, admitimos que o preço era constante e consequentemente a função receita era do 1º grau. Veremos nos próximos itens como abordar o fato de o preço não ser constante.

3) Chamamos de custo médio de produção (ou ainda custo unitário) e indicamos por Cme o custo total dividido pela quantidade produzida, isto é:

$$Cme(x) = \frac{C(x)}{x}$$

Exercícios

32. Determine o ponto de nivelamento (ou ponto crítico) e esboce os gráficos da função receita e custo em cada caso:
    a) $R(x) = 4x$ e $C(x) = 50 + 2x$
    b) $R(x) = 200x$ e $C(x) = 10.000 + 150x$
    c) $R(x) = \frac{1}{2}x$ e $C(x) = 20 + \frac{1}{4}x$

33. Obtenha as funções lucro em cada caso do exercício anterior, esboce seu gráfico e faça o estudo do sinal.

34. Uma editora vende certo livro por $ 60,00 a unidade. Seu custo fixo é $ 10.000,00 por mês, e o custo variável por unidade é $ 40,00. Qual o ponto de nivelamento?

35. Em relação ao exercício anterior, quantas unidades a editora deverá vender por mês para ter um lucro mensal de $ 8.000,00?

36. O custo fixo de fabricação de um produto é $ 1.000,00 por mês, e o custo variável por unidade é $ 5,00. Se cada unidade for vendida por $ 7,00:
    a) Qual o ponto de nivelamento?
    b) Se o produtor conseguir reduzir o custo variável por unidade em 20%, à custa do aumento do custo fixo na mesma porcentagem, qual o novo ponto de nivelamento?
    c) Qual o aumento no custo fixo necessário para manter inalterado o ponto de nivelamento (em relação ao item a) quando o custo variável por unidade é reduzido em 30%?

37. O custo fixo mensal de uma empresa é $ 30.000,00, o preço unitário de venda é $ 8,00 e o custo variável por unidade é $ 6,00.
   a) Obtenha a função lucro mensal.
   b) Obtenha a função lucro líquido mensal, sabendo-se que o imposto de renda é 30% do lucro.

38. O custo fixo mensal de uma empresa é $ 5.000,00, o custo variável por unidade produzida é $ 30,00, e o preço de venda é $ 40,00.
   Que quantidade deve ser vendida por mês para dar um lucro líquido de $ 2.000,00 mensais, sabendo-se que o imposto de renda é igual a 35% do lucro?

39. Sabendo que a margem de contribuição por unidade é $ 3,00, o preço de venda é $ 10,00 e o custo fixo é $ 150,00 por dia, obtenha:
   a) a função receita;
   b) a função custo total diário;
   c) o ponto de nivelamento;
   d) a função lucro diário;
   e) a quantidade que deverá ser vendida para que haja um lucro de $ 180,00 por dia.

40. O preço de venda de um produto é $ 25,00. O custo variável por unidade é dado por:
   - matéria-prima: $ 6,00 por unidade;
   - mão de obra direta: $ 8,00 por unidade.

   Sabendo-se que o custo fixo mensal é de $ 2.500,00:
   a) Qual o ponto crítico (ponto de nivelamento)?
   b) Qual a margem de contribuição por unidade?
   c) Qual o lucro se a empresa produzir e vender 1.000 unidades por mês?
   d) De quanto aumenta percentualmente o lucro, se a produção aumentar de 1.000 para 1.500 unidades por mês?

41. Para uma produção de 100 unidades, o custo médio é $ 4,00, e o custo fixo, $ 150,00 por dia. Sabendo-se que o preço de venda é $ 6,00 por unidade, obtenha:
   a) o lucro para 100 unidades vendidas;
   b) o ponto crítico (nivelamento).

42. Uma editora pretende lançar um livro e estima que a quantidade vendida será 20.000 unidades por ano. Se o custo fixo de fabricação for $ 150.000,00 por ano, e o variável por unidade $ 20,00, qual o preço mínimo que deverá cobrar pelo livro para não ter prejuízo?

43. Uma empresa fabrica um produto a um custo fixo de $ 1.200,00 por mês e um custo variável por unidade igual a $ 2,00; o preço de venda é $ 5,00 por unidade. Atualmente o nível de vendas é de 1.000 unidades por mês. A empresa pretende reduzir em 20% o preço de venda, visando com isso aumentar suas vendas. Qual deverá ser o aumento na quantidade vendida mensalmente para manter o lucro mensal?

44. Uma malharia opera a um custo fixo de $ 20.000,00 por mês. O custo variável por malha produzida é $ 60,00, e o preço unitário de venda é $ 100,00. Nessas condições, seu nível mensal de vendas é de 2.000 unidades. A diretoria estima que, reduzindo em 10% o preço unitário de venda, haverá um aumento de 20% na quantidade vendida. Você acha vantajosa essa alteração? Justifique.

45. Um encanador A cobra por serviço feito um valor fixo de $ 100,00, mais $ 50,00 por hora de trabalho. Um outro encanador B cobra pelo mesmo serviço um valor fixo de $ 80,00, mais $ 60,00 por hora trabalhada. A partir de quantas horas de um serviço o encanador A é preferível ao B?

46. A transportadora X cobra por seus serviços $ 3.000,00 fixos mais $ 20,00 por quilômetro rodado. A transportadora Y cobra $ 2.000,00 fixos mais $ 30,00 por quilômetro rodado. A partir de quantos quilômetros rodados é preferível usar a transportadora X?

47. Uma empresa que trabalha com um produto de precisão estima um custo diário de $ 2.000,00 quando nenhuma peça é produzida, e um custo de $ 8.000,00 quando 250 unidades são produzidas.
    a) Obtenha a função custo, admitindo que ela seja uma função do 1º grau da quantidade produzida x.
    b) Qual o custo diário para produzir 300 unidades?

48. Quando 10 unidades de um produto são fabricadas por dia, o custo é igual a $ 6.600,00. Quando são produzidas 20 unidades por dia o custo é $ 7.200,00. Obtenha a função custo supondo que ela seja uma função do 1º grau.

49. Uma empresa opera com um custo fixo diário de $ 500,00. O ponto de nivelamento ocorre quando são produzidas e vendidas 20 unidades diariamente. Qual a margem de contribuição por unidade?

50. Uma loja compra um produto e o revende com uma margem de contribuição unitária igual a 20% do preço de venda.
    a) Expresse o preço de venda (p) em função do custo variável por unidade (c).
    b) Qual a margem de contribuição unitária como porcentagem de c?

51. Se a margem de contribuição unitária é igual a 30% do preço de venda, qual é essa margem como porcentagem do custo variável por unidade?

52. Se a margem de contribuição unitária é igual a 25% do custo variável por unidade, qual o valor dessa margem como porcentagem do preço de venda?

53. Sejam m_c a margem de contribuição como porcentagem do custo variável e m_p a margem de contribuição como porcentagem do preço de venda. Mostre que $m_c = \dfrac{m_p}{1 - m_p}$.

54. Em relação ao exercício anterior, expresse m_p como função de m_c.

3.5.4 Funções demanda e oferta do 1º grau

A demanda de um determinado bem é a quantidade desse bem que os consumidores pretendem adquirir num certo intervalo de tempo (dia, mês, ano e outros).

A demanda de um bem é função de várias variáveis: preço por unidade do produto, renda do consumidor, preços de bens substitutos, gostos e outros. Supondo-se que todas as variáveis se mantenham constantes, exceto o preço unitário do próprio produto (p), verifica-se que o preço p se relaciona com a quantidade demandada (x). Chama-se **função de demanda** a relação entre p e x, indicada por $p = f(x)$.

Existe a função de demanda para um consumidor individual e para um grupo de consumidores (nesse caso, x representa a quantidade total demandada pelo grupo, em um nível de preço p). Em geral, quando nos referirmos à função de demanda, estaremos nos referindo a um grupo de consumidores e chamaremos de **função de demanda de mercado**.

Normalmente, o gráfico de p em função de x (que chamaremos de curva de demanda) é o de uma função decrescente, pois, quanto maior o preço, menor a quantidade demandada. Cada função de demanda depende dos valores em que ficaram fixadas as outras variáveis (renda, preço de bens substitutos e outros). Assim, se for alterada a configuração dessas outras variáveis, teremos nova função de demanda.

O tipo e os parâmetros da função de demanda são geralmente determinados por métodos estatísticos. Consideraremos neste item funções de demanda do 1º grau.

Exemplo 3.17 O número de sorvetes (x) demandados por semana numa sorveteria relaciona-se com o preço unitário (p) de acordo com a função de demanda $p = 10 - 0{,}002x$.

Assim, se o preço por unidade for $ 4,00, a quantidade x demandada por semana será dada por

$$4 = 10 - 0{,}002x$$
$$0{,}002x = 6$$
$$x = 3.000$$

O gráfico de p em função de x é o segmento de reta da Figura 3.32, pois tanto p como x não podem ser negativos.

Figura 3.32: Gráfico da função de demanda $p = 10 - 0{,}002x$

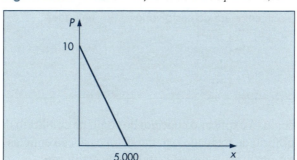

Analogamente, podemos explicar o conceito de função de oferta. Chamamos de oferta de um bem, num certo intervalo de tempo, a quantidade do bem que os vendedores desejam oferecer no mercado. A oferta é dependente de várias variáveis: preço do bem, preços dos insumos utilizados na produção, tecnologia utilizada e outros. Mantidas constantes todas as variáveis, exceto o preço do próprio bem, chamamos de função de oferta à relação entre o preço do bem (p) e a quantidade ofertada (x), e a indicamos por $p = g(x)$.

Normalmente, o gráfico de p em função de x é o de uma função crescente, pois, quanto maior o preço, maior a quantidade ofertada. Tal gráfico é chamado de curva de oferta. Observemos que teremos uma curva de oferta para cada configuração das outras variáveis que afetam a oferta. Veremos neste item funções de oferta do 1º grau.

Exemplo 3.18 Admitamos que, para quantidades que não excedam sua capacidade de produção, a função de oferta da sorveteria do Exemplo 3.17, seja do 1º grau. Suponhamos que, se o preço por sorvete for $ 2,10, a quantidade ofertada será 350 por semana, e, se o preço for $ 2,40, a quantidade ofertada será 1.400. Vamos obter a função de oferta:

Observando a Figura 3.33, teremos:

- O coeficiente angular da reta é:

$$m = \frac{\Delta y}{\Delta x} = \frac{2,4 - 2,1}{1.400 - 350} = \frac{0,3}{1.050} = \frac{1}{3.500}$$

- A equação da reta de oferta é:

$$p - 2,1 = \frac{1}{3.500} (x - 350)$$

ou seja:

$$p = \frac{1}{3.500} x + 2$$

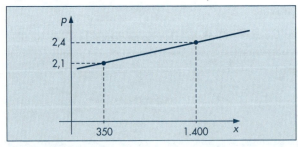

Figura 3.33: Função de oferta do Exemplo 3.18

Finalmente, passemos a explicar o conceito de ponto de equilíbrio de mercado. Chamamos de ponto de equilíbrio de mercado o ponto de intersecção entre as curvas de demanda e oferta. Assim, temos um preço e uma quantidade de equilíbrio.

Exemplo 3.19 Consideremos a função de demanda por sorvetes $p = 10 - 0{,}002x$ e a função de oferta de sorvetes $p = \dfrac{1}{3.500} x + 2$.

Temos a situação esquematizada na Figura 3.34.

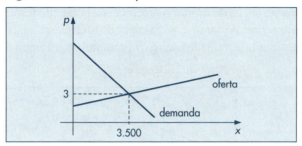

Figura 3.34: Ponto de equilíbrio de mercado

No ponto de equilíbrio, o preço é o mesmo na curva de demanda e de oferta. Logo:

$$\frac{1}{3.500} x + 2 = 10 - 0{,}002x$$
$$x + 7.000 = 35.000 - 7x$$
$$8x = 28.000$$
$$x = 3.500$$

Substituindo o valor de x encontrado numa das duas curvas, por exemplo, na da oferta, teremos:

$$p = \frac{1}{3.500} \cdot 3.500 + 2 = 3$$

Portanto, no ponto de equilíbrio, o preço do sorvete será $ 3,00, e a quantidade semanal vendida será 3.500 unidades.

O nome ponto de equilíbrio decorre do seguinte fato: se o preço cobrado for maior que $ 3,00, a quantidade ofertada será maior que a demandada. Os produtores, para se livrarem do excedente, tenderão a diminuir o preço forçando-o em direção ao preço de equilíbrio. Por outro lado, se o preço for inferior a $ 3,00, a demanda será maior que a oferta e esse excesso de demanda tende a fazer que o preço suba em direção ao preço de equilíbrio.

Exemplo 3.20 As funções de demanda e oferta de um produto são dadas por:

Demanda: $p = 100 - 0{,}5x$

Oferta: $p = 10 + 0{,}5x$

a) Qual o ponto de equilíbrio de mercado?
b) Se o governo cobrar, junto ao produtor, um imposto de $ 3,00 por unidade vendida, qual o novo ponto de equilíbrio?

Resolução

a) $100 - 0{,}5x = 10 + 0{,}5x$
$-x = -90 \Rightarrow x = 90$

Consequentemente, $p = 100 - 0{,}5 \cdot (90) = 55$.

b) Nesse caso, o custo de produção aumentará $\$3{,}00$ por unidade. Como consequência, para um dado valor de x na curva de oferta, o preço correspondente será 3 unidades superior ao preço da curva anterior. Portanto, a nova curva de oferta será uma reta paralela à curva de oferta anterior, situada 3 unidades acima, como mostra a Figura 3.35.

Figura 3.35: Curva de oferta do Exemplo 3.20

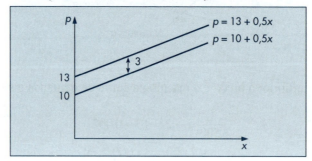

A nova curva de oferta terá como equação, então, $p = 10 + 0{,}5x + 3$, ou seja, $p = 13 + 0{,}5x$.

A curva de demanda não se desloca, pois a cobrança do imposto não vai afetar as preferências do consumidor; o que efetivamente vai se alterar é o ponto de equilíbrio, que nesse caso é dado por:

$$100 - 0{,}5x = 13 + 0{,}5x$$
$$-x = -87 \Rightarrow x = 87$$

E o novo preço de equilíbrio passa a ser $p = 100 - 0{,}5 \cdot (87) = 56{,}50$.

Assim, o mercado se equilibra num preço mais alto e com uma quantidade transacionada menor (Figura 3.36).

Figura 3.36: Preço de equilíbrio para o Exemplo 3.20

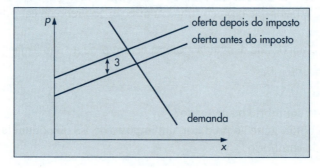

Exercícios

55. Em um estacionamento para automóveis, o preço por dia de estacionamento é $ 20,00. A esse preço estacionam 50 automóveis por dia. Se o preço cobrado for $15,00, estacionarão 75 automóveis. Admitindo que a função de demanda seja do 1º grau, obtenha essa função.

56. Uma empresa vende 200 unidades de um produto por mês, se o preço unitário é $ 5,00. A empresa acredita que, reduzindo o preço em 20%, o número de unidades vendidas será 50% maior. Obtenha a função de demanda admitindo-a como função do 1º grau.

57. O preço unitário do pão francês é $ 0,20 qualquer que seja a demanda em uma padaria. Qual o gráfico dessa função?

58. Quando o preço unitário de um produto é $ 10,00, 5.000 unidades de um produto são ofertadas por mês no mercado; se o preço for $ 12,00, 5.500 unidades estarão disponíveis. Admitindo que a função oferta seja do 1º grau, obtenha sua equação.

59. Um fabricante de fogões produz 400 unidades por mês quando o preço de venda é $ 500,00 por unidade e 300 unidades por mês quando o preço é $ 450,00. Admitindo que a função oferta seja do 1º grau, qual sua equação?

60. Das equações abaixo, quais podem representar funções de demanda e quais podem representar funções de oferta?
    a) $p = 60 - 2x$
    b) $p = 10 + x$
    c) $p - 3x + 10 = 0$
    d) $3x + 4p - 1.000 = 0$
    e) $2x - 4p - 90 = 0$

61. Determine o preço de equilíbrio de mercado nas seguintes situações:
    a) Oferta: $p = 10 + x$
       Demanda: $p = 20 - x$
    b) Oferta: $p = 3x + 20$
       Demanda: $p = 50 - x$

62. Em certa localidade, a função de oferta anual de um produto agrícola é $p = 0,01x - 3$, em que p é o preço por quilograma e x é a oferta em toneladas.
    a) Que preço induz uma produção de 500 toneladas?
    b) Se o preço por quilograma for $ 3,00, qual a produção anual?
    c) Qual o ponto de equilíbrio de mercado se a função de demanda anual for $p = 10 - 0,01x$?

63. Uma doceria produz um tipo de bolo de tal forma que sua função de oferta diária é $p = 10 + 0,2x$.
    a) Qual o preço para que a oferta seja de 20 bolos diários?
    b) Se o preço unitário for $ 15,00, qual a oferta diária?
    c) Se a função de demanda diária por esses bolos for $p = 30 - 1,8x$, qual o preço de equilíbrio?

64. Num certo mercado, as equações de oferta e demanda de um produto são dadas por:
    Oferta: $x = 60 + 5p$
    Demanda: $x = 500 - 13p$
    Qual a quantidade transacionada quando o mercado estiver em equilíbrio?

65. Em certo mercado, as funções de oferta e demanda são dadas por:
    Oferta: $p = 0,3x + 6$
    Demanda: $p = 15 - 0,2x$
    Se o governo tabelar o preço de venda em $\$9,00$ por unidade, em quantas unidades a demanda excederá a oferta?

66. O preço unitário p de um produto relaciona-se com a quantidade mensal demandada x e com a renda mensal R das pessoas de uma cidade, por meio da expressão $p = 50 - 2x + R$.
    a) Qual a equação de demanda se $R = 10$, $R = 20$ e $R = 30$? Faça os gráficos.
    b) O que acontece com o gráfico da função de demanda à medida que R aumenta?

67. A função de oferta de determinado produto é $p = 40 + 0,5x$, em que p é o preço unitário e x é a oferta mensal.
    a) Qual a nova função de oferta se houver um imposto de $\$1,00$ por unidade vendida, cobrado junto ao produtor?
    b) Resolva o item anterior supondo que haja um subsídio de $\$1,00$ por unidade vendida.

68. As funções de oferta e demanda de um produto são, respectivamente, $p = 40 + x$ e $p = 100 - x$.
    a) Qual o preço de equilíbrio?
    b) Se o governo instituir um imposto igual a $\$6,00$ por unidade vendida, cobrado junto ao produtor, qual o novo preço de equilíbrio?
    c) Nas condições do item b, qual a receita arrecadada pelo governo?

69. No exercício anterior, qual seria a receita arrecadada pelo governo, se o imposto fosse de $\$2,00$ por unidade?

70. As funções de oferta e demanda de um produto são dadas por:
    Oferta: $p = 20 + 0,5x$
    Demanda: $p = 160 - 3x$
    a) Qual o preço de equilíbrio de mercado?
    b) Se o governo instituir um imposto *ad valorem* igual a 10% do preço de venda, cobrado junto ao produtor, qual o novo preço de equilíbrio?

71. Resolva o exercício anterior, considerando um imposto igual a 20% do preço de venda.

72. Dado o gráfico abaixo da função de oferta de um produto:

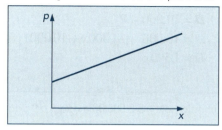

O que ocorre com esse gráfico se houver cada uma das alterações:
a) Aumento da produtividade do trabalho, mantidas as demais condições do enunciado.
b) Redução de impostos, mantidas as demais condições do enunciado.

3.5.5 Depreciação linear

Devido ao desgaste, obsolescência e outros fatores, o valor de um bem diminui com o tempo. Essa perda de valor ao longo do tempo chama-se depreciação.

Assim, o gráfico do valor em função do tempo é uma curva decrescente. Nesse item, vamos admitir que a curva de valor seja retilínea.

Exemplo 3.21 O valor de uma máquina hoje é $ 10.000,00, e estima-se que daqui a 6 anos seja $ 1.000,00.

a) Qual o valor da máquina daqui a x anos?
b) Qual sua depreciação total daqui a x anos?

a) Considerando que o valor decresça linearmente com o tempo, o gráfico do valor é dado pela Figura 3.37.

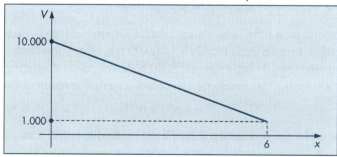

Figura 3.37: Gráfico do valor em função do tempo

A equação dessa reta é dada por $V = mx + n$, em que $n = 10.000$ (coeficiente linear).
O coeficiente angular m é dado por:

$$m = \frac{\Delta y}{\Delta x} = \frac{10.000 - 1.000}{0 - 6} = -1.500$$

Portanto, a equação da reta procurada é $V = -1.500x + 10.000$.

b) A depreciação total até a data x vale:

$$D = 10.000 - V$$
$$D = 10.000 - (-1.500x + 10.000)$$
$$D = 1.500x$$

Exercícios

73. O valor de um equipamento hoje é $ 2.000,00 e daqui a 9 anos será $ 200,00. Admitindo depreciação linear:
    a) Qual o valor do equipamento daqui a 3 anos?
    b) Qual o total de sua depreciação daqui a 3 anos?
    c) Daqui a quanto tempo o valor da máquina será nulo?

74. Daqui a 2 anos o valor de um computador será $ 5.000,00 e em 4 anos será $ 4.000,00. Admitindo depreciação linear:
    a) Qual seu valor hoje?
    b) Qual seu valor daqui a 5 anos?

75. Daqui a 3 anos, a depreciação total de um automóvel será $ 5.000,00, e seu valor daqui a 5 anos será $ 10.000,00. Qual seu valor hoje?

76. Um equipamento de informática é comprado por $ 10.000,00 e após 6 anos seu valor estimado é de $ 2.000,00. Admitindo depreciação linear:
    a) Qual a equação do valor daqui a x anos?
    b) Qual a depreciação total daqui a 4 anos?

77. Com relação ao exercício anterior, daqui a quantos anos o valor do equipamento será nulo?

3.5.6 Função consumo e função poupança

Suponhamos que uma família tenha uma renda disponível (renda menos os impostos) variável mês a mês e uma despesa fixa de $ 1.200,00 por mês. Suponhamos ainda que essa família gaste em consumo de bens e serviços 70% de sua renda disponível, além do valor fixo de $ 1.200,00. Assim, chamando de C o consumo e de Y a renda disponível, teremos:

$$C = 1.200 + 0{,}7Y$$

Observamos então que o consumo é função da renda disponível e tal função é chamada função consumo. A diferença entre a renda disponível e o consumo é chamada de poupança e é indicada por S. Assim:

$$S = Y - C$$
$$S = Y - (1.200 + 0{,}7Y)$$
$$S = 0{,}3Y - 1.200$$

Portanto, a poupança também é função da renda disponível.

O gasto fixo de $ 1.200,00 é chamado de **consumo autônomo** (existente mesmo que a renda disponível seja nula, à custa de endividamento ou de uso do estoque de poupança). O gráfico das funções consumo e poupança estão na Figura 3.38.

Figura 3.38: Funções consumo e poupança

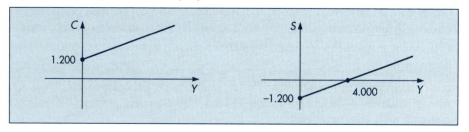

Notemos que, na função poupança, se $Y = 4.000$, então $S = 0$, ou seja, $ 4.000,00 é a renda mínima para não haver endividamento (ou uso do estoque de poupança). De fato, se $Y = 4.000$, então $C = 1.200 + 0{,}7(4.000) = 4.000$.

De modo geral, podemos escrever as funções consumo e poupança da seguinte forma:

$$C = C_0 + mY$$

e

$$S = Y - C = -C_0 + (1 - m)Y$$

A constante C_0 é chamada de **consumo autônomo**; o coeficiente angular m da função consumo é chamado de **propensão marginal a consumir**, e o coeficiente angular da função poupança $(1 - m)$ é chamado de **propensão marginal a poupar**.

Observações

1) Verifica-se que a propensão marginal a consumir é sempre um número entre 0 e 1.
2) Admitimos, neste item, que a função consumo é do 1º grau da renda disponível. Contudo, dependendo das hipóteses feitas, ela pode ser de outra natureza.
3) No exemplo feito, vimos a função consumo e a função poupança para uma única família, mas a ideia pode ser estendida para um conjunto de famílias. Nesse caso, teremos as funções consumo e poupança agregadas.

Exercícios

78. Uma família tem um consumo autônomo de $800,00 e uma propensão marginal a consumir igual a 0,8. Obtenha:
    a) A função consumo.
    b) A função poupança.

79. Dada a função consumo de uma família $C = 500 + 0{,}6Y$, pede-se:
    a) A função poupança.
    b) A renda mínima para que a poupança seja não negativa.

80. Dada a função poupança de uma família $S = -800 + 0{,}35Y$, pede-se:
    a) A função consumo.
    b) A renda que induza um consumo de $ 1.450,00.

81. Suponha que tudo o que é produzido numa ilha seja consumido nela própria. Não há gastos com investimentos (visando a aumento futuro da capacidade produtiva), nem governo. A função consumo anual é $C = 100 + 0{,}8Y$. Qual a renda de equilíbrio (aquela para a qual o que é produzido é consumido)?

82. Com relação ao exercício anterior, suponha que os habitantes decidam investir $ 50,00 por ano, visando com esses gastos a um aumento da capacidade produtiva. Qual seria a renda anual de equilíbrio (aquela para a qual o que é produzido é gasto com consumo mais investimentos)?

83. Com relação ao exercício anterior, qual seria o valor do investimento anual I necessário para que, no equilíbrio, a renda fosse igual à renda de pleno emprego, suposta igual a $ 800,00? (Renda de pleno emprego é aquela em que são usados totalmente os recursos produtivos.)

84. Em uma economia fechada e sem governo, suponha que a função consumo do país seja $C = 40 + 0{,}75Y$, e a renda de pleno emprego, igual a $ 500,00. Qual o nível de investimento I necessário para que a economia esteja em equilíbrio a pleno emprego?

85. Em um país, quando a renda é $ 6.000,00, o consumo é $ 5.600,00, e, quando a renda é $ 7.000,00, o consumo é $ 6.200,00. Obtenha a função consumo, admitindo-a como função de 1º grau.

86. Com relação ao exercício anterior, obtenha a função poupança.

3.5.7 Função quadrática

É toda função do tipo

$$y = ax^2 + bx + c$$

em que a, b e c são constantes reais com a $\neq 0$. O gráfico desse tipo de função é uma curva chamada parábola. A concavidade é voltada para cima se $a > 0$, e voltada para baixo se $a < 0$ (Figura 3.39).

Figura 3.39: Gráfico da função quadrática

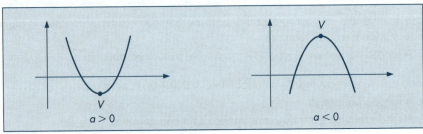

O ponto *V* da parábola, na Figura 3.39, é chamado vértice. Se $a > 0$, a abscissa do vértice é um ponto de mínimo; se $a < 0$, a abscissa do vértice é um ponto de máximo.

Os eventuais pontos de intersecção da parábola com o eixo *x* são obtidos fazendo $y = 0$. Teremos a equação $ax^2 + bx + c = 0$.

Se a equação tiver duas raízes reais distintas ($\Delta > 0$), a parábola interceptará o eixo *x* em dois pontos distintos; se a equação tiver uma única raiz real ($\Delta = 0$), a parábola interceptará o eixo *x* num único ponto; finalmente, se a equação não tiver raízes reais ($\Delta < 0$), a parábola não interceptará o eixo *x* (Figura 3.40).

Figura 3.40: Funções quadráticas

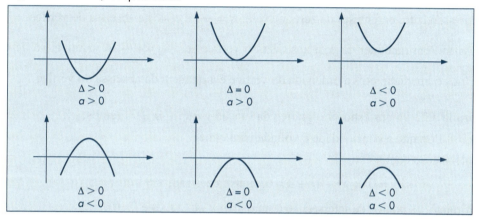

A intersecção com o eixo *y* é obtida fazendo-se $x = 0$. Portanto:

$$x = 0 \Rightarrow y = a \cdot 0^2 + b \cdot 0 + c \Rightarrow y = c$$

ou seja, o ponto de intersecção da parábola com o eixo *y* é $(0, c)$.

Com relação ao vértice da parábola, indicando por x_v e y_v a abscissa e a ordenada do vértice, respectivamente, teremos:

$$x_v = \frac{-b}{2a} \qquad e \qquad y_v = f(x_v) = \frac{-\Delta}{4a}$$

Para demonstrarmos essas relações, vamos proceder da seguinte forma:

Seja

$$y = ax^2 + bx + c$$

logo,

$$y = a\left(x^2 + \frac{b}{a}x + ...\right) + c$$

Dentro dos parênteses, em que há reticências, vamos adicionar $\frac{b^2}{4a^2}$ e, para compensar, vamos subtrair de *c* o valor $\frac{b^2}{4a}$. (Note que o termo adicionado dentro dos parênteses está multiplicado por *a*). Dessa forma teremos:

$$y = a\left(x^2 + \frac{b}{a}x + \frac{b^2}{4a^2}\right) + c - \frac{b^2}{4a}$$

Ou seja, $y = a\left(x + \dfrac{b}{2a}\right)^2 + c - \dfrac{b^2}{4a}$, pois o termo entre parênteses é um trinômio quadrado perfeito.

Como o termo entre parênteses é um quadrado, será sempre maior ou igual a zero. Assim:

- Se $a > 0$, a concavidade será para cima, e o ponto de mínimo será aquele para o qual a expressão entre parênteses dá zero, ou seja, $x = \dfrac{-b}{2a}$, e essa é a abscissa do vértice.
- Se $a < 0$, a concavidade será para baixo, e o ponto de máximo será aquele para o qual a expressão entre parênteses dá zero, ou seja, $x = \dfrac{-b}{2a}$, e essa é a abscissa do vértice.

Assim, em qualquer caso, a abscissa do vértice será $x_v = \dfrac{-b}{2a}$. A justificativa de que $y_v = f(x_v)$ é imediata, pois a ordenada do vértice é a imagem da abscissa do vértice.

Exemplo 3.22 Vamos esboçar o gráfico da função $y = x^2 - 4x + 3$. Temos:

a) $a = 1$. Portanto a concavidade é voltada para cima.

b) Intersecção com o eixo x:

$$y = 0 \Rightarrow x^2 - 4x + 3 = 0, \text{ cujas raízes são: } x = 1 \text{ ou } x = 3$$

Portanto, os pontos de intersecção com o eixo x são: $(1, 0)$ e $(3, 0)$.

c) Intersecção com o eixo y:

$$x = 0 \Rightarrow y = 0^2 - 4 \cdot 0 + 3 \Rightarrow y = 3$$

Portanto, o ponto de intersecção com o eixo y é $(0, 3)$.

d) Vértice:

$$\begin{cases} x_v = \dfrac{-(-4)}{2} = 2, \\ y_v = f(2) = 2^2 - 4 \cdot (2) + 3 = -1 \end{cases}$$

Portanto, o vértice é o ponto $(2, -1)$. Observemos que $x = 2$ é um ponto de mínimo da função. De posse das informações obtidas, podemos esboçar o gráfico da função (Figura 3.41):

Figura 3.41: Gráfico da função $y = x^2 - 4x + 3$

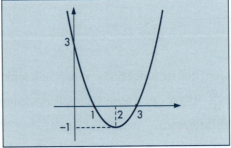

Exemplo 3.23 Vamos estudar o sinal da função $y = -x^2 + 9$.
Resolução

Nesse caso, só precisamos encontrar os pontos de intersecção do gráfico com o eixo x, já que a concavidade é voltada para baixo ($a = -1$). Assim:

$$y = 0 \Rightarrow -x^2 + 9 = 0 \Rightarrow x^2 = 9, \text{ cujas raízes são: } x = 3 \text{ ou } x = -3.$$

Para o estudo do sinal não necessitamos conhecer a intersecção com o eixo y, nem o vértice. O esboço é dado a seguir:

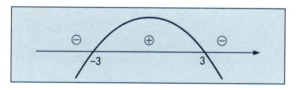

Portanto: $y > 0$ para $-3 < x < 3$,
$y < 0$ para $x < -3$ ou $x > 3$,
$y = 0$ para $x = 3$ ou $x = -3$.

Exemplo 3.24 Estudemos o sinal da função $y = \dfrac{x^2 - 4x + 3}{x - 2}$. Temos:

1) Sinal de $x^2 - 4x + 3$ (A)

2) Sinal de $x - 2$ (B)

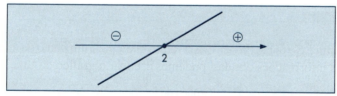

3) Quadro quociente

		1		2		3	
Sinal de A	+		−		−		+
Sinal de B	−		−		+		+
Sinal de $\dfrac{A}{B}$	⊖		⊕		⊖		⊕

Portanto, $y > 0$ para $1 < x < 2$ ou $x > 3$,
$\quad y < 0$ para $x < 1$ ou $2 < x < 3$,
$\quad y = 0$ para $x = 1$ ou $x = 3$.

Exemplo 3.25 Vamos resolver a inequação $x^2 - 4x + 3 \leq 0$.

Fazendo $y = x^2 - 4x + 3$, o estudo do sinal dessa função é dado a seguir.

Como a inequação exige que $y \leq 0$, a resposta é $1 \leq x \leq 3$.

Exemplo 3.26 Vamos obter o domínio da função $f(x) = \sqrt{x^2 - 7x + 6}$.

Para que exista a raiz quadrada, devemos ter $x^2 - 7x + 6 \geq 0$.
Fazendo $y = x^2 - 7x + 6$ e estudando o sinal de y, teremos:

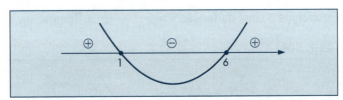

Para que $y \geq 0$, devemos ter: $x \leq 1$ ou $x \geq 6$. Portanto, o domínio da função é $D = \{x \in R \mid x \leq 1 \text{ ou } x \geq 6\}$.

Exercícios

87. Esboce os gráficos das seguintes funções:

a) $y = x^2 - 3x + 2$
b) $y = x^2 - 5x + 4$
c) $y = -x^2 + 7x - 12$
d) $y = 3x - x^2$
e) $y = 4 - x^2$
f) $y = x^2 - 2x + 1$

g) $y = x^2 - x + 3$
h) $y = x^2 - 5$
i) $y = x^2 + 3$
j) $\begin{cases} y = x^2, \text{ se } x \geq 0 \\ y = 2, \text{ se } x < 0 \end{cases}$
k) $\begin{cases} y = x^2, \text{ se } x \geq 0 \\ y = x, \text{ se } x < 0 \end{cases}$
l) $\begin{cases} y = x^2, \text{ se } x \geq 0 \\ y = -x^2, \text{ se } x < 0 \end{cases}$

88. Estude o sinal das funções do exercício anterior e ache os pontos de máximo ou de mínimo e ainda o conjunto imagem.

89. Estude o sinal das seguintes funções:

   a) $f(x) = \dfrac{x^2 - 6x + 5}{x - 3}$

   c) $f(x) = \dfrac{x^2 - 1}{x^2 - 3x}$

   b) $f(x) = \dfrac{3 - x}{x^2 - 4}$

   d) $f(x) = \dfrac{x^2 - 6x + 8}{x + 2}$

90. Dê o domínio das seguintes funções:

   a) $f(x) = \sqrt{x^2 - 6x}$

   b) $f(x) = \sqrt{3x - x^2}$

   c) $f(x) = \dfrac{1}{\sqrt{x^2 - 4}}$

   d) $f(x) = \sqrt{\dfrac{x - 3}{x^2 - 6x}}$

   e) $f(x) = \sqrt{\dfrac{1 - x^2}{4 + x}}$

91. Obtenha os pontos de máximo e de mínimo das seguintes funções, nos domínios indicados:

   a) $y = 4x - x^2$; $D = [2, 4]$
   b) $y = 4x - x^2$; $D = [0, 2]$
   c) $y = x^2$; $D = [-1, 1]$
   d) $y = 10x - x^2$, $D = [5, 8]$

3.5.8 Funções receita e lucro quadráticas

Anteriormente vimos como obter a função receita quando o preço era constante. Vejamos, neste item, como obter a função receita quando o preço pode ser modificado (com consequente alteração da demanda, de acordo com a função de demanda).

Exemplo 3.27 A função de demanda de um produto é $p = 10 - x$, e a função custo é $C = 20 + x$. Vamos obter:

a) a função receita e o preço que a maximiza;
b) a função lucro e o preço que a maximiza.

a) Por definição de receita:

$$R = p \cdot x$$
$$R = (10 - x)x$$
$$R = 10x - x^2$$

Assim, a receita é uma função quadrática de x, e seu gráfico é dado pela Figura 3.42:

Figura 3.42: Função receita $R(x) = 10x - x^2$

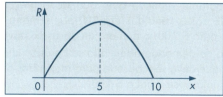

Portanto, o valor de x que maximiza R é a abscissa do vértice $x = \dfrac{-10}{-2} = 5$. Como consequência, o correspondente preço é dado pela função de demanda $p = 10 - 5 = 5$.

b) A função lucro é dada por $L = R - C$, ou seja:

$$L = 10x - x^2 - (20 + x)$$
$$L = -x^2 + 9x - 20$$

O lucro também é uma função quadrática de x e seu gráfico é dado pela Figura 3.43:

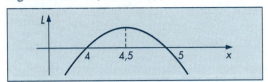

Figura 3.43: Função lucro $L(x) = -x^2 + 9x - 20$

O valor de x que maximiza o lucro é a abscissa do vértice $x = \dfrac{-9}{-2} = 4{,}5$. O correspondente preço é dado pela função de demanda $p = 10 - 4{,}5 = 5{,}5$. É importante observarmos pelo gráfico que o lucro só é positivo para $4 < x < 5$.

Exercícios

92. Dada a função de demanda $p = 20 - 2x$ e a função custo $C = 5 + x$:
    a) obtenha o valor de x que maximiza a receita;
    b) obtenha o valor de x que maximiza o lucro.

93. Resolva o exercício anterior supondo $p = 40 - x$ e $C = 20 + 31x$.

94. Uma loja de CDs adquire cada unidade por \$ 20,00 e a revende por \$ 30,00. Nessas condições, a quantidade mensal que consegue vender é 500 unidades. O proprietário estima que, reduzindo o preço de venda para \$ 28,00, conseguirá vender 600 unidades por mês.
    a) Obtenha a função de demanda admitindo que seu gráfico seja linear.
    b) Qual preço deve ser cobrado para maximizar o lucro mensal?

95. O proprietário de uma barbearia verificou que, quando o preço do corte de cabelo era \$ 20,00, o número de clientes era 100 por semana. Verificou também que, quando o preço passava para \$ 15,00, o número de clientes dobrava.
    a) Obtenha a função de demanda admitindo seu gráfico linear.
    b) Qual preço deve ser cobrado para maximizar a receita semanal?

96. O dono de um restaurante verificou que, quando o preço da dose de vodca era \$ 10,00, o número de doses vendidas era 200 por semana. Verificou também que, quando o preço caía para \$ 7,00, o número de doses passava para 400 por semana.
    a) Obtenha a função de demanda admitindo seu gráfico linear.
    b) Obtenha o preço que deve ser cobrado para maximizar o lucro semanal, considerando o custo de uma dose igual a \$ 4,00.

97. Em um cinema, verificou-se que o número de frequentadores (x) por sessão relacionava-se com o preço de ingresso (p) por meio da relação $p = 15 - 0{,}015x$.
    a) Qual preço deve ser cobrado para maximizar a receita, se o total de lugares for 600?
    b) Qual preço deve ser cobrado para maximizar a receita, se o total de lugares for 400?

98. O Sr. Ângelo é proprietário de um hotel para viajantes solitários com 40 suítes. Ele sabe que, se cobrar $ 150,00 por diária, o hotel permanece lotado. Por outro lado, para cada $ 5,00 de aumento na diária, uma suíte permanece vazia.
    a) Obtenha a função de demanda admitindo-a como função do 1º grau.
    b) Qual preço deve ser cobrado para maximizar a receita?

99. Um estacionamento para automóveis tem a seguinte equação de demanda: $p = 100 - x$, em que p é o preço por dia de estacionamento e x, o número de automóveis que compareçam. Encontre o preço que maximiza a receita, supondo que:
    a) O estacionamento tenha 40 lugares.
    b) O estacionamento tenha 60 lugares.

100. A função custo de um monopolista (único produtor de um produto) é $C = 200 + 2x$, e a função demanda pelo produto é $p = 100 - 2x$.
    a) Qual preço deve ser cobrado para maximizar o lucro?
    b) Se o governo tabelar o preço do produto de modo que o preço máximo seja $ 60,00, qual preço deve ser cobrado para maximizar o lucro?
    c) Resolva o item anterior considerando um preço máximo de $ 40,00.

101. Pesquisas mercadológicas determinaram que o número de um certo eletrodoméstico (x) demandado por semana relacionava-se com seu preço unitário por meio da relação $x = 1.000 - 100p$, em que $4 \leqslant p \leqslant 10$.
    a) Obtenha a função receita.
    b) Qual preço deve ser cobrado para maximizar a receita semanal?

102. Uma videolocadora aluga 200 DVDs por dia, se o aluguel diário de cada DVD for $ 4,00. Para cada $ 1,00 de acréscimo no preço, há uma queda de demanda de 50 DVDs.
    a) Qual a equação de demanda diária de DVDs, admitindo-a como função do 1º grau?
    b) Qual preço deve ser cobrado para maximizar a receita?

103. A equação de demanda de um produto é $p = 100 - 2x$ e o custo é $C = 500 + 3x$.
    a) Obtenha o preço que maximiza o lucro.
    b) Se o governo cobrar um imposto igual a $ 2,00 por unidade vendida, qual o novo preço que maximiza o lucro?

104. A função de demanda de um produto é $p = 30 - x$ e o custo variável por unidade é igual a 5.
    a) Qual preço deve ser cobrado para maximizar o lucro, se o governo cobrar, junto ao produtor, um imposto de $ 3,00 por unidade vendida?
    b) Se o governo cobrar um imposto fixo por unidade vendida e a empresa produtora maximizar seu lucro, qual o valor do imposto que maximiza a receita tributária?

105. Resolva o exercício anterior considerando um custo variável igual a 10.

106. O custo médio de fabricação de x unidades de um produto é $Cme = \dfrac{2.000}{x} + 20 + x$, e a função receita é $R = 200x - 2x^2$.
   a) Obtenha a função lucro.
   b) Obtenha a quantidade que deve ser produzida e vendida para maximizar o lucro.

107. O custo de produzir x unidades por dia de um produto é $C = \dfrac{x^2}{2} + 20x + 15$ e a equação de demanda é $p = 30 - x$. Obtenha o preço que maximiza o lucro.

108. Sabendo que a função demanda é $p = 10 - x$, e a função custo é $C = 12 + 3x$, pedem-se:
   a) o preço que maximiza o lucro;
   b) o intervalo em que deve variar o preço para que o lucro seja não negativo.

109. Com relação ao exercício anterior, que quantidade deve ser vendida para o lucro ser igual a $ 0,25?

3.5.9 Função polinomial

É toda função cuja imagem é um polinômio da variável x, isto é, f é uma função polinomial de grau n, se:

$$f(x) = a_0 x^n + a_1 x^{n-1} + a_2 x^{n-2} + \ldots + a_{n-1} x^1 + a_n$$

em que $a_0, a_1, a_2, \ldots, a_n$ são todos números reais com $a_0 \neq 0$, para garantir o grau n.

Exemplo 3.28
a) A função $f(x) = 5$ é uma função polinomial de grau 0 (função constante), e seu gráfico, como já vimos, é uma reta horizontal.
b) A função $f(x) = 2x + 3$ é uma função polinomial de grau 1, e seu gráfico, como já vimos, é uma reta.
c) A função $f(x) = x^2 - 7x + 12$ é uma função polinomial de grau 2 (função quadrática), e seu gráfico, como já vimos, é uma parábola.
d) A função $f(x) = 2x^3 + 6x^2 - 7x + 9$ é uma função polinomial de grau 3.

O gráfico de funções polinomiais de grau 3 (ou maior que 3) não é feito com recursos elementares; utilizam-se habitualmente os conceitos de derivadas e limites que veremos nos próximos capítulos.

Uma ferramenta que costuma ser utilizada, quando se quer saber o comportamento gráfico de uma função, num determinado intervalo do domínio, consiste em atribuir valores para x dentro do intervalo, de forma que os valores de x estejam próximos uns dos outros. Tal procedimento é geralmente feito, como já vimos, por meio de algum aplicativo de microinformática. Digamos que queiramos saber qual o comportamento gráfico da função:

$$f(x) = x^5 - 5x - 6, \text{ dentro do intervalo } [-2, 2]$$

Vamos atribuir a x os valores: -2; $-1,9$; $-1,8$; ...; $1,8$; $1,9$; 2.
Usando o aplicativo Excel, obteremos o gráfico da Figura 3.44:

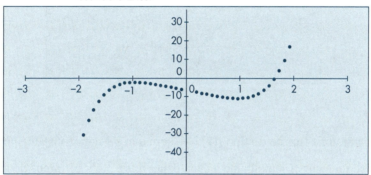

Figura 3.44: Gráfico da função $f(x) = x^5 - 5x - 6$, no intervalo $[-2, 2]$, usando o Excel

3.5.10 Função racional

É toda função cuja imagem é o quociente de dois polinômios, sendo o denominador um polinômio não nulo. São exemplos de funções racionais as funções:

a) $f(x) = \dfrac{x-3}{x^2 + 8x + 9}$

b) $f(x) = \dfrac{x+1}{x-1}$

c) $f(x) = \dfrac{5}{x-3}$

Nessa classe de funções, tem particular interesse a função recíproca $f(x) = \dfrac{1}{x}$. O domínio dessa função é o conjunto dos reais excluindo o zero. À medida que x aumenta, a fração $\dfrac{1}{x}$ vai diminuindo e tendendo a zero; o mesmo ocorre se x vai diminuindo e ficando muito grande em valor absoluto.

Por outro lado, à medida que x se aproxima de zero, por valores positivos (por exemplo, assumindo os valores: $0,1$; $0,01$; $0,001$; ...) a fração $\dfrac{1}{x}$ vai ficando cada vez maior (10; 100; 1.000; ...). À medida que x se aproxima de zero, por valores negativos (por exemplo, assumindo os valores: $-0,1$; $-0,01$; $-0,001$; ...) a fração $\dfrac{1}{x}$ vai ficando cada vez maior em valor absoluto, mas com sinal negativo (-10; -100; -1.000; ...).

O aspecto do gráfico dessa função é aquele da Figura 3.45. Tal curva recebe o nome de hipérbole com ramos no 1º e 3º quadrantes:

Figura 3.45: Gráfico da função $f(x) = 1/x$

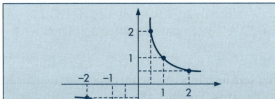

Observações

- De modo geral, uma função do tipo $f(x) = \dfrac{k}{x}$, em que k é uma constante positiva, tem como gráfico uma curva semelhante à dada pela Figura 3.45; os ramos do gráfico (ramos da hipérbole) vão ficando cada vez mais para cima à medida que cresce o valor de k. O aspecto geral é o da Figura 3.46:

Figura 3.46: Gráfico da função $f(x) = K/x$, com $K > 0$

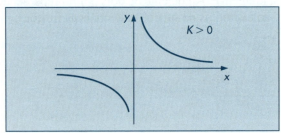

- Se tomarmos a função $f(x) = \dfrac{k}{x}$, em que k é negativo, o gráfico será simétrico ao da Figura 3.46, em relação ao eixo x, ou seja, uma hipérbole com ramos no 2º e 4º quadrantes, e terá o aspecto da Figura 3.47:

Figura 3.47: Gráfico da função $f(x) = K/x$, com $K < 0$

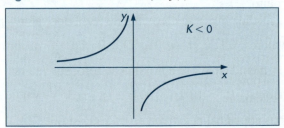

- Caso tenhamos uma função do tipo $y - y_0 = \dfrac{k}{x - x_0}$, em que x_0 e y_0 são valores dados, o gráfico é obtido procedendo-se da seguinte maneira:
  a) Traçamos uma reta vertical pelo ponto de abscissa x_0.
  b) Traçamos uma reta horizontal pelo ponto de ordenada y_0.
  c) As retas traçadas determinam um novo sistema de coordenadas, com origem no ponto (x_0, y_0).
  d) Se $K > 0$, o gráfico será uma hipérbole com ramos nos quadrantes 1 e 3, considerando esse novo sistema de eixos (Figura 3.48).
  e) Se $K < 0$, o gráfico será uma hipérbole com ramos nos quadrantes 2 e 4, considerando esse novo sistema de eixos (Figura 3.49).

Figura 3.48: Hipérbole com $K > 0$

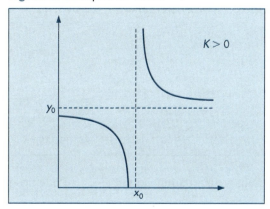

Figura 3.49: Hipérbole com $K < 0$

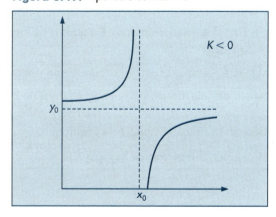

A justificativa dessa observação decorre do fato de que as coordenadas de qualquer ponto em relação ao novo sistema de eixos serão $X = x - x_0$ e $Y = y - y_0$ (Figura 3.50) e, portanto, a equação dada em relação ao novo sistema de eixos é $Y = k/X$.

Figura 3.50: Coordenadas em relação ao novo sistema de eixos

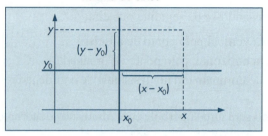

Exemplo 3.29 Consideremos a função $y - 1 = \dfrac{2}{x-3}$; teremos $x_0 = 3$, $y_0 = 1$ e $k = 2$. Portanto, o gráfico é dado pela Figura 3.51.

Figura 3.51: Hipérbole com $x_0 = 3$, $y_0 = 1$ e $K = 2$

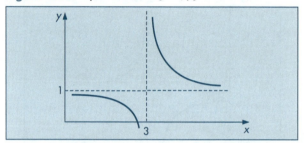

Exemplo 3.30 Consideremos agora a função $y = \dfrac{x-3}{x-1}$. Podemos proceder como segue:

$$y = \frac{x-3}{x-1}$$

$$y(x-1) = x-3$$

$$y(x-1) - x + 1 = -3 + 1 \text{ (adicionamos 1 a ambos os membros)}$$

$$y(x-1) - (x-1) = -2$$

$$(x-1)(y-1) = -2$$

$$y - 1 = \frac{-2}{x-1}$$

Dessa forma, o gráfico dessa função é aquele da Figura 3.52.

Figura 3.52: Hipérbole do Exemplo 3.30

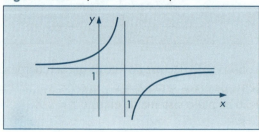

Exercícios

110. Esboce, num mesmo sistema de eixos, os gráficos das funções:

$$f(x) = \frac{3}{x} \quad \text{e} \quad g(x) = \frac{4}{x}$$

111. Esboce o gráfico de cada uma das funções abaixo:

a) $y = \dfrac{2}{x}$

b) $y = \dfrac{-3}{x}$

c) $y = \dfrac{1}{x-1}$

d) $y = \dfrac{x}{x-2}$

e) $y = \dfrac{3x-3}{x-2}$

f) $y = \dfrac{2x+4}{x-1}$

112. Obtenha o ponto de equilíbrio de mercado para as seguintes funções de demanda e oferta:

a) demanda: $p = \dfrac{10}{x}$

   oferta: $p = 5x + 5$

b) demanda: $p = \dfrac{8}{x}$

   oferta: $p = 6x + 2$

c) demanda: $p = \dfrac{60 - 5x}{x + 6}$

   oferta: $p = 4 + \dfrac{27x}{7}$

113. Uma empresa utiliza 4.000 unidades de um componente eletrônico por ano, consumidas de forma constante ao longo do tempo. Vários pedidos são feitos por ano a um custo de transporte de $ 300,00 por pedido.

   a) Chamando de x a quantidade de cada pedido, obtenha o custo anual de transporte em função de x. Faça o gráfico dessa função.
   b) Qual o custo se $x = 400$? Nesse caso, quantos pedidos são feitos por ano?

114. De acordo com Keynes (John Maynard, economista inglês, pioneiro da macroeconomia, 1883–1946), a demanda por moeda para fins especulativos é função da taxa de juros. Admita que em determinado país $y = \dfrac{10}{x-3}$ (para $x > 3$), em que x é a taxa anual de juros (em %) e y é a quantia (em bilhões) que as pessoas procuram manter para fins especulativos.

   a) Esboce o gráfico dessa função.
   b) Qual a demanda por moeda para fins especulativos se a taxa de juros for de 7% ao ano?
   c) O que acontece com a demanda quando x se aproxima de 3% ao ano?

115. Repita o exercício anterior com a função $y = \dfrac{15}{x-1}$. No caso do item c, considere x aproximando-se de 1% ao ano.

3.5.11 Função potência

Chamamos de função potência toda função do tipo $f(x) = x^n$. Quando $n = 0$ ou $n = 1$ e $n = 2$, temos situações particulares já estudadas, que são as funções constantes, do 1º grau e a quadrática, respectivamente. Para outros valores de n, o gráfico varia dependendo da natureza de n. Podemos considerar os seguintes casos:

1º caso: suponhamos que n seja um número natural ímpar maior que 1.
Consideremos, por exemplo, as funções: $f_1(x) = x^3, f_2(x) = x^5$ e $f_3(x) = x^7$.

a) Domínio: todas elas têm por domínio o conjunto R, pois para todo x real existe imagem.
b) Interceptos: todos os gráficos passam pela origem.
c) Façamos a escolha de alguns valores para x e calculemos as respectivas imagens:

x	$f_1(x)$	$f_2(x)$	$f_3(x)$
−3	−27	−243	−2.187
−2	−8	−32	−128
−1	−1	−1	−1
0	0	0	0
1	1	1	1
2	8	32	128
3	27	243	2.187

Podemos concluir que:

- Todas as funções desse tipo passam pelos pontos $(0, 0), (-1, -1)$ e $(1, 1)$.
- Quando atribuímos a x valores simétricos, as imagens possuem o mesmo valor absoluto, mas diferem em sinal.
- Quando x aumenta muito, o mesmo sucede com as imagens dessas funções. Se x aumenta muito em valor absoluto, porém com o sinal negativo, o mesmo sucede com as imagens.

Os gráficos dessas funções são dados na Figura 3.53.

Figura 3.53: Gráficos das funções potência para n ímpar e $n \geqslant 3$

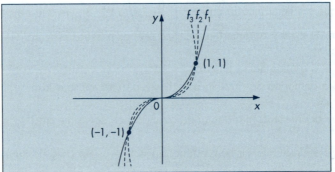

Em resumo, para n ímpar maior ou igual a 3, o gráfico de $f(x) = x^n$ tem o aspecto das funções dadas pela Figura 3.53, sendo mais ou menos fechados de acordo com o valor de n. É fácil notar também que o conjunto imagem dessas funções é o conjunto R.

2º caso: suponhamos que n seja par e maior que 2.

Consideremos, por exemplo, as funções: $f_1(x) = x^4, f_2(x) = x^6$ e $f_3(x) = x^8$.

a) Domínio: todas elas têm por domínio o conjunto R, pois para todo x real existe imagem.
b) Interceptos: todos os gráficos passam pela origem.
c) Façamos a escolha de alguns valores para x e calculemos as respectivas imagens:

x	$f_1(x)$	$f_2(x)$	$f_3(x)$
−3	81	729	6.561
−2	16	64	256
−1	1	1	1
0	0	0	0
1	1	1	1
2	16	64	256
3	81	729	6.561

Podemos concluir que:

- Todas as funções desse tipo passam pelos pontos $(0, 0), (−1, 1)$ e $(1, 1)$.
- Quando atribuímos a x valores simétricos, as imagens são iguais, isto é $f(−x) = f(x)$, para essas funções.
- Quando x aumenta muito, o mesmo sucede com as imagens dessas funções. Se x aumenta muito em valor absoluto, porém com o sinal negativo, as imagens aumentam muito e são positivas.

Os gráficos dessas funções são dados na Figura 3.54.

Figura 3.54: Gráfico das funções potência para n par e $n \geqslant 2$

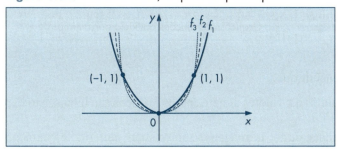

Em resumo, para n par maior que 2, o gráfico de $f(x) = x^n$ tem o aspecto das funções dadas pela Figura 3.54, sendo mais ou menos fechados de acordo com o valor de n. É fácil notar também que o conjunto imagem dessas funções é o conjunto dos reais não negativos.

3º caso: suponhamos que n seja ímpar negativo.

Consideremos, por exemplo, a função: $f(x) = x^{-1} = \dfrac{1}{x}$.

a) Domínio: $R - \{0\}$.
b) Interceptos: não há.
c) Gráfico: é uma hipérbole, conforme vimos no estudo das funções racionais (Figura 3.55).

Figura 3.55: Gráfico da função $f(x) = 1x$

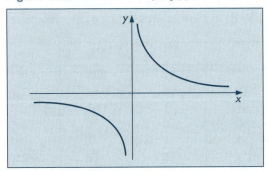

Pode-se verificar (construindo-se tabelas de valores) que as demais funções desse tipo $\left(\text{por exemplo}, f(x) = x^{-3} = \dfrac{1}{x^3} \text{ ou } f(x) = x^{-5} = \dfrac{1}{x^5}\right)$ possuem um padrão gráfico semelhante ao da Figura 3.55. O conjunto imagem dessas funções é o conjunto $R - \{0\}$.

4º caso: suponhamos que n seja par negativo.

Consideremos, por exemplo, a função: $f(x) = x^{-2} = \dfrac{1}{x^2}$.

a) Domínio: $R - \{0\}$.
b) Interceptos: não há.
c) Façamos a escolha de alguns valores para x e calculemos as respectivas imagens:

x	−3	−2	−1	−1/2	−1/4	1/4	1/2	1	2	3
$f(x)$	1/9	1/4	1	4	16	16	4	1	1/4	1/9

Podemos concluir que:

- Quando atribuímos a x valores simétricos, as imagens são iguais, isto é, $f(-x) = f(x)$, para essas funções.
- Quando x aumenta muito, as imagens se aproximam de zero. Se x aumenta muito em valor absoluto, porém com o sinal negativo, as imagens também se aproximam de zero.
- Quando x se aproxima de zero por valores positivos, as imagens são cada vez maiores. Quando x se aproxima de zero por valores negativos, as imagens são também cada vez maiores.

O gráfico dessa função é dado pela Figura 3.56. Seu conjunto imagem é o conjunto dos reais positivos.

Figura 3.56: Gráfico da função $f(x) = 1/x^2$

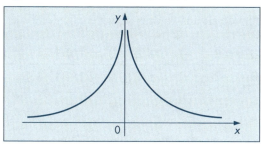

Pode-se verificar (construindo-se tabelas de valores) que as demais funções desse tipo $\left(\text{por exemplo,} f(x) = x^{-4} = \dfrac{1}{x^4} \text{ ou } f(x) = x^{-6} = \dfrac{1}{x^6}\right)$ possuem um padrão gráfico semelhante ao da Figura 3.56. O conjunto imagem dessas funções é o conjunto dos reais positivos.

5º caso: suponhamos que n seja igual a $\dfrac{1}{2}$. Isto é, $f(x) = x^{\frac{1}{2}} = \sqrt{x}$.

a) Domínio: conjunto dos reais não negativos.
b) Interceptos: (0, 0).
c) Façamos a escolha de alguns valores para x e calculemos as respectivas imagens:

x	0	1/4	1	2,25	4	9	16	25	36
$f(x)$	0	1/2	1	1,5	2	3	4	5	6

Podemos concluir que:

• Quando x aumenta, as imagens são cada vez maiores.

O gráfico dessa função é dado pela Figura 3.57. Seu conjunto imagem é o conjunto dos reais não negativos.

Figura 3.57: Gráfico da função $f(x) = \sqrt{x}$

Terão igual comportamento gráfico as funções $f(x) = \sqrt[4]{x}$, $f(x) = \sqrt[6]{x}$ etc.

6º caso: suponhamos que n seja igual a $\frac{1}{3}$, isto é, $f(x) = x^{\frac{1}{3}} = \sqrt[3]{x}$.

a) Domínio: R.
b) Interceptos: $(0, 0)$.
c) Façamos a escolha de alguns valores para x e calculemos as respectivas imagens:

x	−27	−8	−1	−1/8	0	1/8	1	8	27
$f(x)$	−3	−2	−1	−1/2	0	1/2	1	2	3

Podemos concluir que:

- Quando x aumenta, as imagens são cada vez maiores. Quando x aumenta em valor absoluto, mas com sinal negativo, as imagens são cada vez maiores em valor absoluto, mas também com sinal negativo.
- Valores simétricos de x têm imagens simétricas, isto é, $f(-x) = -f(x)$.

O gráfico dessa função é dado pela Figura 3.58. Seu conjunto imagem é o conjunto dos reais.

Figura 3.58: Gráfico da função $f(x) = \sqrt[3]{x}$

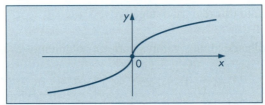

Terão igual comportamento gráfico as funções $f(x) = \sqrt[5]{x}$, $f(x) = \sqrt[7]{x}$ etc.

Exercícios

116. Esboce os gráficos das funções abaixo:

a) $f(x) = x^3$
b) $f(x) = x^5$
c) $f(x) = x^{-3}$
d) $f(x) = x^{\frac{1}{5}}$
e) $f(x) = x^{\frac{1}{2}}$
f) $f(x) = x^4$
g) $f(x) = \sqrt[4]{x}$
h) $f(x) = x^{-4}$
i) $f(x) = x^{-6}$
j) $f(x) = 2x^3$
k) $f(x) = 3x^{\frac{1}{2}}$
l) $f(x) = 8x^{0,75}$

117. Obtenha o ponto de equilíbrio de mercado para as seguintes funções de demanda e oferta:

a) demanda: $p = \frac{1}{x^2}$, oferta: $p = x$.

b) demanda: $p = \frac{1}{x^2}$, oferta: $p = x^3$.

118. Função de produção. Denomina-se função de produção a relação entre a quantidade física dos fatores de produção, tais como capital, trabalho e outros, e a quantidade física do produto na unidade de tempo. Se considerarmos fixos todos os fatores menos um, a quantidade produzida será função desse fator. Chamando de P a quantidade produzida na unidade de tempo e de x a quantidade do fator variável utilizado na unidade de tempo, teremos a função de produção $P = f(x)$. Chamamos de produtividade média do fator variável o valor indicado por P_m dado por $P_m = P/x$. Considere a função de produção dada por $P = 100 \cdot x^{\frac{1}{2}}$, em que P é o número de sacas de café produzidas por ano numa fazenda e x, o número de pessoas empregadas por ano.

a) Quantas sacas serão produzidas se forem empregadas 16 pessoas por ano? Qual a produtividade média?

b) Quantas sacas serão produzidas se forem empregadas 64 pessoas por ano? Qual a produtividade média?

c) O que acontecerá com a quantidade produzida se o número de pessoas empregadas quadruplicar?

d) Qual a produção anual se o número de pessoas empregadas for zero?

e) Faça o gráfico de P em função de x.

119. Considere a função de produção $P = 10x^{\frac{2}{3}}$, em que P é o número de mesas produzidas por semana numa marcenaria (com certo número fixo de empregados) e x, o número de serras elétricas utilizadas.

a) Quantas mesas serão produzidas por semana se forem utilizadas 8 serras? Qual a produtividade média?

b) Quantas mesas serão produzidas por semana se forem utilizadas 64 serras? Qual a produtividade média?

c) O que acontecerá com a quantidade produzida se o número de serras ficar 8 vezes maior?

d) Qual a produção se o número de serras for igual a zero?

e) Faça o gráfico de P em função de x.

120. Lei da distribuição de renda de Pareto. O economista italiano Vilfredo Pareto (1848–1907), em seus estudos sobre a distribuição de renda, propôs um modelo conhecido como Lei de Pareto da distribuição da renda. Em sua forma simplificada, o modelo sustenta que

$$y = \frac{A}{x^\alpha}$$

em que:
- y é o número de pessoas cujas rendas são maiores ou iguais a x;
- x é a renda de um indivíduo da população considerada;
- A é uma constante que depende da população em questão;
- α é o parâmetro que caracteriza a distribuição da renda.

O gráfico dessa função é dado pela Figura 3.59.

Figura 3.59: Curva de distribuição de renda de Pareto

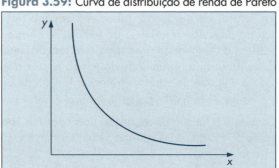

Numa população, a distribuição da renda é dada por $y = \dfrac{35 \cdot (10)^6}{x^{1,5}}$, em que x é a renda mensal de cada pessoa.
a) Quantas pessoas ganham pelo menos $ 15.000,00 por mês?
b) Quantas pessoas têm uma renda maior ou igual a $ 8.000,00 por mês?
c) Qual a menor renda das 500 pessoas com renda mais alta?
d) Qual o gráfico de y em função de x?

121. Numa população, a distribuição da renda é dada por $y = \dfrac{4 \cdot (10)^8}{x^{1,8}}$, em que x é a renda mensal de cada pessoa.
a) Quantas pessoas ganham pelo menos $ 6.000,00 por mês?
b) Qual a menor renda das 1.000 pessoas com renda mais alta?
c) Qual a menor renda das 4.000 pessoas com renda mais alta?
d) Qual o gráfico de y em função de x?

3.5.12 Função exponencial — Modelo de crescimento exponencial

Suponhamos que uma população tenha hoje 40.000 habitantes e que haja um crescimento populacional de 2% ao ano. Assim:

- daqui a 1 ano o número de habitantes será:

$$y_1 = 40.000 + (0,02) \cdot 40.000 = 40.000(1 + 0,02)$$

- daqui a 2 anos o número de habitantes será:

$$y_2 = y_1 + 0,02 y_1 = y_1(1 + 0,02) = 40.000(1,02)^2$$

- daqui a 3 anos o número de habitantes será:

$$y_3 = y_2 + 0,02 y_2 = y_2(1 + 0,02) = 40.000(1,02)^3$$

De modo análogo, podemos concluir que o número de habitantes daqui a x anos será $y = 40.000(1,02)^x$.

Embora tenhamos feito a dedução do valor de y para x inteiro, pode-se mostrar que sob condições bastante gerais ela vale para qualquer valor real.

De modo geral, se tivermos uma grandeza com valor inicial y_0 e que cresça a uma taxa igual a k por unidade de tempo, então, após um tempo x, medido na mesma unidade de k, o valor dessa grandeza y será dado por:

$$y = y_0(1 + k)^x$$

Tal expressão é conhecida como função exponencial. Ela é válida quando $k > 0$ (crescimento positivo) ou $k < 0$ (crescimento negativo ou decrescimento). O modelo que deu origem à função exponencial é conhecido como modelo de crescimento exponencial.

O padrão gráfico da função exponencial depende fundamentalmente de a taxa de crescimento k ser positiva ou negativa. Consideremos, por exemplo, as funções: $f_1(x) = 10 \cdot (2)^x$ (taxa de crescimento igual a $1 = 100\%$) e $f_2(x) = 10 \cdot (0,5)^x$ (taxa de crescimento igual a $-0,5 = -50\%$).

Vamos atribuir a x os valores da tabela abaixo:

x	$f_1(x)$	$f_2(x)$
−3	1,25	80
−2	2,5	40
−1	5	20
0	10	10
1	20	5
2	40	2,5
3	80	1,25

Os gráficos dessas funções comparecem na Figura 3.60 (o da Figura 3.60(a) é o de $f_1(x)$ e o da Figura 3.60(b) é o de $f_2(x)$).

Figura 3.60(a): Gráfico da função $f_1(x) = 10 \cdot 2^x$ **Figura 3.60(b):** Gráfico da função $f_2(x) = 10 \cdot (0,5)^x$

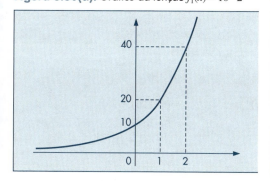 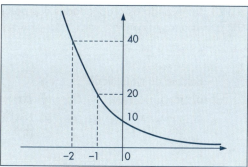

Verifica-se que, quando a base $(1 + k)$ é maior que 1, o padrão gráfico da função exponencial segue o de $f_1(x)$, e que, quando a base $(1 + k)$ está entre 0 e 1, o padrão gráfico da função exponencial segue o de $f_2(x)$.

Exemplo 3.31 Uma cidade tem hoje 20.000 habitantes, e esse número cresce a uma taxa de 3% ao ano. Então:

a) O número de habitantes daqui a 10 anos será $y = 20.000(1,03)^{10} = 26.878$.
b) Se daqui a 10 anos o número de habitantes fosse igual a 30.000, a taxa de crescimento anual seria dada por:

$$30.000 = 20.000(1 + k)^{10}$$
$$(1 + k)^{10} = 1,5$$

Elevando ambos os membros a expoente $\frac{1}{10}$, teremos:

$$[(1 + k)^{10}]^{\frac{1}{10}} = [1,5]^{\frac{1}{10}}$$
$$(1 + k)^1 = (1,5)^{0,1}$$
$$1 + k = 1,0414$$
$$k = 0,0414 = 4,14\%$$

Portanto, a taxa de crescimento procurada seria de 4,14% ao ano.

Exercícios

122. Calcule as potências $\left(\text{lembre-se de que } a^{-m} = \frac{1}{a^m} \text{ e } a^0 = 1\right)$:

a) 2^4
b) $(-3)^4$
c) 5^0
d) 3^{-2}
e) 2^{-3}
f) $(-2)^{-4}$
g) $(-5)^{-2}$
h) $\left(\frac{1}{2}\right)^3$
i) $\left(\frac{1}{3}\right)^4$
j) $\left(\frac{-2}{3}\right)^2$
k) $\left(-\frac{2}{3}\right)^3$
l) $\left(\frac{2}{3}\right)^{-1}$
m) $\left(\frac{2}{3}\right)^{-2}$

123. Lembrando as propriedades das potências:

a) $a^m \cdot a^n = a^{m+n}$
b) $\dfrac{a^m}{a^n} = a^{m-n}$
c) $(a \cdot b)^n = a^n \cdot b^n$
d) $(a^m)^n = a^{mn}$

calcule ou simplifique:

a) $x^2 \cdot x^3$
b) $x^2 \cdot x^3 \cdot x^4$
c) $\dfrac{x^{10}}{x^6}$
d) $(xy)^3 \cdot (xy)^4$
e) $(2x)^4(3x)^2$
f) $(8)^{1/3}$
g) $(16)^{1/2}$
h) $(32)^{-1/5}$
i) $[(1 + i)^4]^{1/4}$

124. Lembrando que $a^{\frac{p}{q}} = \sqrt[q]{a^p}$, calcule, se necessário usando uma calculadora:

a) $8^{\frac{1}{3}}$
b) $25^{\frac{1}{2}}$
c) $3^{\frac{1}{2}}$
d) $8^{\frac{1}{2}}$
e) $6^{\frac{3}{2}}$
f) $10^{\frac{2}{5}}$
g) $(1,25)^{\frac{1}{12}}$
h) $5^{\frac{3}{8}}$

CAPÍTULO 3   FUNÇÕES   97

125. Calcule, sem o uso de calculadora:
   a) $8^{\frac{4}{3}}$
   b) $36^{\frac{1}{2}}$
   c) $27^{\frac{1}{3}}$
   d) $4^{\frac{7}{2}}$
   e) $8^{-\frac{2}{3}}$

   Refaça os cálculos usando uma calculadora.

126. O número de habitantes de uma cidade é hoje igual a 7.000 e cresce a uma taxa de 3% ao ano.
   a) Qual o número de habitantes daqui a 8 anos?
   b) Qual o número de habitantes daqui a 30 anos?

127. O número de habitantes de uma cidade é hoje igual a 8.000 e cresce exponencialmente a uma taxa k ao ano. Se daqui a 20 anos o número de habitantes for 16.000, qual a taxa de crescimento anual?

128. A que taxa anual deve crescer exponencialmente uma população para que dobre após 25 anos?

129. O Produto Interno Bruto (PIB) de um país este ano é de 600 bilhões de dólares e cresce exponencialmente a uma taxa de 5% ao ano. Qual o PIB daqui a 5 anos?
   PIB: Valor total de bens e serviços finais produzidos dentro de um país.

130. O número de habitantes de uma cidade é hoje igual a 20.000 e cresce exponencialmente a uma taxa de 2% ao ano.
   a) Qual o número de habitantes y daqui a x anos?
   b) Faça o gráfico de y em função de x.

131. O número de habitantes de uma cidade é hoje 20.000. Sabendo-se que essa população crescerá exponencialmente à taxa de 2% ao ano nos próximos 5 anos e de 3% ao ano nos 5 anos seguintes, quantos habitantes terá a população daqui a 10 anos?

132. Uma empresa expande suas vendas em 20% ao ano. Se este ano ela vendeu 1.000 unidades, quantas venderá daqui a 5 anos?

133. Um imóvel vale hoje $ 150.000,00 e a cada ano sofre uma desvalorização de 3% ao ano.
   a) Qual será seu valor daqui a 10 anos?
   b) Seja y o valor do imóvel daqui a x anos. Qual o gráfico de y em função de x?

134. Um automóvel novo vale $ 20.000,00. Sabendo-se que ele sofre uma desvalorização de 15% ao ano:
   a) Qual será seu valor daqui a 5 anos?
   b) Seja y o valor do carro daqui a x anos. Faça o gráfico de y em função de x.

135. Um equipamento sofre depreciação exponencial de tal forma que seu valor daqui a t anos será $V = 6.561 \cdot \left(\frac{1}{3}\right)^t$.
   a) Qual seu valor hoje?
   b) Qual seu valor daqui a 3 anos?
   c) Qual será a depreciação total até essa data?
   d) Faça o gráfico de V em função de t.

136. Daqui a t anos o valor de uma máquina (em milhares de dólares) será $V = 50 \cdot (0,8)^t$.
   a) Qual seu valor hoje?
   b) Faça o gráfico de V em função de t.

137. Uma máquina vale hoje $ 200.000, e esse valor decresce exponencialmente a uma taxa k por ano. Se daqui a 4 anos seu valor for $ 180.000,00, qual o valor de k?

138. Uma máquina vale hoje $ 4.000,00, e seu valor decresce exponencialmente com o tempo. Sabendo-se que daqui a 2 anos seu valor será igual a $ 3.000,00, qual seu valor daqui a t anos?

139. Um carro 0 km deprecia 20% no primeiro ano, 15% no segundo ano e 10% ao ano do terceiro ano em diante.
   a) Se uma pessoa comprou esse carro com 2 anos de uso pagando $ 17.000,00, qual o seu preço quando era 0 km?
   b) Nas condições do item anterior, qual o valor do carro daqui a x anos ($x \geq 2$)?

140. Esboce o gráfico e dê o domínio e o conjunto imagem de cada função abaixo:
   a) $f(x) = 3^x$
   b) $f(x) = 3^x + 1$
   c) $f(x) = \left(\dfrac{1}{3}\right)^x$
   d) $f(x) = \left(\dfrac{1}{3}\right)^x + 2$
   e) $f(x) = (0,3)^x$
   f) $f(x) = (0,3)^x + 4$
   g) $f(x) = (1,2)^x$
   h) $f(x) = (1,2)^x - 2$
   i) $f(x) = 2 \cdot (3)^x$
   j) $f(x) = 4 \cdot (2)^x$
   k) $f(x) = 10 \cdot (1,2)^x$
   l) $f(x) = 2^{-x}$
   m) $f(x) = 3^{-x}$

3.5.13 Logaritmos

Consideremos a equação exponencial (incógnita no expoente) $2^x = 64$. Para resolvê-la, podemos notar que 64 é igual à potência 2^6, e então concluímos que $x = 6$. Analogamente, poderíamos resolver a equação $3^x = \dfrac{1}{81}$, pois $\dfrac{1}{81} = \dfrac{1}{3^4} = 3^{-4}$. Consequentemente, $x = -4$.

A situação muda, porém, se tivermos uma equação exponencial em que os dois membros não são potências de mesma base, como a equação $2^x = 5$.

Podemos garantir apenas que $2 < x < 3$, pois $2^2 = 4 < 5$ e $2^3 = 8 > 5$.

Para podermos resolver esse tipo de equação, precisamos lançar mão de um outro instrumento matemático chamado logaritmo, que passaremos a estudar.

Os logaritmos foram introduzidos no século XVII pelo matemático escocês John Napier (1550–1617) e pelo matemático inglês Henry Briggs (1561–1630) para a execução de complexos cálculos aritméticos.

Chamamos de logaritmo do número N na base a o expoente y que devemos colocar em a para dar o número N (N e a devem ser positivos e a diferente de 1). Assim, indicamos y por $\log_a N$. Portanto:

$$\log_a N = y \text{ se e somente se } a^y = N$$

A base mais usada, na prática, é a base 10, e os correspondentes logaritmos são chamados decimais, bem como a base e (número de Euler, que é uma importante constante matemática, cujo valor aproximado é 2,718). Os correspondentes logaritmos são também chamados naturais ou neperianos.

Os logaritmos decimais podem ser indicados sem a base ($\log_{10} N = \log N$) e os naturais podem ser indicados por $ln(N)$ ($ln(N) = \log_e N$).

Exemplo 3.32

a) $\log_2 16 = 4$, pois $2^4 = 16$;
b) $\log 100 = 2$, pois $10^2 = 100$;
c) $\log_6 6 = 1$, pois $6^1 = 6$;
d) $\log_7 1 = 0$, pois $7^0 = 1$.

Logaritmos cujos resultados não são imediatos podem ser calculados por desenvolvimento em séries ou por meio do uso de calculadoras (tecla *Log* ou *Ln*) ou computadores.

A partir de algumas propriedades dos logaritmos, veremos como podem ser calculados muitos logaritmos conhecendo-se apenas alguns deles; além disso, veremos como calcular logaritmos em qualquer base desejada.

Propriedades dos logaritmos

(P1) $\log_a M \cdot N = \log_a M + \log_a N$

(P2) $\log_a \dfrac{M}{N} = \log_a M - \log_a N$

(P3) $\log_a M^\alpha = \alpha \cdot \log_a M$

(P4) $\log_a M = \dfrac{\log_c M}{\log_c a}$ (mudança de base)

Exemplo 3.33 Admitindo que $\log 2 = 0,30$ e $\log 3 = 0,48$, temos:

a) $\log 16 = \log 2^4 = 4 \cdot \log 2 = 4 \cdot (0,30) = 1,20$
b) $\log 36 = \log 2^2 \cdot 3^2 = \log 2^2 + \log 3^2 = 2 \log 2 + 2 \log 3 = 2 \cdot (0,30) + 2 \cdot (0,48) = 1,56$
c) $\log \dfrac{1}{3} = \log 1 - \log 3 = 0 - 0,48 = -0,48$
d) $\log_3 2 = \dfrac{\log 2}{\log 3} = \dfrac{0,30}{0,48} = 0,625$

Exemplo 3.34 Admitindo que $\log 2 = 0,30$ e $\log 3 = 0,48$, vamos resolver a equação exponencial $2^x = 3$.

Como $2^x = 3$, então:

$\log 2^x = \log 3$
$x \cdot \log 2 = \log 3$
$x = \dfrac{\log 3}{\log 2} = \dfrac{0,48}{0,30} = 1,6$

Chamamos de função logarítmica toda função dada por $f(x) = \log_a x$, em que a base a é um número positivo e diferente de 1.

Temos as seguintes características dessa função:

a) Domínio: conjunto dos números reais positivos (R_+^*).
b) Interceptos: a intersecção com o eixo x é o ponto $(1, 0)$; não há intersecção com o eixo y.
c) Para termos ideia do gráfico, tomemos as funções $f_1(x) = \log_2 x$ e $f_2(x) = \log_{\frac{1}{2}} x$ e montemos a seguinte tabela de valores:

x	$f_1(x)$	$f_2(x)$
1/4	−2	2
1/2	−1	1
1	0	0
2	1	−1
4	2	−2
8	3	−3

Os gráficos dessas funções estão na Figura 3.61 (o da Figura 3.61(a) é o de $f_1(x)$ e o da Figura 3.61(b) é o de $f_2(x)$). Quando a base é maior que 1 ($a > 1$), o padrão gráfico da função é o do tipo de $f_1(x)$ e, quando a base está entre 0 e 1 ($0 < a < 1$), o padrão é o de $f_2(x)$. Em ambos os casos, o conjunto imagem é o conjunto R dos números reais.

Figura 3.61(a): Gráfico da função $f_1(x) = \log_2 x$

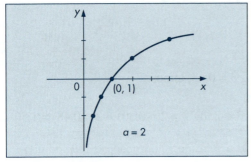

Figura 3.61(b): Gráfico da função $f_2(x) = \log_{1/2} x$

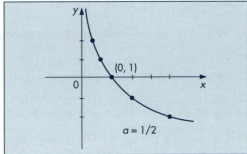

Exercícios

141. Calcule os logaritmos abaixo sem o uso de calculadora:

a) $\log_2 8$

b) $\log_7 49$

c) $\log_3 81$

d) $\log_7 1$

e) $\log_3 3$

f) $\log_{10} 10^4$

g) $\log_2 2^{-3}$

h) $\log_3 \frac{1}{9}$

i) $\log_{\frac{1}{5}} 25$

j) $\log_{25} \frac{1}{5}$

k) $\log_2 (16 \times 4)$

l) $\log_5 5^6$

142. Usando uma calculadora ou computador, obtenha os seguintes logaritmos:
   a) log 54
   b) log 7
   c) log 122
   d) log 34,6
   e) ln 31
   f) ln 7
   g) ln 1,5
   h) ln 243
   i) ln 1,7
   j) ln (0,8)
   k) ln (0,92)
   l) ln (0,54)
   m) $\log_2 7$
   n) $\log_{12} 24$
   o) $\log_{17} 5$

143. Admitindo que log 2 = 0,3 e log 3 = 0,48, calcule os seguintes logaritmos:
   a) log 6
   b) log 8
   c) log 12
   d) log 24
   e) log 20
   f) log 300
   g) log 5
   h) log 50
   i) log 0,2
   j) log 0,03

144. Admitindo que log 2 = 0,3 e log 3 = 0,48, resolva as equações exponenciais:
   a) $3^x = 2$
   b) $4^x = 3$
   c) $2^x = 9$
   d) $6^x = 8$
   e) $6^x = 20$
   f) $4^x = 0,3$

145. Resolva as equações exponenciais abaixo usando uma calculadora ou computador:
   a) $2^x = 5 \cdot (3)^x$
   b) $500 \cdot (1,2)^x = 800$
   c) $6 \cdot (3)^x = 10^x$
   d) $3^{x-2} = 5$
   e) $2^{x-5} = 7$

146. Resolva as equações exponenciais abaixo usando uma calculadora ou computador:
   a) $e^x = 4$
   b) $e^{2x} = 5,17$
   c) $e^{-5x} = 0,12$
   d) $6 \cdot e^{3x} = 8,94$

147. O número de habitantes de uma cidade é hoje igual a 7.000 e cresce à taxa de 3% ao ano. Daqui a quanto tempo a população dobrará?
   Dados: log 2 = 0,3010 e log (1,03) = 0,0128.

148. O PIB de um país cresce a uma taxa igual a 5% ao ano. Daqui a quantos anos aproximadamente o PIB triplicará?
   Dados: log 3 = 0,4771 e log 1,05 = 0,0212.

149. Um imóvel vale hoje $ 150.000,00 e a cada ano ele sofre uma desvalorização de 3%. Daqui a quanto tempo seu valor se reduzirá à metade?
   Dados: ln 0,5 = – 0,6931 e ln 0,97 = –0,0305.

150. Um automóvel novo vale hoje $ 20.000,00 e sofre desvalorização de 15% ao ano. Daqui a quanto tempo seu valor se reduzirá à metade?
   Dados: ln 0,5 = –0,6931 e ln 0,85 = –0,1625.

151. Daqui a t anos o valor de uma máquina será $V = 50 \cdot (0,8)^t$ milhares de reais. Daqui a quanto tempo seu valor se reduzirá à metade?
   Dado: log 2 = 0,3010.

152. Estudos demográficos feitos em certo país estimaram que sua população daqui a t anos será $P = 40 \cdot (1,05)^t$ milhões de habitantes. Daqui a quanto tempo a população dobrará?
   Dados: log 2 = 0,3 e log 1,05 = 0,02.

153. Esboce o gráfico e dê o domínio e o conjunto imagem de cada função:
   a) $f(x) = \log_3 x$
   b) $f(x) = \log_{\frac{1}{3}} x$
   c) $f(x) = \log_{0,2} x$
   d) $f(x) = \log_{1,2} x$

154. Estude o sinal das funções do exercício anterior.

155. Dê o domínio das seguintes funções:
   a) $y = \log(x - 3)$
   b) $y = \log(2 - x)$
   c) $y = \log(x^2 - 4x + 3)$
   d) $y = \log(x^2 - 4)$
   e) $y = \log(4x - x^2)$

156. Curva de aprendizagem. A curva de aprendizagem é o gráfico de uma função frequentemente utilizada para relacionar a eficiência de trabalho de uma pessoa em função de sua experiência. A expressão matemática dessa função é $f(t) = A - B \cdot e^{-kt}$, em que t representa o tempo e $f(t)$, a eficiência. Os valores A, B e k são constantes positivas e dependem intrinsecamente do problema em questão. O gráfico da curva de aprendizagem tem o aspecto da Figura 3.62.

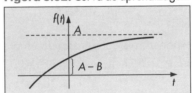

Figura 3.62: Curva de aprendizagem

Nota-se que, quando t aumenta, e^{-kt} tende a zero e, portanto, $f(t)$ tende a A. Assim, a reta horizontal que passa pelo ponto de ordenada A é uma assíntota do gráfico e praticamente reflete o fato de que, a partir de determinado tempo, a eficiência praticamente não se altera (ou se altera pouco). O ponto de intersecção com o eixo y tem ordenada $A - B$, pois $f(0) = A - B \cdot e^0 = A - B$.

Suponha que após t meses de experiência um operário consiga montar p peças por hora. Suponha ainda que $p = 40 - 20 \cdot e^{-0,4t}$.
   a) Quantas peças ele montava por hora quando não tinha experiência?
   b) Quantas peças montará por hora após 2,5 meses de experiência?
   Dado: $e^{-1} = 0,37$.
   c) Quantas peças, no máximo, conseguirá montar por hora?
   d) Esboce o gráfico de p em função de t.

157. Um digitador após t dias de experiência consegue digitar p palavras por minuto. Suponha que $p = 60 - 55e^{-0,1t}$.
   a) Quantas palavras ele digitava por minuto quando não tinha experiência?
   b) Quantas palavras digitará por minuto após 20 dias de experiência?
   Dado: $e^{-2} = 0,14$.
   c) Quantas palavras conseguirá digitar por minuto no máximo?
   d) Esboce o gráfico de p em função de t.

158. Considere a curva de aprendizagem $f(t) = 10 - B \cdot e^{-kt}$.
   Sabendo que $f(1) = 5$ e $f(2) = 6$, obtenha B e k.
   Dado: $\ln 1,25 = 0,22$.

3.5.14 Juros compostos

Consideremos um capital de $ 1.000,00, aplicado a juros compostos à taxa de 10% ao ano. Isso significa que:

- no primeiro ano o juro auferido é $1.000 \cdot (0,10) = 100$ e o montante após 1 ano será
$$M_1 = 1.000 + 100 = 1.100$$

- no segundo ano o juro auferido é $1.100 \cdot (0,10) = 110$ e o montante após 2 anos será
$$M_2 = 1.100 + 110 = 1.210$$

- no terceiro ano o juro auferido é $1.210 \cdot (0,10) = 121$ e o montante após 3 anos será
$$M_3 = 1.210 + 121 = 1.331$$

e assim por diante.

Portanto, no regime de juros compostos, o juro auferido em cada período se agrega ao montante do início do período, e essa soma passa a gerar juros no período seguinte.

Consideremos um capital C, aplicado à taxa de juros i por período, e obtenhamos a fórmula do montante após n períodos.

Temos:
$$M_1 = C + Ci = C(1 + i)$$
$$M_2 = M_1 + M_1 \cdot i = M_1(1 + i) = C(1 + i)(1 + i) = C(1 + i)^2$$
$$M_3 = M_2 + M_2 i = M_2(1 + i) = C(1 + i)^2(1 + i) = C(1 + i)^3$$

Procedendo de modo análogo, obteremos o montante após n períodos, que é dado por:

$$M_n = C(1 + i)^n \text{ ou simplesmente } M = C(1 + i)^n$$

Se quisermos um capital que, aplicado à taxa i, durante n períodos, resulte num montante M, devemos isolar C da equação anterior. O valor assim obtido, C, é chamado de valor presente de M, isto é:

$$C = \frac{M}{(1 + i)^n}$$

Embora a fórmula tenha sido deduzida para n inteiro e positivo, ela é estendida para todo n real positivo. Assim, M é uma função exponencial de n e crescente, pois, sendo a taxa de juros $i > 0$, $1 + i$ será maior que 1. Portanto, o gráfico de M em função de n terá o aspecto daquele da Figura 3.63.

Figura 3.63: Gráfico do montante em função do tempo

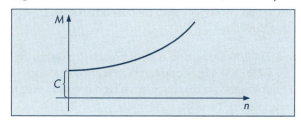

Exemplo 3.35 Um capital de $ 3.000 é aplicado a juros compostos durante 5 meses à taxa de 2% ao mês. Assim, temos:

$$C = 3.000 \quad i = 2\% \quad n = 5$$
$$M = 3.000(1{,}02)^5$$
$$M = 3.000 \cdot (1{,}104081) = 3.312{,}24$$

Portanto, o montante da aplicação será $ 3.312,24.

Exemplo 3.36 Um capital de $ 1.000,00 foi aplicado a juros compostos, durante 4 meses, produzindo um montante de $ 1.061,36. A taxa mensal de juros é dada por:

$$1.061{,}36 = 1.000 \,(1 + i)^4$$
$$(1 + i)^4 = 1{,}06136$$

Elevando ambos os membros a expoente $\frac{1}{4}$, teremos:

$$[(1 + i)^4]^{\frac{1}{4}} = [1{,}06136]^{\frac{1}{4}}$$
$$(1 + i)^1 = (1{,}06136)^{0{,}25}$$
$$1 + i = 1{,}015 \Rightarrow i = 0{,}015 = 1{,}5\%$$

Portanto, a taxa mensal de juros da aplicação foi de 1,5% ao mês.

Exercícios

159. Um capital de $ 2.000,00 é aplicado a juros compostos durante 4 meses à taxa de 1,8% ao mês. Qual é o montante?

160. Um capital de $ 10.000,00 é aplicado a juros compostos durante 1 ano e meio à taxa de 2% ao mês. Qual é o montante?

161. Uma pessoa aplica hoje $ 1.000,00 e aplicará $ 2.000,00 daqui a 3 meses a juros compostos à taxa de 2,5% ao mês. Qual seu montante daqui a 6 meses?

162. Qual o capital que, aplicado a juros compostos, durante 1 ano, à taxa de 7% ao trimestre, produz um montante de $ 5.000,00?

163. Um capital de $ 2.000,00 é aplicado durante 5 meses a juros compostos produzindo um montante de $ 2.400,00. Qual a taxa mensal?

164. Durante quanto tempo um capital deve ser aplicado a juros compostos à taxa de 1,9% ao mês para que duplique?

165. Um capital de $ 1.000,00 é aplicado a juros compostos à taxa de 300% ao ano. Um outro capital de $ 2.000,00 é aplicado também a juros compostos à taxa de 100% ao ano. Daqui a quantos anos a diferença entre os montantes será igual a $ 3.000,00? Dados: log 2 = 0,30 e log 3 = 0,48.

166. Quanto devo aplicar hoje a juros compostos e à taxa de 2% ao mês para pagar um compromisso de $ 6.000,00 daqui a 6 meses? (Em outras palavras, qual o valor presente do compromisso?)

167. Quanto devo aplicar hoje a juros compostos e à taxa de 2% ao mês para cumprir um compromisso de $ 4.000,00 daqui a 2 meses, e outro de $ 5.000,00 daqui a 3 meses?

168. A que taxa devo aplicar $ 1.000,00 num fundo que rende juros compostos, para poder sacar $ 100,00 daqui a 1 mês e $ 1.100,00 daqui a 2 meses, esgotando meu saldo?

169. A que taxa devo aplicar $ 1.000,00 num fundo que rende juros compostos, para poder sacar $ 400,00 daqui a 1 mês e $ 734,40 daqui a 2 meses, esgotando meu saldo?

170. A que taxa devo aplicar $ 500,00 num fundo que rende juros compostos, para poder sacar $ 200,00 daqui a 1 mês e $ 341,25 daqui a 2 meses, esgotando meu saldo?

171. Um indivíduo que pretende se aposentar dentro de 30 anos resolve fazer 360 depósitos mensais, de A reais cada, em uma aplicação que rende juros compostos à taxa de 0,5% ao mês. Seu objetivo é constituir uma poupança da qual possa sacar $ 2.000,00 por mês, durante 240 meses, sendo a primeira retirada um mês após o último depósito.
    a) Qual a poupança que ele deverá constituir logo após o último depósito?
    b) Qual o valor de A?

3.5.15 Funções trigonométricas

Vamos abordar, neste capítulo, as principais funções trigonométricas: função seno, cosseno e tangente.

- Função seno: $f(x) = \operatorname{sen} x$.
    a) Domínio: conjunto R dos reais.
    b) Interceptos: se $x = 0$, $f(0) = \operatorname{sen} 0 = 0$, portanto, a intersecção com o eixo y é o ponto $(0, 0)$. A intersecção com o eixo x é feita fazendo $f(x) = \operatorname{sen} x = 0$ e, portanto, $x = k \cdot \pi$ (k inteiro).
    c) O gráfico da função $f(x) = \operatorname{sen} x$ é aquele da Figura 3.64.
    d) Como o maior valor do seno é 1 e o menor é –1 e tendo em conta o gráfico dessa função, concluímos que o conjunto imagem é o intervalo [–1; 1].

Figura 3.64: Gráfico da função $f(x) = \operatorname{sen} x$

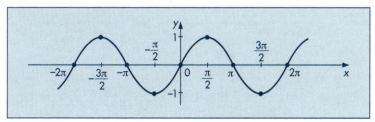

- Função cosseno: $f(x) = \cos x$.
    a) Domínio: conjunto R dos reais.
    b) Interceptos: se $x = 0$, $f(0) = \cos 0 = 1$, portanto, a intersecção com o eixo y é o ponto $(0, 1)$. A intersecção com o eixo x é feita fazendo $f(x) = \cos x = 0$ e, portanto, $x = \pi/2 + k \cdot \pi$ (k inteiro).
    c) O gráfico da função $f(x) = \cos x$ é aquele da Figura 3.65.
    d) Como o maior valor do cosseno é 1 e o menor é –1 e tendo em conta o gráfico dessa função, concluímos que o conjunto imagem é o intervalo $[-1; 1]$.

Figura 3.65: Gráfico da função $f(x) = \cos x$

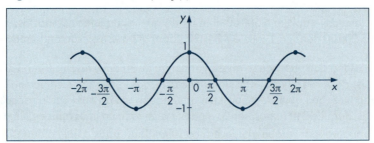

- Função tangente: $f(x) = \operatorname{tg} x = \dfrac{\operatorname{sen} x}{\cos x}$.
    a) Domínio: conjunto R dos reais excluindo os valores para os quais $\cos x = 0$, ou seja, os valores da forma $\pi/2 + k\pi$ (k inteiro).
    b) Interceptos: se $x = 0$, $f(0) = \operatorname{tg} 0 = 0$, portanto, a intersecção com o eixo y é o ponto $(0, 0)$. A intersecção com o eixo x é feita fazendo $f(x) = \operatorname{tg} x = 0$ e, portanto, $x = k \cdot \pi$ (k inteiro).
    c) O gráfico da função $f(x) = \operatorname{tg} x$ é aquele da Figura 3.66.
    d) O conjunto imagem é o conjunto R dos reais, pois para todo y real existe x tal que $\operatorname{tg} x = y$.

Figura 3.66: Gráfico da função $f(x) = \operatorname{tg} x$

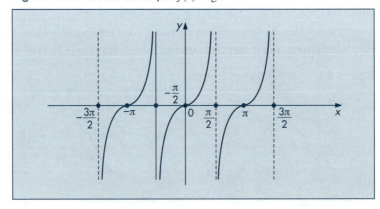

Exercícios

172. Esboce os gráficos das funções:
    a) $y = |\text{sen } x|$
    b) $y = |\cos x|$
    c) $y = |\text{tg } x|$ para $-\dfrac{\pi}{2} < x < \dfrac{\pi}{2}$

173. Faça o estudo do sinal das funções:
    a) $y = \text{sen } x$, para $0 \leq x \leq 2\pi$
    b) $y = \cos x$, para $0 \leq x \leq 2\pi$
    c) $y = \text{tg } x$, para $-\dfrac{\pi}{2} \leq x \leq \dfrac{\pi}{2}$
    d) $y = \dfrac{\text{sen } x}{x-1}$, para $0 \leq x \leq 2\pi$
    e) $y = \dfrac{x-3}{\cos x}$, para $0 < x < 2\pi$
    f) $y = \dfrac{x^2-1}{\text{tg } x}$, para $-\dfrac{\pi}{2} \leq x \leq \dfrac{\pi}{2}$

174. Identifique o ponto de máximo e de mínimo das funções:
    a) $y = \text{sen } x$, para $0 \leq x \leq \pi$
    b) $y = \cos x$, para $\pi \leq x \leq 2\pi$
    c) $y = \text{tg } x$, para $0 \leq x \leq \dfrac{\pi}{2}$
    d) $y = |\text{sen } x|$, para $0 \leq x \leq 2\pi$
    e) $y = |\cos x|$, para $0 \leq x \leq 2\pi$

Capítulo 4

Limites

4.1 Sucessões ou sequências

No Capítulo 1, vimos que, em alguns conjuntos, a ordem em que os elementos aparecem é importante e, assim, introduzimos o conceito de par ordenado. Do mesmo modo, podemos estender esse conceito para triplas, quádruplas etc. ordenadas. Quando afirmamos que um conjunto está ordenado, queremos dizer que existe um primeiro elemento, um segundo elemento e assim por diante. Na realidade, o que fazemos é colocar esse conjunto em correspondência com o conjunto dos números naturais, ou parte deste.

Assim, chamamos de sucessão (ou sequência) a toda função real cujo domínio é o conjunto dos números naturais ou parte deste.

Exemplo 4.1 Seja a sucessão dada por $f(n) = \dfrac{1}{n}$ com $n \in N^*$. As imagens são dadas por:

$$f(1) = \frac{1}{1} = 1$$

$$f(2) = \frac{1}{2}$$

$$f(3) = \frac{1}{3}$$

etc.

Tal função é dada por: $\left\{(1, 1), \left(2, \dfrac{1}{2}\right), \left(3, \dfrac{1}{3}\right), \left(4, \dfrac{1}{4}\right), ...\right\}$

Habitualmente, costuma-se representar uma sucessão escrevendo-se ordenadamente suas imagens. Assim, a sucessão dada nesse exemplo pode ser representada por:

$$\left(1, \frac{1}{2}, \frac{1}{3}, \frac{1}{4}, ...\right)$$

Exemplo 4.2 Consideremos a sucessão dada por $f(n) = \dfrac{n}{n+1}$.

Ela pode ser representada por:

$$\left(\frac{1}{2}, \frac{2}{3}, \frac{3}{4}, \frac{4}{5}, ...\right)$$

Exemplo 4.3 A sucessão $(1, 2, 3, 4, 5, ...)$ é definida por $f(n) = n$ em que $n \in N^*$.

Exemplo 4.4 A sucessão $(-1, -3, -5, -7, ...)$ é definida por $f(n) = -(2n-1)$.

Exemplo 4.5 A sucessão $(-1, 2, -3, 4, -5, ...)$ é definida por $f(n) = (-1)^n \cdot n$.

4.2 Convergência de sucessões

Dizemos que uma sucessão converge para um número fixo se, à medida que n aumenta, o valor de $f(n)$ se aproxima desse valor fixo. Formalmente, podemos dizer que uma sucessão $(f(1), f(2), f(3), ...)$ converge para um número fixo a se para todo intervalo I centrado em a existir um número natural k tal que as imagens $f(k+1), f(k+2), f(k+3), ...$ pertencem todas a I.

Tomemos novamente a sequência do Exemplo 4.1:

$$\left(1, \frac{1}{2}, \frac{1}{3}, \frac{1}{4}, ...\right)$$

É fácil perceber que, à medida que n cresce, a sucessão se aproxima de 0.

De fato, se tomarmos o intervalo $I_1 = \,]-0{,}5;\, 0{,}5[$, veremos que $f(3), f(4), f(5), ...$ são todos elementos que caem em I_1.

Se tomarmos outro intervalo centrado em 0, por exemplo, $I_2 = \,]-0{,}1;\, 0{,}1[$, veremos que $f_{11} = 0{,}0909, f_{12} = 0{,}0833, f_{13} = 0{,}0769$ etc. são todos elementos que caem em I_2.

Qualquer intervalo centrado em 0, por menor amplitude que tenha, permite encontrar um termo a partir do qual os elementos da sucessão caem dentro do intervalo.

Se observarmos a sucessão do Exemplo 4.3, veremos que, à medida que n aumenta, os valores de $f(n)$ não convergem para nenhum valor fixo. Diremos que tal sucessão diverge.

Entre as sucessões divergentes, existem aquelas em que, à medida que n aumenta, os valores de $f(n)$ conseguem superar qualquer valor fixado; dizemos que essas sucessões divergem para mais infinito; esse é o caso do Exemplo 4.3.

Pode ocorrer que, à medida que n aumenta, os valores de $f(n)$ conseguem ficar abaixo de qualquer valor fixo, por menor que ele seja; dizemos que essas sucessões divergem para menos infinito; esse é o caso do Exemplo 4.4.

Existem ainda as sucessões divergentes que não divergem nem para mais nem para menos infinito: é o caso do Exemplo 4.5.

Observações

1) Quando uma sucessão convergir para certo valor a, mas sempre por valores menores do que a, dizemos que a sucessão converge para a pela esquerda. Assim, por exemplo, a sucessão $\left(\dfrac{1}{2}, \dfrac{2}{3}, \dfrac{3}{4}, \dfrac{4}{5}, ..., \dfrac{n}{n+1}, ...\right)$ converge para 1 pela esquerda.

Analogamente, temos sucessões que convergem para a pela direita e ainda aquelas que convergem para a oscilando, isto é, tanto pela esquerda como pela direita.

2) Dado um número a qualquer, é geralmente possível construir sucessões que convirjam para esse valor. Assim, por exemplo, dado o número 3, a sucessão $\left(3,1; 3,01; 3,001; ...; 3+\dfrac{1}{10^n}; ...\right)$ converge para 3 pela direita, ao passo que a sucessão $\left(2,9; 2,99; 2,999; ...; 3-\dfrac{1}{10^n}; ...\right)$ converge para 3 pela esquerda.

Exercícios

1. Nas sucessões abaixo, escreva a função definidora de cada uma:

   a) $(1, 4, 9, 16, 25, ...)$

   b) $(-1, 2, -3, 4, -5, 6, ...)$

   c) $(1, 2, 4, 8, 16, 32, ...)$

   d) $(0, 5, 10, 15, 20, ...)$

   e) $\left(1, \dfrac{1}{3}, \dfrac{1}{9}, \dfrac{1}{27}, ...\right)$

   f) $(0,1; 0,01; 0,001; ...)$

2. Das sucessões abaixo, quais são convergentes (e para quais números convergem) e quais são divergentes?

   a) $f(n) = \dfrac{2}{n}$

   b) $f(n) = \dfrac{n+1}{2}$

   c) $f(n) = \dfrac{n+1}{n^2+1}$

   d) $f(n) = \dfrac{2n^2+1}{n^2+1}$

   e) $f(n) = \dfrac{n^2}{3^n}$

   f) $f(n) = \dfrac{n^2+1}{n}$

   g) $f(n) = \left(1 + \dfrac{1}{n}\right)^4$

   h) $f(n) = \dfrac{n-1}{n^2-1}$

   i) $f(n) = \sqrt{n+1} - \sqrt{n}$

   j) $f(n) = (-1)^n \cdot \left(\dfrac{n+1}{n}\right)$

   k) $f(n) = (-1)^n \cdot \left(\dfrac{1}{n}\right)$

   l) $f(n) = \begin{cases} \dfrac{5n+1}{n}, \text{ para } n \text{ par} \\ \dfrac{5n-1}{n}, \text{ para } n \text{ ímpar} \end{cases}$

   m) $f(n) = \dfrac{1 + \dfrac{1}{2} + \dfrac{1}{4} + ... + \dfrac{1}{2^n}}{1 + \dfrac{1}{3} + \dfrac{1}{9} + ... + \dfrac{1}{3^n}}$

   (Lembre-se de que o numerador e o denominador são somas de n termos de progressão geométrica no item m.)

Dadas as sucessões: $f(n) = \dfrac{1}{n}$ e $g(n) = \dfrac{n+1}{2n}$:

3. Para que valores convergem?

4. Qual a função definidora de $h(n) = f(n) + g(n)$? $h(n)$ é convergente?

5. Idem ao exercício anterior para a sucessão $h_1(n) = f(n) \cdot g(n)$.

6. Idem ao exercício anterior para a sucessão $h_2(n) = f(n) - g(n)$.

7. Idem ao exercício anterior para a sucessão $h_3(n) = \dfrac{f(n)}{g(n)}$.

4.3 Limite de funções

O conceito de limite de funções tem grande utilidade na determinação do comportamento de funções nas vizinhanças de um ponto fora do domínio e no comportamento de funções quando x aumenta muito (tende para infinito) ou diminui muito (tende para menos infinito). Além disso, o conceito de limite é utilizado em derivadas, assunto do próximo capítulo.

Intuitivamente, dada uma função $f(x)$ e um ponto b do domínio, dizemos que o limite da função é L quando x tende a b pela direita $(x \to b^+)$ se, à medida que x se aproxima de b pela direita (isto é, por valores superiores a b), os valores de $f(x)$ se aproximam de L. Simbolicamente, escrevemos:

$$\lim_{x \to b^+} f(x) = L$$

Analogamente, dizemos que o limite da função é M quando x tende a b pela esquerda $(x \to b^-)$ se, à medida que x se aproxima de b pela esquerda (isto é, por valores inferiores a b), os valores de $f(x)$ se aproximam de M. Simbolicamente escrevemos:

$$\lim_{x \to b^-} f(x) = M$$

A Figura 4.1 ilustra essa ideia intuitiva. A definição formal, que caracteriza o conceito de aproximação, pode ser vista no apêndice.

Figura 4.1: Limites à esquerda e à direita do ponto b

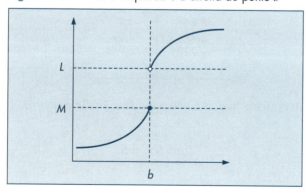

Caso $L = M$, ou seja, os limites laterais são iguais, dizemos que existe o limite de $f(x)$ quando x tende a b e escrevemos $\lim f(x) = L = M$. A Figura 4.2 ilustra essa situação:

Figura 4.2: Existência do limite $f(x)$, quando x tende a b

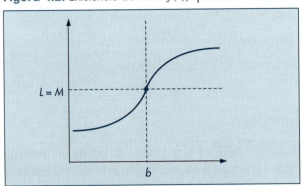

Quando os limites laterais L e M são distintos, dizemos que não existe o limite de $f(x)$ quando x tende a b (embora existam os limites laterais). A Figura 4.1 ilustra essa situação.

Exemplo 4.6 Consideremos a função dada por:

$$f(x) = \begin{cases} x + 2, \text{ se } x \leq 3 \\ 2x, \text{ se } x > 3 \end{cases}$$

e calculemos os limites laterais quando x tende a 3 pela direita e pela esquerda.

- **Limite pela esquerda**

Consideremos uma sucessão que convirja para 3 pela esquerda, por exemplo (2,9; 2,99; 2,999, ...).

Nesse caso, como x é menor que 3, a expressão de $f(x)$ é $f(x) = x + 2$. Assim, temos a seguinte correspondência:

x	$f(x)$
2,9	4,9
2,99	4,99
2,999	4,999
...	...

Percebe-se intuitivamente que, quando x tende a 3 pela esquerda, $f(x)$ tende a 5, e escrevemos:

$$\lim_{x \to 3^-} f(x) = 5$$

- **Limite pela direita**

Consideremos uma sucessão que convirja para 3 pela direita, por exemplo (3,1; 3,01; 3,001; ...).

Nesse caso, como x é maior que 3, a expressão de $f(x)$ é $f(x) = 2x$. Assim, temos a seguinte correspondência:

x	$f(x)$
3,1	6,2
3,01	6,02
3,001	6,002
...	...

Percebe-se intuitivamente que, quando x tende a 3 pela direita, $f(x)$ tende a 6, e escrevemos:

$$\lim_{x \to 3^+} f(x) = 6$$

Nesse caso, como os limites laterais existem, mas são diferentes, dizemos que não existe o limite global de $f(x)$ quando x tende a 3. A Figura 4.3 representa o gráfico dessa função e evidencia os limites laterais.

Figura 4.3: Limites para o Exemplo 4.6

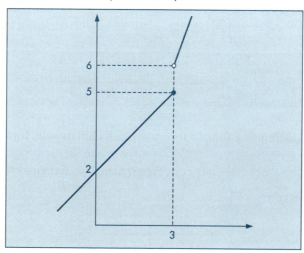

Exemplo 4.7 Consideremos a função:

$$f(x) = \begin{cases} x + 2, \text{ se } x \neq 3 \\ 7, \text{ se } x = 3 \end{cases}$$

e calculemos os limites laterais quando x tende a 3.

Considerando as mesmas sucessões usadas no exercício anterior para caracterizar que x tende a 3 pela esquerda e pela direita, percebemos que:

- $\lim_{x \to 3^-} f(x) = 5$;

- $\lim_{x \to 3^+} f(x) = 5$.

Portanto, neste caso, como os limites laterais são iguais, podemos escrever:

$$\lim_{x \to 3} f(x) = 5$$

É importante observarmos, nesse exemplo, que, no cálculo do limite de $f(x)$, quando x tende a 3, não importa o valor da imagem para $x = 3$, mas importa o que ocorre com as imagens quando x está próximo de 3, porém mantendo-se diferente de 3. A Figura 4.4 representa o gráfico de $f(x)$.

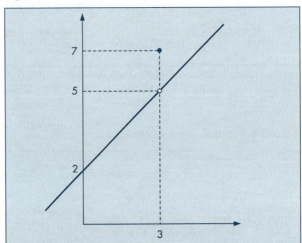

Figura 4.4: Gráfico da função do Exemplo 4.7

Exemplo 4.8 Consideremos a função $f(x) = x^2$ e calculemos seus limites laterais quando x tende a 3.

Usando as mesmas sucessões que convergem para 3 do Exemplo 4.6, teremos:

- **Limite pela esquerda**

x	$f(x)$
2,9	8,41
2,99	8,9401
2,999	8,9940
...	...

É intuitivo perceber que $\lim_{x \to 3^-} f(x) = 9$.

- **Limite pela direita**

x	$f(x)$
3,1	9,61
3,01	9,0601
3,001	9,0060
...	...

É intuitivo perceber que $\lim_{x \to 3^+} f(x) = 9$.

Como os limites laterais são iguais, podemos escrever: $\lim_{x \to 3} f(x) = 9$.

O gráfico de $f(x)$ é o da Figura 4.5.

Figura 4.5: Limites laterais em $x = 3$ iguais

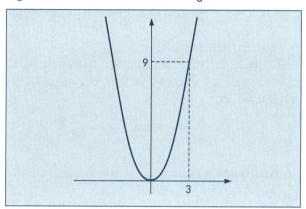

Exercício

8. Para cada função abaixo $f(x)$ e para cada a, calcule (quando existir):

$$\lim_{x \to a^+} f(x), \quad \lim_{x \to a^-} f(x), \quad \text{e} \quad \lim_{x \to a} f(x)$$

a) $f(x) = x^3, a = 2$

b) $f(x) = 2x + 1, a = 3$

c) $f(x) = \dfrac{x+5}{x-3}, a = 0$

d) $f(x) = \dfrac{x+5}{x-3}, a = 2$

e) $f(x) = \begin{cases} 2x+1, \text{ se } x \neq 3 \\ 8, \text{ se } x = 3 \end{cases}, a = 3$

f) $f(x) = \begin{cases} x^2, \text{ se } x \geq 0 \\ -x, \text{ se } x < 0 \end{cases}, a = 0$

g) $f(x) = \begin{cases} 2x, \text{ se } x \leq 2 \\ 7, \text{ se } x > 2 \end{cases}, a = 2$

h) $f(x) = \sqrt{3x+4}, a = 7$

i) $f(x) = \dfrac{x-2}{x}, a = 2$

j) $f(x) = \text{sen } x, a = \dfrac{\pi}{4}$

k) $f(x) = \log(1+x), a = 0$

4.4 Formas indeterminadas

Consideremos a função $f(x) = \dfrac{x-2}{x^2-4}$ e vejamos qual o limite quando x tende a 2; se x tender a 2 pela esquerda ou pela direita, notamos que o numerador tende a 0, bem como o denominador. Teríamos então uma fração impossível de ser calculada $\left(\dfrac{0}{0}\right)$ e que é chamada de forma indeterminada.

Todavia, observamos que a expressão de $f(x)$ pode ser simplificada ao fatorarmos o denominador, ou seja:

$$f(x) = \frac{(x-2)}{(x+2)(x-2)} = \frac{1}{x+2}$$

Assim, as funções $f(x) = \frac{x-2}{x^2-4}$ e $h(x) = \frac{1}{x+2}$ têm um comportamento idêntico (exceto para $x = 2$, em que a 1ª não é definida).

Ora, no cálculo do limite de $f(x)$, quando x tende a 2, não interessa o que acontece quando $x = 2$ (pois quando x tende a 2 ele é diferente de 2). Logo, no cálculo do limite $f(x)$ e $h(x)$ têm o mesmo comportamento. Portanto:

$$\lim_{x \to 2} \frac{x-2}{x^2-4} = \lim_{x \to 2} \frac{1}{x+2} = \frac{1}{4}$$

Convém, antes de darmos novos exemplos, lembrarmos algumas fórmulas de fatoração:
- $(a^2 - b^2) = (a+b)(a-b)$
- $a^2 + 2ab + b^2 = (a+b)^2$
- $a^2 - 2ab + b^2 = (a-b)^2$
- $ax^2 + bx + c = a(x - x_1)(x - x_2)$, em que x_1 e x_2 são raízes da equação $ax^2 + bx + c = 0$
- $(a^3 + b^3) = (a+b)(a^2 - ab + b^2)$
- $(a^3 - b^3) = (a-b)(a^2 + ab + b^2)$

Exemplo 4.9

a) $\lim_{x \to 5} \frac{x^2 - 10x + 25}{x - 5} = \lim_{x \to 5} \frac{(x-5)^2}{x-5} = \lim_{x \to 5} (x-5) = 0$

b) $\lim_{x \to 1} \frac{x^2 - 6x + 5}{x - 1} = \lim_{x \to 1} \frac{(x-1)(x-5)}{(x-1)} = \lim_{x \to 1} (x-5) = -4$

c) $\lim_{x \to 0} \frac{x^2 + 8x}{x} = \lim_{x \to 0} \frac{x(x+8)}{x} = \lim_{x \to 0} (x+8) = 8$

Exercício

9. Obtenha os limites:

a) $\lim_{x \to 3} \frac{x^2 - 9}{x - 3}$

b) $\lim_{x \to -7} \frac{49 - x^2}{7 + x}$

c) $\lim_{x \to 5} \frac{5 - x}{25 - x^2}$

d) $\lim_{x \to 0} \frac{x^2 + x}{x^2 - 3x}$

e) $\lim_{x \to 0} \frac{x^3}{2x^2 - x}$

f) $\lim_{x \to 1} \frac{x^2 - 4x + 3}{x - 1}$

g) $\lim_{x \to 4} \frac{x^2 - 7x + 12}{x - 4}$

h) $\lim_{x \to 1} \frac{x - 1}{x^2 - 3x + 2}$

i) $\lim_{x \to 1} \frac{x^2 - 2x + 1}{x - 1}$

j) $\lim_{x \to 2} \frac{x - 2}{x^2 - 4}$

k) $\lim_{x \to 2} \frac{x^3 - 8}{x - 2}$

l) $\lim_{x \to 3} \frac{x^3 - 27}{x^2 - 5x + 6}$

m) $\lim_{x \to 1} \frac{x^2 - 4x + 3}{x^3 - 1}$

n) $\lim_{x \to -1} \frac{x + 1}{x^2 + 3x + 2}$

4.5 Limites infinitos

Consideremos a função $f(x) = \dfrac{5}{x-3}$ definida para todos os reais diferentes de 3. Vejamos o que acontece com $f(x)$ nas vizinhanças de 3.

Calculemos o limite de $f(x)$ quando x tende a 3 pela direita: vamos atribuir a x os valores de uma sucessão que convirja para 3 pela direita, por exemplo:

$$(3,1;\ 3,01;\ 3,001;\ 3,0001;\ ...)$$

As correspondentes imagens são:

$$f(3,1) = \dfrac{5}{0,1} = 50$$

$$f(3,01) = \dfrac{5}{0,01} = 500$$

$$f(3,001) = \dfrac{5}{0,001} = 5.000$$

$$f(3,0001) = \dfrac{5}{0,0001} = 50.000$$

Observamos que as imagens vão ficando cada vez maiores, superando qualquer valor fixado. Dizemos, nesse caso, que o limite de $f(x)$, quando x tende a 3 pela direita, é infinito, e escrevemos:

$$\lim_{x \to 3^+} f(x) = \lim_{x \to 3^+} \dfrac{5}{x-3} = \infty$$

Analogamente, para calcularmos o limite de $f(x)$ pela esquerda, vamos atribuir a x, por exemplo, os valores:

$$(2,9;\ 2,99;\ 2,999;\ 2,9999;\ ...)$$

As correspondentes imagens são:

$$f(2,9) = \dfrac{5}{-0,1} = -50$$

$$f(2,99) = \dfrac{5}{-0,01} = -500$$

$$f(2,999) = \dfrac{5}{-0,001} = -5.000$$

$$f(2,9999) = \dfrac{5}{-0,0001} = -50.000$$

Observamos que as imagens vão ficando cada vez menores, abaixo de qualquer valor fixado. Dizemos que o limite de $f(x)$ é menos infinito, quando x tende a 3 pela esquerda, e escrevemos:

$$\lim_{x \to 3^-} f(x) = \lim_{x \to 3^-} \frac{5}{x-3} = -\infty$$

De modo geral, o limite de uma função é infinito quando os valores de $f(x)$ vão ficando cada vez maiores, superando qualquer valor fixado; da mesma forma, dizemos que o limite de uma função é menos infinito quando os valores de $f(x)$ vão ficando cada vez menores, de maneira a se situarem abaixo de qualquer valor fixado.

Exercício

10. Para cada função $f(x)$ abaixo, calcule $\lim_{x \to a^+} f(x)$ e $\lim_{x \to a^-} f(x)$, quando existirem:

a) $f(x) = \dfrac{4}{x-6}, a = 6$

b) $f(x) = \dfrac{3}{1-x}, a = 1$

c) $f(x) = \dfrac{2}{|x-5|}, a = 5$

d) $f(x) = \dfrac{x+5}{x}, a = 0$

e) $f(x) = \dfrac{x}{2-x}, a = 2$

f) $f(x) = \dfrac{x^2}{x-1}, a = 1$

g) $f(x) = \dfrac{1}{x}, a = 0$

h) $f(x) = \dfrac{1}{x^2}, a = 0$

i) $f(x) = \dfrac{-1}{x^2}, a = 0$

j) $f(x) = \dfrac{1}{x^3}, a = 0$

k) $f(x) = 2x + \dfrac{1}{x^2}, a = 0$

l) $f(x) = 5x + \dfrac{3}{x-2}, a = 2$

m) $f(x) = \dfrac{5x}{(x-1)^2}, a = 1$

n) $f(x) = \dfrac{1}{5x(x-1)^2}, a = 1$

o) $f(x) = \dfrac{4x}{(x-3)^2}, a = 3$

p) $f(x) = \dfrac{1}{4x(x-3)^2}, a = 3$

4.6 Limites nos extremos do domínio

Quando fizemos o estudo das funções no Capítulo 3, vimos a importância de conhecer o comportamento de uma função quando x era muito grande (tendendo para infinito) ou muito pequeno (tendendo para menos infinito). Na verdade, o que queríamos era determinar os valores dos limites, chamados limites nos extremos:

$$\lim_{x \to \infty} f(x) \quad \text{ou} \quad \lim_{x \to -\infty} f(x)$$

A maneira de obtermos esses limites consiste em escolher uma sucessão que divirja para mais infinito, ou simplesmente para infinito (∞), ou menos infinito ($-\infty$), e determinar o comportamento da nova sucessão gerada por $f(x)$.

Exemplo 4.10 Consideremos a função $f(x) = \dfrac{1}{x}$ e tomemos uma sequência que divirja para infinito, por exemplo $(10, 100, 1.000, 10.000, ..., 10^n, ...)$.

As correspondentes imagens são:

$$f(10) = \frac{1}{10} = 0,1$$

$$f(100) = \frac{1}{100} = 0,01$$

$$f(1.000) = \frac{1}{1.000} = 0,001$$

$$f(10.000) = \frac{1}{10.000} = 0,0001, ...$$

Intuitivamente, percebemos que as correspondentes imagens convergem para 0. Dizemos que o limite de $f(x)$, quando x tende para infinito, é 0 e escrevemos:

$$\lim_{x \to \infty} f(x) = \lim_{x \to \infty} \frac{1}{x} = 0$$

Analogamente, para determinarmos o limite de $f(x)$ quando x tende para menos infinito, tomemos uma sequência que divirja para menos infinito, por exemplo $(-10, -100, -1.000, -10.000, ..., -(10)^n, ...)$. As correspondentes imagens são:

$$f(-10) = \frac{1}{-10} = -0,1$$

$$f(-100) = \frac{1}{-100} = -0,01$$

$$f(-1.000) = \frac{1}{-1.000} = -0,001$$

$$f(-10.000) = \frac{1}{-10.000} = -0,0001, ...$$

Percebemos intuitivamente que as imagens também convergem para 0. Dizemos então que o limite de $f(x)$ é 0, quando x tende a menos infinito, e escrevemos:

$$\lim_{x \to -\infty} f(x) = \lim_{x \to -\infty} \frac{1}{x} = 0$$

O gráfico de $f(x)$ é dado na Figura 4.6, em que ficam evidentes os limites calculados.

Figura 4.6: Gráfico da função $f(x) = 1/x$

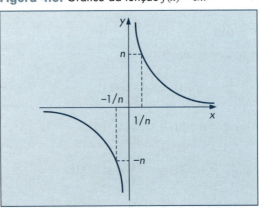

Exemplo 4.11 Consideremos a função $f(x) = x^3$. Se considerarmos as mesmas sucessões divergentes para mais e menos infinito dadas no exemplo anterior, poderemos concluir que:

$$\lim_{x \to \infty} f(x) = \lim_{x \to \infty} x^3 = \infty \quad \text{e} \quad \lim_{x \to -\infty} f(x) = \lim_{x \to -\infty} x^3 = -\infty$$

Conforme vimos no Capítulo 3, o gráfico de $f(x)$ é dado pela Figura 4.7, em que se evidenciam os limites calculados.

Figura 4.7: Gráfico da função $f(x) = x^3$

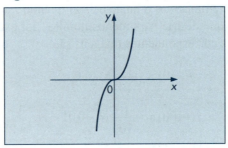

Observações

- Os limites nos extremos (x tendendo a mais ou menos infinito) podem ser um número real, ou ainda podem dar mais ou menos infinito, conforme os exemplos anteriores mostraram.
- Há funções cujos limites nos extremos não existem, como a função $f(x) = \text{sen } x$, pois $f(x)$ oscila entre -1 e 1 à medida que x tende para mais ou menos infinito.
- O limite nos extremos de uma função polinomial é igual ao limite de seu termo de maior expoente, pois, colocando-se esse termo em evidência, todos os outros termos tendem a 0. Isso pode ser constatado no seguinte exemplo:

$$\lim_{x \to \infty} (2x^3 + 4x^2 - 5x + 9) = \lim_{x \to \infty} 2x^3 \left(1 + \frac{2}{x} - \frac{5}{2x^2} + \frac{9}{2x^3}\right) = \lim_{x \to \infty} 2x^3 = \infty$$

pois todos os termos (exceto o 1º) entre parênteses tem limite igual a 0 quando x tende a infinito.

- Como consequência da observação anterior, quando tivermos o limite nos extremos de um quociente de dois polinômios, ele será igual ao limite do quociente dos termos do maior expoente do numerador e do denominador. Assim, por exemplo:

$$\lim_{x \to \infty} \frac{4x^3 + 5x^2 - 7x + 9}{2x^2 - 8x - 17} = \lim_{x \to \infty} \frac{4x^3}{2x^2} = \lim_{x \to \infty} 2x = \infty$$

Exercício

11. Calcule os seguintes limites:

a) $\lim\limits_{x \to \infty} \dfrac{1}{x^2}$

b) $\lim\limits_{x \to -\infty} \dfrac{1}{x^2}$

c) $\lim\limits_{x \to \infty} x^4$

d) $\lim\limits_{x \to -\infty} x^4$

e) $\lim\limits_{x \to \infty} 3x^5$

f) $\lim\limits_{x \to -\infty} 3x^5$

g) $\lim\limits_{x \to \infty} e^x$

h) $\lim\limits_{x \to -\infty} e^x$

i) $\lim\limits_{x \to \infty} (2x^4 - 3x^3 + x + 6)$

j) $\lim\limits_{x \to -\infty} (2x^4 - 3x^3 + x + 6)$

k) $\lim\limits_{x \to \infty} (2x^5 - 3x^2 + 6)$

l) $\lim\limits_{x \to -\infty} (2x^5 - 3x^2 + 6)$

m) $\lim\limits_{x \to \infty} \dfrac{5x^4 - 3x^2 + 1}{5x^2 + 2x - 1}$

n) $\lim\limits_{x \to -\infty} \dfrac{5x^4 - 3x^2 + 1}{5x^2 + 2x - 1}$

o) $\lim\limits_{x \to -\infty} \dfrac{-3x^3 + 2x^2 + 5}{x + 1}$

p) $\lim\limits_{x \to \infty} \dfrac{2x + 1}{x - 3}$

q) $\lim\limits_{x \to -\infty} \dfrac{2x + 1}{x - 3}$

r) $\lim\limits_{x \to \infty} \dfrac{25x - 2}{16x - 3}$

s) $\lim\limits_{x \to \infty} \dfrac{x^2 + 3x + 1}{2x^2 - 5x}$

t) $\lim\limits_{x \to \infty} \dfrac{x - 1}{x^2 + 3}$

u) $\lim\limits_{x \to -\infty} \dfrac{x^2 - 3x + 1}{x^3 - x^2 + x - 1}$

v) $\lim\limits_{x \to -\infty} \dfrac{4x + 1}{2x^2 + 5x - 1}$

w) $\lim\limits_{x \to \infty} \dfrac{1 - 2x^2}{3 - 4x}$

x) $\lim\limits_{x \to -\infty} \dfrac{1 - 2x}{3 - 4x}$

4.7 Continuidade de uma função

Intuitivamente, a ideia de função contínua decorre da análise de seu gráfico. Quando o gráfico de uma função não apresenta interrupções, dizemos que ela é contínua. Se houver algum ponto em que ocorre a interrupção, dizemos que esse é um ponto de descontinuidade.

A fim de tornarmos mais formal esse conceito, observemos as funções que comparecem na Figura 4.8.

Figura 4.8: Algumas funções reais

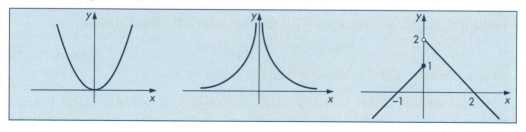

a) $f_1(x) = x^2$

b) $f_2(x) = \dfrac{1}{x^2}$

c) $f_3(x) = \begin{cases} x + 1 \text{ para } x \leq 0 \\ -x + 2 \text{ para } x > 0 \end{cases}$

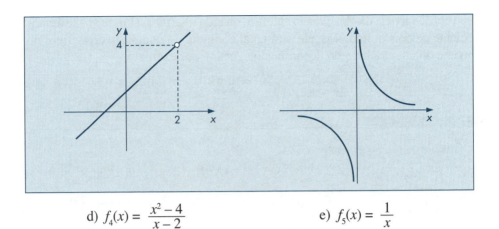

d) $f_4(x) = \dfrac{x^2 - 4}{x - 2}$

e) $f_5(x) = \dfrac{1}{x}$

Temos as seguintes considerações a fazer:

- Para a função $f_1(x)$, cujo gráfico é uma parábola, para qualquer valor real de b temos:

$$\lim_{x \to b^+} f_1(x) = \lim_{x \to b^-} f_1(x) = f_1(b)$$

ou seja, o limite existe para x tendendo a b e, além disso, ele é igual ao valor da função em b.

- Para a função $f_2(x)$, se calcularmos o limite para x tendendo a zero, veremos que:

$$\lim_{x \to 0^+} f_2(x) = \lim_{x \to 0^-} f_2(x) = \infty$$

ou seja, o limite existe para x tendendo a 0, mas ele não é igual ao valor da função para $x = 0$, pois 0 está fora do domínio.

- Para a função $f_3(x)$, se calcularmos o limite para x tendendo a zero, veremos que:

$$\lim_{x \to 0^-} f_3(x) = 1 \quad \text{e} \quad \lim_{x \to 0^+} f_3(x) = 2$$

ou seja, não existe o limite da função para $x = 0$.

- Para a função $f_4(x)$, se calcularmos o limite para x igual a 2, teremos:

$$\lim_{x \to 2^-} f_4(x) = \lim_{x \to 2^+} f_4(x) = 4$$

ou seja, o limite existe para x tendendo a 2, mas a função não está definida para $x = 2$.

- Para a função $f_5(x)$, se calcularmos o limite para x tendendo a zero, teremos:

$$\lim_{x \to 0^+} f_5(x) = \infty \quad \text{e} \quad \lim_{x \to 0^-} f_5(x) = -\infty$$

ou seja, não existe o limite da função para x tendendo a zero.

Pela análise dos gráficos, vemos que, com exceção de $f_1(x)$, todas as outras funções apresentam interrupções em algum ponto. No caso da função $f_1(x)$, o que caracteriza a ausência de interrupções é o fato de o limite existir em qualquer ponto b do domínio e, além disso, de esse limite ser igual à imagem de b.

Isso sugere a seguinte definição:

Uma função $f(x)$ é contínua num ponto b do domínio, se:
$$\lim_{x \to b^+} f(x) = \lim_{x \to b^-} f(x) = f(b)$$

Em resumo, temos:

- $f_1(x)$ é contínua em todos os pontos do domínio;
- $f_2(x)$ é descontínua para $x = 0$;
- $f_3(x)$ é descontínua para $x = 0$;
- $f_4(x)$ é descontínua para $x = 2$;
- $f_5(x)$ é descontínua para $x = 0$.

4.8 Assíntotas verticais e horizontais

Consideremos os gráficos das funções dadas na Figura 4.9:

Figura 4.9: Assíntotas

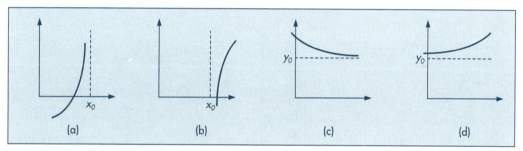

No casos (a) e (b), dizemos que a reta de equação $x = x_0$ é uma assíntota vertical daquelas funções.

Nos casos (c) e (d), dizemos que a reta horizontal de equação $y = y_0$ é uma assíntota horizontal das correspondentes funções.

Formalmente, podemos dizer que, se existir um número x_0 tal que um dos limites laterais de x_0 seja infinito, ou menos infinito, então a reta $x = x_0$ é uma assíntota vertical da função considerada. Geralmente, x_0 é um ponto de descontinuidade da função.

Se existirem os limites:
$$\lim_{x \to \infty} f(x) = c_1 \quad \text{e} \quad \lim_{x \to -\infty} f(x) = c_2$$

então as retas $y = c_1$ e $y = c_2$ são chamadas de assíntotas horizontais da função considerada.

Exemplo 4.12 Consideremos a função $f(x) = \dfrac{5x + 3}{x - 2}$. Como o ponto de descontinuidade ocorre para $x = 2$, temos:

- $\lim_{x \to 2^+} f(x) = \infty$ e $\lim_{x \to 2^-} f(x) = -\infty$, então a reta $x = 2$ é uma assíntota vertical de $f(x)$;
- $\lim_{x \to \infty} f(x) = 5$ e $\lim_{x \to -\infty} f(x) = 5$, então a reta $y = 5$ é uma assíntota horizontal de $f(x)$.

4.9 Limite exponencial fundamental

Consideremos a função $f(x) = \left(1 + \dfrac{1}{x}\right)^x$ que comparece em curvas de crescimento em geral. À medida que x cresce, tendendo a infinito, a fração $\dfrac{1}{x}$ tende a zero, porém tal fração somada a 1 e o resultado elevado a x não tem um valor de convergência evidente.

O matemático suíço Leonardo Euler (1707–1783) parece que foi o primeiro a perceber a importância dessa função. Além disso, ele demonstrou que o limite daquela função para x tendendo a infinito era um número irracional compreendido entre 2 e 3, simbolizado por e (número de Euler). Usando uma calculadora, é possível ter uma ideia da convergência da função $f(x) = \left(1 + \dfrac{1}{x}\right)^x$; a Tabela 4.1 fornece alguns valores de $f(x)$:

Tabela 4.1: Limite exponencial fundamental

x	$\left(1 + \dfrac{1}{x}\right)^x$
1	2
2	2,250000
5	2,488320
10	2,593742
20	2,653298
50	2,691588
100	2,704814
200	2,711517
500	2,715569
1.000	2,716924
5.000	2,718010
50.000	2,718255
100.000	2,718268
1.000.000	2,718280

Pode-se provar ainda que o limite da função $f(x) = \left(1 + \dfrac{1}{x}\right)^x$ também dá o número e quando x tende a menos infinito.

Uma forma equivalente de escrever o número e é por meio do limite: $\lim\limits_{x \to 0} (1 + x)^{\frac{1}{x}}$. Isto é:

$$\lim_{x \to 0} (1 + x)^{\frac{1}{x}} = e$$

Exemplo 4.13 Juros capitalizados continuamente

Consideremos um capital de $ 1.000,00 aplicado a juros compostos à taxa de 12% ao ano pelo prazo de 2 anos.

- Se os juros forem capitalizados anualmente, o montante será:

$$M = 1.000(1 + 0,12)^2 = 1.254,40$$

- Se os juros forem capitalizados semestralmente a uma taxa semestral proporcional a 12% ao ano, a taxa semestral será de $\frac{12\%}{2} = 6\%$ ao semestre, e o montante será:

$$M = 1.000(1 + 0{,}06)^4 = 1.262{,}48$$

- Se os juros forem capitalizados mensalmente a uma taxa mensal proporcional a 12% ao ano, a taxa mensal será de $\frac{12\%}{12} = 1\%$ ao mês, e o montante será:

$$M = 1.000(1 + 0{,}01)^{24} = 1.269{,}73$$

- Se os juros forem capitalizados diariamente a uma taxa diária proporcional a 12% ao ano, a taxa diária (considerando um ano de 360 dias) será de $\frac{12\%}{360}$ ao dia, e o montante será:

$$M = 1.000\left(1 + \frac{0{,}12}{360}\right)^{720} = 1.271{,}20$$

Poderíamos pensar em capitalização por hora, por minuto, por segundo, e assim por diante. Cada vez que diminui o prazo de capitalização, o número de capitalizações (k) em um ano aumenta, de modo que a taxa proporcional a 12% ao ano nesse período de capitalização é igual a $\frac{12\%}{k}$ e o prazo de aplicação de 2 anos expresso de acordo com o prazo de capitalização vale $2k$. Consequentemente, o montante é dado por:

$$M = 1.000\left(1 + \frac{0{,}12}{k}\right)^{2k}$$

Dizemos que o capital é capitalizado continuamente, quando o montante M é dado por:

$$M = \lim_{k \to \infty} 1.000\left(1 + \frac{0{,}12}{k}\right)^{2k}$$

Para calcularmos tal limite, podemos chamar $\frac{0{,}12}{k}$ de $\frac{1}{x}$ e, consequentemente, x será igual a $\frac{k}{0{,}12}$. Quando k tende a infinito, x também tende, de modo que o limite acima pode ser expresso por:

$$M = \lim_{x \to \infty} 1.000\left(1 + \frac{1}{x}\right)^{2 \cdot (0{,}12) \cdot x} = 1.000\left[\lim_{x \to \infty} \left(1 + \frac{1}{x}\right)^x\right]^{2 \cdot (0{,}12)} = 1.000 \cdot e^{2 \cdot (0{,}12)} =$$

$= 1.271{,}25$, pois a expressão entre colchetes é o limite exponencial fundamental.

De modo geral, se um capital C é capitalizado continuamente a uma taxa proporcional a uma taxa i anual, pelo prazo de n anos, o montante é dado por:

$$M = C \cdot e^{i \cdot n}$$

Exercícios

12. A função $f(x) = \begin{cases} 2x - 1, \text{ se } x \leq 3 \\ 3x - 4, \text{ se } x > 3 \end{cases}$ é contínua no ponto $x = 3$?

13. A função $f(x) = \begin{cases} x^2 + 3, \text{ se } x \neq 2 \\ 10, \text{ se } x = 2 \end{cases}$ é contínua para $x = 2$?

14. Verifique se a função $f(x) = \dfrac{x^2 - 1}{x - 1}$ é contínua para $x = 1$.

15. Determine k, de modo que a função $f(x) = \begin{cases} 2x + 3, \text{ se } x \neq 2 \\ k, \text{ se } x = 2 \end{cases}$ seja contínua para $x = 2$.

16. Dada a função $f(x) = \dfrac{x - 1}{x + 1}$:

    a) Determine a assíntota vertical no ponto de descontinuidade $x = -1$.
    b) Determine as assíntotas horizontais.

17. Dada a função $f(x) = \dfrac{x^2}{x - 1}$:

    a) Determine a assíntota vertical no ponto de descontinuidade $x = 1$.
    b) Determine as assíntotas horizontais.

18. Dada a função $f(x) = \log x$, determine a assíntota vertical para $x = 0$.

19. Dada a função $f(x) = 2^x$, determine a assíntota horizontal.

20. Calcule os seguintes limites:

    a) $\lim\limits_{x \to \infty} \left(1 + \dfrac{1}{x}\right)^{2x}$

    b) $\lim\limits_{x \to \infty} \left(1 + \dfrac{1}{x}\right)^{\frac{x}{3}}$

    c) $\lim\limits_{x \to \infty} \left(1 + \dfrac{2}{x}\right)^{x}$

    d) $\lim\limits_{x \to \infty} \left(\dfrac{2x + 3}{2x}\right)^{x}$

    e) $\lim\limits_{x \to 0} \dfrac{\ln(1 + x)}{x}$

21. Calcule o montante de uma aplicação de $ 2.000,00 a juros compostos capitalizados continuamente a uma taxa proporcional a 15% ao ano, durante 4 anos.

22. Calcule o montante de uma aplicação de $ 5.000,00 a juros compostos capitalizados continuamente a uma taxa proporcional a 20% ao ano, durante 6 meses.

23. Calcule o montante de uma aplicação de $ 6.000,00 a juros compostos capitalizados continuamente a uma taxa proporcional a 22% ao ano, durante 15 meses.

24. Um capital de $ 2.000,00 foi aplicado a juros compostos capitalizados continuamente a uma taxa proporcional a 10% ao ano, produzindo um montante de $ 3.800,00. Qual o prazo da aplicação?

♦ Para resolver o próximo exercício, leia o texto a seguir:

Limite trigonométrico fundamental: $\lim_{x \to 0} \dfrac{\operatorname{sen} x}{x} = 1$

Para demonstrarmos esse resultado, consideremos a Figura 4.10, em que $0 < t < \dfrac{\pi}{2}$ e o círculo tem raio unitário:

Figura 4.10

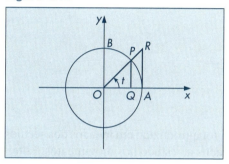

Temos:
Área do triângulo $OPQ <$ área do setor $OAP <$ área do triângulo OAR, ou seja,

$$\dfrac{\cos t \cdot \operatorname{sen} t}{2} < \dfrac{t \cdot 1}{2} < \dfrac{\operatorname{tg} t \cdot 1}{2}$$

Dividindo todos os membros por sen $t > 0$,

$$\cos t < \dfrac{t}{\operatorname{sen} t} < \dfrac{1}{\cos t}$$

e, tendo em conta que todos os termos são positivos, podemos escrever:

$$\dfrac{1}{\cos t} > \dfrac{\operatorname{sen} t}{t} > \cos t$$

Como $\dfrac{1}{\cos t}$ e cos t tendem a 1 quando t tende a 0, concluímos que $\dfrac{\operatorname{sen} t}{t}$ também tende a 1 quando t tende a 0.

A demonstração é análoga se admitirmos $t < 0$.

25. Calcule os seguintes limites:

a) $\lim_{x \to 0} \dfrac{\operatorname{sen}(-x)}{x}$

b) $\lim_{x \to 0} \dfrac{\operatorname{sen} kx}{x}$

c) $\lim_{x \to 0} \dfrac{x - \operatorname{sen} x}{x + \operatorname{sen} x}$

d) $\lim_{x \to 0} \dfrac{\operatorname{tg} kx}{x}$

e) $\lim_{x \to 0} \dfrac{\operatorname{sen} ax}{\operatorname{sen} bx}$

f) $\lim_{x \to 0} \dfrac{\operatorname{tg} ax}{\operatorname{tg} bx}$

g) $\lim_{x \to 0} \dfrac{\operatorname{sen} x - x}{x}$

Capítulo 5

Derivadas

5.1 Introdução

O conceito de derivada foi introduzido em meados dos séculos XVII e XVIII em estudos de problemas de Física ligados ao estudo dos movimentos. Entre outros, destacam-se nesse estudo o físico e matemático inglês Isaac Newton (1642-1727), o filósofo e matemático alemão Gottfried Leibniz (1646-1716) e o matemático francês Joseph-Louis Lagrange (1736-1813, nascido em Turim, na Itália, mas que viveu praticamente toda sua vida na França).

As ideias preliminarmente introduzidas na Física foram aos poucos incorporadas a outras áreas do conhecimento. Em Economia e Administração, o conceito de derivada é utilizado principalmente no estudo gráfico de funções, na determinação de máximos e mínimos e no cálculo de taxas de variação de funções.

Consideremos uma função $f(x)$ e sejam x_0 e x_1 dois pontos de seu domínio; sejam $f(x_0)$ e $f(x_1)$ as correspondentes imagens (Figura 5.1).

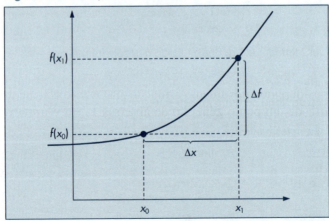

Figura 5.1: Variação de uma função

Chamamos de taxa média de variação de f para x, variando de x_0 até x_1, o quociente:

$$\frac{f(x_1) - f(x_0)}{x_1 - x_0}$$

Tal taxa mede o ritmo de variação da imagem em relação à variação de x. Observemos ainda que a taxa média de variação depende do ponto de partida x_0 e da variação de x, dada por $x_1 - x_0$.

Usando o símbolo Δ para indicar uma variação, podemos indicar a taxa média de variação de f pela relação:

$$\frac{\Delta f}{\Delta x} = \frac{f(x_1) - f(x_0)}{x_1 - x_0}$$

Exemplo 5.1 Sejam a função $f(x) = x^2$, o ponto inicial de abscissa $x_0 = 1$ e a variação $\Delta x = 2$ (isto é, x varia de 1 a 3). A taxa média de variação de f para esses valores é:

$$\frac{\Delta f}{\Delta x} = \frac{f(3) - f(1)}{3 - 1} = \frac{3^2 - 1^2}{2} = 4$$

Isso significa que, se x variar 2 unidades (a partir de $x_0 = 1$), a variação de f será 4 vezes maior, pois $\Delta f = 8$, enquanto $\Delta x = 2$ (Figura 5.2).

Figura 5.2: Taxa média de variação da função $f(x) = x^2$

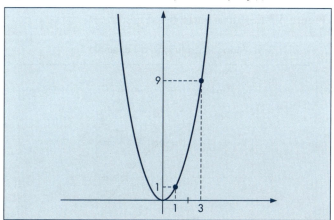

Exemplo 5.2 Consideremos novamente a função $f(x) = x^2$ e calculemos a taxa média de variação a partir de um ponto genérico de abscissa $x_0 = x$ e um acréscimo também genérico Δx.

Resolução

Temos:

$$\frac{\Delta f}{\Delta x} = \frac{f(x + \Delta x) - f(x)}{\Delta x} = \frac{(x + \Delta x)^2 - x^2}{\Delta x} = \frac{2x \cdot \Delta x + (\Delta x)^2}{\Delta x} = 2x + \Delta x$$

Assim, por exemplo, se quisermos a taxa média de variação a partir do ponto $x = 5$ e com uma variação $\Delta x = 3$, o resultado será $2 \cdot 5 + 3 = 13$.

Exemplo 5.3 Suponhamos que um objeto seja abandonado a 2.000 m de altura e que a função $f(t) = 2.000 - 10t^2$ indique a altura do objeto em relação ao solo, t segundos após ele ser abandonado.

Temos:

- $f(0) = 2.000$ e $f(5) = 1.750$. Logo, nos 5 primeiros segundos, o objeto caiu 250 m, pois $\Delta f_1 = 2.000 - 1.750 = -250$.
- Já nos 5 segundos seguintes, quando t varia de 5 a 10, o objeto caiu 750 m, pois $\Delta f_2 = f(5) - f(10) = 1.750 - 1.000 = -750$.

Isso nos mostra que, para uma mesma variação de t (5 segundos), a variação de altura é diferente. A taxa média de variação da função representa a velocidade média do objeto em cada intervalo de tempo considerado. Assim:

No 1º intervalo, a velocidade média é $\dfrac{\Delta f_1}{5} = \dfrac{-250}{5} = -50$ m/s

No 2º intervalo, a velocidade média é $\dfrac{\Delta f_2}{5} = \dfrac{-750}{5} = -150$ m/s

O gráfico da Figura 5.3 ilustra as variações Δf_1 e Δf_2.

Figura 5.3: Variação da função do Exemplo 5.3

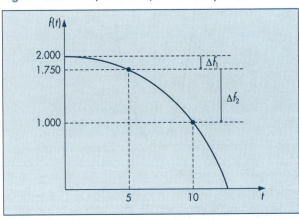

Podemos ainda calcular velocidades médias em intervalos de tempo de amplitudes diferentes. Por exemplo, a velocidade média para t variando de 5 a 8 é:

$$\dfrac{\Delta f_3}{\Delta t} = \dfrac{f(8) - f(5)}{8 - 5} = \dfrac{1.360 - 1.750}{3} = -130 \text{ m/s}$$

Muitas vezes estamos interessados na velocidade de um objeto num determinado instante (velocidade instantânea). Assim, no exemplo considerado, calculemos a velocidade instantânea para $t = 5$ segundos. Para isso, consideremos a velocidade média (taxa média de variação) para amplitudes de variação do tempo cada vez menores. Assim, para o intervalo [5; 5 + Δt], teremos:

$$\frac{\Delta f}{\Delta t} = \frac{f(5 + \Delta t) - f(5)}{\Delta t}$$

$$\frac{\Delta f}{\Delta t} = \frac{[2.000 - 10(5 + \Delta t)^2] - [2.000 - 10 \cdot (5)^2]}{\Delta t}$$

$$\frac{\Delta f}{\Delta t} = \frac{-100\Delta t - 10(\Delta t)^2}{\Delta t} = -100 - 10\Delta t$$

Calculemos a velocidade média para valores de Δt cada vez menores (Tabela 5.1):

Tabela 5.1: Velocidade média para o Exemplo 5.3

Intervalo	Δt	$\frac{\Delta f}{\Delta t}$
[5; 10]	5	−150
[5; 8]	3	−130
[5; 6]	1	−110
[5; 5,5]	0,5	−105
[5; 5,1]	0,1	−101
[5; 5,01]	0,01	−100,1
...	...	...

Verificamos assim que a velocidade média está se aproximando de 100m/s. A velocidade instantânea é, pois, o limite para o qual tende a velocidade média quando o intervalo de tempo tende a 0. Isto é, a velocidade instantânea no ponto $t = 5$ é dada por:

$$\lim_{\Delta f \to 0} \frac{\Delta f}{\Delta t} = \lim_{\Delta f \to 0} (-100 - 10\Delta t) = -100$$

Esse limite da taxa média de variação quando Δt tende a zero é chamado de derivada da função $f(t)$ no ponto $t = 5$.

5.2 O conceito de derivada

5.2.1 Derivada de uma função num ponto

Seja $f(x)$ uma função e x_0 um ponto de seu domínio. Chamamos de derivada de f no ponto x_0, se existir e for finito, o limite dado por:

$$\lim_{\Delta x \to 0} \frac{\Delta f}{\Delta x} = \lim_{\Delta x \to 0} \frac{f(x_0 + \Delta x) - f(x_0)}{\Delta x}$$

Indica-se a derivada de $f(x)$ no ponto x_0 por $f'(x_0)$ ou $\frac{df}{dx}(x_0)$ ou ainda por $\frac{dy}{dx}(x_0)$.

Exemplo 5.4 Qual a derivada de $f(x) = x^2$ no ponto $x_0 = 3$?

Temos:

$$f'(3) = \lim_{\Delta x \to 0} \frac{f(3 + \Delta x) - f(3)}{\Delta x}$$

$$f'(3) = \lim_{\Delta x \to 0} \frac{(3 + \Delta x)^2 - 3^2}{\Delta x} = \lim_{\Delta x \to 0} \frac{6\Delta x + (\Delta x)^2}{\Delta x} = \lim_{\Delta x \to 0} (6 + \Delta x) = 6$$

Isso significa que um pequeno acréscimo Δx dado a x, a partir de $x_0 = 3$, acarretará um correspondente acréscimo Δf que é aproximadamente 6 vezes maior que o acréscimo Δx.

Exemplo 5.5 Qual a derivada de $f(x) = x^2$ no ponto $x_0 = -2$?

Temos:

$$f'(-2) = \lim_{\Delta x \to 0} \frac{f(-2 + \Delta x) - f(-2)}{\Delta x}$$

$$f'(-2) = \lim_{\Delta x \to 0} \frac{(-2 + \Delta x)^2 - (-2)^2}{\Delta x} = \lim_{\Delta x \to 0} \frac{-4\Delta x + (\Delta x)^2}{\Delta x} = \lim_{\Delta x \to 0} (-4 + \Delta x) = -4$$

Isso significa que um pequeno acréscimo Δx dado a x, a partir de $x_0 = -2$, acarretará um correspondente decréscimo Δf que é aproximadamente 4 vezes maior que o acréscimo Δx, em valor absoluto.

Exemplo 5.6 Existe a derivada da função $f(x) = |x|$ no ponto $x_0 = 0$?

Temos:

$$f'(0) = \lim_{\Delta x \to 0} \frac{f(0 + \Delta x) - f(0)}{\Delta x} = \lim_{\Delta x \to 0} \frac{f(\Delta x) - f(0)}{\Delta x}$$

$$f'(0) = \lim_{\Delta x \to 0} \frac{|\Delta x|}{\Delta x}$$

Se Δx tende a 0 pela direita, então $\Delta x > 0$ e $|\Delta x| = \Delta x$ e, consequentemente, o limite vale 1.

Se Δx tende a 0 pela esquerda, então $\Delta x < 0$ e $|\Delta x| = -\Delta x$ e, consequentemente, o limite vale -1.

Como os limites laterais são diferentes, concluímos que não existe o limite para Δx tendendo a zero. Assim, não existe a derivada de $f(x)$ no ponto $x_0 = 0$.

5.2.2 Função derivada

Dada uma função $f(x)$, podemos pensar em calcular a derivada de $f(x)$ num ponto genérico x, em vez de calcular num ponto particular x_0. A essa derivada, calculada num ponto genérico x, chamamos função derivada de $f(x)$; o domínio dessa função é o conjunto dos valores de x para os quais existe a derivada de $f(x)$. A vantagem em calcular a função derivada é que com ela poderemos calcular a derivada de $f(x)$ em qualquer ponto x_0, bastando para isso substituir, na função derivada, x por x_0.

Exemplo 5.7 Qual a função derivada de $f(x) = x^2$?
Temos:

$$f'(x) = \lim_{\Delta x \to 0} \frac{f(x + \Delta x) - f(x)}{\Delta x}$$

$$f'(x) = \lim_{\Delta x \to 0} \frac{(x + \Delta x)^2 - x^2}{\Delta x} = \lim_{\Delta x \to 0} \frac{2x\Delta x + (\Delta x)^2}{\Delta x} = \lim_{\Delta x \to 0} (2x + \Delta x) = 2x$$

Assim, por exemplo, se quisermos a derivada no ponto $x_0 = 5$, basta calcular $f'(5)$, que é igual a 10.

É importante ainda observar que:

$$f'(x) \cong \frac{\Delta f}{\Delta x}, \text{ para } \Delta x \text{ pequeno}$$

Dessa forma, se $x = 5$ e $\Delta x = 0{,}1$ teremos:

$$f'(5) = 10$$
$$\Delta f = f(5{,}1) - f(5) = (5{,}1)^2 - 5^2 = 1{,}01$$
$$\frac{\Delta f}{\Delta x} = \frac{1{,}01}{0{,}1} = 10{,}1$$

Portanto, $f'(5) \cong \dfrac{\Delta f}{\Delta x}$.

Exercícios

1. Para cada função $f(x)$, determine a derivada $f'(x_0)$ no ponto x_0 indicado:

   a) $f(x) = x^2$ $x_0 = 4$ e) $f(x) = x^2 - 4$ $x_0 = 0$

   b) $f(x) = 2x + 3$ $x_0 = 3$ f) $f(x) = \dfrac{1}{x}$ $x_0 = 2$

   c) $f(x) = -3x$ $x_0 = 1$ g) $f(x) = \dfrac{1}{x}$ $x_0 = 5$

   d) $f(x) = x^2 - 3x$ $x_0 = 2$ h) $f(x) = x^2 - 3x + 4$ $x_0 = 6$

2. Determine a função derivada para cada função do exercício anterior.

3. Dada a função:
$$f(x) = \begin{cases} x, \text{ se } x \leq 1 \\ 2, \text{ se } x > 1 \end{cases}$$
mostre que não existe $f'(1)$.

4. Considere a função $f(x) = 2|x|$. Mostre que não existe $f'(0)$.

5.3 Derivada das principais funções elementares

Vimos no item anterior que a função derivada de $f(x) = x^2$ era $f'(x) = 2x$. Se conseguirmos achar a função derivada das principais funções elementares e se, além disso, soubermos achar as funções derivadas de somas, diferenças, produtos e quocientes dessas funções elementares, poderemos achar as derivadas de muitas funções sem termos que recorrer à definição (que muitas vezes pode dar muito trabalho). Vejamos então como isso pode ser realizado.

5.3.1 Derivada da função constante

Se $f(x) = c$ (função constante), então $f'(x) = 0$, para todo x.

Demonstração

$$f'(x) = \lim_{\Delta x \to 0} \frac{f(x + \Delta x) - f(x)}{\Delta x} = \lim_{\Delta x \to 0} \frac{c - c}{\Delta x} = 0 \text{ para todo } x$$

Exemplo 5.8

$$f(x) = 5 \Rightarrow f'(x) = 0$$
$$f(x) = e^2 \Rightarrow f'(x) = 0$$

5.3.2 Derivada da função potência

Se $f(x) = x^n$, então $f'(x) = n \cdot x^{n-1}$.

Demonstração

Provemos essa relação no caso de n ser inteiro e positivo, embora a propriedade seja válida para todo n real (desde que $x > 0$).
Temos:

$$\Delta f = (x + \Delta x)^n - x^n$$

Usando a fórmula do Binômio de Newton:

$$\Delta f = x^n + \binom{n}{1} x^{n-1} \cdot (\Delta x)^1 + \binom{n}{2} x^{n-2} \cdot (\Delta x)^2 + \ldots + \binom{n}{n-1} x^1 \cdot (\Delta x)^{n-1} + (\Delta x)^n - x^n$$

$$\frac{\Delta f}{\Delta x} = \binom{n}{1} x^{n-1} + \binom{n}{2} x^{n-2} \cdot (\Delta x)^1 + \ldots + \binom{n}{n-1} x^1 \cdot (\Delta x)^{n-2} + (\Delta x)^{n-1}$$

Para Δx tendendo a zero, todos os termos do 2º membro tendem a zero, exceto o 1º.
Portanto:

$$f'(x) = \lim_{\Delta x \to 0} \frac{\Delta f}{\Delta x} = \binom{n}{1} x^{n-1} = \frac{n!}{1!(n-1)!} x^{n-1} = n \cdot x^{n-1}$$

Exemplo 5.9

$$f(x) = x^3 \Rightarrow f'(x) = 3x^2$$
$$f(x) = x^8 \Rightarrow f'(x) = 8x^7$$
$$f(x) = \frac{1}{x^3} = x^{-3} \Rightarrow f'(x) = -3x^{-4} = \frac{-3}{x^4}$$
$$f(x) = \sqrt{x} = x^{\frac{1}{2}} \Rightarrow f'(x) = \frac{1}{2} x^{-\frac{1}{2}} = \frac{1}{2\sqrt{x}}$$

5.3.3 Derivada da função logarítmica

Se $f(x) = \ln x$, então, $f'(x) = \dfrac{1}{x}$ (para $x > 0$).

Demonstração

$$\Delta f = \ln(x + \Delta x) - \ln x$$
$$= \ln \frac{x + \Delta x}{x} = \ln\left(1 + \frac{\Delta x}{x}\right)$$

logo,

$$\frac{\Delta f}{\Delta x} = \frac{1}{\Delta x} \ln\left(1 + \frac{\Delta x}{x}\right)$$
$$= \ln\left(1 + \frac{\Delta x}{x}\right)^{\frac{1}{\Delta x}}$$

Fazendo $m = \dfrac{\Delta x}{x}$, então, quando Δx tende a 0, m também tende a 0.

Portanto,

$$\lim_{\Delta x \to 0} \frac{\Delta f}{\Delta x} = \lim_{m \to 0} \ln(1 + m)^{\frac{1}{mx}}$$
$$= \lim_{m \to 0} \left[\frac{1}{x} \ln(1 + m)^{\frac{1}{m}}\right]$$
$$= \frac{1}{x} \lim_{m \to 0} \ln(1 + m)^{\frac{1}{m}}$$
$$= \frac{1}{x} \ln \lim_{m \to 0} (1 + m)^{\frac{1}{m}}$$

Mas,

$$\lim_{m \to 0} (1 + m)^{\frac{1}{m}} = e$$

então:

$$\lim_{\Delta x \to 0} \frac{\Delta f}{\Delta x} = \frac{1}{x} \ln e = \frac{1}{x}$$

ou seja,

$$f'(x) = \frac{1}{x}$$

5.3.4 Função seno e função cosseno

(a) Se $f(x) = \text{sen } x$, então $f'(x) = \cos x$ para todo x real
(b) Se $f(x) = \cos x$, então $f'(x) = \text{sen } x$ para todo x

Demonstração

Provemos o item (a).
Temos, usando as fórmulas de transformação em produto, que:

$$\Delta f = \text{sen } (x + \Delta x) - \text{sen } x$$
$$= 2 \text{ sen } \frac{\Delta x}{2} \cos \left(\frac{2x + \Delta x}{2} \right)$$

Segue-se então que:

$$f'(x) = \lim_{\Delta x \to 0} \frac{\Delta f}{\Delta x}$$

$$= \lim_{\Delta x \to 0} \frac{2 \text{ sen } \frac{\Delta x}{2} \cos \left(\frac{2x + \Delta x}{2} \right)}{\Delta x}$$

$$= \lim_{\Delta x \to 0} \frac{\text{sen } \frac{\Delta x}{2}}{\frac{\Delta x}{2}} \cdot \cos \left(\frac{2x + \Delta x}{2} \right)$$

Quando Δx tende a 0, $\dfrac{\text{sen } \frac{\Delta x}{2}}{\frac{\Delta x}{2}}$ tende a 1 e $\cos \left(\dfrac{2x + \Delta x}{2} \right)$ tende a $\cos x$,

logo,

$$f'(x) = 1 \cdot \cos x = \cos x$$

O item (b) tem demonstração análoga.

5.4 Propriedades operatórias

As propriedades operatórias permitem achar as derivadas de somas, diferenças, produtos e quocientes de funções elementares. São as seguintes:

(P1) Se $f(x) = k \cdot g(x)$, então $f'(x) = k \cdot g'(x)$
(P2) Se $f(x) = u(x) + v(x)$, então $f'(x) = u'(x) + v'(x)$
(P3) Se $f(x) = u(x) - v(x)$, então $f'(x) = u'(x) - v'(x)$
(P4) Se $f(x) = u(x) \cdot v(x)$, então $f'(x) = u(x) \cdot v'(x) + u'(x) \cdot v(x)$
(P5) Se $f(x) = \dfrac{u(x)}{v(x)}$, então $f'(x) = \dfrac{v(x) \cdot u'(x) - v'(x) \cdot u(x)}{[v(x)]^2}$

Demonstração

Provemos a (P1).

$$f'(x) = \lim_{\Delta x \to 0} \frac{\Delta f}{\Delta x}$$

$$= \lim_{\Delta x \to 0} \frac{f(x + \Delta x) - f(x)}{\Delta x}$$

$$= \lim_{\Delta x \to 0} \frac{k \cdot g(x + \Delta x) - k \cdot g(x)}{\Delta x}$$

$$= k \lim_{\Delta x \to 0} \frac{g(x + \Delta x) - g(x)}{\Delta x}$$

$$= k \cdot \lim_{\Delta x \to 0} \frac{\Delta g}{\Delta x}$$

ou seja,

$$f'(x) = k \cdot g'(x)$$

Provemos a (P2). Temos que:

$$\Delta f = f(x + \Delta x) - f(x)$$
$$= [u(x + \Delta x) + v(x + \Delta x)] - [u(x) + v(x)]$$
$$= [u(x + \Delta x) - u(x)] + [v(x + \Delta x) - v(x)]$$

do que segue:

$$\frac{\Delta f}{\Delta x} = \frac{\Delta u}{\Delta x} + \frac{\Delta v}{\Delta x}$$

Passando ao limite para Δx tendendo a 0,

$$\lim_{\Delta x \to 0} \frac{\Delta f}{\Delta x} = \lim_{\Delta x \to 0} \frac{\Delta u}{\Delta x} + \lim_{\Delta x \to 0} \frac{\Delta v}{\Delta x}$$

isto é,

$$f'(x) = u'(x) + v'(x)$$

A propriedade (P2) pode ser estendida a uma soma de n funções, isto é, se:

$$f(x) = f_1(x) + f_2(x) + \ldots + f_n(x)$$

então:

$$f'(x) = f_1'(x) + f_2'(x) + f_2'(x) + \ldots + f_n'(x)$$

A demonstração da (P3) é totalmente análoga à da (P2).
Provemos a (P4). Temos:

$$\Delta f = f(x + \Delta x) - f(x)$$
$$= [u(x + \Delta x) \cdot v(x + \Delta x)] - [u(x) \cdot v(x)]$$

Como

$$\Delta u = u(x + \Delta x) - u(x)$$
$$\Delta v = v(x + \Delta x) - v(x)$$

vem que

$$\Delta f = [u(x) + \Delta u][v(x) + \Delta v] - u(x)v(x)$$
$$= u(x) \cdot v(x) + u(x) \cdot \Delta v + v(x) \cdot \Delta u + \Delta u \cdot \Delta v - u(x)v(x)$$
$$= u(x) \cdot \Delta v + v(x) \cdot \Delta u + \Delta u \cdot \Delta v$$

Portanto,

$$f'(x) = \lim_{\Delta x \to 0} \frac{\Delta f}{\Delta x} = u(x) \cdot \lim_{\Delta x \to 0} \frac{\Delta v}{\Delta x} + v(x) \cdot \lim_{\Delta x \to 0} \frac{\Delta u}{\Delta x} + \lim_{\Delta x \to 0} \Delta u \cdot \frac{\Delta v}{\Delta x}$$

Mas,

$\Delta u = \Delta x \cdot \dfrac{\Delta u}{\Delta x}$ e, quando Δx tende a 0, Δu também tende a 0.

Logo,

$$f'(x) = u(x) \cdot v'(x) + v(x) \cdot u'(x)$$

A (P5) tem demonstração análoga à (P4).

Exemplo 5.10

$$f(x) = 5 \ln x \Rightarrow f'(x) = 5 \cdot \frac{1}{x}$$

$$f(x) = x^2 + \text{sen } x \Rightarrow f'(x) = 2x + \cos x$$
$$f(x) = x^3 - \cos x \Rightarrow f'(x) = 3x^2 + \text{sen } x$$
$$f(x) = x^2 \cdot \text{sen } x \Rightarrow f'(x) = x^2 \cdot \cos x + 2x \cdot \text{sen } x$$

$$f(x) = \frac{\text{sen } x}{\ln x} \Rightarrow f'(x) = \frac{(\ln x) \cdot \cos x - \left(\frac{1}{x}\right) \cdot \text{sen } x}{(\ln x)^2}$$

Exercício

5. Obtenha a derivada de cada função a seguir:

a) $f(x) = 10$

b) $f(x) = x^5$

c) $f(x) = 10x^5$

d) $f(x) = \dfrac{1}{2}x^2$

e) $f(x) = x^2 + x^3$

f) $f(x) = 10x^3 + 5x^2$

g) $f(x) = 2x + 1$

h) $f(t) = 3t^2 - 6t - 10$

i) $f(u) = 5u^3 - 2u^2 + 6u + 7$

j) $f(x) = 3 \ln x + 5$

k) $f(x) = 10 \ln x - 3x + 6$

l) $f(x) = 5 \operatorname{sen} x + 2 \cos x - 4$

m) $f(x) = x \cdot \operatorname{sen} x$

n) $f(x) = x^2 \cdot \ln x$

o) $f(x) = (2x^2 - 3x + 5)(2x - 1)$

p) $f(x) = \dfrac{\operatorname{sen} x}{x^2}$

q) $f(x) = \operatorname{tg} x = \dfrac{\operatorname{sen} x}{\cos x}$

r) $f(x) = \dfrac{x - 1}{x - 2}$

s) $f(x) = \dfrac{2}{x^3} + \dfrac{5}{x^2}$

t) $f(x) = x^{\frac{2}{3}}$

u) $f(x) = x^{\frac{1}{3}} + x^{\frac{1}{4}}$

v) $f(x) = 3\sqrt{x} + 5\sqrt[3]{x} + 10$

w) $f(x) = \sqrt{x} \cdot \operatorname{sen} x$

x) $f(x) = \dfrac{\ln x}{\sqrt{x}}$

5.5 Função composta — Regra da cadeia

Consideremos a função $f(x) = (x^2 - 1)^3$. Poderíamos achar a derivada de $f(x)$, desenvolvendo a expressão cubo de uma diferença. Todavia, poderíamos fazer $u = x^2 - 1$ e nossa função ficaria sob a forma u^3. Assim, para calcularmos uma imagem dessa função, procedemos em duas etapas:

- Para um dado valor de x, uma 1ª função calcula a imagem $u = x^2 - 1$.
- Para o valor de u assim encontrado, uma 2ª função calcula a imagem $v = u^3$.

Dizemos que a função $f(x)$ é uma composição dessas duas funções.

Para o cálculo da derivada de $f(x)$, podemos usar o seguinte raciocínio intuitivo (a demonstração formal encontra-se no apêndice):

$$\dfrac{\Delta f}{\Delta x} = \dfrac{\Delta v}{\Delta u} \cdot \dfrac{\Delta u}{\Delta x}$$

Sob condições bastante gerais (e mencionadas no apêndice), quando Δx tende a zero, o mesmo ocorre com Δu, de forma que:

$$f'(x) = v'(u) \cdot u'(x)$$

isto é,

$f'(x) = $ (derivada de v em relação a u)·(derivada de u em relação a x)

A fórmula acima é conhecida como **regra da cadeia**.
Assim, no exemplo dado, teremos:

$$f'(x) = 3u^2 \cdot u'$$
$$= 3(x^2 - 1)^2 \cdot (2x)$$
$$= 6x(x^2 - 1)^2$$

Exemplo 5.11 Qual a derivada de $f(x) = \ln(3x + 6)$?

Fazendo-se $u = 3x + 6$, teremos $v = \ln u$. Assim:

$$f'(x) = \frac{1}{u} \cdot u' = \frac{1}{3x + 6} \cdot 3 = \frac{3}{3x + 6}$$

5.6 Derivada da função exponencial

Se $f(x) = a^x$, então $f'(x) = a^x \cdot \ln a$, para todo x real (com $a > 0$ e $a \neq 1$).

Demonstração

Consideremos a função:

$$l(x) = \ln f(x) = \ln a^x = x \ln a$$

Aplicando-se a regra da cadeia, teremos:

$$l'(x) = \frac{1}{f(x)} \cdot f'(x)$$

Mas, por outro lado,

$$l'(x) = \ln a$$

Consequentemente:

$$\frac{f'(x)}{f(x)} = \ln a \Rightarrow f'(x) = f(x) \cdot \ln a = a^x \cdot \ln a$$

Exemplo 5.12

$$f(x) = 3^x \Rightarrow f'(x) = 3^x \cdot \ln 3$$
$$f(x) = e^x \Rightarrow f'(x) = e^x \cdot \ln e = e^x, \text{ pois } \ln e = 1$$

Exemplo 5.13 Se quisermos calcular a derivada de $f(x) = e^{x^2 + 3x - 5}$, poderemos fazer $u = x^2 + 3x - 5$ e aplicar a regra da cadeia, isto é,

$$f'(x) = e^u \cdot \ln e \cdot u'$$
$$f'(x) = e^{x^2 + 3x - 5} \cdot (2x + 3)$$

Exemplo 5.14 Vimos anteriormente que, se $f(x) = x^n$, então $f'(x) = n \cdot x^{n-1}$, e fizemos a demonstração para n inteiro e positivo. Mostremos que tal relação é válida para qualquer n real (desde que $x > 0$).

De fato, tomando-se o logaritmo natural de ambos os membros de $f(x) = x^n$, teremos:

$$\ln f(x) = \ln x^n = n \cdot \ln x$$

Derivando ambos os membros em relação a x, obteremos:

$$\frac{1}{f(x)} \cdot f'(x) = n \cdot \frac{1}{x}$$

e, portanto:

$$f'(x) = \frac{n}{x} \cdot f(x) = \frac{n}{x} \cdot x^n = n \cdot x^{n-1}$$

Exercícios

6. Obtenha a derivada das seguintes funções:

a) $f(x) = (2x - 1)^3$

b) $f(x) = (2x - 1)^4$

c) $f(x) = (5x^2 - 3x + 5)^6$

d) $f(x) = \left(\frac{1}{x^2} + \frac{1}{x} + 1\right)^3$

e) $f(x) = \dfrac{1}{(x^2 - 3x - 2)^5}$

f) $f(x) = \ln(3x^2 - 2x)$

g) $f(x) = \ln(x^2 - 3x + 6)$

h) $f(x) = \text{sen}(x^2 - 3x)$

i) $f(x) = 2^x$

j) $f(x) = 5^x$

k) $f(x) = e^x + 3^x$

l) $f(x) = e^{x^2 - 2x + 1}$

m) $f(x) = 3^{x^2 - 4}$

n) $f(x) = e^{\frac{x-1}{x+1}}$

o) $f(x) = e^x + e^{-x}$

p) $f(x) = \dfrac{e^x + e^{-x}}{e^x - e^{-x}}$

q) $f(x) = \sqrt{2x + 1}$

r) $f(x) = \sqrt[3]{2x + 1}$

s) $f(x) = (6x^2 + 2x + 1)^{\frac{3}{2}}$

t) $f(x) = \sqrt{x + 1} + \sqrt[3]{x^2 - 3x + 1}$

u) $f(x) = \sqrt{x} + \sqrt{x + 1}$

v) $f(x) = \sqrt{\dfrac{\ln x}{e^x}}$

w) $f(x) = \sqrt{\dfrac{x + 1}{3x - 2}}$

x) $f(x) = \ln\sqrt{3x^2 + 1}$

Função exponencial geral — Quando temos uma função do tipo $f(x) = u(x)^{v(x)}$, podemos calcular a derivada tomando o logaritmo de ambos os membros e aplicando a regra da cadeia. Por exemplo, se $f(x) = x^x$, teremos:

$$\ln f(x) = \ln x^x$$
$$\ln f(x) = x \cdot \ln x$$

Derivando ambos os membros,

$$\frac{1}{f(x)} \cdot f'(x) = 1 \cdot \ln x + x \cdot \frac{1}{x}$$

$$f'(x) = f(x) \cdot [\ln x + 1]$$
$$f'(x) = x^x \cdot [\ln x + 1]$$

7. Calcule a derivada das seguintes funções:
   a) $f(x) = (x)^{x^2}$
   b) $f(x) = (x^2 + 1)^x$
   c) $f(x) = (x)^{\ln x}$

5.7 Função inversa

Se R for uma relação de A em B, então:
$$R^{-1} = \{(b, a) \in B \times A / (a, b) \in A \times B\}$$
é chamada relação inversa de R. Segue-se que $R^{-1} \subset B \times A$, enquanto $R \subset A \times B$.

Se R for dado pelo diagrama da Figura 5.4, a relação inversa será:
$$R^{-1} = \{(2, 1), (3, 1), (4, 1), (3, 2), (4, 2), (4, 3)\}$$

Figura 5.4: Relação de A em B

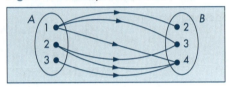

Vemos que nem R nem R^{-1} são funções.
Consideremos agora os diagramas da Figura 5.5.

Figura 5.5: Relações de A em B

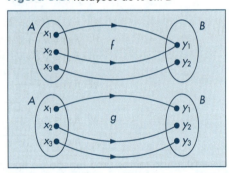

Agora, f e g são funções. Considere f^{-1} e g^{-1}, isto é, as relações inversas. Vemos que f^{-1} não é função, pois ao elemento y_1 correspondem dois elementos x_1 e x_2. Mas g^{-1} é função.

Então, se f é uma função de A em B, considere a relação inversa f^{-1}. Se f^{-1} for também uma função, ela é dita função inversa de f.

Pelo visto, acima, a função f admitirá inversa f^{-1} se, e somente se, f for bijetora de A em B.

Observemos que, se f for uma função em que $y = f(x)$ e f^{-1} for a inversa de f, então $x = f^{-1}(y)$ se, e somente se, $y = f(x)$. Além disso:

$$f^{-1}(f(x)) = x \text{ para todo } x \in A \text{ e } f(f^{-1}(y)) = y \text{ para todo } y \in B$$

Graficamente, se (x, y) é um ponto do gráfico de f, então (y, x) é um ponto do gráfico de f^{-1}; logo, os gráficos de f e f^{-1} são simétricos em relação à reta $y = x$ (Figura 5.6).

Figura 5.6: Gráficos de uma função e sua inversa

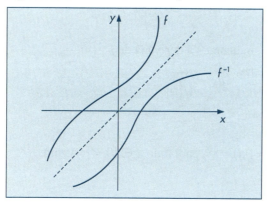

Exemplo 5.15 Seja $y = f(x) = 3x + 5$. Então, como a função é bijetora de R em R, existe a função inversa f^{-1}, e ela é obtida isolando-se x na relação dada, isto é:

$$y = 3x + 5 \Rightarrow x = \frac{y-5}{3}$$

Portanto, $f^{-1}(y) = x = \dfrac{y-5}{3}$.

Se $f(x)$ é uma função real definida no intervalo $[a, b]$ e crescente (ou decrescente) nesse intervalo, então existirá a inversa f^{-1}, pois f é bijetora (Figura 5.7).

Figura 5.7: Função crescente em $[a, b]$

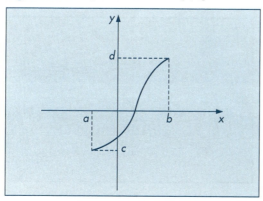

Além disso, se $f(a) = c$ e $f(b) = d$, então f^{-1} será definida no intervalo $[c, d]$.

Consideremos, agora, o problema da derivação da função inversa. O seguinte resultado, cuja demonstração se encontra no Apêndice, nos dá uma maneira de determinar a derivada de f^{-1}, conhecendo-se a derivada de f.

> Seja f uma função definida no intervalo $[a, b]$, derivável e crescente (ou decrescente) nesse intervalo. Então, se $f'(x) > 0$ (ou $f'(x) < 0$) para todo $x \in \,]a, b[$, temos:
>
> $$Df^{-1}(y) = \frac{1}{f'(x)}$$
>
> em que por $Df^{-1}(y)$ indicamos a derivada de $f^{-1}(y)$.
> Também escrevemos: $\dfrac{dx}{dy} = \dfrac{1}{\left(\dfrac{dy}{dx}\right)}$

Exemplo 5.16 Seja $y = f(x) = x^2$, para todo $x \in [0, \infty[$. Assim:

- $x = \sqrt{y}$, pois $x \geqslant 0$;
- $f'(x) = 2x$;
- $Df^{-1}(y) = \dfrac{1}{2x} = \dfrac{1}{2\sqrt{y}}$.

Exemplo 5.17 Se $y = f(x) = \operatorname{sen} x$, não existe a inversa de f, pois existem infinitos valores de x que correspondem a um mesmo y. Mas, se nos restringirmos ao intervalo $\dfrac{-\pi}{2} \leqslant x \leqslant \dfrac{\pi}{2}$, a função será crescente nesse intervalo e, consequentemente, existirá a função inversa (Figura 5.8).

Figura 5.8: Função seno no intervalo $\left[-\dfrac{\pi}{2}; \dfrac{\pi}{2}\right]$

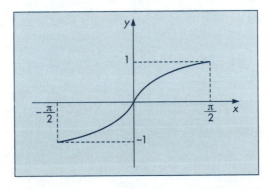

Como $\operatorname{sen} \dfrac{\pi}{2} = 1$ e $\operatorname{sen}\left(-\dfrac{\pi}{2}\right) = -1$, a função inversa será definida no intervalo $[-1, 1]$ e recebe o nome de função arco seno; isto é, se $y = f(x) = \operatorname{sen} x$, então $x = f^{-1}(y) = \operatorname{arcsen} y$, em que $-1 \leqslant y \leqslant 1$ (Figura 5.9).

Figura 5.9: Função arco seno

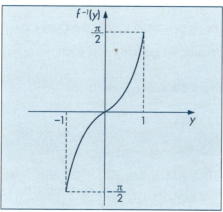

A derivada de f^{-1} é dada por:

$$Df^{-1}(y) = \frac{1}{f'(x)} = \frac{1}{\cos x}$$

Como $\cos x = \sqrt{1 - \text{sen}^2 x}$ (raiz quadrada positiva, pois $\cos x > 0$ para $-\frac{\pi}{2} \leq x \leq \frac{\pi}{2}$), teremos:

$$Df^{-1}(y) = D \text{ arcsen } y = \frac{1}{\sqrt{1 - \text{sen}^2 x}} = \frac{1}{\sqrt{1 - y^2}}$$

Exemplo 5.18 Para acharmos a derivada da função $y = \text{arcsen}(3x^2)$, podemos fazer $u = 3x^2$. Assim, temos que derivar $y = \text{arcsen}(u)$. Tendo em conta o resultado do exemplo anterior e a regra da cadeia, teremos:

$$y' = \frac{1}{\sqrt{1 - u^2}} \cdot u' = \frac{6x}{\sqrt{1 - 9x^4}}$$

Exercícios

8. Se $y = f(x) = \cos x$, ache a derivada de $x = f^{-1}(y) = \text{arccos } y$, para $0 \leq x \leq \pi$.

9. Se $y = f(x) = \text{tg } x$, ache a derivada de $x = f^{-1}(y) = \text{arctg } y$, para $-\frac{\pi}{2} < x < \frac{\pi}{2}$.

10. Obtenha a derivada das funções:
    a) $f(x) = \text{arcsen}(3x - 5)$ b) $f(x) = \text{arccos}\left(\frac{x}{4}\right)$ c) $f(x) = \text{arctg}(x^2 - 5)$

11. Considere a função exponencial $y = f(x) = e^x$ como inversa da função logarítmica $x = \ln y$. Obtenha a derivada de $f(x)$ usando a derivada da função inversa.

5.8 Interpretação geométrica da derivada

Consideremos a função f e os pontos $P(x_0, f(x_0))$ e $Q(x_0 + \Delta x, f(x_0 + \Delta x))$ da Figura 5.10. A reta que passa por PQ é secante ao gráfico e seu coeficiente angular é $\dfrac{\Delta f}{\Delta x}$.

Figura 5.10: Reta secante

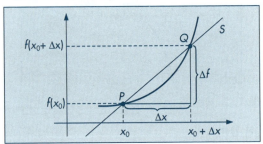

À medida que Δx se aproxima de zero, a reta secante vai mudando seu coeficiente angular.

Consideremos a reta que passa por P e cujo coeficiente angular é dado por:

$$m = \lim_{\Delta x \to 0} \frac{\Delta f}{\Delta x} = f'(x_0)$$

Essa reta (Figura 5.11) é chamada de reta tangente ao gráfico de f no ponto P (desde que f seja derivável em x_0).

Figura 5.11: Reta tangente ao gráfico de uma função

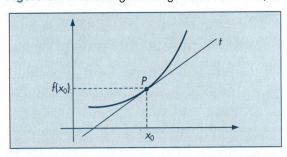

Exemplo 5.19 Obtenha a reta tangente ao gráfico da função $f(x) = x^2$ no ponto P de abscissa 2.

Temos que, para $x = 2$, $f(2) = 4$. Logo, o ponto P tem coordenadas $P(2, 4)$.

Também $f'(x) = 2x$, portanto, $f'(2) = 4$. Assim, a reta tangente t tem coeficiente angular igual a 4. Logo sua equação é:

$$y - 4 = 4(x - 2), \text{ ou seja, } y = 4x - 4. \text{ (Figura 5.12)}$$

Figura 5.12: Reta tangente ao gráfico da função $f(x) = x^2$ no ponto $(2, 4)$

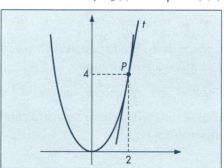

5.9 Diferencial de uma função

Consideremos uma função f derivável em x_0. A variação sofrida por f, quando se passa do ponto x_0 ao ponto $x_0 + \Delta x$, é:

$$\Delta f = f(x_0 + \Delta x) - f(x_0)$$

Consideremos ainda a reta PR, tangente ao gráfico de f no ponto $P(x_0, f(x_0))$ e cujo coeficiente angular é $m = f'(x_0)$.

No triângulo PRS da Figura 5.13, temos:

$$m = \operatorname{tg} \alpha = \frac{\overline{RS}}{\overline{PS}} = \frac{RS}{\Delta x}$$

e como $m = f'(x_0)$:

$$f'(x_0) = \frac{\overline{RS}}{\Delta x} \quad \text{ou} \quad RS = f'(x_0) \cdot \Delta x$$

Figura 5.13: Definição de diferencial

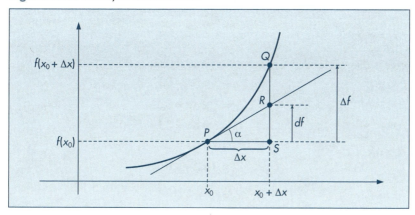

O valor $\overline{RS}$ (que depende de Δx) denominamos diferencial de f no ponto de abscissa x_0 e o indicamos por df. Assim:

$$df = f'(x_0) \cdot \Delta x$$

Observemos que df depende de Δx e é fácil perceber que, quanto menor for Δx, mais próximo df estará de Δf. Assim, podemos dizer que

$$df \cong \Delta f \text{ para pequenos valores de } \Delta x$$

Dessa forma, a diferencial de uma função pode ser usada para calcular aproximadamente variações de f, para pequenos valores de Δx.

Exemplo 5.20 Consideremos a função $f(x) = 3x^2$ e os pontos de abscissa 1 e 1,01. A variação de f entre os pontos dados é:

$$\Delta f = f(1,01) - f(1) = 3 \cdot (1,01)^2 - 3 \cdot 1^2 = 0,0603$$

A diferencial de f no ponto de abscissa 1, para $\Delta x = 0,01$, é:

$$df = f'(1) \cdot 0,01$$

Como $f'(x) = 6x$, $f'(1) = 6$ e temos $df = 6 \cdot (0,01) = 0,06$. Assim, $df \cong \Delta f$

Exercícios

12. Obtenha a equação da reta tangente ao gráfico de f nos pontos de abscissas indicadas:
    a) $f(x) = x^2$ $x_0 = 5$
    b) $f(x) = x^2 - 5x$ $x_0 = 1$
    c) $f(x) = 2x + 3$ $x_0 = 3$
    d) $f(x) = x^2 - 5x + 6$ $x_0 = 2$
    e) $f(x) = \ln x$ $x_0 = e$
    f) $f(x) = \dfrac{x-1}{x+3}$ $x_0 = 3$
    g) $f(x) = \operatorname{sen} x$ $x_0 = \dfrac{\pi}{4}$
    h) $f(x) = e^{-x^2}$ $x_0 = 1$

13. Calcule a diferencial das funções dadas nas seguintes situações:
    a) $f(x) = x^2$ $x_0 = 2$ e $\Delta x = 0,1$
    b) $f(x) = \sqrt{x}$ $x_0 = 1$ e $\Delta x = 0,02$
    c) $f(x) = \dfrac{x}{1-x}$ $x_0 = 2$ e $\Delta x = 0,1$
    d) $f(x) = x \ln x - x$ $x_0 = a$ e $\Delta x = d$
    e) $f(x) = e^{-x^2}$ $x_0 = 0$ e $\Delta x = 0,01$
    f) $f(x) = \cos x$ $x_0 = \dfrac{\pi}{3}$ e $\Delta x = \dfrac{1}{2}$

14. Dada a função $f(x) = ax + b$, mostre que $df = \Delta f$ qualquer que seja x e qualquer que seja Δx.

15. Usando o fato de que $\Delta f \cong df$, calcule, aproximadamente:
    a) $e^{1,1}$.
    b) O acréscimo sofrido pela área de um quadrado de lado x, quando x varia de 3 para 3,01.

16. O custo de fabricação de x unidades de um produto é $C(x) = 2x^2 + 5x + 8$. Atualmente o nível de produção é de 25 unidades. Calcule, aproximadamente, usando diferencial de função, quanto varia o custo se forem produzidas 25,5 unidades.

17. O custo de fabricação de x unidades de um produto é $C(x) = 0{,}1x^3 - 0{,}5x^2 + 300x + 100$. Atualmente o nível de produção é de 10 unidades e o produtor deseja aumentá-la para 10,2 unidades. Calcule, aproximadamente, usando diferencial de função, quanto varia o custo.

18. A função receita de uma empresa é $R(x) = 200x - 2x^2$, em que x é o número de unidades produzidas. Atualmente o nível de produção é de 40 unidades, e a empresa pretende reduzir a produção em 0,6 unidade. Usando diferencial de função, dê aproximadamente a variação correspondente da receita.

19. Uma empresa produz mensalmente uma quantidade de um produto dada pela função de produção $P(x) = 2.000\, x^{\frac{1}{2}}$, em que x é a quantidade de trabalho envolvida (medida em homens-hora). Atualmente são utilizados 900 homens-hora por mês. Calcule, aproximadamente, usando diferencial de função, qual o acréscimo na quantidade produzida quando se passam a utilizar 950 homens-hora.

20. O custo de fabricação de x unidades de um produto é $C(x) = 0{,}1x^3 - 0{,}5x^2 + 300x + 100$. Calcule, usando diferencial de função, qual o custo aproximado de fabricação da 21ª unidade.

5.10 Funções marginais

Em Economia e Administração, dada uma função $f(x)$, costuma-se utilizar o conceito de função marginal para avaliar o efeito causado em $f(x)$ por uma pequena variação de x. Chama-se função marginal de $f(x)$ a função derivada de $f(x)$. Assim, a função custo marginal é a derivada da função custo, a função receita marginal é a derivada da função receita, e assim por diante. Veremos a seguir algumas funções marginais e a sua interpretação.

Custo marginal

Seja $C(x)$ a função custo de produção de x unidades de um produto. Chamamos de **custo marginal** a derivada de $C(x)$. Indicamos o custo marginal por $C_{mg}(x)$.

Exemplo 5.21 Consideremos a função custo $C(x) = 0{,}01x^3 - 0{,}5x^2 + 300x + 100$.

O custo marginal é dado por $C_{mg}(x) = C'(x) = 0{,}03x^2 - x + 300$.

Se quisermos o custo marginal para $x = 10$, teremos:

$$C_{mg}(10) = 0{,}03 \cdot (10)^2 - 10 + 300 = 293$$

Esse resultado pode ser interpretado como segue. Sendo:
$$C_{mg}(x) = \lim_{\Delta x \to 0} \frac{\Delta C}{\Delta x}$$

tem-se que:
$$C_{mg}(x) \cong \frac{\Delta C}{\Delta x} \quad \text{(para } \Delta x \text{ pequeno)}$$

Frequentemente esse Δx pequeno é suposto como igual a 1. Assim,
$$C_{mg}(x) \cong \Delta C = C(x+1) - C(x)$$

Portanto, o custo marginal é aproximadamente igual à variação do custo decorrente da produção de uma unidade adicional a partir de x unidades.

No exemplo dado, $C_{mg}(10) = 293$ representa, aproximadamente, $C(11) - C(10)$, ou seja, o custo de produção da 11ª unidade.

Receita marginal

Seja $R(x)$ a função receita de vendas de x unidades de um produto. Chamamos de receita marginal a derivada de $R(x)$ em relação a x. Indicamos a receita marginal por $R_{mg}(x)$. Assim:
$$R_{mg}(x) = R'(x)$$

Exemplo 5.22 Dada a função receita $R(x) = -2x^2 + 1.000x$, a receita marginal é:
$$R_{mg}(x) = -4x + 1.000$$

Se quisermos a receita marginal no ponto $x = 50$, teremos:
$$R_{mg}(50) = -4 \cdot (50) + 1.000 = 800$$

Esse resultado pode ser interpretado como segue. Sendo:
$$R_{mg}(x) = \lim_{\Delta x \to 0} \frac{\Delta R}{\Delta x}$$

tem-se que:
$$R_{mg}(x) \cong \frac{\Delta R}{\Delta x} \quad \text{(para } \Delta x \text{ pequeno)}$$

Supondo $\Delta x = 1$, vem:
$$R_{mg}(x) \cong \Delta R = R(x+1) - R(x)$$

Portanto, a receita marginal é aproximadamente igual à variação da receita decorrente da venda de uma unidade adicional, a partir de x unidades.

No exemplo dado, $R_{mg}(50) = 800$ representa aproximadamente $R(51) - R(50)$, ou seja, o aumento da receita decorrente da venda da 51ª unidade.

CAPÍTULO 5   DERIVADAS   151

Exercícios

21. Dada a função custo $C(x) = 50x + 10.000$, obtenha o custo marginal e interprete o resultado.

22. Dada a função custo $C(x) = 0,3x^3 - 2,5x^2 + 20x + 200$, obtenha:
    a) o custo marginal C_{mg};
    b) $C_{mg}(5)$ e a interpretação do resultado;
    c) $C_{mg}(10)$ e a interpretação do resultado.

23. Repita o exercício anterior para a seguinte função custo: $C(x) = 0,1x^2 + 5x + 200$.

24. Dada a função receita $R(x) = 100x$, obtenha a receita marginal e interprete o resultado.

25. Dada a função receita $R(x) = -4x^2 + 500x$, obtenha:
    a) a receita marginal R_{mg};
    b) $R_{mg}(10)$ e a interpretação do resultado;
    c) $R_{mg}(20)$ e a interpretação do resultado.

26. Se a função de demanda for $p = 20 - 2x$, obtenha a receita marginal.

27. Repita o exercício anterior com a seguinte função de demanda: $p = \dfrac{500}{x + 30} - 10$.

28. Se $p = a - bx$ for a função de demanda, obtenha a receita e a receita marginal.

29. Em cada caso, obtenha o custo marginal e esboce os respectivos gráficos:
    a) $C(x) = 2x + 100$
    b) $C(x) = x + 200$
    c) $C(x) = 2x^3 - 10x^2 + 30x + 100$
    d) $C(x) = 3x^3 - 5x^2 + 20x + 100$

30. Em cada caso, obtenha a receita marginal e a receita média e esboce os respectivos gráficos:
    a) $R(x) = 10x$
    b) $R(x) = 6x$
    c) $R(x) = -2x^2 + 600x$
    d) $R(x) = -10x^2 + 1.000x$

    Observação: a receita média R_{me} é dada por $R_{me}(x) = \dfrac{R(x)}{x}$.

Propensão marginal a consumir e a poupar

Chamando de y a renda disponível e de C o consumo, vimos que C é função de y e que a função $C(y)$ é chamada de função consumo. Denomina-se **propensão marginal a consumir** (e indica-se por p_{mg}^C) a derivada de C em relação a y. Isto é:

$$p_{mg}^C = C'(y)$$

Analogamente, vimos que a poupança S é também função de y e que a função $S(y)$ é chamada de função poupança. Denomina-se **propensão marginal a poupar** (e indica-se por p_{mg}^S) a derivada de S em relação a y, ou seja:

$$p_{mg}^S(y) = S'(y)$$

Exemplo 5.23 Supondo que a função consumo de uma família seja $C(y) = 20 + 0{,}4y^{0{,}75}$, teremos:

$$p^C_{mg}(y) = 0{,}3\, y^{-0{,}25}$$

Se quisermos o valor dessa propensão para $y = 16$, teremos:

$$p^C_{mg}(16) = 0{,}3 \cdot (16)^{-0{,}25} = 0{,}3 \cdot (2^4)^{-0{,}25} = 0{,}15$$

A interpretação é análoga à feita para o custo e a receita marginal, ou seja, aumentando-se em uma unidade a renda disponível (de 16 para 17), o aumento do consumo será aproximadamente igual a 0,15.

Como vimos, a função poupança é dada por $S = y - C$, ou seja,

$$S(y) = y - 20 - 0{,}4y^{0{,}75}$$

Assim, a propensão marginal a poupar é:

$$p^S_{mg}(y) = 1 - 0{,}3 \cdot y^{-0{,}25}$$

Se quisermos o valor dessa propensão para $y = 16$, teremos:

$$p^S_{mg}(16) = 1 - 0{,}3 \cdot (16)^{-0{,}25} = 1 - 0{,}15 = 0{,}85$$

Portanto, se a renda passar de 16 para 17, o aumento da poupança será de aproximadamente 0,85.

Produtividade marginal

Consideremos uma função de produção P que dependa da quantidade x de um fator variável. Chama-se produtividade marginal do fator à derivada de P em relação a x.

Exemplo 5.24 Consideremos a função de produção $P(x) = 50x^{0{,}5}$, em que P é a quantidade (em toneladas) produzida por mês de um produto e x, o trabalho mensal envolvido (medido em homens-hora).

A produtividade marginal do trabalho é:

$$P'(x) = 25 \cdot x^{-0{,}5}$$

Se $x = 10.000$, então:

$$P'(10.000) = 25 \cdot (10.000)^{-0{,}5} = 25 \cdot (10^4)^{-0{,}5} = 25 \cdot (10^{-2}) = 0{,}25$$

Assim, se o número de homens-hora passar de 10.000 para 10.001, o aumento na produção mensal será, aproximadamente, de 0,25 tonelada.

Exercícios

31. Dada a função consumo $C = 500 + 0,7y$, obtenha:
    a) a propensão marginal a consumir e interprete o resultado;
    b) a propensão marginal a poupar e interprete o resultado.

32. Dada a função consumo $C = 30 + 0,4y^{0,5}$, obtenha:
    a) a propensão marginal a consumir p_{mg}^C;
    b) $p_{mg}^C(64)$ e interprete o resultado;
    c) $p_{mg}^S(64)$ e interprete o resultado.

33. Repita o exercício anterior com a seguinte função consumo: $C = 50 + 0,6 \cdot y^{0,5}$.

34. Dada a função de produção $P = 500x^{0,5}$, em que x é o número de homens-hora empregados por mês e P, o número de litros produzidos de um produto mensalmente, pede-se:
    a) a produtividade marginal do trabalho para $x = 6.400$ e a interpretação do resultado;
    b) a produtividade marginal do trabalho para $x = 8.100$ e a interpretação do resultado.

35. A produção anual de algodão (em toneladas) de um agricultor é função da quantidade x de fertilizante empregada (em toneladas), segundo a relação $P = 100 + 200x - x^2$.
    a) Determine a produtividade marginal do fertilizante para $x = 50$ e interprete o resultado.
    b) Determine a produtividade marginal do fertilizante para $x = 75$ e interprete o resultado.

36. Considere a função de produção $P(L) = 500\sqrt{L} - 6L$, em que P é a produção mensal (em toneladas) e L, o número de homens-hora empregados.
    a) Calcule $P'(L)$.
    b) Calcule $P'(1), P'(4), P'(9), P'(25)$ e $P'(100)$.

Elasticidades

A função de demanda relaciona o preço unitário p com a quantidade demandada x. Um indicador da sensibilidade de variação da demanda em relação ao preço poderia ser a derivada de x em relação a p. Todavia, essa derivada depende das unidades de medida utilizadas. Assim, se a queda de $ 1,00 por kg de abóbora fizesse o consumidor aumentar em 1 kg por mês o consumo desse produto, a relação consumo/preço seria 1 se o consumo fosse medido em quilogramas, mas seria 1.000 se o consumo fosse medido em gramas. Em razão disso, costuma-se definir um indicador de sensibilidade que independa das unidades de medida utilizadas. Tal indicador é chamado **elasticidade**, e passaremos a defini-lo.

Suponhamos que a um preço p_0 a quantidade demandada seja x_0. Suponhamos, ainda, que o preço sofra uma variação Δp a partir de p_0 e, como consequência, a quantidade demandada sofra uma variação Δx, a partir de x_0.

Consideremos:

- A variação porcentual no preço: $\dfrac{\Delta p}{p_0}$.

- A variação porcentual na quantidade: $\dfrac{\Delta x}{x_0}$.

Chamamos de elasticidade da demanda no ponto (x_0, p_0) o número:

$$e = \left| \lim_{\Delta p \to 0} \dfrac{\dfrac{\Delta x}{x_0}}{\dfrac{\Delta p}{p_0}} \right| = \dfrac{p_0}{x_0} \left| \lim_{\Delta p \to 0} \dfrac{\Delta x}{\Delta p} \right|$$

O limite dentro do módulo é $\dfrac{dx}{dp}$ (derivada da quantidade em relação ao preço). O módulo é introduzido na definição para que a elasticidade resulte num número positivo, uma vez que, em geral, $\dfrac{dx}{dp} < 0$. Observemos que alguns autores preferem fazer a definição sem o uso do módulo.

Assim,

$$e = \dfrac{p_0}{x_0} \cdot \left| \dfrac{dx}{dp} \right|$$

em que a derivada $\dfrac{dx}{dp}$ é calculada no ponto (x_0, p_0).

É importante salientar que a elasticidade é uma característica do ponto da curva de demanda e não da curva em si.

Exemplo 5.25 Se a equação de demanda for dada por $x = 500 - 10p$, teremos:

$$\dfrac{dx}{dp} = -10$$

Portanto:

$$e = \dfrac{p_0}{x_0} \cdot 10$$

Assim, se $p_0 = 40$, então $x_0 = 500 - 400 = 100$ e

$$e = \dfrac{40}{100} \cdot 10 = 4$$

Isso significa que, para Δp pequeno, $4 \cong \left| \dfrac{\dfrac{\Delta x}{100}}{\dfrac{\Delta p}{40}} \right|$

Admitindo $\dfrac{\Delta p}{40} = 1\%$ (como é usual), teremos:

$$\dfrac{\Delta x}{100} \cong -4\% \text{ (pois } \Delta x \text{ e } \Delta p \text{ têm sinais contrários.)}$$

CAPÍTULO 5   DERIVADAS

Em outras palavras, se o preço for 40 e sofrer um aumento porcentual de 1%, a queda porcentual na demanda será de aproximadamente 4%.

De modo análogo, se admitíssemos um aumento porcentual no preço de 2% (a partir de 40), a queda porcentual na demanda seria de aproximadamente 8%.

Se $e > 1$, a demanda é dita elástica no ponto considerado. Se $0 < e < 1$, a demanda é dita inelástica e, se $e = 1$, a demanda tem elasticidade unitária no ponto considerado.

Para a função de oferta, define-se elasticidade da oferta em relação ao preço de modo análogo:

$$f = \lim_{\Delta p \to 0} \frac{\frac{\Delta x}{x_0}}{\frac{\Delta p}{p_0}} = \frac{p_0}{x_0} \cdot \frac{dx}{dp}$$

em que $\frac{dx}{dp}$ é calculada no ponto $x = x_0$ e $p = p_0$ da equação de oferta.

Nesse caso, o módulo foi omitido, pois $\frac{dx}{dp} > 0$.

Exemplo 5.26 Se a equação de oferta for $x = 64 + p^2$, então $\frac{dx}{dp} = 2p$.

Se quisermos a elasticidade para $p_0 = 6$, então $x_0 = 64 + 6^2 = 100$ e $\frac{dx}{dp} = 12$, no ponto em que $p_0 = 6$.

Assim,

$$f = \frac{6}{100} \cdot 12 = 0{,}72$$

Desse modo, para um acréscimo porcentual de 1% no preço (a partir de 6), o acréscimo porcentual na quantidade ofertada (a partir de 100) será de aproximadamente 0,72%.

Exercícios

37. Se a equação de demanda for dada por $x = \frac{10-p}{5}$, obtenha a elasticidade da demanda para $p = 5$ e interprete o resultado.

38. Resolva o exercício anterior para $p = 3$.

39. Obtenha a elasticidade da oferta para $p = 9$, sabendo que a equação da oferta é dada por $x = 20 - 0{,}05p + p^{\frac{1}{2}}$. Interprete o resultado.

40. Resolva o exercício anterior para $p = 16$.

41. Considere a função de demanda dada por $p = \sqrt{200 - x}$. Obtenha a elasticidade da demanda para $x = 100$ e interprete o resultado.

42. Considere a função de demanda dada por $p = \sqrt{300 - 2x}$. Obtenha a elasticidade da demanda para $x = 132$ e interprete o resultado.

43. Considere a função de demanda $p = \sqrt{100 - x}$ (em que $0 < x < 100$). Identifique para que valores de x a demanda é:

    a) elástica; b) inelástica.

44. A função de demanda de um produto é $p = 50 - 0{,}5q$, em que p é o preço unitário e q a quantidade demandada.

    a) Ache a expressão da elasticidade da demanda em função de q.
    b) Ache o valor da elasticidade para $q = 20$, $q = 40$, $q = 60$, $q = 80$ e $q = 100$.
    c) Qual o limite da elasticidade quando q tende a zero pela direita?

45. A equação de demanda de um produto é $p = 120 - 4x$.

    a) Obtenha a elasticidade da demanda para $p = 10$.
    b) Qual a queda porcentual da demanda quando o preço sobe 5% (a partir de 10)? Faça o cálculo por meio da elasticidade e também calcule diretamente.

46. A elasticidade da demanda em relação ao preço de um produto é 0,6. Indique qual é a diminuição porcentual na quantidade demandada quando o preço:

    a) sobe 1%; b) sobe 2%; c) sobe 5%.

47. A elasticidade da demanda em relação ao preço de um bem é 2,4 no ponto em que a quantidade é igual a 2.000 unidades. Qual será um valor aproximado da demanda se o preço sofrer redução de 1%?

48. Considere a equação de demanda $x = \dfrac{k}{p^\alpha}$, em que k e α são constantes positivas.

    Mostre que a elasticidade da demanda em relação ao preço é constante e dê o valor dessa constante.

49. Mostre que, se a equação de oferta é da forma $x = k \cdot p^\alpha$, em que k e α são constantes positivas, então a elasticidade da oferta é constante.

50. Considere o gráfico abaixo de uma curva de demanda, seja t a reta tangente ao gráfico no ponto $P(x_0, p_0)$. Mostre que a elasticidade da demanda em relação ao preço no ponto P é dada por:

$$e = \dfrac{\overline{MP}}{\overline{PN}}$$

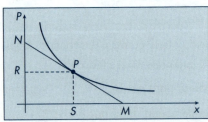

(Sugestão: use a semelhança entre os triângulos MPS e NPR.)

5.11 Derivadas sucessivas

Seja $f'(x)$ a derivada de $f(x)$. Se calcularmos a função derivada de $f'(x)$, nos pontos em que ela existe, chamaremos de derivada segunda de $f(x)$ essa função e a indicamos por $f''(x)$.

De modo análogo, podemos definir derivada terceira, quarta etc. A derivada de ordem n de $f(x)$ será representada por $f^{(n)}(x)$, se n for grande, evitando o uso de muitas "linhas".

Exemplo 5.27 Se $f(x) = 4x^3 - 2x^2 + 6x - 4$, teremos:

$$f'(x) = 12x^2 - 4x + 6$$
$$f''(x) = 24x - 4$$
$$f'''(x) = 24$$
$$f^{(4)}(x) = 0 \text{ etc.}$$

Exercício

51. Obtenha a derivada terceira das funções:
    a) $f(x) = 6x^3 - 4x^2 - 10$
    b) $f(x) = e^x$
    c) $f(x) = e^{-x}$
    d) $f(x) = \text{sen } x$
    e) $f(x) = \ln x$
    f) $f(x) = \text{sen } x + \cos x$
    g) $f(x) = e^x + e^{-x}$

5.12 Fórmulas de Taylor e Maclaurin

Veremos, neste item, como encontrar uma série infinita que converge para uma dada função e como utilizar essa informação para calcular um valor aproximado da função por meio de somas parciais dessa série. Assim, esse método pode ser utilizado para calcular valores aproximados, por exemplo: log 35, ln 42, sen 17^0, $e^{2,71}$ etc. Esse é o método geralmente utilizado nos programas de computador e de calculadoras para o cálculo de determinadas funções.

Chamamos de séries de potência as séries do tipo:

$$a_0 + a_1 \cdot x + a_2 \cdot x^2 + a_3 \cdot x^3 + \ldots = \sum_{n=0}^{\infty} a_n \cdot x^n$$

As somas parciais S_n da série são polinômios dados por:

$$S_n = a_0 + a_1 \cdot x + a_2 \cdot x^2 + \ldots a_n x^n$$

Para um dado valor de x, as somas parciais $S_0, S_1, S_2, \ldots$ formam uma sequência que pode ou não convergir para um número dado. Verifica-se que, nas séries de potências, as somas parciais convergem para valores de x tais que $-R < x < R$. O número R é chamado de raio de convergência da série.

Consideremos uma função $f(x)$ e uma série de potências que convirja para $f(x)$ num certo intervalo de convergência. Determinemos os coeficiente $a_0, a_1, a_2, \ldots$ da série, de modo que:

$$f(x) = a_0 + a_1 \cdot x + a_2 \cdot x^2 + a_3 \cdot x^3 + \ldots$$

Temos:
- Para $x = 0 \Rightarrow f(0) = a_0$.
- Derivando membro a membro, verifica-se que a série derivada converge para $f'(x)$ no mesmo intervalo de convergência. Portanto:

$$f'(x) = a_1 + 2a_2 x + 3a_3 x^2 + \ldots$$

Para $x = 0 \Rightarrow f'(0) = a_1$.

- Derivando membro a membro a relação anterior, obteremos:

$$f''(x) = 2 \cdot 1 a_2 + 3 \cdot 2 \cdot 1 \cdot a_3 x + \ldots$$

Para $x = 0 \Rightarrow f''(0) = 2 \cdot 1 \cdot a_2 \Rightarrow = a_2 = \dfrac{f''(0)}{2 \cdot 1} = \dfrac{f''(0)}{2!}$.

- Derivando membro a membro a relação anterior, obteremos:

$$f'''(x) = 3 \cdot 2 \cdot 1 \cdot a_3 + 4 \cdot 3 \cdot 2 \cdot a_4 x + \ldots$$

Para $x = 0 \Rightarrow f'''(0) = 3 \cdot 2 \cdot 1 \cdot a_3 \Rightarrow a_3 = \dfrac{f'''(0)}{3 \cdot 2 \cdot 1} = \dfrac{f'''(0)}{3!}$

- Procedendo de modo análogo, verificamos que $a_n = \dfrac{f^{(n)}(0)}{n!}$, em que $f^{(n)}(x)$ é a derivada de ordem n de $f(x)$.

A série assim obtida,

$$f(0) + \dfrac{f'(0)}{1!} x + \dfrac{f''(0)}{2!} x^2 + \dfrac{f'''(0)}{3!} x^3 + \ldots + \dfrac{f^{(n)}(0)}{n!} x^n + \ldots$$

é conhecida como série de Taylor (Book Taylor, matemático inglês, 1685–1731) em torno de $x = 0$ para $f(x)$. A fórmula é também conhecida como desenvolvimento de Maclaurin (Colin Maclaurin, matemático escocês, 1698–1746) para a função $f(x)$.

Quando usamos a soma parcial até a derivada de ordem n, chamamos o resultado de aproximação de Taylor de ordem n (ou de Maclaurin) para $f(x)$.

Exemplo 5.28 Dada a função $f(x) = e^x$, teremos:

$$f'(x) = f''(x) = f'''(x) = \ldots f^{(n)}(x) = e^x$$

Portanto, a série de Taylor (ou de Maclaurin) em torno de $x = 0$ para $f(x) = e^x$ é:

$$1 + \dfrac{1}{1!} x + \dfrac{1}{2!} x^2 + \dfrac{1}{3!} x^3 + \ldots + \dfrac{1}{n!} x^n + \ldots$$

Uma aproximação de e^1, usando uma aproximação de 4ª ordem, é:

$$e^1 \cong 1 + 1 \cdot (1^1) + \frac{1}{2}(1^2) + \frac{1}{6}(1^3) + \frac{1}{24}(1^4) = 1 + 1 + \frac{1}{2} + \frac{1}{6} + \frac{1}{24} = \frac{65}{24} \cong 2{,}71$$

Exemplo 5.29 Consideremos a função $f(x) = (1 + x)^n$.
Temos:

$$f'(x) = n(1+x)^{n-1} \Rightarrow f'(0) = n$$
$$f''(x) = n(n-1)(1+x)^{n-2} \Rightarrow f''(0) = n(n-1)$$
$$f'''(x) = n(n-1)(n-2)(1+x)^{n-3} \Rightarrow f'''(0) = n(n-1)(n-2)$$

A aproximação de Taylor (ou de Maclaurin) até a 3ª ordem, em torno de $x = 0$, é:

$$(1+x)^n \cong 1 + \frac{n}{1}x + \frac{n(n-1)}{2}x^2 + \frac{n(n-1)(n-2)}{6}x^3$$

Exemplo 5.30 Qual a aproximação até 4ª ordem de $f(x) = \cos x$, pela aproximação de Taylor em torno de $x = 0$?
Temos:

$$f'(x) = -\operatorname{sen} x \Rightarrow f'(0) = 0$$
$$f''(x) = -\cos x \Rightarrow f''(0) = -1$$
$$f'''(x) = \operatorname{sen} x \Rightarrow f'''(0) = 0$$
$$f''''(x) = \cos x \Rightarrow f''''(0) = 1$$

Portanto:

$$\cos x = 1 - \frac{1}{2}x^2 + \frac{1}{24}x^4$$

Algumas vezes, por questões de convergência, costuma-se utilizar uma série de potências ligeiramente diferente da que acabamos de estudar. Trata-se da série:

$$a_0 + a_1(x-a)^1 + a_2(x-a)^2 + a_3(x-a)^3 + \ldots = \sum_{n=0}^{\infty} a_n \cdot (x-a)^n$$

que recebe o nome de série de Taylor em torno de $x = a$, em que a é uma constante.
Com raciocínio análogo ao anterior, dada uma função $f(x)$, em que:

$$f(x) = a_0 + a_1(x-a)^1 + a_2(x-a)^2 + a_3(x-a)^3 + \ldots$$

devemos ter:
- $a_0 = f(a)$;
- $a_1 = \dfrac{f'(a)}{1!}$;

- $a_2 = \dfrac{f''(a)}{2!}$;

- $a_3 = \dfrac{f'''(a)}{3!}$;

- e, genericamente, $a_n = \dfrac{f^{(n)}(a)}{n!}$.

Assim,

$$f(x) = f(a) + \frac{f'(a)}{1!}(x-a) + \frac{f''(a)}{2!}(x-a)^2 + \frac{f'''(a)}{3!}(x-a)^3 + \ldots$$

Se tomarmos os termos até aquela que tenha derivada de ordem n, chamaremos a soma parcial encontrada de aproximação de Taylor de ordem n, centrada em a.

Exemplo 5.31 Consideremos a função $f(x) = \sqrt{x}$ e obtenhamos a aproximação de Taylor, de 3ª ordem, centrada em $a = 4$.

Temos:

$$f(x) = \sqrt{x} \Rightarrow f(4) = 2$$

$$f'(x) = \frac{1}{2}x^{-\frac{1}{2}} \Rightarrow f'(4) = \frac{1}{4}$$

$$f''(x) = -\frac{1}{4}x^{-\frac{3}{2}} \Rightarrow f''(4) = -\frac{1}{32}$$

$$f'''(x) = \frac{3}{8}x^{-\frac{5}{2}} \Rightarrow f'''(4) = \frac{3}{256}$$

Portanto:

$$\sqrt{x} \cong 2 + \frac{\frac{1}{4}}{1}(x-4)^1 + \frac{\frac{-1}{32}}{2}(x-4)^2 + \frac{\frac{3}{256}}{6}(x-4)^3$$

$$\sqrt{x} \cong 2 + \frac{(x-4)^1}{4} - \frac{(x-4)^2}{64} + \frac{(x-4)^3}{512}$$

Assim, por exemplo, um valor aproximado de $\sqrt{5}$ seria:

$$2 + \frac{1}{4} - \frac{1}{64} + \frac{1}{512} = \frac{1.145}{512} = 2,24$$

Exercícios

52. Dê a fórmula de Taylor, centrada em $x = 0$, para a função $f(x) = \operatorname{sen} x$.

53. Dê a fórmula de Taylor, centrada em $x = 0$, para a função $f(x) = \ln(1 + x)$.

CAPÍTULO 5   DERIVADAS   161

54. Usando uma aproximação de 3ª ordem no exercício anterior, calcule um valor aproximado de ln 1,5.

55. Dê a fórmula de Taylor, centrada em $x = 1$, da função $f(x) = \ln x$. (Prova-se que existe a convergência para $0 < x \leqslant 2$.)

56. Dê a série de Taylor para a função $f(x) = \cos x$, centrada em $x = \dfrac{\pi}{3}$.

57. Regras de L'Hospital (Guillaume François Antoine de L'Hospital, 1661–1704, matemático francês).

    Essas regras permitem o cálculo de limites indeterminados, habitualmente indicados sob a forma $\dfrac{0}{0}$ ou $\dfrac{\infty}{\infty}$ (observemos que isso é apenas uma notação para indicar que numerador e denominador convergem para 0 ou ∞). Tal regra diz o seguinte:

    Se $f(x)$ e $g(x)$ são funções deriváveis, tais que $\lim\limits_{x \to a} \dfrac{f(x)}{g(x)}$ é da forma $\dfrac{0}{0}$ ou $\dfrac{\infty}{\infty}$, então $\lim\limits_{x \to a} \dfrac{f(x)}{g(x)} = \lim\limits_{x \to a} \dfrac{f'(x)}{g'(x)}$, se existir o limite $\lim\limits_{x \to a} \dfrac{f'(x)}{g'(x)}$. O mesmo resultado é válido para x tendendo a infinito.

    Outras formas de indeterminação, como a simbolizada por $0 \cdot \infty$, podem ser reduzidas às duas anteriores, antes da aplicação da regra.

    Exemplos:

    a) $\lim\limits_{x \to 0} \dfrac{x - \operatorname{sen} x}{x^2} = \lim\limits_{x \to 0} \dfrac{1 - \cos x}{2x} = \lim\limits_{x \to 0} \dfrac{\operatorname{sen} x}{2} = 0$

    b) Se quisermos calcular o limite $\lim\limits_{x \to \infty} x^{\frac{1}{x}}$, observemos que ele conduz a uma indeterminação do tipo ∞^0. Para procedermos ao cálculo desse limite, calculemos o limite do logaritmo natural da função, ou seja:

    $$\lim\limits_{x \to \infty} \ln x^{\frac{1}{x}} = \lim\limits_{x \to \infty} \dfrac{1}{x} \ln x = \lim\limits_{x \to \infty} \dfrac{\ln x}{x} = \lim\limits_{x \to \infty} \dfrac{\frac{1}{x}}{1} = 0.$$

    Como o limite do logaritmo natural da função é 0, concluímos que o limite da função é 1, isto é:

    $$\lim\limits_{x \to \infty} x^{\frac{1}{x}} = 1$$

    Calcule os seguintes limites usando a regra de L'Hospital:

    a) $\lim\limits_{x \to \infty} \dfrac{x^3}{e^x}$

    b) $\lim\limits_{x \to \infty} \dfrac{\ln x}{e^x}$

    c) $\lim\limits_{x \to \frac{\pi}{2}} (\sec x - \operatorname{tg} x)$

    d) $\lim\limits_{x \to 0^+} \dfrac{\ln x}{\operatorname{cotg} x}$

    e) $\lim\limits_{x \to 0} \left[\dfrac{1}{\operatorname{sen}^2 x} - \dfrac{1}{x^2} \right]$ (Use o fato de que $x^2 \operatorname{sen}^2 x \cong x^4$.)

    f) $\lim\limits_{x \to \infty} x^x$

Capítulo 6

Aplicações de derivadas

6.1 Crescimento e decrescimento de funções

Vimos no Capítulo 3 o conceito de função crescente e decrescente, bem como o de máximos e mínimos. Vamos, neste capítulo, estudar de que forma esses assuntos se vinculam com o conceito de derivadas. Existem três teoremas básicos sobre o assunto (o primeiro deles tem sua demonstração feita no Apêndice B).

Teorema 6.1

> **Teorema do valor médio** — Suponha que $f(x)$ seja uma função contínua no intervalo $[a, b]$ e derivável no intervalo $]a, b[$. Então, existe um ponto c pertencente ao intervalo $]a, b[$ tal que $f'(c) = \dfrac{f(b) - f(a)}{b - a}$.

Veja a Figura 6.1. Geometricamente, o resultado é evidente. A reta AB tem coeficiente angular $\dfrac{f(b) - f(a)}{b - a}$. No intervalo $]a, b[$ existe um ponto c, tal que a reta t, que tangencia o gráfico de $f(x)$ no ponto de abscissa c, é paralela à reta AB. Assim, as retas t e AB terão o mesmo coeficiente angular; e como o coeficiente angular da reta t é dado por $f'(c)$, segue que $f'(c) = \dfrac{f(b) - f(a)}{b - a}$.

Figura 6.1: Ilustração do teorema do valor médio

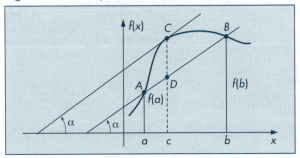

Exemplo 6.1 Consideremos a função $f(x) = x^2 + 5x$ definida no intervalo $[1, 3]$. Determinemos o ponto c tal que $f'(c) = \dfrac{f(3) - f(1)}{3 - 1}$.

Temos $f(1) = 6, f(3) = 24$ e $f'(x) = 2x + 5$.
Queremos achar o número c tal que:

$$f'(c) = 2c + 5 = \frac{24 - 6}{3 - 1} = 9$$

Resolvendo a equação acima, encontramos $c = 2$.

Teorema 6.2

Se, para todo $x \in\ ]a, b[$ tivermos $f'(x) > 0$, então $f(x)$ é crescente em todo intervalo $]a, b[$.

Demonstração

Consideremos dois pontos arbitrários x_1 e x_2 do intervalo $]a, b[$ e tais que $x_1 < x_2$. Como $f(x)$ é derivável em $]a, b[$, também o será em $]x_1, x_2[$. Assim, pelo teorema do valor médio, haverá um valor $c \in\ ]x_1, x_2[$ tal que:

$$f'(c) = \frac{f(x_2) - f(x_1)}{x_2 - x_1}$$

Mas, por hipótese, $f'(c) > 0$. Portanto:

$$\frac{f(x_2) - f(x_1)}{x_2 - x_1} > 0$$

Tendo em conta que $x_1 < x_2$ (e, portanto, $x_2 - x_1 > 0$), concluímos que:

$$f(x_2) - f(x_1) > 0 \text{ e, portanto, } f(x_2) > f(x_1)$$

Assim, $f(x)$ será crescente em $]a, b[$ (Figura 6.2).

Figura 6.2: Função crescente

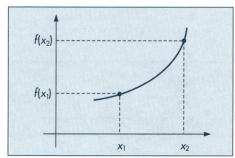

Teorema 6.3

Se para todo $x \in \,]a,b[$ tivermos $f'(x) < 0$, então $f(x)$ será decrescente no intervalo $]a,b[$.

A demonstração é análoga à do Teorema 6.2.

É fácil perceber, então, que os Teoremas 6.2 e 6.3 nos fornecem um instrumento para obter os intervalos de crescimento e decrescimento de uma função, bem como para encontrar seus pontos de máximo e de mínimo, caso existam.

Exemplo 6.2 Consideremos a função $f(x) = x^2 - 4x$. Temos:
$$f'(x) = 2x - 4$$

- Sinal de f':

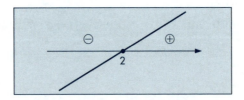

- Comportamento de f:

Usamos a simbologia:

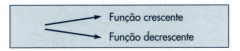

Assim, a função $f(x)$ é decrescente em $]-\infty, 2[$ e crescente em $]2, \infty[$. Como ela é contínua em 2, concluímos que $x = 2$ é um ponto de mínimo de $f(x)$.

Exemplo 6.3 Consideremos a função $f(x) = \dfrac{x^3}{3} - 2x^2 + 3x + 10$.

Temos que:
$$f'(x) = x^2 - 4x + 3$$

- Sinal de f':

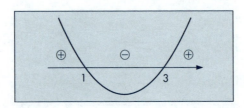

- Comportamento de f:

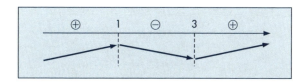

Assim, $f(x)$ é crescente em $]-\infty, 1[$ e $]3, \infty[$ e $f(x)$ é decrescente em $]1, 3[$. Como $f(x)$ é contínua em 1 e 3, segue que 1 é ponto de máximo e 3 é ponto de mínimo.

Notemos que $x = 1$ é um ponto de máximo relativo e $x = 3$ é um ponto de mínimo relativo. Além disso, não há ponto de máximo absoluto, pois a função é crescente depois de 3, com imagens que acabam superando $f(1)$. Da mesma forma, não há ponto de mínimo absoluto.

Suponhamos ainda que o domínio da função seja restrito aos números reais entre 0 e 5, isto é, $D = [0, 5]$. Nessas condições, é fácil perceber que $x = 0$ também é ponto de mínimo relativo e $x = 5$ também é ponto de máximo relativo. Além disso, como:

$$f(0) = 10, f(1) = \frac{34}{3}, f(3) = 10 \text{ e } f(5) = \frac{50}{3}$$

concluímos que o gráfico de $f(x)$ tem o aspecto da Figura 6.3.

Consequentemente, no intervalo $[0, 5]$, $x = 5$ é um ponto de máximo absoluto e $x = 0$ e $x = 3$ são pontos de mínimo absolutos.

Figura 6.3: Gráfico da função $f(x) = x^3/3 - 2x^2 + 3x + 10$ no intervalo $[0, 5]$

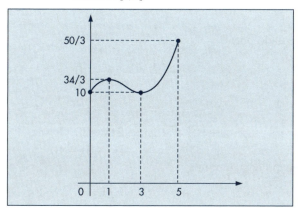

Esse exemplo serve para lembrarmos que, quando uma função é definida num intervalo fechado $[a, b]$, além dos pontos interiores ao domínio, podemos ter pontos de máximo e de mínimo nos extremos $x = a$ e $x = b$. Além disso, podemos verificar se existem pontos de máximo ou mínimo absolutos.

Exemplo 6.4 Consideremos a função $f(x) = \dfrac{1}{x^2} = x^{-2}$

Temos:
$$f'(x) = -2x^{-3} = \dfrac{-2}{x^3}$$

Para o estudo do sinal de $f'(x)$, precisamos inicialmente estudar o sinal de $g(x) = x^3$.

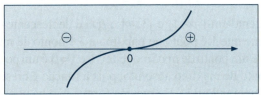

Como o numerador de $f'(x)$ é -2, segue que o sinal de $f'(x)$ é:

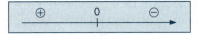

Assim, $f(x)$ é crescente em $]-\infty, 0[$ e decrescente em $]0, \infty[$. O ponto $x = 0$ não é de máximo, pois a função não é definida para $x = 0$ (portanto, não é contínua para $x = 0$).

Exemplo 6.5 Uma empresa produz um produto com um custo mensal dado por $C = \dfrac{1}{3}x^3 - 2x^2 + 10x + 20$. Cada unidade do produto é vendida a $\$\ 31{,}00$. Qual a quantidade que deve ser produzida e vendida para dar o máximo lucro mensal?

Resolução

O lucro mensal é dado por:
$$L = R - C = 31x - \left(\dfrac{1}{3}x^3 - 2x^2 + 10x + 20\right)$$

Portanto,
$$L = -\dfrac{1}{3}x^3 + 2x^2 + 21x - 20$$

Derivando a função lucro, teremos:
$$L' = -x^2 + 4x + 21$$

- Sinal de L':

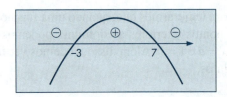

- Comportamento de L:

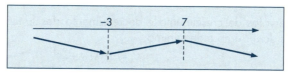

Como x é positivo (quantidade), concluímos que o ponto de máximo (relativo e absoluto) é $x = 7$. Assim, para ter o máximo lucro, a empresa deve vender 7 unidades por mês.

Exemplo 6.6 Um monopolista (produtor único de um certo bem) tem um custo mensal dado por $C = 5 + 2x + 0{,}01x^2$. A função de demanda mensal é $p = -0{,}05x + 400$. Qual preço deve ser cobrado para maximizar o lucro, sabendo-se que:
a) a capacidade máxima de produção mensal é de 2.000 unidades?
b) a capacidade máxima de produção mensal é de 4.000 unidades?

Resolução

O lucro é dado por:
$$L = R - C = px - C$$
$$L = (-0{,}05x + 400)x - (5 + 2x + 0{,}01x^2)$$
$$L = -0{,}06x^2 + 398x - 5$$

Derivando L, teremos:
$$L' = -0{,}12x + 398$$

- Sinal de L':

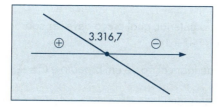

- Comportamento de L:

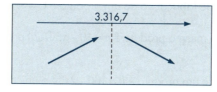

a) Pelo comportamento de L, concluímos que o máximo de L ocorre, neste caso, para $x = 2.000$, pois $0 \leq x \leq 2.000$.
b) Pelo comportamento de L, concluímos que o máximo de L ocorre, neste caso, para $x = 3.316{,}7$, pois $0 \leq x \leq 4.000$.

Exercícios

1. Obtenha os intervalos de crescimento e decrescimento das funções e determine os eventuais pontos de máximo e de mínimo:

   a) $f(x) = 3x + 4$

   b) $f(x) = -2x + 6$

   c) $f(x) = x^2 - 3x$

   d) $f(x) = 1 - x^2$

   e) $f(x) = x^2 - 4x + 6$

   f) $f(x) = \frac{x^3}{3} - \frac{7}{2}x^2 + 12x + 3$

   g) $f(x) = \frac{x^3}{3} - \frac{3}{2}x^2 + 2x + 1$

   h) $f(x) = -\frac{x^3}{3} + 4x + 6$

   i) $f(x) = -\frac{x^3}{3} + 4x^2 + 10$

   j) $f(x) = x^3$

   k) $f(x) = -2x^3$

   l) $f(x) = \frac{1}{4}x^4$

   m) $f(x) = \frac{x^4}{4} - \frac{x^2}{2} + 10$

   n) $f(x) = \frac{1}{x}$

   o) $f(x) = \frac{x-1}{x-2}$

   p) $f(x) = \frac{x}{x-3}$

   q) $f(x) = e^{-x2}$

   r) $f(x) = \frac{2x}{x^2 + 1}$

   s) $f(x) = (x-1)(x-2)(x-3)$

2. Dada a função receita $R(x) = -2x^2 + 10x$, obtenha o valor de x que a maximiza.

3. Dada a função de demanda $p = 40 - 2x$, obtenha o preço que deve ser cobrado para maximizar a receita.

4. Com relação ao exercício anterior, qual preço deve ser cobrado para maximizar o lucro, se a função custo for $C = 40 + 2x$?

5. A função custo mensal de fabricação de um produto é $C = \frac{x^3}{3} - 2x^2 + 10x + 10$, e o preço de venda é $p = 13$. Qual quantidade deve ser produzida e vendida mensalmente para dar o máximo lucro?

6. A função custo mensal de fabricação de um produto é $C = \frac{x^3}{3} - 2x^2 + 10x + 1$ e a função de demanda mensal do mesmo produto é $p = 10 - x$. Qual preço deve ser cobrado para maximizar o lucro?

7. A função de demanda de um produto é $p = 100 - 2x$, e o único produtor tem uma função custo $C = 500 + 3x$.

   a) Qual preço deve ser cobrado para maximizar o lucro, se o governo cobrar do produtor um imposto de $ 1,00 por unidade vendida?

   b) Se a empresa maximizar o lucro, que imposto o governo deve cobrar para maximizar a receita tributária?

8. Dada a função $f(x) = 10x - x^2$, obtenha seus pontos de máximo e mínimo relativos e absolutos, sabendo-se que o domínio é $D = [0, 6]$.

9. Resolva o exercício anterior considerando a função $f(x) = \dfrac{x^3}{3} - \dfrac{7}{2}x^2 + 12x + 5$ e o domínio $D = [0, \infty[$.

10. Dada a função custo $C = \dfrac{x^3}{3} - 6x^2 + 60x + 20$, mostre que tal função é sempre crescente e tem um ponto de mínimo para $x = 0$.

11. Com relação ao exercício anterior, obtenha o custo marginal e mostre que ele tem um ponto de mínimo para $x = 6$.

12. Considere a função custo $C = 0{,}1x^3 - 4x^2 + 70x + 50$. Mostre que tal função é sempre crescente.

13. A função demanda mensal de um produto é $p = 40 - 0{,}1x$, e a função custo mensal é $C = \dfrac{x^3}{3} - 7x^2 + 60x + 50$.

   a) Obtenha o valor de x que maximiza o lucro, bem como o correspondente preço.
   b) Mostre que, para o valor de x encontrado no item anterior, a receita marginal é igual ao custo marginal.

14. Dada a função custo anual de uma empresa $C(x) = 40x - 10x^2 + x^3$:

   a) Ache o custo médio $Cme(x) = \dfrac{C(x)}{x}$.
   b) Ache os intervalos de crescimento e decrescimento do custo médio, indicando eventuais pontos de máximo e mínimo.

15. Repita o exercício anterior com a função custo $C = \dfrac{x^3}{3} - 4x^2 + 30x$.

16. Dada a função custo $C = 20 + 3x$, mostre que o custo médio é sempre decrescente.

17. Dada a função custo mensal de fabricação de um produto $C = 40 + 5x$:

   a) Mostre que o custo médio é sempre decrescente.
   b) Qual o custo médio mínimo, se a capacidade da empresa é produzir no máximo 60 unidades por mês?

18. O custo mensal de fabricação de x unidades de um produto é $C(x) = 0{,}1x^2 + 3x + 4.000$.

   a) Obtenha o custo médio.
   b) Para que valor de x o custo médio é mínimo?
   c) Resolva o item anterior, supondo que a capacidade da empresa é produzir no máximo 180 unidades por mês.
   d) Idem ao item anterior, se a capacidade for de 250 unidades por mês.

19. Uma empresa tem uma capacidade de produção máxima de 200 unidades por semana. A função de demanda do produto é $p = -0{,}2x + 900$ e a função custo semanal é $C = 500 - 8x + x^2$. Qual preço deve ser cobrado para maximizar o lucro?

20. Uma empresa opera num mercado em que o preço de venda é constante e igual a $ 20,00. Seu custo marginal mensal é dado por $Cmg = 3x^2 - 6x + 15$. Qual a produção mensal que dá o máximo lucro?

21. O custo anual de fabricação de x unidades de um produto é $C = 0,01x^2 + 5x + 200$. Obtenha o valor de x que minimiza o custo médio.

22. Dada a função custo anual $C = x^3 - 20x^2 + 400x$:
    a) Obtenha o custo médio e o custo marginal.
    b) Mostre que, no ponto de mínimo do custo médio, o custo médio é igual ao custo marginal.

23. Um monopolista tem um custo médio mensal dado por $Cme = x^2 - 10x + 60$, em que x é a quantidade produzida. A função de demanda desse produto é $p = 50 - 3x$. Que preço deve ser cobrado para maximizar o lucro mensal?

24. Um produtor observou que, quando o preço unitário de seu produto era $ 5,00, a demanda mensal era 3.000 unidades e, quando o preço era $ 6,00, a demanda mensal era 2.800 unidades.
    a) Qual a equação de demanda admitindo-a como função do 1º grau?
    b) Qual preço deve ser cobrado para maximizar a receita mensal?

25. A função de demanda mensal de um produto é $p = 20e^{-\frac{x}{2}}$, em que p é o preço unitário e x, a demanda mensal. Qual preço maximiza a receita mensal?

26. A equação de demanda de um produto é $x = 200 - 2p$. Mostre que a receita é maximizada quando a elasticidade da demanda é igual a 1.

27. Numa cidade estima-se que o número de habitantes daqui a t anos seja:

    $$N = 50 - \frac{4}{t+2} \text{ milhares de pessoas}$$

    a) Qual a estimativa para daqui a 8 anos?
    b) Mostre que N cresce em relação a t a taxas decrescentes.
    c) Qual o número de habitantes em longo prazo?

28. Uma empresa produz $P = 50\sqrt{N}$ toneladas mensais de um produto, utilizando N homens-hora de trabalho. Mostre que a produtividade marginal do trabalho, $\frac{dP}{dN}$, é decrescente com N.

29. Um consumidor consegue certo nível de satisfação consumindo x unidades de um produto A e y de um produto B; os valores de x e y se relacionam por meio da curva de indiferença $y = \frac{18}{x}$. Se cada unidade de A custa $ 2,00 e cada unidade de B custa $ 1,00, qual a combinação que dará ao consumidor aquele nível de satisfação a um custo mínimo?

30. Um banco capta dinheiro pagando a seus aplicadores uma taxa anual de juros igual a i e repassa esse valor captado à taxa de 24% ao ano. Sabendo-se que a quantia captada C é dada por $C = 1.000i$, obtenha o valor de i que maximiza o lucro anual do banco.

31. Um investidor aplica seu patrimônio em duas ações A e B; ele aplica uma porcentagem x na ação A e $(1 - x)$ na ação B. A lucratividade esperada (μ) e o risco da carteira (σ^2) são dados por:

$$\mu = 0{,}15 - 0{,}07x$$
$$\sigma^2 = 0{,}0047x^2 - 0{,}0068x + 0{,}0025$$

a) Quais as porcentagens que o investidor deve aplicar em A e B para ter o menor risco possível?

b) Nas condições do item a, qual a lucratividade esperada da carteira?

6.2 Concavidade e ponto de inflexão

Dizemos que o gráfico de uma função $f(x)$, derivável, é **côncavo para cima** no intervalo $]a, b[$ se para todo $x \in]a, b[$ o gráfico da função nesse intervalo (exceto o ponto de abscissa x) permanece acima da tangente ao gráfico no ponto de abscissa x (Figura 6.4a).

Dizemos que o gráfico de uma função $f(x)$, derivável, é **côncavo para baixo** no intervalo $]a, b[$ se para todo $x \in]a, b[$ o gráfico da função nesse intervalo (exceto o ponto de abscissa x) permanece abaixo da tangente ao gráfico no ponto de abscissa x (Figura 6.4b).

Figura 6.4: Concavidade (a) para cima e (b) para baixo

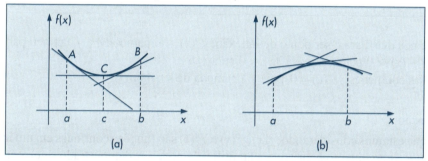

Consideremos agora o gráfico da Figura 6.4a. O ponto c é um ponto de mínimo e $f'(c) = 0$, pois a tangente ao gráfico por c é paralela ao eixo x; para pontos à esquerda de c, a tangente ao gráfico terá coeficiente angular negativo, portanto, $f'(x) < 0$ para $a < x < c$. Para pontos à direita de c, a tangente ao gráfico terá coeficiente angular positivo, portanto, $f'(x) > 0$ para $c < x < b$.

À medida que nos deslocamos de A para B, o coeficiente angular da reta tangente aumentará, passando de valores negativos, à esquerda de c, para valores positivos, à direita de c.

Da mesma maneira que a primeira derivada mede a taxa de variação da função, a segunda derivada mede a taxa de variação da primeira derivada. Assim, como a primeira derivada (geometricamente, o coeficiente angular da tangente) está crescendo, sua derivada será positiva, isto é, a segunda derivada será positiva. Portanto $f''(x) > 0$, para todo $x \in\ ]a, b[$, pois nesse intervalo $f'(x)$ está crescendo. Em particular, $f''(c) > 0$, isto é, no ponto de mínimo a segunda derivada é positiva.

Um argumento análogo mostra que, para o gráfico da Figura 6.4b, $f''(x) < 0$ para todo $x \in\ ]a, b[$.

Resumindo:

- Se $f''(x) > 0$ para todo $x \in\ ]a, b[$, o gráfico de $f(x)$ é côncavo para cima em $[a, b]$.
- Se $f''(x) < 0$ para todo $x \in\ ]a, b[$, o gráfico de $f(x)$ é côncavo para baixo em $[a, b]$.

Consideremos agora a Figura 6.5, em que o ponto c é tal que o gráfico da função tem concavidades de nomes contrários à esquerda e à direita de c. Dizemos que o gráfico muda de concavidade em c e este se diz **ponto de inflexão** de $f(x)$.

Figura 6.5: Pontos de inflexão

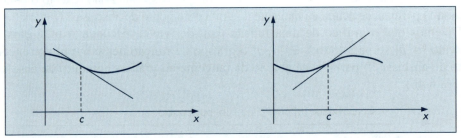

Notemos que, para c ser ponto de inflexão, $f''(x) < 0$ para $x < c$ e $f''(x) > 0$ para $x > c$; ou então $f''(x) > 0$ para $x < c$ e $f''(x) < 0$ para $x > c$.

Nessas condições, $f''(c) = 0$, pois $f''(x)$ muda de sinal em c.

Observação

No que estamos considerando, $f(x)$, $f'(x)$ e $f''(x)$ são funções contínuas em um intervalo contendo c. O argumento heurístico aqui utilizado pode ser demonstrado rigorosamente, e o leitor interessado poderá encontrar as demonstrações relevantes no Apêndice.

Exemplo 6.7 Consideremos a função $f(x) = x^3 - 6x^2 + 4x - 10$ e estudemos seu comportamento no que diz respeito à concavidade.

Temos:

$$f'(x) = 3x^2 - 12x + 4 \text{ e } f''(x) = 6x - 12$$

- Sinal de f'':

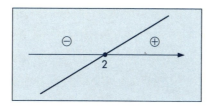

- Comportamento de f:

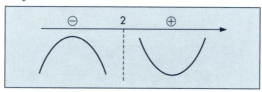

Portanto, f é côncava para baixo no intervalo $]-\infty, 2[$ e côncava para cima em $]2, \infty[$. Além disso, $x = 2$ é um ponto de inflexão.

Exercício

32. Obtenha os intervalos em que cada função é côncava para cima ou côncava para baixo, indicando eventuais pontos de inflexão:

a) $f(x) = x^2 + 3x$

b) $f(x) = 4 - x^2$

c) $f(x) = x^3 - 9x^2 + 6x - 5$

d) $f(x) = -x^3 + 12x^2 - 4x + 1$

e) $f(x) = -x^3 - 8x^2 + 3$

f) $f(x) = \dfrac{x^4}{12} - \dfrac{2}{3}x^3 + \dfrac{3}{2}x^2 + 5$

g) $f(x) = \dfrac{1}{x}$

h) $f(x) = e^{-\frac{x^2}{2}}$

i) $f(x) = \dfrac{x+1}{x-1}$

6.3 Estudo completo de uma função

A construção do gráfico de uma função é um dos objetivos importantes do estudo de derivadas. Os elementos necessários para tal fim constam do roteiro a seguir:

a) Determinação do domínio.
b) Determinação das intersecções com os eixos, quando possível.
c) Determinação dos intervalos de crescimento e decrescimento e de possíveis pontos de máximo e mínimo.
d) Determinação dos intervalos em que a função é côncava para cima ou para baixo e de possíveis pontos de inflexão.
e) Determinação dos limites nos extremos do domínio e de possíveis assíntotas.
f) Determinação dos limites laterais nos pontos de descontinuidade (quando houver) e possíveis assíntotas.

Exemplo 6.8 Façamos o estudo completo da função $f(x) = \frac{x^3}{3} - 2x^2 + 3x + 5$.

Temos:
a) $D = \mathbb{R}$.
b) Intersecção com eixo y: $x = 0 \Rightarrow f(0) = 5$.
   Intersecção com eixo x: $y = 0 \Rightarrow \frac{x^3}{3} - 2x^2 + 3x + 5 = 0$ (equação de difícil solução).
c) $f'(x) = x^2 - 4x + 3$.
   - Sinal de f':

   - Comportamento de f:

   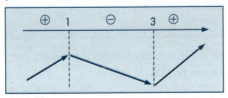

   1 é ponto de máximo e $f(1) = \frac{19}{3}$; 3 é ponto de mínimo e $f(3) = 5$.

Observemos que não há pontos de máximo ou mínimo absolutos.

d) $f''(x) = 2x - 4$
   - Sinal de f'':

   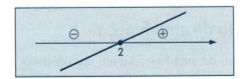

   - Comportamento de f:

   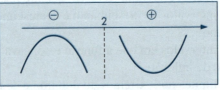

   2 é ponto de inflexão e $f(2) = \frac{17}{3}$.

e) $\lim_{x \to \infty} f(x) = \lim_{x \to \infty} \frac{x^3}{3} = \infty$; $\lim_{x \to -\infty} f(x) = \lim_{x \to -\infty} \frac{x^3}{3} = -\infty$.

f) Pontos de descontinuidade: não há.

Com essas informações, é possível esboçar o gráfico de $f(x)$ (Figura 6.6).

Figura 6.6: Gráfico da função $f(x) = x^3/3 - 2x^2 + 3x + 5$

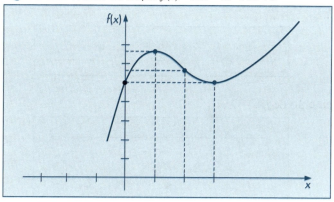

Exemplo 6.9 Façamos um estudo completo da função $f(x) = x + \frac{1}{x}$.

Temos:

a) $D = R - \{0\}$.

b) Intersecção com eixo y: não existe, pois $f(x)$ não está definida para $x = 0$.

Intersecção com eixo x: $y = 0 \Rightarrow x + \frac{1}{x} = 0 \Rightarrow x^2 = -1$.

Tal equação não admite solução real; portanto, o gráfico não intercepta o eixo x.

c) $f'(x) = 1 - \frac{1}{x^2} = \frac{x^2 - 1}{x^2}$.

Fazendo $N = x^2 - 1$ e $D = x^2$, teremos:

• Sinal de N:

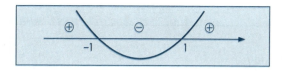

• Sinal de D:

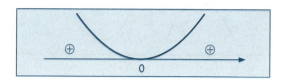

Quadro quociente:

x		-1		0		1	
N	$+$		$-$		$-$		$+$
D	$+$		$+$		$+$		$+$
$f'(x)$	$+$		$-$		$-$		$+$

- Sinal de f':

- Comportamento de f:

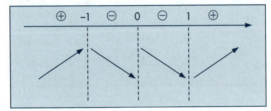

-1 é ponto de máximo e $f(-1) = -2$; 1 é ponto de mínimo e $f(1) = 2$.

d) $f''(x) = \dfrac{2}{x^3}$.

- Sinal de x^3:

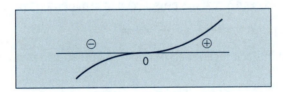

- Sinal de f'':

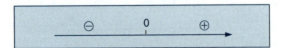

- Comportamento de f:

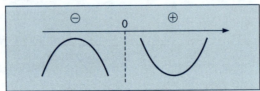

Observemos que 0 não é ponto de inflexão, pois 0 não pertence ao domínio.

e) $\lim_{x \to \infty} f(x) = \lim_{x \to \infty} \left(x + \frac{1}{x}\right) = \infty;\ \lim_{x \to -\infty} f(x) = \lim_{x \to -\infty} \left(x + \frac{1}{x}\right) = -\infty.$

f) $\lim_{x \to 0^+} f(x) = \infty;\ \lim_{x \to 0^-} f(x) = -\infty.$

Com essas informações, obtemos o gráfico da função (ver Figura 6.7). Notemos que não existem pontos de máximo nem mínimo absolutos.

Figura 6.7: Gráfico da função $f(x) = x + 1/x$

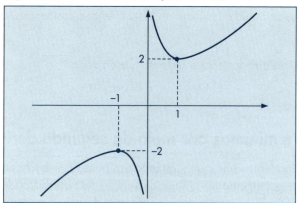

Exercícios

33. Faça um estudo completo e esboce o gráfico das funções:

a) $f(x) = \frac{x^3}{3} - \frac{5}{2}x^2 + 4x + 2$

b) $f(x) = x^3 - 3x$

c) $f(x) = 5 + x - x^3$

d) $f(x) = x^3 + x^2 - x - 1$

e) $f(x) = 2x^4 - 4x^2$

f) $f(x) = -3x^4 - 6x^2$

g) $f(x) = (x-1)^3$

h) $f(x) = (x-1)^4$

i) $f(x) = \frac{1}{x} + 4$

j) $f(x) = \frac{1}{x-1}$

k) $f(x) = 2x + \frac{1}{2x}$

l) $f(x) = \frac{1}{x} + \frac{x}{9}$

m) $f(x) = \frac{1}{x} + \frac{x}{9} + 2$

n) $f(x) = \frac{4}{x} + x + 5$

o) $f(x) = \frac{16}{x} + x\ (x > 0)$

p) $f(x) = \frac{x^2}{(x-2)^2}$

q) $f(x) = e^{-x^2}$

r) $f(x) = \frac{x}{x^2+1}$

s) $f(x) = x - e^{-x}$

34. Dada a função custo $C(x) = 2x^3 - 6x^2 + 100x + 400$, esboce seu gráfico.

35. Dada a função custo $C(x) = 2x + 100$:
    a) Obtenha o custo marginal.
    b) Obtenha o custo médio.
    c) Esboce os gráficos das funções obtidas em a e b.

36. Dada a função custo $C(x) = x^3 - 3x^2 + 10x$:
    a) Obtenha o custo marginal.
    b) Obtenha o custo médio.
    c) Mostre que, no ponto de mínimo do custo médio, o custo marginal é igual ao custo médio.

37. Repita o exercício anterior com a seguinte função custo:
$$C(x) = 2x^3 - 12x^2 + 30x$$

6.4 Máximos e mínimos por meio da segunda derivada

Intuitivamente, podemos notar que, quando um ponto c, interior ao domínio, é de máximo ou de mínimo, a tangente ao gráfico da função $f(x)$ correspondente é horizontal, e, consequentemente, $f'(c) = 0$ (desde que a função seja derivável no ponto).

Surge, porém, um problema: se soubermos que $f'(c) = 0$, como saber se c é ponto de máximo, de mínimo ou nem de máximo nem de mínimo?

Suponhamos que c_0 e c_1 sejam pontos de máximo e de mínimo, respectivamente (Figura 6.8).

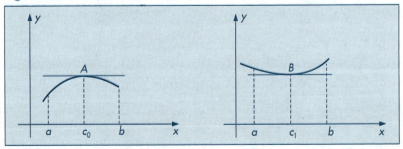

Figura 6.8: Pontos de máximo e de mínimo

Sendo c_0 um ponto de máximo, então nas vizinhanças de c_0 a função é côncava para baixo e, portanto, $f''(c) < 0$.

Analogamente, sendo c_1 um ponto de mínimo, então nas vizinhanças de c_1 a função é côncava para cima e, portanto, $f''(c_1) > 0$.

Dessa forma, um ponto c tal que $f'(c) = 0$ pode ser classificado como ponto de máximo ou de mínimo, de acordo com $f''(c) < 0$ ou $f''(c) > 0$.

CAPÍTULO 6 **APLICAÇÕES DE DERIVADAS** 179

Observemos que, se o domínio for o intervalo $[a, b]$, os pontos a e b (extremos do domínio) deverão ser analisados à parte. Na Figura 6.8 da esquerda, $x = a$ e $x = b$ são pontos de mínimo e, na da direita, são pontos de máximo. Assim, o raciocínio por meio da derivada igual a zero é válida apenas para pontos interiores do domínio.

O argumento heurístico utilizado pode ser rigorosamente demonstrado, e o leitor interessado poderá encontrar as demonstrações relevantes no Apêndice B.

Exemplo 6.10 Encontre os pontos de máximo e mínimo da função $f(x) = \dfrac{x^3}{3} - \dfrac{5}{2}x^2 + 4x + 3$.

Temos que:
$$f'(x) = x^2 - 5x + 4$$
Impondo que $f'(x) = 0$, teremos:
$$x^2 - 5x + 4 = 0, \text{ cuja solução é } x = 1 \text{ ou } x = 4$$
Por outro lado, $f''(x) = 2x - 5$. Assim:
$$f''(1) = -3 < 0 \Rightarrow x = 1 \text{ é ponto de máximo}$$
$$f''(4) = 3 > 0 \Rightarrow x = 4 \text{ é ponto de mínimo}$$

Exemplo 6.11 Deseja-se construir uma área de lazer, com formato retangular, e 1.600 m² de área. Quais as dimensões para que o perímetro seja mínimo?

Sejam x e y as dimensões do retângulo.

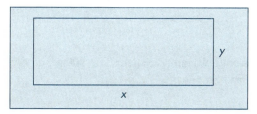

Temos:
$$x \cdot y = 1.600 \text{ e queremos minimizar o perímetro } P = 2x + 2y.$$
De $xy = 1.600$ tiramos $y = \dfrac{1.600}{x}$. Substituindo esse valor de y em P, obtemos:
$$P = 2x + 2 \cdot \dfrac{1.600}{x} = 2x + \dfrac{3.200}{x}$$

Em resumo, queremos minimizar a função $P(x) = 2x + \dfrac{3.200}{x}$.

Assim,
$$P'(x) = 2 - \dfrac{3.200}{x^2}$$

Impondo que $P'(x) = 0$, teremos:

$$2 - \frac{3.200}{x^2} = 0, \text{ ou seja}, x^2 = 1.600$$

Logo:

$x = 40$ ou $x = -40$ (a resposta negativa não convém, pois x, sendo comprimento do retângulo, é necessariamente positivo).

Para confirmarmos que $x = 40$ é efetivamente um ponto de mínimo, calculamos $P''(x)$:

$$P''(x) = \frac{6.400}{x^3} \text{ e } P''(40) = \frac{6.400}{40^3} > 0$$

Portanto, $x = 40$ é de fato ponto de mínimo.
Como $xy = 1.600 \Rightarrow 40y = 1.600$, portanto, $y = 40$.
Assim, as dimensões do retângulo são $x = 40$ m e $y = 40$ m.

Exercícios

38. Obtenha os pontos de máximo ou de mínimo (quando existirem) das funções abaixo:

a) $f(x) = x^2 - 4x + 5$

b) $f(x) = 6x - x^2$

c) $f(x) = \frac{x^3}{3} - \frac{7}{2}x^2 + 6x + 5$

d) $f(x) = -\frac{x^3}{3} + 4x + 6$

e) $f(x) = x + \frac{1}{x}$

f) $f(x) = x \cdot \sqrt{x+2}$

39. Deseja-se construir uma piscina retangular com 900 m² de área. Quais as dimensões para que o perímetro seja mínimo?

40. Obtenha dois números cuja soma seja 100 e cujo produto seja máximo.

41. Um fabricante de conservas usa latas cilíndricas cujos volumes devem ser iguais a 500 cm³. Quais devem ser as dimensões (altura e raio das bases) mais econômicas das latas (isto é, aquelas que dão a menor área da superfície)?

42. De todos os retângulos de perímetro igual a 100 m, qual é o de área máxima?

43. Qual o número real positivo que, somado a seu inverso, dá o menor resultado possível?

44. Um homem deseja construir um galinheiro com formato retangular, usando como um dos lados uma parede de sua casa. Quais dimensões devem ser utilizadas para que a área seja máxima, sabendo-se que ele pretende usar 20 m de cerca?

45. Com relação ao exercício anterior, se ele quisesse construir um galinheiro com área de 16 m², quais dimensões utilizariam a menor quantidade de material para a cerca?

CAPÍTULO 6 APLICAÇÕES DE DERIVADAS 181

46. Em geral, as panelas de alumínio existentes no comércio têm formato cilíndrico (sem tampa) com uma altura h igual ao raio da base r. Mostre que, para uma panela de volume V, o menor consumo de material é obtido quando $h = r$.

47. Um reservatório de água tem base quadrada e formato de prisma reto com tampa. Seu volume é 10 m^3 e o custo do material utilizado na construção é $\$ 100{,}00$ por m^2. Quais as dimensões do reservatório que minimizam o custo do material utilizado na construção?

48. Resolva o exercício anterior supondo o reservatório sem tampa.

49. Uma caixa aberta é feita a partir de um pedaço quadrado de papelão, com 72 cm de lado. A caixa é construída removendo-se um pequeno quadrado de cada canto (os lados do quadrado têm a mesma medida) e dobrando-se para cima as abas resultantes (ver figura abaixo). Quais as dimensões da caixa de volume máximo que pode ser construída?

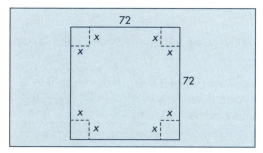

50. A receita mensal de vendas de um produto é $R(x) = 30x - x^2$ e seu custo é $C(x) = 20 + 4x$.
    a) Obtenha a quantidade x que maximiza o lucro.
    b) Mostre, para o resultado obtido acima, que o custo marginal é igual à receita marginal.

51. Suponha que a função receita seja $R(x) = 60x$ e a função custo seja $C(x) = 2x^3 - 12x^2 + 50x + 40$.
    a) Obtenha a quantidade x que deve ser vendida para maximizar o lucro.
    b) Mostre que, para o resultado obtido acima, o custo marginal é igual à receita marginal.

52. Resolva o exercício anterior supondo que a função receita seja $R(x) = -3x^2 + 50x$.

53. Prove que, se existe x tal que x seja interior ao domínio e o lucro seja máximo, então para esse valor de x a receita marginal é igual ao custo marginal (desde que ambos existam para esse valor de x).
    Sugestão: considere a definição $L(x) = R(x) - C(x)$ e derive ambos os membros em relação a x.

54. A produção de bicicletas de uma empresa é de x unidades por mês, ao custo dado por $C(x) = 100 + 3x$. Se a equação de demanda for $p = 25 - \frac{x}{3}$, obtenha o número de unidades que devem ser produzidas e vendidas para maximizar o lucro.

55. O custo de produção de x unidades de um produto é $C(x) = ax^2 + bx + c$ e o preço de venda é p. Obtenha o valor de x que maximiza o lucro.

56. Resolva o exercício anterior supondo que $p = \alpha - \beta \cdot x$.

57. O custo de uma firma é $C(x) = 0{,}1x^2 + 5x + 200$, e a equação de demanda é $p = 10 - \dfrac{x}{20}$.

    Determine x para que o lucro seja máximo.

58. O preço de venda por unidade de um produto é $p = 50$. Se o custo é $C(x) = 1.000 + 3x + 0{,}5x^2$, determine o ponto de máximo lucro.

59. Se a função receita de um produto for $R(x) = -2x^2 + 400x$, obtenha o valor de x que maximiza a receita.

60. A receita média de vendas de um produto é $R_{me}(x) = -4x + 600$. Obtenha o valor de x que maximiza a receita.

61. Se a equação de demanda de um produto é $p = 100 - 2x$, obtenha o valor de x que maximiza a receita.

62. Um grupo de artesãos fabrica pulseiras de um único tipo. A um preço de $ 100,00 por unidade, a quantidade vendida é 40 unidades por dia; se o preço por unidade é $ 80,00, a quantidade vendida é 60.
    a) Admitindo como linear a curva de demanda, obtenha o preço que deve ser cobrado para maximizar a receita dos artesãos.
    b) Se os artesãos têm um custo fixo de $ 1.000,00 por dia e um custo por pulseira igual a $ 40,00, qual preço devem cobrar para maximizar o lucro diário?

63. A equação de demanda de um produto é $p = 1.000 - x$ e seu custo mensal é $C(x) = 20x + 4.000$.
    a) Qual preço deve ser cobrado para maximizar o lucro?
    b) Se, para cada unidade vendida, a empresa tiver de arcar com um imposto igual a $ 2,00, qual preço deve ser cobrado para maximizar o lucro?

64. Dada a função custo $C(x) = \dfrac{1}{3}x^3 - 16x^2 + 160x + 2000$:

    a) Ache o ponto de inflexão x_I dessa função;
    b) Mostre que o ponto de mínimo do custo marginal é x_I.

65. Deseja-se construir um prédio com m andares. O custo do terreno é $ 1.000.000,00, e o custo de cada andar é $ 25.000 + 1.000\, m$ ($m = 1, 2, 3\ldots$).
    Quantos andares devem ser construídos para minimizar o custo por andar?

66. Em microeconomia, a função utilidade de um consumidor é aquela que dá o grau de satisfação de um consumidor em função das quantidades consumidas de um ou mais produtos. A função utilidade de um consumidor é $U(x) = 10x \cdot e^{-0{,}1x}$, em que x é o número de garrafas de cerveja consumidas por mês. Quantas garrafas ele deve consumir por mês para maximizar sua utilidade (satisfação)?

67. A equação de demanda de um produto é $p = 30 - 5 \ln x$.
   a) Ache a função receita $R(x)$.
   b) Ache o valor de x que maximiza a receita.
   c) Ache a receita marginal $Rmg(x)$ e mostre que ela é sempre decrescente, mas nunca se anula.

68. Uma empresa opera em concorrência perfeita (o preço de venda é determinado pelo mercado, sem que a empresa tenha condições de alterar esse valor). O seu custo mensal marginal é $Cmg(x) = 3x^2 - 6x + 15$, e o preço de venda é $ 20,00. Qual a produção mensal que dá lucro máximo?

69. Uma empresa tem capacidade de produção de, no máximo, 200 unidades por semana. A função demanda do produto é $p = -0,2x + 900$, e o custo semanal é dado por $C(x) = 500 - 8x + x^2$. Qual preço deve ser cobrado para maximizar o lucro semanal?

70. Um monopolista (único produtor de determinado produto) tem uma função custo mensal dada por $C(x) = 2x + 0,01x^2$. A função de demanda mensal pelo produto é $p = -0,05x + 400$. Qual preço deve ser cobrado para maximizar o lucro, sabendo-se que:
   a) a capacidade máxima de produção é 2.000 unidades por mês;
   b) a capacidade máxima de produção é 4.000 unidades por mês.

71. A equação de demanda de um produto é $x = 200 - 2p$. Mostre que a receita é maximizada quando $\varepsilon = 1$, em que ε é a elasticidade da demanda em relação ao preço.

72. Quando o preço unitário de um produto é p, então x unidades são vendidas por mês. Sendo $R(x)$ a função receita, mostre que $\dfrac{dR}{dp} = x(1 - \varepsilon)$, em que ε é a elasticidade da demanda em relação ao preço.

   Sugestão: considere a definição de receita $R = p \cdot x$ e derive ambos os membros em relação a p usando a regra da derivada do produto. Lembre-se de que a elasticidade da demanda é dada por $\varepsilon = -\dfrac{p}{x} \cdot \dfrac{dx}{dp}$, em que o sinal negativo foi colocado para que o resultado seja positivo, pois $\dfrac{dx}{dp} < 0$.

73. Modelo do lote econômico — Uma empresa utiliza 5.000 unidades de determinada matéria-prima por ano, consumida de forma constante ao longo do tempo. A empresa estima que o custo para manter uma unidade em estoque seja de $ 4,00 ao ano. Cada pedido para renovação de estoque custa $ 100,00.
   a) Qual o custo anual para manter uma unidade em estoque e pedir sua renovação? Além disso, qual seria o custo total de estoque, se o lote de cada pedido tiver 200 unidades? E 500 unidades? E 1.000 unidades?
   b) Qual quantidade, por lote, minimiza o custo total anual de estoque?

Resolução

O custo para manter o estoque envolve, além dos custos de armazenagem, seguro, deterioração e obsolescência, o custo de empatar dinheiro em estoque (o dinheiro poderia, por exemplo, ser aplicado a juros).

Por outro lado, como o consumo de matéria-prima ocorre de maneira constante ao longo do tempo, podemos admitir que o gráfico do estoque em função do tempo tem o aspecto da Figura 6.9, sendo x a quantidade do lote.

Figura 6.9: Função estoque

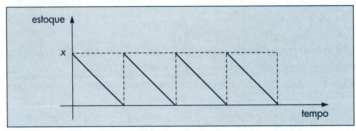

Como o estoque se inicia com x unidades e vai diminuindo até zero, concluímos que o estoque médio é $\frac{x}{2}$. Assim:

Custo anual para manter: $\frac{x}{2} \cdot 4 = 2x$.

Custo anual para pedir: $\frac{5.000}{x} \cdot 100$.

Custo total anual de estoque = custo de manter + custo de pedir.

Custo total anual de estoque = $2x + \frac{500.000}{x}$.

a) Se $x = 200$, teremos:

custo anual para manter = 2.200 = 400;

custo anual para pedir = $\frac{500.000}{200} = 2.500$;

custo total anual de estoque = 2.900.

Se $x = 500$, teremos:

custo anual para manter = 2.500 = 1.000;

custo anual para pedir = $\frac{500.000}{500} = 1.000$;

custo total anual de estoque = 2.000.

Se $x = 1.000$, teremos:

custo anual para manter = $2 \cdot 1.000 = 2.000$;

custo anual para pedir = $\frac{500.000}{1.000} = 500$;

custo total anual de estoque = 2.500.

b) Seja x a quantidade do lote que minimiza o custo total de estoque. O custo total anual é dado por:

$$C(x) = 2x + \frac{500.000}{x}$$

Derivando $C(x)$ e igualando a zero, teremos:

$$C'(x) = 2 - \frac{500.000}{x^2} = 0$$

Logo, $2x^2 = 500.000$ e $x^2 = 250.000 \Rightarrow x = 500$ (a raiz negativa não faz sentido)

Por outro lado:

$$C''(x) = \frac{1.000.000}{x^3} \text{ e } C''(500) = \frac{1.000.000}{500^3} > 0$$

o que confirma ser $x = 500$ o lote que minimiza o custo total anual de estoque.

74. Uma empresa usa 8.000 componentes eletrônicos por ano empregados de forma constante ao longo do tempo. O custo para manter uma unidade em estoque é de $ 1,00 por ano. Cada pedido de renovação de estoque custa $ 1.000,00.
    a) Obtenha o custo para manter uma unidade em estoque e pedir sua renovação? Além disso, qual seria o custo total de estoque para os seguintes lotes: 2.000, 6.000 e 8.000.
    b) Qual quantidade, por lote, minimiza o custo total anual de estoque?

75. No modelo do lote econômico, sejam A a quantidade anual consumida de um item, B o custo anual de manter uma unidade e C o custo de cada pedido. Mostre que o lote econômico (aquele que minimiza o custo total de estoque) é dado por:

$$x = \sqrt{\frac{2AC}{B}}$$

76. Com relação ao exercício anterior, mostre que, no lote econômico, o custo de manter é igual ao de pedir.

Capítulo 7

Integrais

7.1 Integral indefinida

No Capítulo 5, resolvemos o seguinte problema: dada a função $f(x)$, determinamos sua derivada $f'(x) = g(x)$. O problema que estudaremos neste capítulo é o inverso: dada a função $g(x)$, obter uma função $f(x)$ tal que $f'(x) = g(x)$. Dizemos que $f(x)$ é uma primitiva de $g(x)$.

No exemplo acima, dada a função $g(x) = 2x$, devemos achar uma função $f(x)$ tal que $f'(x) = 2x$. Esse procedimento é chamado de integração. É claro que $f(x) = x^2$ é uma solução, mas não a única, pois, se $f_1(x) = x^2 + 5$, então também $f_1'(x) = 2x = g(x)$.

Se $f_1(x)$ for outra primitiva de $g(x)$, então $f_1'(x) = g(x)$, logo $f'(x) - f_1'(x) = 0$. Daqui, segue-se que $[f(x) - f_1(x)]' = 0$, ou seja, $f(x) - f_1(x) = c$, em que c é uma constante. Em resumo, se $f(x)$ e $f_1(x)$ forem duas primitivas de $g(x)$, então elas diferem por uma constante, isto é, $f_1(x) = f(x) + c$.

Chamamos de integral indefinida de $g(x)$ e indicamos pelo símbolo $\int g(x)dx$ uma primitiva qualquer de $g(x)$ adicionada a uma constante arbitrária c. Assim:

$$\int g(x)dx = f(x) + c$$

em que $f(x)$ é uma primitiva de $g(x)$, ou seja, $f'(x) = g(x)$.

Dessa forma, para o exemplo dado, temos:

$$\int 2xdx = x^2 + c$$

Exemplo 7.1

$\int 3x^2 dx = x^3 + c$, pois $(x^3)' = 3x^2$

$\int 5dx = 5x + c$, pois $(5x)' = 5$

$\int e^x dx = e^x + c$, pois $(e^x)' = e^x$

Usando os resultados do Capítulo 5, podemos obter as integrais indefinidas das principais funções, que decorrem imediatamente das respectivas regras de derivação.

a) Se n é inteiro e diferente de -1, então $\int x^n dx = \dfrac{x^{n+1}}{n+1} + c$, pois a derivada de $\dfrac{x^{n+1}}{n+1}$ é x^n.

b) $\int \frac{1}{x} dx = \ln x + c$, para $x > 0$, pois a derivada de $\ln x$ é $\frac{1}{x}$.

Observemos que, se $x < 0$, $\int \frac{1}{x} dx = \ln(-x) + c$. Assim, de modo geral, podemos escrever:

$$\int \frac{1}{x} dx = \ln|x| + c$$

c) Para qualquer real $\alpha \neq -1$, $\int x^\alpha dx = \frac{x^{\alpha+1}}{\alpha+1} + c \ (x > 0)$.

d) $\int \cos x \, dx = \text{sen } x + c$, pois a derivada de sen x é cos x.

e) $\int \text{sen } x \, dx = -\cos x + c$, pois a derivada de $-\cos x$ é sen x.

f) $\int e^x \, dx = e^x + c$, pois a derivada de e^x é e^x.

g) $\int \frac{1}{1+x^2} dx = \text{arctg } x + c$, pois a derivada de arctg x é $\frac{1}{1+x^2}$.

h) $\int \frac{1}{\sqrt{1-x^2}} dx = \text{arcsen } x + c$, pois a derivada de arcsen x é $\frac{1}{\sqrt{1-x^2}}$, para $-1 < x < 1$.

7.2 Propriedades operatórias

$$(P1) \int [f_1(x) + f_2(x)] dx = \int f_1(x) dx + \int f_2(x) dx$$

Essa propriedade decorre do fato de que:

$$\frac{d}{dx} \int [f_1(x) + f_2(x)] dx = f_1(x) + f_2(x)$$

$$\frac{d}{dx} \left[\int f_1(x) dx + \int f_2(x) dx \right] = \frac{d}{dx} \int f_1(x) dx + \frac{d}{dx} \int f_2(x) dx = f_1(x) + f_2(x)$$

$$(P2) \int [f_1(x) - f_2(x)] dx = \int f_1(x) dx - \int f_2(x) dx$$

A demonstração é análoga à da (P1).

$$(P3) \int c \cdot f(x) dx = c \cdot \int f(x) dx$$

Essa propriedade decorre do fato de que:

$$\frac{d}{dx} \int c \cdot f(x) dx = c \cdot f(x)$$

$$\frac{d}{dx} [c \cdot \int f(x) dx] = c \cdot \frac{d}{dx} \int f(x) dx = c \cdot f(x)$$

Exemplo 7.2

a) $\int (x^2 - 2x + 5)dx = \int x^2 dx - 2\int x dx + 5 \int dx = \dfrac{x^3}{3} - 2\dfrac{x^2}{2} + 5x + c$

b) $\int \left(\dfrac{x^3 + 8}{x}\right)dx = \int x^2 dx + 8 \int \dfrac{1}{x} dx = \dfrac{x^3}{3} + 8 \ln|x| + c$

Exercícios

1. Obtenha as integrais indefinidas a seguir:

   a) $\int 2x^3\, dx$
   b) $\int (x^2 + 3x)dx$
   c) $\int (x^2 - 3x)dx$
   d) $\int (5 - x)dx$
   e) $\int 5 dx$

   f) $\int (3x^3 - 2x^2 + 8x - 6)dx$

   g) $\int \dfrac{5}{x}\, dx$

   h) $\int \left(x^2 + \dfrac{6}{x}\right)dx$

   i) $\int (\operatorname{sen} x + \cos x)dx$

   j) $\int (x^{-3} + x^2 - 5x)dx$
   k) $\int \sqrt{x}\, dx$
   l) $\int 5\sqrt[3]{x}\, dx$
   m) $\int (\sqrt{x} + \sqrt[3]{x})dx$
   n) $\int \left(\dfrac{x^2 - 3x + 5}{x^2}\right)dx$
   o) $\int \left(\dfrac{1}{1 + x^2} + x^2\right)dx$
   p) $\int 2e^x dx$
   q) $\int (3e^x + x^3)dx$
   r) $\int (\operatorname{sen} x - 5e^x)dx$

2. Mostre que $\int 2^x dx = \dfrac{2^x}{\ln 2} + c$.

3. Mostre que $\int \dfrac{2x}{x^2 + 3}\, dx = \ln(x^2 + 3) + c$.

4. Mostre que $\int e^{3x} dx = \dfrac{1}{3}e^{3x} + c$.

5. Sabendo-se que o custo marginal é $C_{mg}(x) = 0{,}08x + 3$ e que o custo fixo é $\$\,100{,}00$, obtenha a função custo.

   Resolução
   Sabemos que $C_{mg}(x) = C'(x)$. Assim:
   $$C(x) = \int C_{mg}(x)dx$$
   Logo,
   $$C(x) = \int (0{,}08x + 3)dx$$
   $$C(x) = 0{,}08\,\dfrac{x^2}{2} + 3x + c$$
   $$C(x) = 0{,}04x^2 + 3x + c$$
   Como o custo fixo é $\$\,100{,}00$, segue que $C(0) = c = 100 \Rightarrow c = 100$.
   Portanto, a função custo é $C(x) = 0{,}04x^2 + 3x + 100$.

6. Sabendo-se que o custo marginal é $C_{mg}(x) = 0,1x + 5$ e que o custo fixo é $ 500,00, obtenha a função custo.

7. Sabendo-se que o custo marginal é $C_{mg}(x) = 2$ e que o custo fixo é igual a $ 200,00, obtenha a função custo.

8. Sabendo-se que o custo marginal é $C_{mg}(x) = 6x^2 - 6x + 20$ e que o custo fixo é $ 400,00, obtenha:
   a) a função custo;
   b) o custo médio para $x = 5$.

9. Repita o exercício anterior para a seguinte função custo marginal:
$$C_{mg}(x) = 4x^2 - 6x + 30$$

10. Sabendo-se que a receita marginal é $R_{mg}(x) = 50 - x$, obtenha a função receita. Lembre-se de que a receita marginal é a derivada da função receita e que para $x = 0$ a receita vale 0.

11. Sabendo-se que a receita marginal é $R_{mg}(x) = 20 - 2x$, obtenha:
    a) a função receita;
    b) a função receita média.

12. Sabendo-se que a receita marginal é $R_{mg}(x) = 100$, obtenha:
    a) a função receita;
    b) a função receita média.

13. Sabendo-se que o custo marginal é $C_{mg}(x) = 2$, a receita marginal é $R_{mg}(x) = 5$ e o custo fixo é $ 100,00, obtenha:
    a) a função lucro;
    b) o valor de x para o qual o lucro é nulo.

14. Sabendo-se que o custo marginal é 2 e a receita marginal é $R_{mg}(x) = 10 - 2x$, obtenha o valor de x que maximiza o lucro.

15. Se o custo marginal é $C_{mg}(x) = 0,08x + 4$, obtenha a função custo, sabendo-se que, quando são produzidas 10 unidades, o custo vale $ 70,00.

16. A produtividade marginal de um fator é $-2x + 40$ (x é a quantidade do fator). Obtenha a função de produção sabendo-se que, quando $x = 10$, são produzidas 300 unidades do produto.
    Lembre-se de que a produtividade marginal é a derivada da função de produção.

17. A produtividade marginal de um fator é $10x^{-\frac{1}{2}}$. Obtenha a função de produção sabendo-se que, se $x = 0$, nenhuma unidade é produzida.

18. A propensão marginal a consumir é dada por $p_{mg}^C(y) = 0,8$, em que y é a renda disponível. Obtenha a função consumo sabendo-se que, quando $y = 0$, o consumo é $ 100,00.

19. Com relação aos dados do exercício anterior, obtenha a função poupança.

20. A propensão marginal a consumir é dada por $p_{mg}^C(y) = \frac{1}{2} y^{-\frac{1}{2}}$.
    Sabendo-se que, quando $y = 0$, o consumo é 50, pede-se:
    a) a função consumo;
    b) a função poupança;
    c) a propensão marginal a poupar.

7.3 Integral definida

Seja $f(x)$ uma função e $g(x)$ uma de suas primitivas. Portanto,

$$\int f(x)dx = g(x) + c$$

Definimos a integral definida de $f(x)$ entre os limites a e b como a diferença $g(b) - g(a)$ e indicamos simbolicamente:

$$\int_a^b f(x)dx = g(b) - g(a)$$

A diferença $g(b) - g(a)$ também costuma ser indicada pelo símbolo $[g(x)]_a^b$.

Essa definição não depende da primitiva considerada, pois, se $h(x)$ for outra primitiva de $f(x)$, então a diferença entre $h(x)$ e $g(x)$ é uma constante; consequentemente, $g(b) - g(a) = h(b) - h(a)$.

Exemplo 7.3 Vamos calcular a integral definida $\int_2^5 x^2 dx$.

Como $\int x^2 dx = \dfrac{x^3}{3} + c$, uma das primitivas da função dada é $\dfrac{x^3}{3}$. Assim:

$$\int_2^5 x^2\,dx = \left[\dfrac{x^3}{3}\right]_2^5 = \dfrac{5^3}{3} - \dfrac{2^3}{3} = \dfrac{117}{3}$$

Exemplo 7.4 Calculemos a integral definida $\int_1^2 \dfrac{1}{x}dx$. Temos:

$$\int_1^2 \dfrac{1}{x}dx = [\ln|x|]_1^2 = \ln 2 - \ln 1 = \ln 2$$

O significado geométrico da integral definida é dado a seguir.

Seja $f(x)$ uma função contínua e não negativa definida num intervalo $[a, b]$. A integral definida $\int_a^b f(x)dx$ representa a área da região compreendida entre o gráfico de $f(x)$, o eixo x e as verticais que passam por a e b (Figura 7.1).

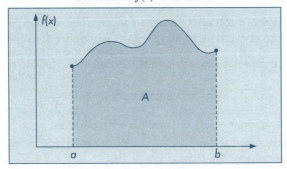

Figura 7.1: A área destacada representa a integral definida de $f(x)$ entre a e b

Assim, indicando por A a área destacada da Figura 7.1, teremos:

$$A = \int_a^b f(x)dx$$

A justificativa intuitiva para esse fato é dada a seguir (Figura 7.2).

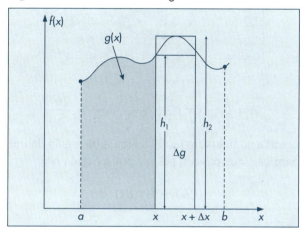

Figura 7.2: Justificativa da integral definida

Para cada $x \in [a, b]$, consideremos uma função $g(x)$ que seja igual à área sob $f(x)$ desde a até x; nessas condições, $g(a) = 0$ e $g(b) = A$.

Consideremos agora um acréscimo Δx dado a x, e seja Δg o acréscimo sofrido pela área $g(x)$. Sejam os retângulos de base Δx e alturas h_1 e h_2 dados na Figura 7.2. Então, temos:

$$h_1 \cdot \Delta x < \Delta g < h_2 \cdot \Delta x$$

ou

$$h_1 < \frac{\Delta g}{\Delta x} < h_2$$

Quando $\Delta x \to 0$, tanto h_1 como h_2 têm por limite o valor de f no ponto x. Portanto:

$$\lim_{\Delta x \to 0} \frac{\Delta g}{\Delta x} = f(x)$$

ou seja,

$$g'(x) = f(x)$$

Logo, $g(x)$ é uma primitiva de $f(x)$ e

$$\int_a^b f(x)dx = g(b) - g(a)$$

Como $g(a) = 0$ e $g(b) = A$, segue-se que:

$$\int_a^b f(x)dx = A$$

Exemplo 7.5 Calculemos a área destacada abaixo:

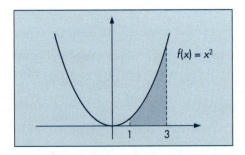

Temos:
$$A = \int_1^3 x^2 dx = \left[\frac{x^3}{3}\right]_1^3 = \frac{3^3}{3} - \frac{1^3}{3} = \frac{26}{3}$$

Caso $f(x)$ seja negativa no intervalo $[a, b]$, a área A da região delimitada pelo gráfico de $f(x)$, eixo x, e pelas verticais que passam por a e por b é dada por:

$$A = -\int_a^b f(dx)$$

Vejamos a Figura 7.3.

Figura 7.3: A área destacada é o oposto da integral definida

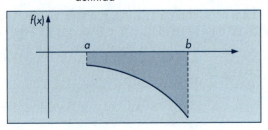

De fato, se considerarmos a função $h(x) = -f(x)$ definida no intervalo $[a, b]$, teremos o gráfico da Figura 7.4.

Figura 7.4: Gráfico de $f(x)$ e $-f(x)$

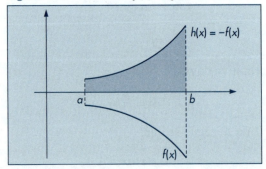

Como os gráficos de $f(x)$ e $h(x)$ são simétricos em relação ao eixo x, a área compreendida entre $h(x)$, eixo x, e as verticais que passam por a e b é igual à área compreendida entre $f(x)$, eixo x, e as verticais que passam por a e b.

Logo, indicando por A a referida área, teremos:

$$A = \int_a^b h(x)dx = \int_a^b -f(x)dx = -\int_a^b f(x)dx$$

Exemplo 7.6 Calculemos a área destacada abaixo.

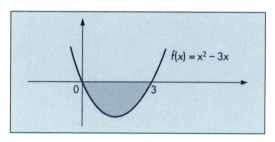

Temos:

$$\int_0^3 (x^2 - 3x)dx = \left[\frac{x^3}{3} - \frac{3x^2}{2}\right]_0^3 = \frac{3^3}{3} - \frac{3 \cdot 3^2}{2} = -\frac{9}{2}$$

Logo, a área destacada A vale:

$$A = -\left(-\frac{9}{2}\right) = \frac{9}{2}$$

Exemplo 7.7 Calculemos a área destacada abaixo.

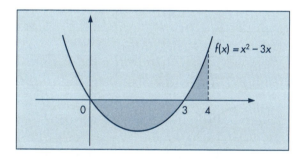

Chamando de A_1 a área destacada quando $f(x)$ é negativa, e A_2 quando $f(x)$ é positiva, teremos:

$$A_1 = -\int_0^3 (x^2 - 3x)dx = -\left[\frac{x^3}{3} - \frac{3x^2}{2}\right]_0^3 = \frac{9}{2}$$

$$A_2 = \int_3^4 (x^2 - 3x)dx = \left[\frac{x^3}{3} - \frac{3x^2}{2}\right]_3^4 = \frac{11}{6}$$

Logo, a área destacada vale:
$$A_1 + A_2 = \frac{9}{2} + \frac{11}{6} = \frac{19}{3}$$

Exercícios

21. Calcule as seguintes integrais definidas:

a) $\int_1^4 2x\,dx$

b) $\int_0^3 (2x+1)\,dx$

c) $\int_1^4 -3x\,dx$

d) $\int_0^2 x^2\,dx$

e) $\int_6^8 (x^2-6x)\,dx$

f) $\int_0^5 (x^2-5x)\,dx$

g) $\int_1^4 (x^2-3x+2)\,dx$

h) $\int_1^4 \left(\sqrt{x}+\frac{1}{\sqrt{x}}\right)dx$

i) $\int_1^2 \left(\frac{x^3-x^2+2}{x^2}\right)dx$

j) $\int_0^3 e^x\,dx$

k) $\int_0^{2\pi} \text{sen}\,x\,dx$

l) $\int_0^{\pi} \cos x\,dx$

22. Obtenha as áreas destacadas:

a)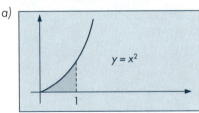

d)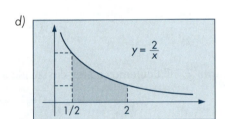

b)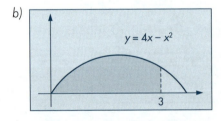

e)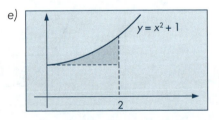

c)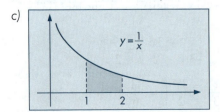

f)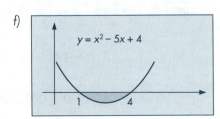

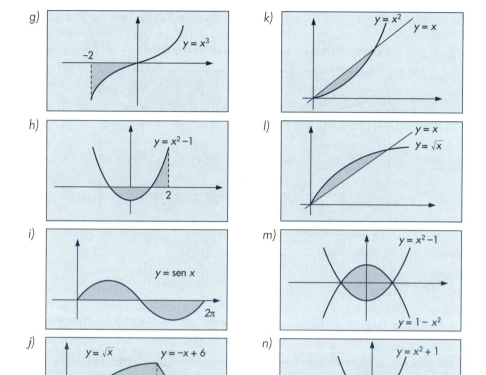

23. Calcule a área delimitada pelos gráficos das funções nos seguintes casos:
    a) $f(x) = x$ e $g(x) = x^3$ (com $x > 0$)   c) $f(x) = x^2$ e $g(x) = \sqrt{x}$
    b) $f(x) = 3x$ e $g(x) = x^2$

24. Integrais impróprias — Suponhamos que um dos extremos de integração seja $+\infty$. Por exemplo, $\int_a^\infty f(x)dx$. Nesse caso, por definição:

$$\int_a^\infty f(x)dx = \lim_{k \to \infty} \int_a^k f(x)dx$$

desde que o limite exista e seja finito.

Suponhamos, por exemplo, $f(x) = \dfrac{1}{x^2}$. Então:

$$\int_2^\infty \frac{1}{x^2} dx = \lim_{k \to \infty} \int_2^k \frac{1}{x^2} dx$$

$$= \lim_{k \to \infty} \left[-\frac{1}{x}\right]_2^k$$

$$= \lim_{k \to \infty} \left[-\frac{1}{k} + \frac{1}{2}\right] = \frac{1}{2}$$

O significado dessa integral é a área sob o gráfico de $f(x)$ de 2 em diante (Figura 7.5).

Figura 7.5: A área destacada representa a integral $\int_{2}^{\infty} \frac{1}{x^2} \cdot dx$

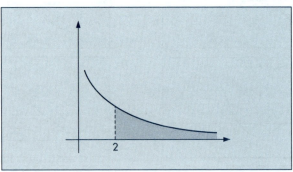

Analogamente, definem-se:

$\int_{-\infty}^{b} f(x)dx = \lim_{k \to -\infty} \int_{k}^{b} f(x)dx$ \quad (desde que o limite seja finito).

$\int_{-\infty}^{\infty} f(x)dx = \int_{-\infty}^{c} f(x)dx + \int_{c}^{\infty} f(x)dx$ \quad (desde que existam as integrais do 2º membro para o valor c considerado).

Esse conceito é bastante utilizado em Estatística, em que as probabilidades são calculadas como áreas sob o gráfico de uma função chamada densidade de probabilidade. Dada uma variável contínua, as probabilidades a ela associadas são obtidas a partir de uma função $f(x)$ chamada função densidade de probabilidade, cujas características são:

(i) $f(x) \geq 0$, para todo x \qquad (ii) $\int_{-\infty}^{\infty} f(x)dx = 1$

Por exemplo, pode-se verificar que a função:

$$f(x) = \begin{cases} e^{-x}, \text{ se } x \geq 0 \\ 0, \text{ se } x < 0 \end{cases}$$

é uma função densidade de probabilidade.

A probabilidade de uma variável contínua estar entre dois valores a e b, com $a < b$, é dada pela integral $\int_{a}^{b} f(x)dx$. Assim, no exemplo dado, a probabilidade de a variável estar entre 1 e 3 é dada por:

$$\int_{1}^{3} e^{-x}dx = [-e^{-x}]_{1}^{3} = -e^{-3} + e^{-1} = \frac{1}{e} - \frac{1}{e^3}$$

25. Calcule as integrais impróprias:

a) $\int_{3}^{\infty} \frac{1}{x^2} dx$ \qquad b) $\int_{-\infty}^{-1} \frac{1}{x^2} dx$ \qquad c) $\int_{-\infty}^{1} e^x dx$

7.4 A integral como limite de uma soma

Consideremos a região destacada da Figura 7.6; a área ΔA dessa região pode ser aproximada de três maneiras:

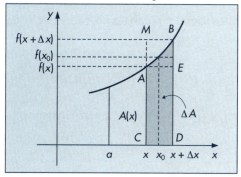

Figura 7.6: Área de uma região

a) pela área do retângulo *ACDE*:

$$\Delta A \approx f(x) \cdot \Delta x$$

b) pela área do retângulo *MCDB*:

$$\Delta A \approx f(x + \Delta x) \cdot \Delta x$$

c) pela área do retângulo de base *CD* e altura $f(x_0)$, em que x_0 é um ponto interior ao intervalo $[x, x + \Delta x]$:

$$\Delta A \approx f(x_0) \cdot \Delta x$$

Vimos também que a área sob o gráfico de $f(x)$, desde a até x é dado por

$$A(x) = \int_a^x f(x)dx$$

Podemos calcular a área da região limitada pelo gráfico de $f(x)$ e o eixo x, desde a até b, da seguinte forma: dividimos o intervalo $[a, b]$ em um certo número de subintervalos, de amplitude Δx, e obtemos a área desejada, aproximadamente, por meio da soma das áreas dos retângulos determinados. Para tanto, podemos usar o método descrito em (a). Consideremos, por exemplo, a região da Figura 7.7.

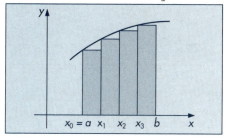

Figura 7.7: Aproximação de $\int_a^b f(x)dx$

Temos:

$$A \approx f(x_0)\Delta x + f(x_1)\Delta x + f(x_2)\Delta x + f(x_3)\Delta x$$

em que consideramos intervalos de amplitudes iguais, isto é, $\Delta x = \dfrac{b-a}{4}$.

Genericamente, podemos tomar n pontos $x_0, x_1, x_2, \ldots, x_{n-1}$ com $\Delta x = \dfrac{b-a}{n}$, de modo que a área A é dada por:

$$A \approx \sum_{i=0}^{n-1} f(x_i)\Delta x$$

Se, à medida que n cresce (isto é, Δx tende a zero), existir o limite:

$$\lim_{n \to \infty} \sum_{i=1}^{n-1} f(x_i)\Delta x$$

dizemos que tal limite é igual à integral definida de $f(x)$ entre os extremos a e b. Ou seja:

$$A = \lim_{n \to \infty} \sum_{i=0}^{n-1} f(x_i)\Delta x = \int_a^b f(x)\,dx$$

Exemplo 7.8 Calculemos $\int_0^2 x^2\,dx$ como o limite de uma soma.

Dividamos o intervalo $[0, 2]$ em n subintervalos de amplitudes iguais a $\Delta x = \dfrac{2}{n}$. A área em questão será aproximada pela soma:

$$\sum_{i=0}^{n-1} f(x_i)\Delta x = \sum_{i=0}^{n-1} x_i^2 \Delta x = \Delta x \sum_{i=0}^{n-1} x_i^2$$

Figura 7.8: Cálculo de $\int_0^2 x^2\,dx$

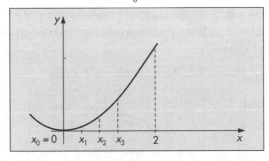

Mas (ver Figura 7.8),

$$x_0 = 0, x_1 = \Delta x, x_2 = 2\Delta x, \ldots, x_{n-1} = (n-1)\Delta x$$

CAPÍTULO 7 INTEGRAIS 199

Logo,

$$A \approx \Delta x[0^2 + (\Delta x)^2 + (2\Delta x)^2 + \ldots + ((n-1)\Delta x)^2]$$

isto é,

$$A \approx (\Delta x)^3 + 4(\Delta x)^3 + \ldots + (n-1)^2 (\Delta x)^3 =$$
$$= \left(\frac{2}{n}\right)^3 [1 + 4 + 9 + \ldots + (n-1)^2]$$

Como a soma entre colchetes dos quadrados dos primeiros $(n-1)$ números inteiros positivos pode ser expressa por $\dfrac{(n-1)n(2n-1)}{6}$, vem que:

$$A = \lim_{n \to \infty} \frac{8}{n^3} \cdot \frac{(n-1)n(2n-1)}{6} = \frac{4}{3} \lim_{n \to \infty} \left(1 - \frac{1}{n}\right)\left(2 - \frac{1}{n}\right) = \frac{8}{3}$$

Observemos que $\int_0^2 x^2 dx = \left[\dfrac{x^3}{3}\right]_0^2 = \dfrac{8}{3}$, isto é, o exemplo mostrou a igualdade dos resultados, usando o limite e o cálculo de uma integral definida.

Exemplo 7.9 Uma mina produz mensalmente 500 toneladas de um certo minério. Estima-se que o processo extrativo dure 30 anos (360 meses) a partir de hoje e que o preço por tonelada do minério daqui a t meses seja $f(t) = -0{,}01t^2 + 10t + 300$ unidades monetárias. Qual a receita gerada pela mina ao longo dos 360 meses?

Se o preço por tonelada fosse constante ao longo dos 360 meses, a resolução seria imediata: bastaria multiplicar 500 pelo preço e o resultado por 360.

Todavia, o preço varia com o tempo; hoje o preço é $f(0) = 300$, e daqui a 24 meses será $f(24) = 534{,}24$. O gráfico do preço em função do tempo é dado pela Figura 7.9.

Figura 7.9: Gráfico de $f(t) = -0{,}01t^2 + 10t + 300$

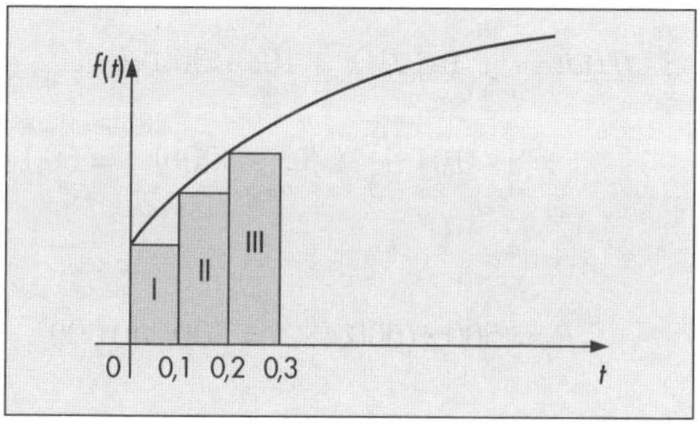

Tomemos o domínio [0, 360] e o dividamos em subintervalos de amplitude igual a 0,1. Isto é:

$$t_0 = 0; \quad t_1 = 0{,}1; \quad t_2 = 0{,}2; \quad \ldots, \quad t_{3.600} = 360$$

No subintervalo [0; 0,1], o preço varia de $f(0) = 300$ a $f(0,1) \cong 301$. Admitamos, em primeira aproximação, que o preço se mantenha em 300. Nessas condições, a receita gerada nesse subintervalo será:

$$R_1 = 500 \cdot (0,1) \cdot 300 = 15.000$$

Notemos que $(0,1) \cdot 300$ é a área destacada do retângulo I da Figura 7.9.

Analogamente, admitamos que no subintervalo [0,1; 0,2] o preço se mantenha em $f(0,1) \cong 301$. Nessas condições, a receita gerada no intervalo de tempo desse subintervalo será:

$$R_2 = 500 \cdot (0,1) \cdot 301 = 15.050$$

Notemos que $(0,1) \cdot 301$ é a área destacada do retângulo II da Figura 7.9.

Prosseguindo dessa forma, poderíamos calcular as receitas até $R_{3.600}$ e somá-las para obter aproximadamente o resultado procurado.

Entretanto, se subdividíssemos o intervalo [0; 360] em n subintervalos de amplitude $\Delta t = \dfrac{360}{n}$, a receita total seria:

$$R_T = 500 \cdot \Delta t \cdot f(0) + 500 \cdot \Delta t \cdot f\left(\frac{360}{n}\right) + 500 \cdot \Delta t \cdot f\left(2 \cdot \frac{360}{n}\right) + \ldots + 500 \cdot \Delta t \cdot f\left((n-1) \cdot \frac{360}{n}\right)$$

$$= 500\left[\Delta t \cdot f(0) + \Delta t \cdot f\left(\frac{360}{n}\right) + \Delta t \cdot f\left(2 \cdot \frac{360}{n}\right) + \ldots + \Delta t \cdot f\left((n-1) \cdot \frac{360}{n}\right)\right]$$

Quando $n \to \infty$ e $\Delta t \to 0$, o limite da soma da expressão entre colchetes é a área sob o gráfico de $f(t)$ entre $t = 0$ e $t = 360$, ou seja, é igual a $\int_0^{360} f(t)dt$.

Assim,

$$R_T = 500 \cdot \int_0^{360} f(t)dt$$

Como:

$$\int_0^{360} f(t)dt = \int_0^{360} (-0,01t^2 + 10t + 300)dt$$

$$= \left[-0,01\frac{t^3}{3} + 5t^2 + 300t\right]_0^{360} = 600.480$$

segue-se que:

$$R_T = 500 \cdot (600.480) = 300.240.000$$

7.5 O excedente do consumidor e do produtor

Consideremos uma curva de demanda e suponhamos que b e $f(b)$ sejam a quantidade e o preço de equilíbrio, respectivamente (Figura 7.10). Calculemos quanto os consumidores deixariam de gastar pelo fato de o preço de equilíbrio ser $f(b)$.

Dividamos o intervalo $[0, b]$ em n subintervalos, cada qual com comprimento $\Delta x = \dfrac{b}{n}$.

Consideremos o primeiro subintervalo $[0, x_1]$. Se fossem adquiridas somente x_1 unidades e ao preço $f(x_1)$, o gasto dos consumidores teria sido $x_1 f(x_1) = \Delta x \cdot f(x_1)$. Se o preço agora fosse $f(x_2)$, as restantes unidades $x_2 - x_1 = \Delta x$ seriam vendidas e o gasto dos consumidores (nessa faixa) teria sido $\Delta x \cdot f(x_2)$.

Prosseguindo dessa forma até atingir o preço $f(b)$, o gasto total dos consumidores seria

$$f(x_1) \cdot \Delta x + f(x_2) \cdot \Delta x + \ldots + f(x_n) \cdot \Delta x$$

Essa soma nada mais é do que a soma das áreas dos retângulos destacados na Figura 7.10.

Figura 7.10: Soma das áreas dos retângulos

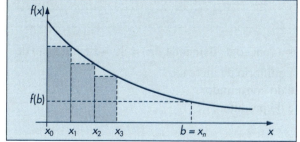

Assim, se $n \to \infty$ e $\Delta x \to 0$, o gasto dos consumidores seria:

$$\int_0^b f(x)\,dx$$

Como o preço de equilíbrio é $f(b)$, todos acabam pagando esse preço e com gasto igual a $b \cdot f(b)$.

Assim, o dinheiro que os consumidores deixaram de gastar nessas condições, chamado **excedente do consumidor**, é:

$$\int_0^b f(x)\,dx - b \cdot f(b)$$

que é representado pela área da região destacada da Figura 7.11.

Figura 7.11: Excedente do consumidor

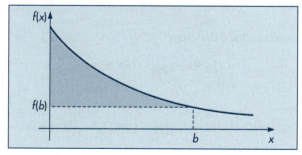

Analogamente, define-se excedente do produtor como a diferença entre o que ele recebe efetivamente pelo fato de o preço de equilíbrio ser $f(b)$ e o que receberia caso o preço fosse inferior a $f(b)$. Graficamente, o excedente do produtor é a área da região destacada no gráfico da curva de oferta da Figura 7.12.

Figura 7.12: O excedente do produtor

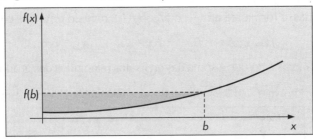

Exemplo 7.10 Dadas a função de demanda $f(x) = 30 - x$ e a função de oferta $f(x) = x^2 + 10$:
a) Qual o ponto de equilíbrio de mercado?
b) Qual o excedente do consumidor?
c) Qual o excedente do produtor?

Resolução
a) $x^2 + 10 = 30 - x$
   $x^2 + x - 20 = 0 \Rightarrow x = 4$ (a raiz negativa $x = -5$ não tem significado).
   Assim, $f(4) = 26$, e o ponto de equilíbrio de mercado é $P(4, 26)$, como indicado na Figura 7.13.

Figura 7.13: Excedente do consumidor e do produtor do Exemplo 7.10

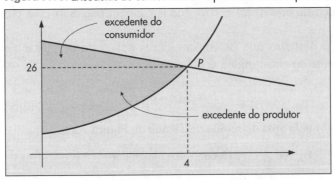

b) O excedente do consumidor é dado por:
$$\int_0^4 (30 - x)\,dx - (4) \cdot (26)$$

ou seja, por:

$$[30x]_0^4 - \left[\frac{x^2}{2}\right]_0^4 - 104 = 120 - 8 - 104 = 8$$

c) O excedente do produtor é dado por:

$$(4) \cdot (26) - \int_0^4 (x^2 + 10)\,dx$$

ou seja, por:

$$104 - \left[\frac{x^3}{3}\right]_0^4 - [10x]_0^4 = 104 - \frac{64}{3} - 40 = \frac{128}{3}$$

Exercícios

26. Uma mina produz mensalmente 600 toneladas de certo minério. Estima-se que o processo extrativo dure 25 anos (300 meses) a partir de hoje e que o preço por tonelada do minério, daqui a t meses, seja $f(t) = -0,01t^2 + 12t + 400$. Qual a receita gerada pela mina ao longo dos 300 meses?

27. Resolva o exercício anterior admitindo que $f(t) = 400 + 20\sqrt{t}$.

28. Um poço de petróleo produz 800 toneladas de petróleo por mês e sua produção se esgotará daqui a 240 meses (20 anos). Daqui a t meses o preço por tonelada de petróleo é estimado em $f(t) = -0,01t^2 + 8t + 500$. Qual a receita gerada por esse poço até esgotar sua produção?

29. Dadas as funções de demanda $f(x) = 20 - 2x$ e a de oferta $f(x) = 5 + x$, pede-se:
    a) o ponto de equilíbrio de mercado;
    b) o excedente do consumidor;
    c) o excedente do produtor.

30. Dadas as funções de demanda $f(x) = 21 - x$ e a de oferta $f(x) = x^2 + 15$, pede-se:
    a) o ponto de equilíbrio de mercado;
    b) excedente do consumidor;
    c) o excedente do produtor.

31. Dadas as funções de demanda $f(x) = 30 - x$ e a de oferta $f(x) = \frac{x^2}{5}$, pede-se:
    a) o ponto de equilíbrio de mercado;
    b) o excedente do consumidor;
    c) o excedente do produtor.

7.6 Técnicas de integração

Nem sempre é possível obter a integral indefinida de uma função usando-se as fórmulas de integração das principais funções. Algumas vezes, temos de recorrer a algumas técnicas específicas. Veremos a seguir as principais.

Integração por substituição

Essa técnica consiste em substituir a variável da função a ser integrada de modo a obtermos uma integral imediata, ou que seja mais simples de calcular.

A ideia baseia-se na seguinte relação:

$$\int \left[f(u) \cdot \frac{du}{dx} \right] dx = \int f(u) du \tag{7.1}$$

cuja justificativa é a seguinte. Seja g uma primitiva de f. Logo:

$$\frac{d}{du} g(u) = f(u) \text{ ou, ainda, } \int f(u) du = g(u) + c \tag{7.2}$$

Admitindo u como função diferenciável em relação a x, segue-se pela derivada da função composta que:

$$\frac{d}{dx}[g(u)] = \frac{d}{du}[g(u)] \cdot \frac{du}{dx} = f(u) \cdot \frac{du}{dx}$$

consequentemente,

$$\int \left[f(u) \cdot \frac{du}{dx} \right] dx = g(u) + c \tag{7.3}$$

Das relações (7.2) e (7.3) segue-se que:

$$\int \left[f(u) \cdot \frac{du}{dx} \right] dx = \int f(u) du$$

Exemplo 7.11 Calculemos a seguinte integral $\int \frac{2x}{1+x^2} dx$.

Notemos inicialmente que não há uma fórmula imediata para o cálculo dessa integral. Entretanto, se fizermos $u = 1 + x^2$, teremos $\frac{du}{dx} = 2x$.

Assim, a integral pode ser escrita sob a forma $\int \left(\frac{1}{u} \cdot \frac{du}{dx} \right) dx$, que, pela relação (7.1), pode ser escrita como $\int \frac{1}{u} du$.

Portanto:

$\int \frac{1}{u} du = \ln|u| + c$

$= \ln|1 + x^2| + c = \ln(1 + x^2) + c$, pois $(1 + x^2)$ é sempre positivo.

Em resumo, a integral original vale:

$$\int \frac{2x}{1+x^2} dx = \ln(1 + x^2) + c$$

Uma maneira prática, também frequentemente utilizada, consiste em tratar a derivada $\frac{du}{dx}$ como uma fração. Assim, em nosso exemplo:

$$u = 1 + x^2$$

$$\frac{du}{dx} = 2x \quad \text{e} \quad du = 2xdx$$

Substituindo esses valores na integral dada, obtemos:

$$\int \frac{2x}{1+x^2} dx = \int \frac{du}{u} = \ln|u| + c = \ln(1+x^2) + c$$

Exemplo 7.12 Calculemos a integral $\int (3x+4)^{10} dx$.

Notemos que não se trata de uma integral imediata.

Chamando $u = 3x + 4$, teremos $\frac{du}{dx} = 3 \Rightarrow dx = \frac{du}{3}$

$$\int (3x+4)^{10} dx = \int u^{10} \frac{du}{3} = \frac{1}{3} \int u^{10} du = \frac{1}{3} \frac{u^{11}}{11} + c = \frac{u^{11}}{33} + c$$

Portanto, a integral procurada vale $\frac{(3x+4)^{11}}{33} + c$.

Exercícios

32. Calcule as seguintes integrais pelo método da substituição:

a) $\int \frac{dx}{4+3x}$

b) $\int \frac{dx}{5-x}$

c) $\int \frac{dx}{x \ln x}$ $(x > 0)$

d) $\int e^{2x} dx$

e) $\int e^{2x+3} dx$

f) $\int e^{\operatorname{sen} x} \cdot \cos x \, dx$

g) $\int \frac{x^2}{\sqrt{x^3+1}} dx$

h) $\int \operatorname{sen} x \cos x \, dx$

i) $\int \frac{\sqrt{1+\ln x}}{x} dx$

j) $\int (x^2+3)^4 \, 2x \, dx$

k) $\int (3x^2+1)^3 x \, dx$

l) $\int \frac{4x}{2x^2+3} dx$

33. A taxa de variação da quantidade vendida V de um produto em relação aos gastos com propaganda x é:

$$V'(x) = \frac{20}{5+x}$$

Sabendo-se que, quando $x = 100$, $V = 80$, obtenha V em função de x.
Dado: $\ln 105 \cong 4{,}65$.

34. Calcule as integrais definidas:

a) $\int_0^1 \frac{e^x}{(1+e^x)^3} dx$

b) $\int_0^1 x\sqrt{x^2+1} \, dx$

Integração por partes

Sabemos que se $U(x)$ e $V(x)$ são funções deriváveis, então pela regra da derivada do produto:

$$[U(x) \cdot V(x)]' = U'(x) \cdot V(x) + U(x) \cdot V'(x)$$

e, consequentemente,

$$U(x) \cdot V'(x) = [U(x) \cdot V(x)]' - U'(x) \cdot V(x)$$

Integrando ambos os membros, obtemos:

$$\int U(x) \cdot V'(x)dx = U(x) \cdot V(x) - \int U'(x) \cdot V(x)dx$$

que é chamada fórmula da integração por partes.

Exemplo 7.13 Calculemos a integral $\int x \cdot e^x dx$.

Notemos inicialmente que não se trata de uma integral imediata.
Se fizermos:

$$U(x) = x \Rightarrow U'(x) = 1$$
$$V'(x) = e^x \Rightarrow V(x) = e^x$$

logo, pela fórmula da integração por partes:

$$\int x \cdot e^x dx = x \cdot e^x - \int 1 \cdot e^x dx = x \cdot e^x - e^x + c$$

Exemplo 7.14 Calculemos a integral $\int \ln x dx$.

Notemos inicialmente que não se trata de uma integral imediata.
Se fizermos:

$$U(x) = \ln x \Rightarrow U'(x) = \frac{1}{x}$$

$$V'(x) = 1 \Rightarrow V(x) = x$$

logo, pela fórmula da integração por partes:

$$\int \ln x dx = x \cdot \ln x - \int 1 \cdot dx = x \cdot \ln x - x + c$$

Exercício

35. Calcule as integrais abaixo usando o método de integração por partes:
    a) $\int x \cdot \ln x dx$
    b) $\int x \cdot \operatorname{sen} x dx$
    c) $\int x \cdot \cos x dx$
    d) $\int x \cdot e^{-x} dx$
    e) $\int x^2 \cdot e^x dx$
    f) $\int x^n \ln x dx$ ($n \neq -1$)
    g) $\int \operatorname{sen}^2 x dx$

Integração de algumas funções racionais

Lembremos que uma função racional $R(x)$ é dada pelo quociente entre dois polinômios:

$$R(x) = \frac{P(x)}{Q(x)}$$

Se o grau do numerador é maior que o do denominador, existem polinômios $M(x)$ e $N(x)$, tais que:

$$P(x) = Q(x) \cdot M(x) + N(x)$$

de modo que:

$$\frac{P(x)}{Q(x)} = M(x) + \frac{N(x)}{Q(x)}$$

em que o grau de $N(x)$ é menor que o grau de $Q(x)$. Logo, se quisermos calcular a integral de $R(x)$, teremos:

$$\int R(x)dx = \int \frac{P(x)}{Q(x)} dx = \int \left[M(x) + \frac{N(x)}{Q(x)} \right] dx$$

portanto,

$$\int R(x) = \int M(x)dx + \int \frac{N(x)}{Q(x)} dx$$

Nessa última expressão, já sabemos como calcular $\int M(x)dx$; logo, resta-nos saber como calcular a integral $\int \frac{N(x)}{Q(x)} dx$, em que o grau de $N(x)$ é menor que o grau de $Q(x)$.

É possível demonstrar que o quociente $\frac{N(x)}{Q(x)}$ pode ser escrito como soma de termos da forma:

$$\frac{A_1}{(x-a)} + \frac{A_2}{(x-a)^2} + \ldots + \frac{A_n}{(x-a)^n} + \frac{B_1 + C_1 x}{(x^2 + bx + c)} + \frac{B_2 + C_2 x}{(x^2 + bx + c)^2} + \ldots + \frac{B_m + C_m x}{(x^2 + bx + c)^m}$$

em que $A_1, A_2, \ldots, A_n, B_1, B_2, \ldots, B_m, C_1, C_2, \ldots, C_m$ são constantes a serem determinadas. As frações assim obtidas são chamadas de frações parciais.

Exemplo 7.15 Decompor em frações parciais a função $\frac{N(x)}{Q(x)} = \frac{x+1}{x^3 - x^2}$ e, em seguida, achar a integral dessa função.

Temos:

$$\frac{x+1}{x^3 - x^2} = \frac{x+1}{x^2(x-1)} = \frac{A_1}{x} + \frac{A_2}{x^2} + \frac{A_3}{x-1}$$

Somando as frações parciais, teremos:

$$\frac{x+1}{x^3-x^2} = \frac{A_1 x(x-1) + A_2(x-1) + A_3 x^2}{x^2(x-1)}$$

$$\frac{x+1}{x^3-x^2} = \frac{(A_1+A_3)x^2 + (A_2-A_1)x - A_2}{x^2(x-1)}$$

Logo, identificando os numeradores dos dois membros, teremos:

$$\begin{cases} A_1 + A_3 = 0 \\ A_2 - A_1 = 1 \\ -A_2 = 1 \end{cases}$$

Resolvendo esse sistema, obtemos: $A_1 = -2$, $A_2 = -1$ e $A_3 = 2$.
Portanto,

$$\frac{x+1}{x^3-x^2} = \frac{-2}{x} - \frac{1}{x^2} + \frac{2}{x-1}$$

consequentemente, a integral dessa função é dada por:

$$\int \frac{x+1}{x^3-x^2}\,dx = \int \left[\frac{-2}{x} - \frac{1}{x^2} + \frac{2}{x-1}\right]dx =$$

$$= -2\int x^{-1}dx - \int x^{-2}dx + 2\int \frac{dx}{x-1}$$

$$= -2\ln|x| + x^{-1} + 2\ln|x-1| + c$$

Exemplo 7.16 Decompor a função $\dfrac{x-1}{(x+1)(x^2-x+1)}$ em frações parciais e, em seguida, calcular sua integral.

Temos:

$$\frac{x-1}{(x+1)(x^2-x+1)} = \frac{A}{x+1} + \frac{Bx+C}{x^2-x+1}$$

$$= \frac{Ax^2 - Ax + A + Bx^2 + Cx + Bx + C}{(x+1)(x^2-x+1)}$$

$$= \frac{(A+B)x^2 + (B+C-A)x + C+A}{(x+1)(x^2-x+1)}$$

Identificando os numeradores dos dois membros:

$$\begin{cases} A + B = 0 \\ B + C - A = 1 \\ C + A = -1 \end{cases}$$

A solução desse sistema é: $A = \dfrac{-2}{3}$, $B = \dfrac{2}{3}$ e $C = \dfrac{-1}{3}$. Portanto:

$$\int \dfrac{x-1}{(x+1)(x^2-x+1)}\,dx = -\dfrac{2}{3}\int \dfrac{dx}{x+1} + \dfrac{1}{3}\int \dfrac{2x-1}{x^2-x+1}\,dx$$

As integrais do 2º membro podem ser calculadas pelo método da substituição, resultando em:

$$-\dfrac{2}{3}\ln|x+1| + \dfrac{1}{3}\ln|x^2-x+1| + c$$

Exercício

36. Calcule as seguintes integrais envolvendo funções racionais:

a) $\int \dfrac{2x-1}{(x-1)(x-2)}\,dx$

b) $\int \dfrac{dx}{x(x^2+1)}$

c) $\int \dfrac{x^5}{x^3-1}\,dx$

d) $\int \dfrac{x^4\,dx}{(x^2-1)(x+2)}$

PARTE III

FUNÇÕES DE VÁRIAS VARIÁVEIS

- **Capítulo 8**
  O espaço *n*-dimensional

- **Capítulo 9**
  Funções de duas variáveis

- **Capítulo 10**
  Derivadas para funções de duas variáveis

- **Capítulo 11**
  Máximos e mínimos para funções de duas variáveis

- **Capítulo 12**
  Funções de três ou mais variáveis

Capítulo 8

O espaço *n*-dimensional

8.1 Introdução

Frequentemente ocorrem situações em que interessam observações numéricas simultâneas de duas ou mais variáveis. Assim, observações simultâneas de duas variáveis podem ser representadas por pares ordenados; observações simultâneas de três variáveis podem ser representadas por triplas ordenadas, e assim por diante.

Além disso, é importante também a forma como essas variáveis se relacionam. Em tais casos, é necessário introduzir uma nomenclatura adequada para descrever tais situações. É o que veremos a seguir.

8.2 O espaço bidimensional

Seja R o conjunto dos números reais. O conjunto formado por todos os pares ordenados de reais é chamado espaço bidimensional e é indicado por $R \times R$ ou simplesmente por R^2:

$$R^2 = \{(a,b) \mid a \in R \text{ e } b \in R\}$$

Assim, por exemplo, são elementos de R^2 os pares:

$$(3,4), (-1,2), \left(\frac{1}{2}, \frac{1}{2}\right), (0, \sqrt{2})$$

Geometricamente, um elemento (a, b) de R^2 pode ser representado no plano cartesiano por um ponto de abscissa a e ordenada b (Figura 8.1).

Figura 8.1: Representação geométrica do par ordenado (a, b)

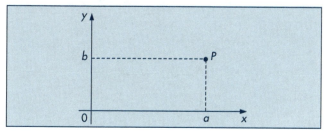

8.3 Relações em R^2

Chama-se relação binária, ou simplesmente relação no R^2, a todo subconjunto de R^2.

Exemplo 8.1 Seja $A = \{(x, y) \in R^2 \mid y = 2x + 1\}$. A representação geométrica do conjunto A é uma reta (Figura 8.2).

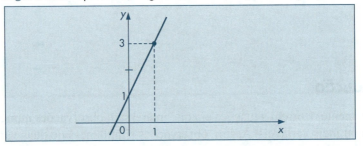

Figura 8.2: Representação geométrica da relação dada por $y = 2x + 1$

Exemplo 8.2 Seja $B = \{(x, y) \in R^2 \mid y \geqslant 2x + 1\}$. Então, a representação geométrica do conjunto B é um semiplano situado "acima" da reta de equação $y = 2x + 1$ (Figura 8.3).

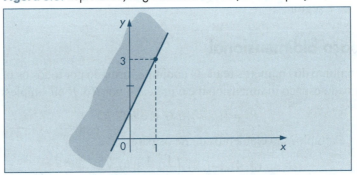

Figura 8.3: Representação geométrica da relação dada por $y \geqslant 2x + 1$

Exemplo 8.3 Considerando $C = \{(x, y) \in R^2 \mid x^2 + y^2 \leqslant 4\}$, a representação geométrica do conjunto C é um círculo de centro na origem e raio 2 (Figura 8.4).

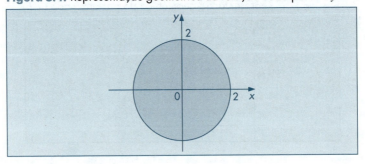

Figura 8.4: Representação geométrica da relação dada por $x^2 + y^2 \leqslant 4$

Exemplo 8.4 Seja $D = \{(x, y) \in R^2 \mid x > 3\}$. A representação geométrica desse conjunto é o semiplano situado à direita da reta vertical $x = 3$ (Figura 8.5).

Figura 8.5: Representação geométrica da relação $x > 3$

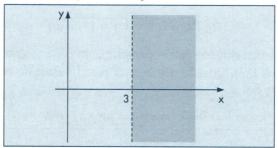

Exemplo 8.5 Uma fábrica produz um artigo ao custo fixo de $ 10,00 e ao custo variável por unidade igual a $ 2,00. Seja x a quantidade produzida. O custo total y para fabricar x unidades do artigo é:

$$y = 10 + 2x, x \geq 0$$

O gráfico dessa relação é a semirreta da Figura 8.6.

Figura 8.6: Representação geométrica da relação $y = 10 + 2x$ ($x \geq 0$)

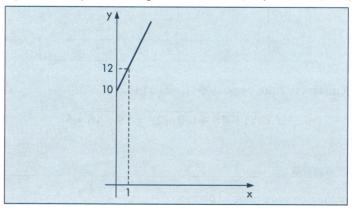

Observação

Lembremos que, se tivermos no plano cartesiano a representação gráfica de uma função $y = f(x)$, os pontos que estão "acima" do gráfico satisfazem a relação $y > f(x)$ e os pontos "abaixo" do gráfico satisfazem a relação $y < f(x)$.

No caso de termos a representação geométrica de uma circunferência de equação $(x-a)^2 + (y-b)^2 = r^2$, de centro $C(a, b)$ e raio r, os pontos interiores a ela satisfazem a relação $(x-a)^2 + (y-b)^2 < r^2$, e os pontos exteriores a ela satisfazem a relação $(x-a)^2 + (y-b)^2 > r^2$.

Uma relação do tipo $x > k$ é representada geometricamente pelos pontos do plano à direita da reta vertical $x = k$; a relação $x < k$ é representada pelos pontos à esquerda da reta vertical $x = k$.

8.4 Distância entre dois pontos

Sejam (x_1, y_1) e (x_2, y_2) dois elementos de R^2, representados geometricamente pelos pontos P_1 e P_2. A distância entre eles é o número:

$$d(P_1, P_2) = \sqrt{(x_2 - x_1)^2 + (y_2 - y_1)^2}$$

Notemos que a distância representa o comprimento do segmento $\overline{P_1P_2}$ na representação geométrica (Figura 8.7). Quando não houver possibilidade de confusão, a distância é indicada simplesmente por d.

Figura 8.7: Distância entre os pontos P_1 e P_2

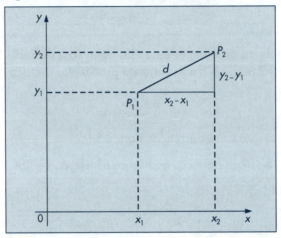

Exemplo 8.6 A distância entre os pontos $(1, -2)$ e $(4, 2)$ é:

$$d = \sqrt{(1 - 4)^2 + (-2 - 2)^2} = \sqrt{9 + 16} = 5$$

Exercícios

1. Esboce o gráfico de cada relação abaixo:
   a) $A = \{(x, y) \in R^2 \mid y = x - 2\}$
   b) $B = \{(x, y) \in R^2 \mid y \geq x - 2\}$
   c) $C = \{(x, y) \in R^2 \mid y < x - 2\}$
   d) $D = \{(x, y) \in R^2 \mid x \geq 3\}$
   e) $E = \{(x, y) \in R^2 \mid y \geq x\}$
   f) $F = \{(x, y) \in R^2 \mid x^2 + y^2 \leq 25\}$
   g) $G = \{(x, y) \in R^2 \mid x^2 + y^2 > 25\}$
   h) $H = \{(x, y) \in R^2 \mid (x - 2)^2 + y^2 < 1\}$
   i) $I = \{(x, y) \in R^2 \mid (x - 4)^2 + (y - 4)^2 \leq 1\}$

2. Obtenha os pontos que satisfazem simultaneamente as relações:

(I) $y \geq x + 2$ e (II) $y \geq 2$

Resolução

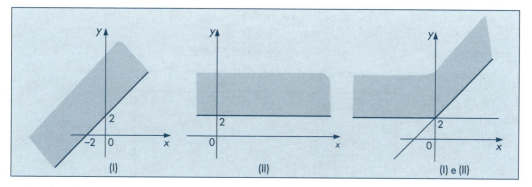

3. Obtenha os pontos do plano que satisfazem simultaneamente as relações:
$$x + y \geq 2 \quad \text{e} \quad -x + y \geq 2$$

4. Obtenha os pontos do plano que satisfazem simultaneamente as relações:
$$x + y \leq 10$$
$$x \leq 4$$
$$y \leq 2$$
$$x \geq 0$$
$$y \geq 0$$

5. Obtenha os pontos do plano que satisfazem simultaneamente as relações:
$$|x| \leq 3 \text{ e } |y| \leq 2$$

6. Obtenha os pontos do plano que satisfazem simultaneamente as relações:
$$x^2 + y^2 \leq 9 \text{ e } x + y \geq 3$$

7. Esboce o gráfico das seguintes relações:
   a) $A = \{(x, y) \in R^2 | y \geq x^2\}$
   b) $B = \{(x, y) \in R^2 | y \geq x^2 + 1\}$
   c) $C = \{(x, y) \in R^2 | y \leq 1 - x^2\}$
   d) $D = \{(x, y) \in R^2 | y \geq \frac{1}{x} \text{ e } x > 0\}$
   e) $E = \{(x, y) \in R^2 | y \geq \frac{2}{x} \text{ e } x > 0\}$

8. Um consumidor tem uma verba de $ 30,00 que ele pretende alocar na compra de dois bens A e B de preços unitários $ 1,00 e $ 2,00, respectivamente. Sejam x e y as quantidades consumidas de A e B. Represente graficamente os possíveis pares (x, y).

Resolução
Admitindo que os produtos sejam divisíveis, x e y podem assumir quaisquer valores reais não negativos (pois são quantidades), desde que satisfaçam a restrição orçamentária $1 \cdot x + 2 \cdot y \leq 30$. Assim, x e y devem satisfazer simultaneamente as relações:

$$x + 2y \leq 30$$
$$x \geq 0$$
$$y \geq 0$$

cuja representação geométrica é dada abaixo:

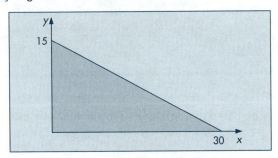

9. Um consumidor tem uma verba de $ 300,00 que irá alocar na compra de dois bens A e B de preços unitários $ 2,00 e $ 4,00. Sejam x e y as quantidades consumidas de A e B. Represente graficamente os possíveis valores de x e y.

10. Uma empresa de informática produz dois modelos de impressoras, I e J. O custo de produzir o modelo I é $ 300,00 por unidade e o de produzir o modelo J é $ 400,00. Devido a restrições no orçamento, a empresa pode gastar, por semana, no máximo $ 12.000,00. A capacidade de mão de obra da empresa permite fabricar no máximo 35 impressoras por semana. Sejam x e y as quantidades de I e J que podem ser produzidas por semana. Represente graficamente os possíveis valores de x e y.

11. Uma marcenaria produz mesas e cadeiras de um único modelo, utilizando dois insumos: trabalho e madeira. Para produzir uma mesa são necessários 5 homens-hora e para produzir uma cadeira, 2 homens-hora. Cada mesa requer 10 unidades de madeira e cada cadeira, 5 unidades. Durante um período de tempo, a marcenaria dispõe de 200 homens-hora e 450 unidades de madeira. Sejam x e y o número de mesas e cadeiras que podem respectivamente ser produzidas nessas condições. Represente graficamente os possíveis valores de x e y.

12. Suponha que existam, para um certo animal, dois tipos de ração: A e B. A ração A contém (por kg) 0,2 kg de proteína, 0,5 kg de carboidrato e 0,1 kg de gordura. A ração B contém (por kg) 0,25 kg de proteína, 0,4 kg de carboidrato e 0,25 kg de gordura. Um animal requer, por semana, no mínimo 1,5 kg de proteína, 2 kg de carboidrato e 1 kg de gordura; chamando de x a quantidade (em kg) da ração A e de y a da ração B, necessárias por semana, represente graficamente os possíveis valores de x e y.

13. Calcule a distância entre os pontos A e B nos seguintes casos:
    a) $A(3, 4)$ e $B(0, 0)$
    b) $A(-1, 2)$ e $B(2, -6)$
    c) $A(3, -1)$ e $B(2, -7)$
    d) $A(1, 0)$ e $B(-2, -6)$
    e) $A(m + 3, m - 1)$ e $B(m - 1, m + 2)$

8.5 O espaço tridimensional

Seja R o conjunto dos números reais. O conjunto formado por todas as triplas ordenadas de reais é chamado de espaço tridimensional e é indicado por $R \times R \times R$ ou simplesmente por R^3. Assim:

$$R^3 = \{(a, b, c) \mid a \in R, b \in R, c \in R\}$$

Por exemplo, são elementos de R^3 as triplas ordenadas:

$$(2, 4, 5), (3, -1, 3), \left(\frac{1}{2}, \frac{1}{3}, 0\right)$$

Geometricamente, um elemento (a, b, c) do R^3 pode ser representado por um ponto P de abscissa a, ordenada b e cota c, num sistema de eixos Ox, Oy e Oz perpendiculares dois a dois. A cota c é a distância do ponto P em relação ao plano determinado pelos eixos Ox e Oy, precedida pelo sinal + se o ponto estiver "acima" do plano e precedida pelo sinal – se estiver "abaixo" desse plano (Figura 8.8).

Figura 8.8: Representação geométrica de um ponto no espaço tridimensional

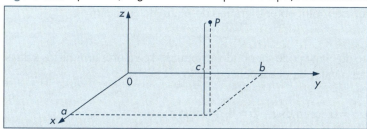

8.6 Relações em R^3

Chama-se relação no R^3 a todo subconjunto do R^3.

Exemplo 8.7 Se $A = \{(x, y, z) \mid x = 0\}$, a representação geométrica de A é o plano determinado pelos eixos Oy e Oz (Figura 8.9).

Figura 8.9: Representação tridimensional da relação $x = 0$

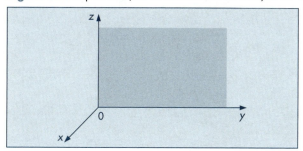

Exemplo 8.8 Se $B = \{(x, y, z) | z = 2\}$, a representação geométrica desse conjunto é o plano paralelo ao plano determinado por Ox e Oy e duas unidades distante dele (Figura 8.10).

Figura 8.10: Representação tridimensional da relação $z = 2$

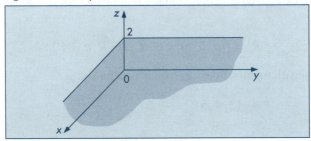

8.7 Equação do plano em R^3

Pode-se provar que toda relação do R^3 que satisfaz uma equação do tipo $ax + by + cz + d = 0$ (com a, b, c, d reais e a, b, c não nulos simultaneamente) tem por representação geométrica um plano no espaço tridimensional. O gráfico de tal plano pode ser obtido por meio de três pontos não alinhados.

Vamos, por exemplo, obter o gráfico do plano de equação:

$$2x + 3y + z - 6 = 0$$

Cada ponto do plano pode ser obtido atribuindo-se valores arbitrários a duas das variáveis e calculando-se o valor da outra pela equação.

Assim:

- Para $x = 0$ e $y = 0$, teremos $z - 6 = 0$, ou seja, $z = 6$.
  O ponto obtido é $(0, 0, 6)$.
- Para $x = 0$ e $z = 0$, teremos $3y - 6 = 0$, ou seja, $y = 2$.
  O ponto obtido é $(0, 2, 0)$.
- Para $y = 0$ e $z = 0$, teremos $2x - 6 = 0$, ou seja, $x = 3$.
  O ponto obtido é $(3, 0, 0)$.

Portanto, o plano procurado é o que passa pelos pontos $(0, 0, 6)$, $(0, 2, 0)$ e $(3, 0, 0)$ e está representado na Figura 8.11.

Figura 8.11: Representação do plano $2x + 3y + z - 6 = 0$

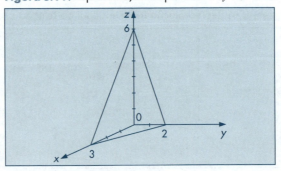

8.8 Distância entre dois pontos em R^3

Sejam (x_1, y_1, z_1) e (x_2, y_2, z_2) dois elementos de R^3 representados pelos pontos P_1 e P_2. Chama-se distância entre eles o número

$$d(P_1, P_2) = \sqrt{(x_2 - x_1)^2 + (y_2 - y_1)^2 + (z_2 - z_1)^2}$$

Dessa forma, a distância é o comprimento do segmento $\overline{P_1P_2}$ da Figura 8.12.

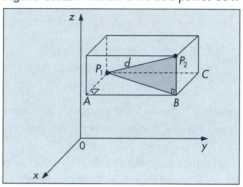

Figura 8.12: Distância entre dois pontos do R^3

Exemplo 8.9 A distância entre os pontos $P_1(1, -2, 3)$ e $P_2(3, 0, 6)$ é

$$d = \sqrt{(1-3)^2 + (-2-0)^2 + (3-6)^2} = \sqrt{4+4+9} = \sqrt{17}$$

Exercícios

14. Sejam Ox, Oy e Oz três eixos perpendiculares dois a dois e:
    α: o plano determinado por Ox e Oy;
    β: o plano determinado por Ox e Oz;
    γ: o plano determinado por Oy e Oz.
    Assinale V se a afirmação for verdadeira e F se for falsa:
    a) $(2, 3, 0)$ é um ponto de α.
    b) $(2, 0, 3)$ é um ponto de β.
    c) $(0, 2, 3)$ é um ponto de γ.
    d) $(0, 0, 2)$ é um ponto do eixo Ox.
    e) $(0, 0, 4)$ é um ponto do eixo Oz.
    f) $(0, -2, 0)$ é um ponto do eixo Ox.
    g) $(0, -2, 0)$ é um ponto do eixo Oy.
    h) $(0, -2, 0)$ é um ponto do eixo Oz.

15. Esboce o gráfico de cada relação abaixo:
    a) $A = \{(x, y, z) \in R^3 \mid z = 3\}$
    b) $B = \{(x, y, z) \in R^3 \mid y = 2\}$
    c) $C = \{(x, y, z) \in R^3 \mid x = 2\}$
    d) $D = \{(x, y, z) \in R^3 \mid x = 0\}$
    e) $E = \{(x, y, z) \in R^3 \mid y = 0\}$

16. Esboce o gráfico dos seguintes planos:
    a) $x + y + z = 2$
    b) $2x + 3y + 4z - 12 = 0$
    c) $3x + 4y - z - 12 = 0$
    d) $x - y + z - 1 = 0$
    e) $x - y = 0$
    f) $x + y = 2$

17. Calcule a distância entre os pontos A e B nos seguintes casos:
   a) $A(1, 2, 1)$ e $B(4, 2, 3)$
   b) $A(2, 1, 3)$ e $B(0, 0, 0)$
   c) $A(-1, 2, -1)$ e $B(0, 1, -3)$
   d) $A(1, 4, 2)$ e $B(1, 4, 2)$

8.9 O conjunto R^n

Seja R o conjunto dos números reais. O conjunto formado pelas ênuplas ordenadas (sequências de n elementos) de reais é chamado de espaço n-dimensional e é indicado por R^n.

Exemplo 8.10

$(3, 4, 2, 6)$ é um elemento de R^4
$(2, 1, 6, 3, -5)$ é um elemento de R^5
$(2, -3, 4)$ é um elemento de R^3

Em particular, o conjunto R^1 é o próprio conjunto dos números reais (representados geometricamente num único eixo). Os elementos de R^n, para $n > 3$, não admitem representação geométrica.

Uma relação do R^n é qualquer subconjunto de R^n. Assim, o conjunto $A = \{(x, y, z, t) \in R^4 \mid t = 0\}$ é uma relação do R^4; pertencem a A, por exemplo, os elementos $(2, 3, 4, 0)$, $(9, 8, 7, 0)$ e $(2, -2, 0, 0)$.

Dados dois elementos do R^n, $P_1(x_1, x_2, ..., x_n)$ e $P_2(y_1, y_2, ..., y_n)$ a distância entre eles é o número:

$$d(P_1, P_2) = \sqrt{(y_1 - x_1)^2 + (y_2 - x_2)^2 + ... + (y_n - x_n)^2}$$

8.10 Bola aberta

Seja C um elemento do R^n e r um número real positivo. Chama-se bola aberta de centro C e raio r ao conjunto dos pontos do R^n cuja distância até C é menor que r. Isto é, a bola aberta é o conjunto

$$B(C, r) = \{P \in R^n \mid d(P, C) < r\}$$

Exemplo 8.11 A bola aberta do R^2 de centro $C(4, 4)$ e raio 1 é o interior do círculo representado na Figura 8.13.

Figura 8.13: Bola aberta de centro $(4, 4)$ e raio 1

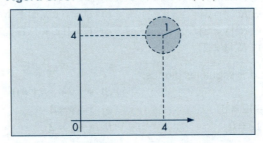

Exemplo 8.12 A bola aberta do R^3 de centro $C(2, 3, 4)$ e raio 1 é a região interior da esfera representada na Figura 8.14.

Figura 8.14: Bola aberta de centro $(2, 3, 4)$ e raio 1

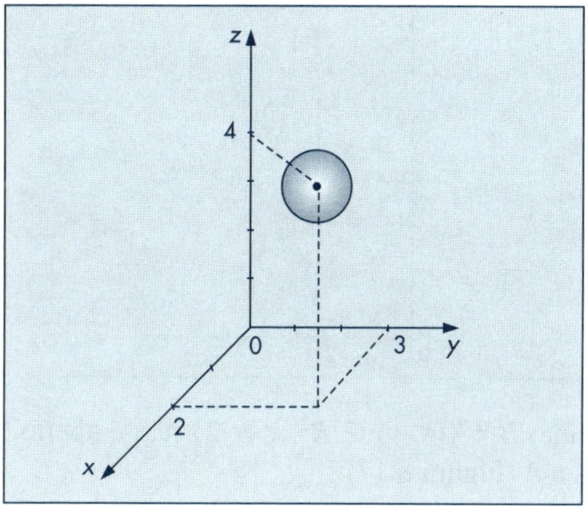

8.11 Ponto interior

Seja A um subconjunto do R^n; um elemento P do R^n é chamado ponto interior de A se existir uma bola aberta com centro em P contida em A. Isto é, P é um ponto interior de A se existir um real $r > 0$, tal que $B(P, r) \subset A$.

Exemplo 8.13 Seja $A = \{(x, y) \in R^2 | y \geq 2\}$. O ponto $P(4, 4)$ é interior a A e o ponto $P'(3, 2)$ não é interior a A (Figura 8.15).

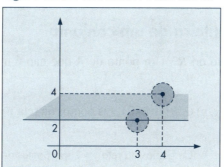

Figura 8.15: Ponto interior e não interior

8.12 Conjunto aberto

Seja A um subconjunto do R^n. A é chamado de conjunto aberto se todos os seus pontos são interiores.

Exemplo 8.14 O conjunto $A = \{(x, y) \in R^2 \mid x > 2\}$ é aberto, pois todos os seus pontos são interiores (Figura 8.16).

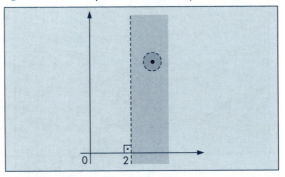

Figura 8.16: Conjunto aberto dado pela relação $x > 2$

Exemplo 8.15 O conjunto $B = \{(x, y) \in R^2 \mid x \geq 2\}$ não é aberto, pois os pontos da reta $x = 2$ não são interiores a A (Figura 8.17).

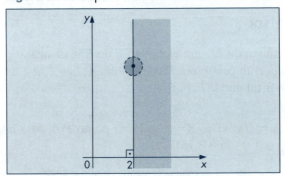

Figura 8.17: Os pontos da reta $x = 2$ não são interiores

8.13 Pontos de fronteira de um conjunto

Seja A um subconjunto do R^n. Um ponto de A que não é interior chama-se ponto de fronteira de A.

Exemplo 8.16 Seja $A = \{(x, y) \in R^2 \mid y \geq 2\}$. Os pontos da reta $y = 2$ são pontos de fronteira de A (Figura 8.18).

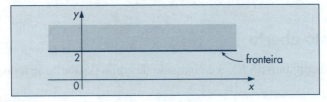

Figura 8.18: Os pontos da reta $y = 2$ são pontos de fronteira

Exemplo 8.17 Seja $B = \{(x, y) \in R^2 \mid x^2 + y^2 \leq 1\}$. Os pontos da circunferência de equação $x^2 + y^2 = 1$ são pontos de fronteira de B (Figura 8.19).

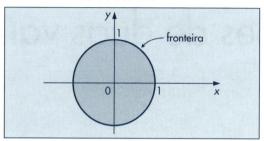

Figura 8.19: Os pontos da circunferência $x^2 + y^2 = 1$ são de fronteira

Exercícios

18. Calcule a distância entre os pontos A e B nos casos:
    a) $A(1, 0, 2, 3)$ e $B(2, 3, 1, 1)$
    b) $A(-1, 2, 0, 0, 3)$ e $B(0, 0, -2, -1, 5)$
    c) $A(1, 2, 3, 4)$ e $B(1, 2, 3, 4)$

19. Dado o conjunto $A = \{(x, y) \in R^2 \mid x \leq 2\}$, assinale os pontos interiores:
    a) $P(1, 4)$
    b) $P(9/2, 5)$
    c) $P(2, 6)$
    d) $P(3, 9)$
    e) $P(2, 2)$
    f) $P(1, -9)$

20. Dado o conjunto $A = \{(x, y) \in R^2 \mid x + y \leq 2, x \geq 0 \text{ e } y \geq 0\}$, assinale os pontos interiores:
    a) $P(1, 0)$
    b) $P(0, 1)$
    c) $P(1, 1)$
    d) $P(1/2, 1/2)$
    e) $P(1/2, 1/4)$
    f) $P(3, 0)$

21. Quais conjuntos são abertos?
    a) $A = \{(x, y) \in R^2 \mid y > 3\}$
    b) $B = \{(x, y) \in R^2 \mid |x| < 3\}$
    c) $C = \{(x, y) \in R^2 \mid y \geq x\}$
    d) $D = \{(x, y) \in R^2 \mid y = x + 1\}$
    e) $E = \{(x, y, z) \in R^3 \mid 0 < x < 1,\ 0 < y < 1,\ 0 < z < 1\}$
    f) $F = \{(x, y, z) \in R^3 \mid 0 \leq x \leq 1,\ 0 \leq y \leq 1,\ 0 \leq z \leq 1\}$

22. Identifique os pontos de fronteira dos conjuntos:
    a) $A = \{(x, y) \in R^2 \mid y \geq 5\}$
    b) $B = \{(x, y) \in R^2 \mid -1 \leq x \leq 2\}$
    c) $C = \{(x, y) \in R^2 \mid 0 < y \leq 2\}$
    d) $D = \{(x, y) \in R^2 \mid y \geq x^2\}$
    e) $E = \{(x, y) \in R^2 \mid y \leq x^2 - 1\}$
    f) $F = \{(x, y) \in R^2 \mid x^2 + y^2 \leq 9\}$
    g) $G = \{(x, y) \in R^2 \mid y \geq x\}$
    h) $H = \left\{(x, y) \in R^2 \mid y \geq \dfrac{1}{x}\right\}$

Capítulo 9

Funções de duas variáveis

9.1 Introdução

Em muitas situações, quer no plano teórico, quer na prática, há necessidade de considerar diversas variáveis. É muito importante, nesses casos, tentar descrever quantitativamente a forma pela qual elas se relacionam. Uma das maneiras de expressar tal relacionamento é descrever como uma delas se expressa em função das outras; tal conceito é chamado de função de várias variáveis. Neste capítulo, estudaremos funções de duas variáveis, deixando para o Capítulo 11 o estudo de funções de três ou mais variáveis.

Exemplo 9.1 A demanda semanal de manteiga num supermercado depende de certos fatores, como seu preço unitário, preço unitário de bens substitutos (por exemplo, margarina), renda familiar, gostos pessoais e outros.

Em primeira aproximação, suponhamos que a demanda por manteiga dependa de seu preço unitário p_1 e do preço unitário da margarina p_2. Dizemos, então, que a quantidade demandada q é função de p_1 e p_2 e escrevemos:

$$q = f(p_1, p_2)$$

Existem métodos que permitem obter empiricamente tal função a partir de observações. Tais métodos costumam ser estudados em Estatística. O que faremos, salvo menção em contrário, é utilizar essas funções supostamente já obtidas por aqueles métodos.

Exemplo 9.2

A função de Cobb-Douglas — A função de produção relaciona a quantidade produzida de algum bem em certo intervalo de tempo com os insumos variáveis necessários a essa produção (trabalho, terra, capital e outros). Um modelo de função de produção muito utilizado foi introduzido pelo economista Paul Douglas e pelo matemático Charles Cobb, ambos norte-americanos, em seus estudos sobre a repartição da renda entre o capital e o trabalho no início do século XX. A expressão da referida função é:

$$P = f(L, K) = A \cdot K^{\alpha} \cdot L^{1-\alpha}$$

em que:

P é a quantidade produzida;
K é o capital empregado;
L é a quantidade de trabalho envolvido.

A constante A depende da tecnologia utilizada e α é um parâmetro que varia de 0 a 1.

9.2 Funções de duas variáveis

Seja D um subconjunto do R^2. Chama-se função de D em R toda relação que associa a cada par ordenado (x, y) pertencente a D um único número real indicado por $f(x, y)$. O conjunto D é chamado domínio da função, e $f(x, y)$ é chamado de imagem de (x, y) ou valor de f em (x, y).

Exemplo 9.3 Seja $D = R^2$ e $f(x, y) = x^2 + y^2$. Tal função associa, a cada par de números reais, a soma de seus quadrados. Assim, por exemplo:

$$f(2, 3) = 2^2 + 3^2 = 13$$
$$f(1, -2) = 1^2 + (-2)^2 = 5$$

É fácil perceber que as imagens dessa função são números reais não negativos.

Exemplo 9.4 Sejam:

q: a quantidade semanal demandada de manteiga num supermercado (em kg);
x: o preço por kg de manteiga;
y: o preço por kg de margarina.

Suponhamos que $q = 100 - 2x + 1y$.

Temos assim uma função de duas variáveis em que $f(x, y) = q$ e o domínio da função é $D = \{(x, y) \in R^2 | x \geq 0, y \geq 0 \text{ e } 100 - 2x + 1y \geq 0\}$, pois não é possível termos preços ou quantidades negativas. Assim, por exemplo:

$$f(10, 8) = 100 - 20 + 8 = 88$$

isto é, se o preço por kg de manteiga for $ 10,00 e o da margarina for $ 8,00, a quantidade semanal demandada de manteiga será de 88 kg.

Observação

Quando não for especificado o domínio de uma função, convenciona-se que ele é o mais amplo subconjunto de R^2, de modo que a imagem $f(x, y)$ seja um número real; além disso, se a função for decorrente de uma situação prática, os valores de x e y devem assumir valores compatíveis com as características das variáveis consideradas (por exemplo, se x e y forem quantidades, elas não podem ser negativas).

Assim, por exemplo, para a função $f(x, y) = \sqrt{y - x}$, convenciona-se que o domínio é o conjunto $D = \{(x, y) \in R^2 | y - x \geq 0\}$.

Para a função $f(x, y) = \dfrac{x^2}{2x - y}$, convenciona-se que o domínio é o conjunto

$$D = \{(x, y) \in R^2 \mid 2x - y \neq 0\}$$

Exercícios

1. Considere a função dada por $f(x, y) = \dfrac{2x + y}{y}$. Calcule:

   a) $f(1, 1)$

   b) $f(0, 3)$

   c) $f(-6, 6)$

   d) $f(8, 9)$

   e) $f(a, a)$ $(a \neq 0)$

   f) $f(0, 3) + f(5, 5)$

   g) $\dfrac{f(0, 2)}{f(1, 6)}$

   h) $f(3 + \Delta x, 4) - f(3, 4)$

   i) $f(3, 4 + \Delta y) - f(3, 4)$

2. Considere a função $f(x, y) = x + y$. Para que valores de x e y tem-se $f(x, y) = 2$? Represente graficamente a resposta.

3. Considere a função $f(x, y) = 2^{x+y}$. Para que valores de x e y tem-se $f(x, y) = 1$? Represente graficamente a resposta.

4. Dada a função $f(x, y) = x \cdot y$, represente graficamente os pontos (x, y) para os quais $f(x, y) = 1$.

5. Uma loja vende apenas dois produtos, o primeiro a $ 500,00 a unidade e o segundo, a $ 600,00 a unidade. Sejam x e y as quantidades vendidas dos dois produtos.
   a) Qual a expressão da receita de vendas?
   b) Qual o valor da receita se forem vendidas 10 unidades do primeiro produto e 15 do segundo?
   c) Represente graficamente os pontos (x, y) para os quais a receita é $ 300.000,00.

6. Sejam x e y as quantidades vendidas de dois produtos cujos preços unitários são $ 100,00 e $ 300,00, respectivamente.
   a) Determine a função receita $R(x, y)$.
   b) Calcule $R(2, 4)$.
   c) Represente graficamente os pontos (x, y) para os quais a receita vale $ 12.000,00.

7. Seja $C(x, y) = 100 + 2x + 3y$ a função custo conjunto para fabricar x unidades de um produto I e y unidades de um produto II.
   a) Qual o custo de fabricação de 10 unidades de I e 20 unidades de II?
   b) Qual o custo fixo?
   c) Qual a variação do custo quando se aumenta em 5 unidades a fabricação do produto I e em 6 unidades a do produto II, a partir da situação do item (a)?
   d) Represente graficamente os pontos (x, y) para os quais o custo é $ 300,00.

8. Em Economia, chama-se utilidade de um consumidor o grau de satisfação que ele adquire ao consumir um ou mais bens ou serviços. Suponhamos que um consumidor tenha a seguinte função utilidade:

$$U(x_1, x_2) = x_1 \cdot x_2$$

em que x_1 é a quantidade consumida do bem I e x2, a quantidade consumida do bem II.
Suponha que, no início, ele consuma 4 unidades de I e 6 unidades de II.
a) Se o consumidor diminuir o consumo do produto I para 3 unidades, qual deve ser o consumo de II para manter o mesmo nível de satisfação?
b) Se o consumidor aumentar o consumo do produto I para 12 unidades, qual deve ser o consumo de II para manter o mesmo nível de satisfação?
c) Supondo que os bens I e II sejam vendidos em quantidades inteiras, quais as possíveis combinações que o consumidor poderá fazer para manter o nível de satisfação do início?

9. Um consumidor tem a seguinte função utilidade: $U(x, y) = x^2 \cdot y$, em que x e y são as quantidades consumidas de dois produtos A e B, respectivamente. Considere os pares (x, y) de consumo:
(I): $(6, 0)$ (II): $(3, 4)$ (III): $(5, 8)$.
Coloque esses pares em ordem crescente de preferência.

10. As preferências de um consumidor ao consumir maçãs e bananas são tais que sua função utilidade é $U(x, y) = ax + by$, em que x é a quantidade consumida de maçãs e y a de bananas. Sabendo-se que o consumidor está sempre disposto a trocar duas bananas por uma maçã, mantendo o mesmo grau de satisfação, obtenha a relação entre a e b.

11. Uma firma opera segundo a função de produção $P(K, L) = 2 \cdot K^{0,75} \cdot L^{0,25}$, em que:
P é a quantidade produzida por dia (em unidades),
K é o número de máquinas empregadas,
L é o número de homens-hora empregados.
a) Qual a quantidade produzida por dia se forem empregadas 16 máquinas e 256 homens-hora?
b) Qual a produção se $K = 0$?
c) Se K é mantido constante em 16 unidades, mostre que P aumenta com L a taxas decrescentes.

12. Seja $P(x, y) = m \cdot x^{0,2} \cdot y^{0,8}$ uma função de produção. Calcule m sabendo-se que, quando são usadas as quantidades $x = 32$ e $y = 256$ dos insumos, são produzidas 100 unidades do produto.

13. As equações de demanda de dois produtos A e B são:

$$p = 50 - 2x \ (A)$$
$$q = k - y \ (B)$$

em que:
p e q são os preços unitários;
x e y as respectivas quantidades.
Calcule k de modo que a receita seja $ 2.000,00 quando são vendidas 6 unidades de A e 2 unidades de B.

14. Uma empresa produz um produto em duas fábricas, I e II. As funções custo em cada fábrica são:

$$C_1(x) = 500 + 10x \text{ em (I)}$$
$$C_2(y) = 600 + 8y \text{ em (II)}$$

em que x e y são as quantidades produzidas em cada fábrica.
Obtenha a função lucro $L(x, y)$, sabendo-se que o preço de venda do produto é $ 12,00.

15. As funções de custo de dois duopolistas são dadas por $C(x) = 3x$ e $C(y) = \frac{1}{2}y^2$, em que x e y são as quantidades. A equação de demanda pelo produto da indústria (conjunto das duas firmas) é $p = 200 - x - y$.
Qual a função lucro $L(x, y)$ da indústria?

16. Dispõe-se de uma quantidade total de mão de obra igual a 36 para fabricar dois produtos cujas quantidades são x e y. Cada um desses produtos emprega mão de obra de acordo com as funções de produção:

$$x = 2\sqrt{L_1} \quad \text{e} \quad y = 3\sqrt{L_2}$$

em que L_1 e L_2 indicam as quantidades de mão de obra destinadas à fabricação de cada produto.
a) Obtenha o conjunto das possibilidades de produção (os valores possíveis para x e y).
b) Obtenha a equação da curva de transformação.

Resolução

a) As possibilidades de produção são os pares (x, y), tais que:

$$\begin{aligned} x &= 2\sqrt{L_1} & (1) \\ y &= 3\sqrt{L_2} & (2) \\ L_1 + L_2 &\leq 36 & (3) \\ L_1 &\geq 0 \text{ e } L_2 \geq 0 & (4) \end{aligned}$$

De (1) obtemos:

$$\frac{x^2}{4} = L_1$$

De (2) obtemos:

$$\frac{y^2}{9} = L_2$$

Substituindo em (3), temos:

$$\frac{x^2}{4} + \frac{y^2}{9} \leq 36 \quad \text{ou então} \quad \frac{x^2}{144} + \frac{y^2}{324} \leq 1, \quad \text{com} \quad x \geq 0 \quad \text{e} \quad y \geq 0,$$

que é o conjunto dos possíveis valores de x e y. Observemos que o gráfico dessa relação é a superfície elíptica da Figura 9.1.

Figura 9.1: Domínio de x e y

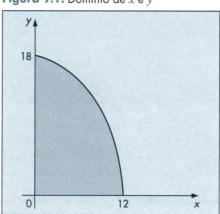

b) A curva de transformação é constituída dos pontos de fronteira da relação obtida em (a), e, portanto, é dada pela equação $\frac{x^2}{144} + \frac{y^2}{324} = 1$ (cujo gráfico é o arco de elipse da Figura 9.1)

17. Dispõe-se de uma quantidade de mão de obra igual a 1.000 para fabricar dois produtos cujas quantidades x e y são dadas pela função de produção:

$$x = 3T_1^{\frac{1}{2}} \quad \text{e} \quad y = 3T_2^{\frac{1}{2}}$$

em que T_1 e T_2 são as quantidades de mão de obra necessárias para a fabricação de cada produto.
a) Obtenha a equação do conjunto das possibilidades de produção.
b) Obtenha a equação da curva de transformação.

18. Ache o domínio de cada uma das seguintes funções e represente-o graficamente:
   a) $f(x,y) = \sqrt{x+y-2}$
   b) $f(x,y) = \sqrt{y-x^2}$
   c) $f(x,y) = \frac{1}{x+y-2}$
   d) $f(x,y) = \sqrt{x^2+y^2-16}$
   e) $f(x,y) = \frac{1}{\sqrt{x-y}}$
   f) $f(x,y) = \sqrt{y-x} + \sqrt{y-2}$
   g) $f(x,y) = \sqrt{xy}$
   h) $f(x,y) = \log(x-y-2)$
   i) $f(x,y) = \ln(x^2-y-1)$
   j) $f(x,y) = \ln(y-x^3)$

9.3 Gráficos de funções de duas variáveis

Vimos, no estudo de funções de uma variável, que seu gráfico era o conjunto:

$$\{(x,y) \in R^2 \mid y = f(x) \text{ e } x \in D\}$$

Consequentemente, a representação gráfica era feita no plano cartesiano (Figura 9.2).

Figura 9.2: Representação gráfica de função de uma variável

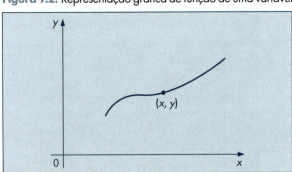

De modo totalmente análogo, definimos gráfico de uma função de duas variáveis. Seja $f(x, y)$ uma função de duas variáveis x e y. O gráfico da função é o conjunto:

$$\{(x, y, z) \in R^3 \mid z = f(x, y) \text{ e } (x, y) \in D\}$$

Portanto, o gráfico de $f(x, y)$ será representado no espaço tridimensional, de tal forma que a cada par (x, y) do domínio corresponda uma cota $z = f(x, y)$, como mostra a Figura 9.3.

Figura 9.3: Gráfico de funções de duas variáveis

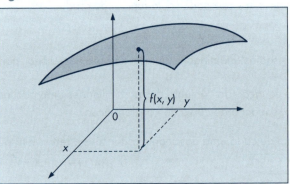

De modo geral, a obtenção do gráfico de uma função de duas variáveis só é um problema simples em algumas situações particulares. Em virtude disso, costuma-se utilizar uma forma alternativa de representação chamada método das curvas de nível, que veremos a seguir. Antes, porém, vejamos alguns exemplos de gráficos.

Exemplo 9.5 Determinemos o gráfico da função $f(x, y) = x + y$, cujo domínio é dado por:

$$D = \{(0, 0), (1, 0), (2, 0), (0, 1), (1, 1), (2, 1), (0, 2), (1, 2), (2,2)\}$$

Temos:

$f(0, 0) = 0$ $f(0, 1) = 1$ $f(0, 2) = 2$
$f(1, 0) = 1$ $f(1, 1) = 2$ $f(1, 2) = 3$
$f(2, 0) = 2$ $f(2, 1) = 3$ $f(2, 2) = 4$

E o gráfico é aquele da Figura 9.4.

Figura 9.4: Gráfico da função $f(x, y) = x + y$ do Exemplo 9.5

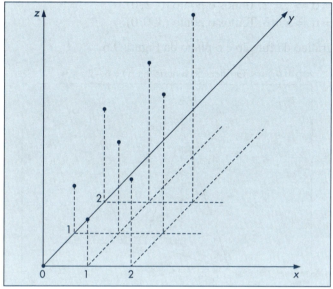

Exemplo 9.6 Consideremos a função constante $f(x, y) = 4$, com domínio $D = R^2$.

Nesse caso, como $z = 4$ para todo par (x, y), o gráfico será um plano paralelo ao plano $x0y$, distante 4 unidades do mesmo (Figura 9.5).

Figura 9.5: Gráfico da função $f(x, y) = 4$

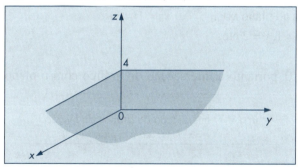

Exemplo 9.7 Consideremos a função $f(x, y) = 6 - 2x - 3y$, com domínio $D = R^2$.

Temos:

$$z = 6 - 2x - 3y \Rightarrow 2x + 3y + z = 6$$

Conforme vimos no capítulo anterior, o gráfico da relação $2x + 3y + z = 6$ é um plano no espaço tridimensional.

Para desenharmos esse plano, tomemos três de seus pontos que sejam não alinhados.

- Para $x = 0$ e $y = 0 \Rightarrow z = 6$. Temos o ponto $(0, 0, 6)$.
- Para $x = 0$ e $z = 0 \Rightarrow y = 2$. Temos o ponto $(0, 2, 0)$.
- Para $y = 0$ e $z = 0 \Rightarrow x = 3$. Temos o ponto $(3, 0, 0)$.

Portanto, o gráfico da função é o plano da Figura 9.6.

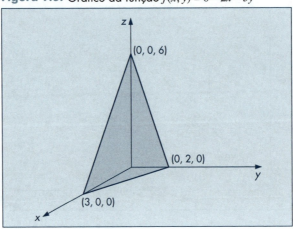

Figura 9.6: Gráfico da função $f(x, y) = 6 - 2x - 3y$

Exemplo 9.8 Consideremos a função de produção $z = x^{0,5} \cdot y^{0,5}$ com domínio $D = \{(x, y) \in R^2 \mid x \geq 0 \text{ e } y \geq 0\}$.

Nesse caso, para termos ideia do gráfico, vamos obter secções paralelas, da seguinte forma:

- Secções paralelas ao plano $x0z$.

    Façamos $y = 0, y = 1, y = 2$ etc.

    Temos:

    (i) $y = 0 \Rightarrow z = 0$, portanto a intersecção do gráfico com o plano $x0z$ é a reta $z = 0$ (Figura 9.7).

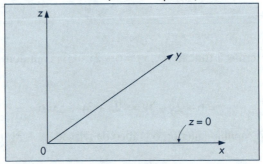

Figura 9.7: Intersecção do gráfico da função $z = x^{0,5} \cdot y^{0,5}$ com o plano $y = 0$

(ii) $y = 1 \Rightarrow z = x^{0,5}$, portanto a secção do gráfico pelo plano de equação $y = 1$ é a curva de equação $z = x^{0,5}$ (Figura 9.8).

Figura 9.8: Intersecção do gráfico da função $z = x^{0,5} \cdot y^{0,5}$ com o plano $y = 1$.

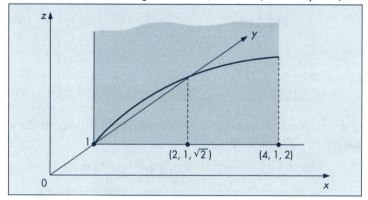

(iii) $y = 2 \Rightarrow z = \sqrt{2} \cdot x^{0,5}$, portanto a secção do gráfico pelo plano de equação $y = 2$ é a curva de equação $z = \sqrt{2} \cdot x^{0,5}$ (Figura 9.9).

Figura 9.9: Intersecção do gráfico da função $z = x^{0,5} \cdot y^{0,5}$ com o plano $y = 2$

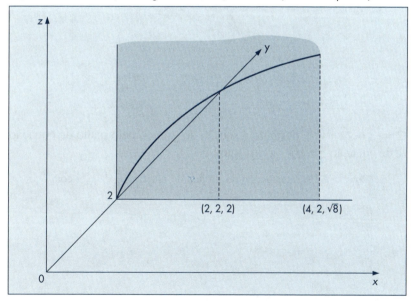

- Secções paralelas ao plano $y0z$.

  Façamos $x = 0$, $x = 1$, $x = 2$ etc.

  Temos:

  (i) $x = 0 \Rightarrow z = 0$, portanto a intersecção do gráfico com o plano $y0z$ é a reta $z = 0$ (Figura 9.10).

Figura 9.10: Intersecção do gráfico da função $z = x^{0,5} \cdot y^{0,5}$ com o plano $x = 0$

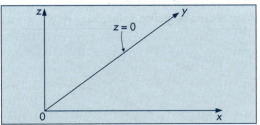

(ii) $x = 1 \Rightarrow z = y^{0,5}$, portanto a secção do gráfico pelo plano de equação $x = 1$ é a curva de equação $z = y^{0,5}$ (Figura 9.11).

Figura 9.11: Intersecção do gráfico da função $z = x^{0,5} \cdot y^{0,5}$ com o plano $x = 1$

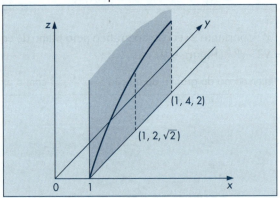

(iii) $x = 2 \Rightarrow z = \sqrt{2} \cdot y^{0,5}$, portanto a secção do gráfico pelo plano de equação $x = 2$ é a curva de equação $z = \sqrt{2} \cdot y^{0,5}$ (Figura 9.12).

Figura 9.12: Intersecção do gráfico da função $z = x^{0,5} \cdot y^{0,5}$ com o plano $x = 2$

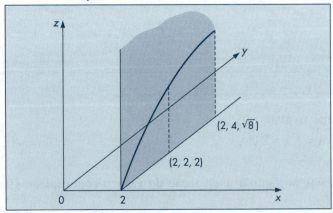

Com essas informações, é possível visualizar o gráfico da função como a superfície da Figura 9.13.

Figura 9.13: Gráfico da função $z = x^{0,5} \cdot y^{0,5}$

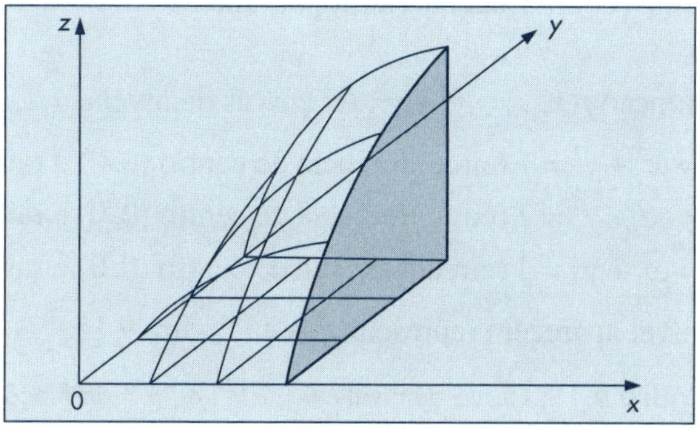

Exercício

19. Esboce o gráfico das seguintes funções:
    a) $f(x, y) = xy$ com $D = \{(0, 0), (1, 0), (2, 0), (0, 1), (1, 1), (2, 1), (0, 2), (1, 2), (2, 2)\}$
    b) $f(x, y) = 3^x$ com $D = \{(0, 0), (1, 0), (2, 0), (0, 1), (1, 1), (2, 1), (0, 2), (1, 2), (2, 2)\}$
    c) $f(x, y) = 2, D = R^2$
    d) $f(x, y) = 5, D = R^2$
    e) $f(x, y) = 12 - 3x - 4y, D = R^2$
    f) $f(x, y) = x + y, D = R^2$
    g) $f(x, y) = 3 + x - y, D = R^2$
    h) $f(x, y) = x^2 + y^2, D = R^2$
    i) $f(x, y) = 1 - x^2, D = R^2$
    j) $f(x, y) = 1 - y^2, D = R^2$

9.4 Curvas de nível

Devido à dificuldade de desenharmos o gráfico de uma função de duas variáveis, costumamos utilizar a seguinte forma alternativa de representação: obtemos o conjunto dos pontos do domínio que têm a mesma cota c; tais pontos, em geral, formam uma curva que recebe o nome de curva de nível c da função (Figura 9.14).

Figura 9.14: Curva de nível de uma função

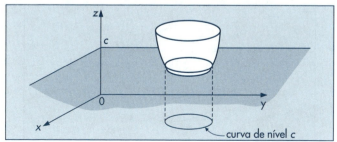

Assim, atribuindo valores a c, obtemos várias curvas de nível, que permitem tirar importantes informações sobre a função.

O método das curvas de nível, além de ser muito utilizado em Economia, é também utilizado em outras áreas, como Engenharia (topografia de terrenos), Geografia e outras.

Exemplo 9.9 Seja a função $f(x, y) = x^2 + y^2$. As curvas de nível $c = 1$, $c = 2$ e $c = 4$ são:

$c = 1 \Rightarrow x^2 + y^2 = 1$ (circunferência de centro $(0, 0)$ e raio 1)
$c = 2 \Rightarrow x^2 + y^2 = 2$ (circunferência de centro $(0, 0)$ e raio $\sqrt{2}$)
$c = 4 \Rightarrow x^2 + y^2 = 4$ (circunferência de centro $(0, 0)$ e raio 2)

Essas curvas de nível aparecem representadas na Figura 9.15.

Figura 9.15: Curva de nível $c = 1$, $c = 2$ e $c = 4$ da função $f(x, y) = x^2 + y^2$

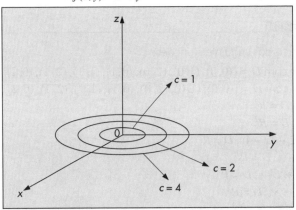

Frequentemente, a representação das curvas de nível é feita desenhando-se apenas os eixos $0x$ e $0y$, como na Figura 9.16.

Figura 9.16: Curvas de nível $c = 1$, $c = 2$ e $c = 4$ da função $f(x, y) = x^2 + y^2$

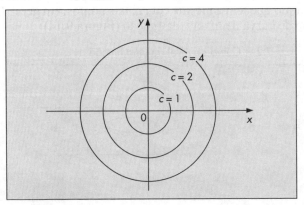

Exemplo 9.10 Consideremos a função de produção $P = L^{0,5} \cdot K^{0,5}$, em que L representa o trabalho envolvido e K, o capital.

As curvas de nível $c = 1$ e $c = 2$ são:

$$c = 1 \Rightarrow L^{0,5} \cdot K^{0,5} = 1 \Rightarrow L = \frac{1}{K}$$

$$c = 2 \Rightarrow L^{0,5} \cdot K^{0,5} = 2 \Rightarrow L = \frac{4}{K}$$

A representação dessas curvas de nível pode ser vista na Figura 9.17. Cada curva de nível fornece os pares (K, L) para os quais a produção é constante, sendo a primeira com produção igual a 1 e a segunda, igual a 2. Em Economia, essas curvas de nível são denominadas curvas de isoproduto ou isoquantas de produção.

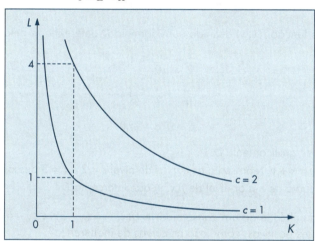

Figura 9.17: Curvas de nível $c = 1$ e $c = 2$ da função de produção $P = L^{0,5} \cdot K^{0,5}$

Exercícios

20. Esboce as curvas de nível das funções:
    a) $f(x, y) = 3x + 4y$, nos níveis $c = 12$ e $c = 24$;
    b) $f(x, y) = x - y$, nos níveis $c = 0, c = 1$ e $c = -1$;
    c) $f(x, y) = 2x - 3y$, nos níveis $c = 6, c = 10$ e $c = 12$;
    d) $f(x, y) = \frac{1}{x^2 + y^2}$, nos níveis $c = 1$ e $c = 4$;
    e) $f(x, y) = y - x^2$, nos níveis $c = 0$ e $c = 1$;
    f) $f(x, y) = y - x^2 + 4$, nos níveis $c = 0$ e $c = 5$;
    g) $f(x, y) = y - x^3$, nos níveis $c = 0$ e $c = 1$;
    h) $f(x, y) = \sqrt{x^2 + y^2 - 2}$, nos níveis $c = 0$ e $c = 1$;
    i) $f(x, y) = xy$, nos níveis $c = 1, c = -1, c = 2$ e $c = -2$.

21. Considere a função utilidade de um consumidor $U(x, y) = xy$, em que x é a quantidade consumida de um produto A, e y é a quantidade consumida de um produto B. Esboce as curvas de nível $c = 2$ e $c = 4$ e explique seu significado econômico. Tais curvas recebem o nome de curvas de indiferença.

22. Considere a função utilidade de um consumidor $U(x, y) = x^2 y$, em que x é a quantidade consumida de um produto A, e y é a quantidade consumida de um produto B. Esboce as curvas de nível $c = 1$ e $c = 2$.

23. Seja $P = 2K^{\frac{1}{4}} \cdot L^{\frac{3}{4}}$ uma função de produção. Represente os pares (K, L) para os quais $P = 8$.

24. Seja $R = 2x + 3y$ a receita de vendas de dois produtos de quantidades x e y. Esboce o gráfico dos pontos (x, y) para os quais a receita vale $\$120{,}00$. (Em Economia, tal curva recebe o nome de isorreceita.)

25. Mostre que duas curvas de nível, com níveis distintos, não se interceptam.

26. Considere a função $f(x, y)$ definida num domínio D determinado pelas inequações:

$$\frac{x}{2} + \frac{y}{10} \leq 1$$

$$\frac{x}{10} + \frac{y}{2} \leq 1$$

$$x \geq 0 \text{ e } y \geq 0$$

a) Represente graficamente D.
b) Se $f(x, y) = x + y$, represente as curvas de nível $c = 2$ e $c = 3$ dessa função.
c) Qual a curva de maior nível de $f(x, y)$ que intercepta D?

27. Se a função utilidade de um consumidor é $U(x, y) = (x - a)^2 + (y - b)^2$, em que a e b são constantes positivas, como são as curvas de indiferença?

9.5 Limite e continuidade

As noções de limite e continuidade para funções de duas variáveis são análogas às que foram vistas para funções de uma variável.

Intuitivamente falando, o limite de $f(x, y)$ quando (x, y) tende ao ponto (x_0, y_0) é o número L (se existir) do qual se aproxima $f(x, y)$ quando (x, y) se aproxima de (x_0, y_0), por qualquer caminho, sem no entanto ficar igual a (x_0, y_0).

Indicamos essa ideia da seguinte forma:

$$\lim_{(x, y) \to (x_0, y_0)} f(x, y) = L$$

Caso L seja igual a $f(x_0, y_0)$, dizemos que f é contínua em (x_0, y_0); caso contrário, f é dita descontínua em (x_0, y_0).

Exemplo 9.11 Seja $f(x, y) = x + y$. O limite de $f(x, y)$ quando (x, y) se aproxima do ponto $(2, 3)$ é o número 5, e escrevemos:

$$\lim_{(x, y) \to (2, 3)} f(x, y) = 5$$

Como $f(2, 3) = 5$, f é contínua em $(2, 3)$.

Exemplo 9.12 Seja a função $f(x, y) = \begin{cases} x + y, \text{ se } (x, y) \neq (2, 3) \\ 6, \text{ se } (x, y) = (2, 3) \end{cases}$

O limite de $f(x, y)$ quando (x, y) se aproxima de $(2, 3)$ é 5. Isto é:

$$\lim_{(x, y) \to (2, 3)} f(x, y) = 5$$

Como $f(2, 3) = 6$, f é descontínua em $(2, 3)$.

Exemplo 9.13 Seja $f(x, y) = \begin{cases} 1, \text{ se } y \leq 2 \\ 3, \text{ se } y > 2 \end{cases}$

Nesse caso, não existe o limite de $f(x, y)$ quando (x, y) tende a $(x_0, 2)$, qualquer que seja x_0, pois, à medida que (x, y) se aproxima de $(x_0, 2)$, $f(x, y)$ fica ora igual a 1, ora igual a 3 (Figura 9.18).

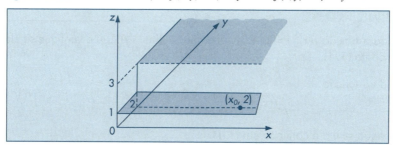

Figura 9.18: Gráfico da função $f(x, y) = 1$, se $y \leq 2$ e $f(x, y) = 3$, se $y > 2$

Portanto, $f(x, y)$ é descontínua em todos os pontos da reta de equação $y = 2$, do plano $x0y$.

Os teoremas que enunciaremos a seguir são úteis no cálculo de limites e na verificação de continuidade de funções de duas variáveis.

Teorema 1

São contínuas em todos os pontos de seu domínio as funções:
a) polinomiais nas variáveis x e y;
b) racionais nas variáveis x e y.

Assim, de acordo com o Teorema 1, são contínuas, por exemplo, as funções:

$$f(x, y) = x^2 + y^2 - xy, \forall x, y \text{ (polinomial)}$$
$$f(x, y) = x^3y^2 - xy + y^3 + 6, \forall x, y \text{ (polinomial)}$$
$$f(x, y) = \frac{x^2 + y^2}{xy - 1}, \forall x, y \text{ tais que } xy \neq 1 \text{ (racional)}$$

Teorema 2

Se $f(x, y)$ e $g(x, y)$ são contínuas em (x_0, y_0), então serão também contínuas em (x_0, y_0) as funções:

a) $f(x, y) + g(x, y)$
b) $f(x, y) - g(x, y)$
c) $k \cdot f(x, y)$ $(k \in R)$
d) $f(x, y) \cdot g(x, y)$
e) $\dfrac{f(x, y)}{g(x, y)}$ $(g(x_0, y_0) \neq 0)$
f) $a^{f(x, y)}$ $(a > 0)$
g) $\log f(x, y)$ $(f(x_0, y_0) > 0)$
h) $\cos f(x, y)$
i) $\operatorname{sen} f(x, y)$

De acordo com os teoremas vistos, são contínuas em todos os pontos de seu domínio, por exemplo, as funções:

$$f(x, y) = x^2 + y^2 - 2xy^3$$

$$f(x, y) = \frac{x + y}{x - y}$$

$$f(x, y) = 2^{x - y^2}$$

$$f(x, y) = \ln(x + y)$$

$$f(x, y) = \operatorname{sen}(x^2 + y)$$

$$f(x, y) = x^2 + e^x$$

Exercícios

28. Dada a função $f(x, y) = 2x + 3y$, obtenha $\lim\limits_{(x, y) \to (3, 4)} f(x, y)$ e verifique se ela é contínua no ponto $(3, 4)$.

29. Dada a função
$$f(x, y) = \begin{cases} x + y + 2, \text{ se } (x, y) \neq (1, 1) \\ 6, \text{ se } (x, y) = (1, 1) \end{cases}$$
verifique se ela é contínua em $(1, 1)$.

30. Dada a função
$$f(x, y) = \begin{cases} x^2 + y^2, \text{ se } (x, y) \neq (0, 0) \\ 2, \text{ se } (x, y) = (0, 0) \end{cases}$$
verifique se ela é contínua em $(0, 0)$.

31. Dada a função
$$f(x, y) = \begin{cases} 1, \text{ se } x \geqslant 2 \\ 2, \text{ se } x < 2 \end{cases}$$
verifique se ela é contínua em $(2, 7)$.

32. Dada a função
$$f(x, y) = \begin{cases} \dfrac{1}{x^2 + y^2}, \text{ se } (x, y) \neq (0, 0) \\ 1, \text{ se } (x, y) = (0, 0) \end{cases}$$
verifique se ela é contínua em $(0, 0)$.

Capítulo 10

Derivadas para funções de duas variáveis

10.1 Derivadas parciais

Consideremos uma função $f(x, y)$ de duas variáveis. É um problema importante sabermos qual o ritmo de variação de $f(x, y)$ correspondente a pequenas variações de x e y.

Uma primeira abordagem que podemos fazer desse problema consiste em manter fixa uma das variáveis e calcular o ritmo de variação de $f(x, y)$ em relação à outra variável. A ideia que norteia esse estudo chama-se derivada parcial, que passaremos a definir.

Consideremos um ponto (x_0, y_0); se mantivermos y constante no valor y_0 e variarmos x do valor x_0 para o valor $x_0 + \Delta x$, a função $f(x, y)$ dependerá apenas da variável x.

Seja:

$$\Delta f = f(x_0 + \Delta x, y_0) - f(x_0, y_0)$$

À razão:

$$\frac{\Delta f}{\Delta x} = \frac{f(x_0 + \Delta x) - f(x_0, y_0)}{\Delta x}$$

chamamos taxa média de variação de f em relação a x.

Observemos que:

(a) $\frac{\Delta f}{\Delta x}$ depende do ponto de partida (x_0, y_0);

(b) $\frac{\Delta f}{\Delta x}$ depende da variação Δx.

O limite (se existir e for um número real) de $\frac{\Delta f}{\Delta x}$, quando Δx tende a 0, denominamos derivada parcial de f no ponto (x_0, y_0) em relação a x. Indicamos tal derivada parcial por um dos símbolos:

$$\frac{\partial f}{\partial x}(x_0, y_0) \quad \text{ou} \quad f_x(x_0, y_0)$$

Assim,

$$\frac{\partial f}{\partial x}(x_0, y_0) = f_x(x_0, y_0) = \lim_{\Delta x \to 0} \frac{\Delta f}{\Delta x}$$

O símbolo $\frac{\partial f}{\partial x}$ (lê-se del f, del x) foi introduzido por Lagrange (Joseph Louis Lagrange, 1736-1813, matemático nascido na Itália, mas que viveu a maior parte da vida na França).

Analogamente, se mantivermos x constante no valor x_0 e variarmos y do valor y_0 para o valor $y_0 + \Delta y$, f dependerá apenas da variável y.

Seja:

$$\Delta f = f(x_0, y_0 + \Delta y) - f(x_0, y_0)$$

À razão:

$$\frac{\Delta f}{\Delta y} = \frac{f(x_0, y_0 + \Delta y) - f(x_0, y_0)}{\Delta y}$$

chamamos taxa média de variação de f em relação a y.

O limite (se existir e for um número real) de $\frac{\Delta f}{\Delta y}$, quando Δy tende a 0, denominamos derivada parcial de f no ponto (x_0, y_0) em relação a y. Indicamos tal derivada parcial por um dos símbolos:

$$\frac{\partial f}{\partial y}(x_0, y_0) \quad \text{ou} \quad f_y(x_0, y_0)$$

O símbolo $\frac{\partial f}{\partial y}$, lê-se del f, del y.

Assim,

$$\frac{\partial f}{\partial y}(x_0, y_0) = f_y(x_0, y_0) = \lim_{\Delta y \to 0} \frac{\Delta f}{\Delta y}$$

Exemplo 10.1 Seja $f(x, y) = 2x + 3y$. Calculemos $\frac{\partial f}{\partial x}(4, 5)$ e $\frac{\partial f}{\partial y}(4, 5)$.

Temos:

$$\frac{\partial f}{\partial x}(4, 5) = \lim_{\Delta x \to 0} \frac{f(4 + \Delta x, 5) - f(4, 5)}{\Delta x}$$

$$= \lim_{\Delta x \to 0} \frac{2(4 + \Delta x) + 3 \cdot 5 - 2 \cdot 4 - 3 \cdot 5}{\Delta x}$$

$$= \lim_{\Delta x \to 0} \frac{2 \cdot \Delta x}{\Delta x} = 2$$

Analogamente,

$$\frac{\partial f}{\partial y}(4, 5) = \lim_{\Delta y \to 0} \frac{f(4, 5 + \Delta y) - f(4, 5)}{\Delta y}$$

$$= \lim_{\Delta y \to 0} \frac{2 \cdot 4 + 3 \cdot (5 + \Delta y) - 2 \cdot 4 - 3 \cdot 5}{\Delta y}$$

$$= \lim_{\Delta y \to 0} \frac{3 \cdot \Delta y}{\Delta y} = 3$$

10.2 Função derivada parcial

Se calcularmos f_x e f_y num ponto genérico (x, y), obteremos duas funções de x e y; a função $f_x(x, y)$ é chamada função derivada parcial de f em relação a x (ou, simplesmente, derivada parcial de f em relação a x). A função $f_y(x, y)$ é chamada função derivada parcial de f em relação a y (ou, simplesmente, derivada parcial de f em relação a y). As derivadas parciais também podem ser indicadas por:

$$f_x \text{ ou } \frac{\partial f}{\partial x} \quad \text{e} \quad f_y \text{ ou } \frac{\partial f}{\partial y}$$

Para o cálculo de f_x e f_y, podemos aplicar as regras de derivação estudadas em funções de uma variável (Capítulo 5), desde que:

a) no cálculo de f_x consideremos y como constante;
b) no cálculo de f_y consideremos x como constante.

Exemplo 10.2 Se $f(x, y) = x^2 + y^2$, então:

$f_x = 2x$ (pois y é considerado uma constante.)
$f_y = 2y$ (pois x é considerado uma constante.)

Se quisermos calcular $f_x(3, 4)$ e $f_y(3, 4)$, basta substituirmos x por 3 e y por 4 nas derivadas, isto é:

$$f_x(3, 4) = 2 \times 3 = 6 \quad \text{e} \quad f_y = 2 \times 4 = 8$$

Exemplo 10.3 Suponhamos que $f(x, y) = x^3 + y^2 + 2xy$. As derivadas parciais são:

$f_x = 3x^2 + 2y$ (pois y é considerada uma constante.)
$f_y = 2y + 2x$ (pois x é considerada uma constante.)

As derivadas parciais no ponto $(1, 1)$, por exemplo, são obtidas substituindo x e y por 1, isto é:

$$f_x(1, 1) = 3 + 2 = 5 \quad \text{e} \quad f_y(1, 1) = 2 + 2 = 4$$

Exemplo 10.4 Sendo $f(x, y) = (x^2 + y^2)$ sen x e usando a regra da derivada do produto, as derivadas parciais são dadas por:

$$f_x = (2x) \text{ sen } x + (x^2 + y^2) \cos x$$

e

$$f_y = (2y) \text{ sen } x + (x^2 + y^2) \cdot 0 = 2y \text{ sen } x$$

Exemplo 10.5 Seja $f(x, y) = \ln(x^2 + 2xy)$. Para o cálculo das derivadas parciais, utilizaremos a regra da cadeia.

Fazendo $u = x^2 + 2xy$, teremos $f(x, y) = \ln u$ e, portanto:

$$f_x = \frac{1}{u} \cdot u' = \frac{1}{x^2 + 2xy} \cdot (2x + 2y)$$

pois, no cálculo de u', y é considerado constante. De modo análogo,

$$f_y = \frac{1}{u} \cdot u' = \frac{1}{x^2 + 2xy} \cdot (2x)$$

Exemplo 10.6 Suponhamos que a quantidade de batata demandada por semana (em kg) num supermercado seja a função do seu preço unitário x (por kg) e do preço unitário y (por kg) de arroz, de acordo com a relação $q = f(x, y) = 1.000 - 2x^2 + 15y$.

Calculemos $\frac{\partial f}{\partial x}(3, 4)$ e $\frac{\partial f}{\partial y}(3, 4)$.

Temos:

$$\frac{\partial f}{\partial x} = -4x, \text{ portanto, } \frac{\partial f}{\partial x}(3, 4) = -12$$

$$\frac{\partial f}{\partial y} = 15, \text{ portanto, } \frac{\partial f}{\partial y}(3, 4) = 15$$

Podemos interpretar tal resultado da seguinte forma: $\frac{\partial f}{\partial x}(3, 4) = -12$ representa aproximadamente $\frac{\Delta f}{\Delta x}(3, 4)$ para pequenos valores de Δx. Assim, se admitirmos $\Delta x = 1$, teremos $\Delta f \cong -12$, ou seja, a um aumento unitário no preço do kg da batata (de 3 para 4) corresponde uma diminuição de aproximadamente 12 kg na demanda de batata (mantido o preço do kg do arroz em 4).

$\frac{\partial f}{\partial y}(3, 4) = 15$ representa aproximadamente $\frac{\Delta f}{\Delta y}(3, 4)$ para pequenos valores de Δy.

Assim, se admitirmos $\Delta y = 1$, teremos $\Delta f \cong 15$, ou seja, a um aumento unitário no preço do kg do arroz (de 4 para 5) corresponde um aumento na demanda de batata em aproximadamente 15 kg (mantido o preço do kg da batata em 3).

10.3 Significado geométrico das derivadas parciais

No cálculo de $f_x(x_0, y_0)$, o que fizemos foi manter y fixo no valor y_0 e calcular a derivada de f que, no caso, só dependia de x. Ora, isso nada mais é do que achar a derivada da função (de x) no ponto x_0, cujo gráfico é a intersecção do gráfico de f com o plano de equação $y = y_0$ (Figura 10.1).

Figura 10.1: Significado geométrico da derivada parcial em relação a x

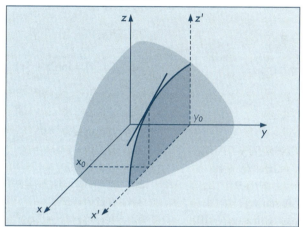

Portanto, conforme vimos em funções de uma variável, $f_x(x_0, y_0)$ representa o coeficiente angular da reta tangente ao gráfico dessa curva no ponto de abscissa x_0, do sistema cartesiano $x'0'z'$ da Figura 10.1, em que O' é o ponto $(0, y_0, 0)$.

Analogamente, $f_y(x_0, y_0)$ representa o coeficiente angular da reta tangente à curva que é a intersecção do gráfico de f com o plano de equação $x = x_0$, no ponto de abscissa y_0 do sistema cartesiano $y'0'z'$ da Figura 10.2, em que O' é o ponto $(x_0, 0, 0)$.

Figura 10.2: Significado geométrico da derivada parcial em relação a y

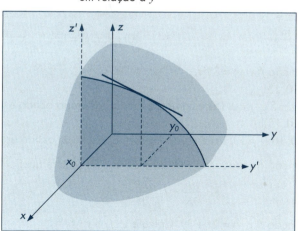

Exercícios

1. Considere a função $f(x, y) = x^2 + 3y^2$. Usando a definição de derivada parcial, calcule $f_x(3, 2)$ e $f_y(3, 2)$.

2. Considere a função $f(x, y) = 4xy^2$. Usando a definição de derivada parcial, calcule $f_x(-1, 2)$ e $f_y(-1, 2)$.

3. Usando as técnicas de derivação, calcule f_x e f_y para as seguintes funções:

   1) $f(x, y) = 7x + 10y$
   2) $f(x, y) = x^2 + 3y^2$
   3) $f(x, y) = \dfrac{1}{x^2} + \dfrac{3}{y}$
   4) $f(x, y) = \dfrac{2}{x^3} - \dfrac{6}{y^2}$
   5) $f(x, y) = x^{\frac{1}{2}} + y^{\frac{1}{2}}$
   6) $f(x, y) = \sqrt[3]{x} + \sqrt{y}$
   7) $f(x, y) = 4xy^2$
   8) $f(x, y) = 10xy^2 + 5x^2y$
   9) $f(x, y) = e^x + 2x^2 + 6y + 10$
   10) $f(x, y) = \ln x + 4y^3 + 9$
   11) $f(x, y) = 3^x + \operatorname{sen} y$
   12) $f(x, y) = \cos x + \ln x - e^y - 10$
   13) $f(x, y) = x^3 e^x + 10y$
   14) $f(x, y) = 2y^2 \ln x$
   15) $f(x, y) = 3y^2 \cos x$
   16) $f(x, y) = 4y^2 e^y + 6x^2$
   17) $f(x, y) = 20x^2 y^2 \operatorname{sen} x$
   18) $f(x, y) = \dfrac{x + y}{x - y}$
   19) $f(x, y) = \dfrac{e^x}{2x + 3y}$
   20) $f(x, y) = \dfrac{\ln y}{x - 2y}$
   21) $f(x, y) = x^{0,3} \cdot y^{0,7}$
   22) $f(x, y) = 2x^{0,6} \cdot y^{0,4}$
   23) $f(x, y) = 10x^\alpha \cdot y^{1-\alpha}$ $(0 < \alpha < 1)$
   24) $f(x, y) = \ln(2x + 3y)$
   25) $f(x, y) = e^{2x + 5y}$
   26) $f(x, y) = 2^{x+y}$
   27) $f(x, y) = e^{x^2 + y^2}$
   28) $f(x, y) = e^{xy}$
   29) $f(x, y) = 3^{xy}$
   30) $f(x, y) = \cos(2x + 3y)$
   31) $f(x, y) = 5^{x^2 + y}$
   32) $f(x, y) = (x^2 + 2xy)^3$
   33) $f(x, y) = (3x^2 y + 2xy)^4$
   34) $f(x, y) = \dfrac{1}{(x^2 + 2y)^3}$
   35) $f(x, y) = \sqrt{xy}$
   36) $f(x, y) = \sqrt{xy + x^2}$
   37) $f(x, y) = \sqrt[3]{2x^2 - 3xy}$
   38) $f(x, y) = \sqrt{e^x + e^y}$
   39) $f(x, y) = \ln\sqrt{x^2 + y^2}$
   40) $f(x, y) = \ln(e^{xy} - x^2 y^3)$

4. Considere a função $f(x, y) = 3x^2 y$.
   a) Calcule $f_x(10, 15)$.
   b) Calcule $f(11, 15) - f(10, 15)$ e compare com o resultado obtido em (a).
   c) Calcule $f_y(10, 15)$.
   d) Calcule $f(10, 16) - f(10, 15)$ e compare com o resultado obtido em (c).

5. Considere a função de produção $P(K, L) = 3K^{0,5} L^{0,5}$. Mostre que:

$$K \cdot \dfrac{\partial P}{\partial K} + L \cdot \dfrac{\partial P}{\partial L} = P(K, L)$$

6. Considere a função $f(x, y) = 2x + 3y$. Calcule $x \cdot f_x + y \cdot f_y$.

CAPÍTULO 10   DERIVADAS PARA FUNÇÕES DE DUAS VARIÁVEIS

7. Considere a função $u(x_1, x_2) = x_1^2 \cdot x_2$. Calcule:

$$x_1 \cdot \frac{\partial u}{\partial x_1} + x_2 \cdot \frac{\partial u}{\partial x_2}$$

8. Considere a seguinte função de produção $P(x, y) = 2x^{0,5} \cdot y^{0,5}$, em que P é a quantidade colhida de um produto (em toneladas), x é o número de homens-hora empregados (em milhares) e y é o número de hectares plantados. Calcule:

   a) a produtividade marginal do trabalho $\frac{\partial P}{\partial x}$.

   b) a produtividade marginal da terra $\frac{\partial P}{\partial y}$.

   c) $\frac{\partial P}{\partial x}(1, 4)$ e $\frac{\partial P}{\partial y}(1, 4)$. Interprete o resultado.

9. Seja $P(K, L) = 10K^{0,5}L^{0,5}$ uma função de produção e K e L, as quantidades dos insumos capital e trabalho.

   Calcule $\frac{\partial P}{\partial K}(2, 8)$ e $\frac{\partial P}{\partial L}(2, 8)$, explicando seu significado.

10. Seja $q = 1.000 - 2x^2 + 10y$ a equação de demanda semanal de manteiga num supermercado (em kg), x o preço por kg da manteiga e y o preço por kg da margarina.

    a) Calcule as demandas marginais parciais $\frac{\partial q}{\partial x}$ e $\frac{\partial q}{\partial y}$.

    b) Se $x = 20$ e $y = 10$, o que eleva mais a demanda de manteiga: o aumento em uma unidade no preço do kg da margarina (mantido o da manteiga) ou a diminuição em uma unidade no preço do kg da manteiga (mantido o da margarina)? Use os resultados do item (a).

11. Seja $q = 30 - 4x - 2y$ a equação de demanda de um produto A, x seu preço unitário e y o preço unitário de um bem B.

    a) Calcule as demandas marginais parciais $\frac{\partial q}{\partial x}$ e $\frac{\partial q}{\partial y}$, explicando seu significado.

    b) O que aumenta mais a demanda de A: diminuir em uma unidade seu preço unitário (mantendo o de B) ou diminuir em uma unidade o preço unitário de B (mantendo o de A)?

12. Seja $q = 100 - 6x + 2y$ a equação de demanda de um produto I, x seu preço unitário e y o preço unitário de um produto II.

    a) Calcule as demandas marginais parciais $\frac{\partial q}{\partial x}$ e $\frac{\partial q}{\partial y}$, explicando seu significado.

    b) O que eleva mais a demanda de I: diminuir em uma unidade seu preço unitário (mantendo o preço de II) ou aumentar em uma unidade o preço de II (mantendo o do produto I)?

13. Considere as funções de demanda de dois produtos A e B, $q_A = f(p_A, p_B)$ e $q_B = g(p_A, p_B)$, em que p_A e p_B são os preços unitários de A e B. Os produtos A e B são chamados substitutos se, para cada um deles, aumentando-se seu preço, aumenta-se a demanda do outro (por exemplo, manteiga e margarina). Os produtos A e B são chamados complementares se, para cada um, aumentando-se seu preço, diminui-se a demanda do outro (por exemplo, carro e gasolina).
    a) Dê um exemplo de dois bens substitutos.
    b) Qual o sinal das derivadas $\dfrac{\partial q_A}{\partial p_B}$ e $\dfrac{\partial q_B}{\partial p_A}$ caso os produtos sejam substitutos?
    c) Dê um exemplo de dois bens complementares.
    d) Qual o sinal das derivadas $\dfrac{\partial q_A}{\partial p_B}$ e $\dfrac{\partial q_B}{\partial p_A}$ caso os produtos sejam complementares?

14. Verifique se os bens A e B são substitutos ou complementares considerando suas equações de demanda nos seguintes casos:
    a) $q_A = 500 - 2p_A + 3p_B$ e $q_B = 200 + 5_A - 6p_B$
    b) $q_A = 500 - 2p_A - 3p_B$ e $q_B = 200 - 5_A - 6p_B$
    c) $q_A = \dfrac{5p_B}{2 + p_A^2}$ e $q_B = \dfrac{3p_A}{3 + \sqrt{p_B}}$

15. Dada a função utilidade de um consumidor
$$U(x_1, x_2) = 100x_1 + 200x_2 + x_1 x_2 - x_1^2 - x_2^2$$
em que x_1 é a quantidade consumida de um produto A e x_2 é a quantidade consumida de um produto B.
Calcule:
    a) a utilidade marginal do produto A, $\dfrac{\partial u}{\partial x_1}$;
    b) a utilidade marginal do produto B, $\dfrac{\partial u}{\partial x_2}$;
    c) $\dfrac{\partial u}{\partial x_1}(3, 4)$ e $\dfrac{\partial u}{\partial x_2}(3, 4)$, explicando seu significado.

16. Dada a função custo para a produção de dois bens de quantidades x e y, $C(x, y) = 100 + x^2 + 2y^2 + xy$, determine:
    a) o custo marginal em relação a x, $\dfrac{\partial C}{\partial x}$;
    b) o custo marginal em relação a y, $\dfrac{\partial C}{\partial y}$;
    c) $\dfrac{\partial C}{\partial x}(10, 20)$ e $\dfrac{\partial C}{\partial y}(10, 20)$, explicando seu significado.

17. Seja $C(x, y) = 10 + x + x^2 y - xy$ a função custo conjunto para fabricar x unidades de um produto A e y unidades de um produto B.
    a) Calcule os custos marginais em relação a x e a y.
    b) Calcule $\dfrac{\partial C}{\partial x}(10, 10)$ e $\dfrac{\partial C}{\partial y}(10, 10)$ e interprete os resultados.

18. Seja $q_A = f(p_A, p_B)$ a função de demanda de um produto A, p_A seu preço unitário e p_B o preço unitário de um produto B.

    Sabemos que, em geral, $\dfrac{\partial q_A}{\partial p_A} < 0$. De maneira análoga à que vimos no Capítulo 5, definimos elasticidade parcial da demanda de A em relação a seu preço como o número

    $$\varepsilon_A = \left| \dfrac{\partial q_A}{\partial q_A} \cdot \dfrac{p_A}{q_A} \right|$$

    em que o módulo foi introduzido para a elasticidade resultar num número geralmente positivo. Convém observar que há autores que definem a elasticidade sem o uso do módulo.

    A interpretação é análoga àquela vista no Capítulo 5, ou seja, a elasticidade representa aproximadamente a variação porcentual da quantidade demandada quando seu preço aumenta 1% (mantido constante o preço de B).

    a) Calcule a elasticidade parcial da demanda de manteiga relativamente a seu preço no exercício 10, no ponto (20, 10).
    b) Idem, para o produto A do exercício 11.
    c) Idem, para o produto I do exercício 12.

19. Com relação ao exercício anterior, a derivada $\dfrac{\partial q_A}{\partial p_B}$ representa a taxa de variação da demanda de A relativamente ao preço de B.

    Chama-se elasticidade cruzada da demanda de A, relativamente ao preço de B, ao número:

    $$\varepsilon_{AB} = \dfrac{\partial q_A}{\partial p_B} \cdot \dfrac{p_B}{q_A}$$

    A elasticidade cruzada foi definida sem o módulo para podermos caracterizar bens substitutos e bens complementares pelo sinal da elasticidade.

    a) Calcule a elasticidade cruzada da demanda de manteiga em relação ao preço da margarina do exercício 10, no ponto (20, 10).
    b) Calcule a elasticidade cruzada da demanda do produto A do exercício 11 em relação ao preço de B.
    c) Calcule a elasticidade cruzada da demanda do produto I do exercício 12, em relação ao preço do outro produto.

10.4 Diferencial de uma função

Consideremos a função dada por $f(x, y) = 2x^2 + 3x^2$, e calculemos a variação Δf sofrida pela função quando x e y sofrem variações Δx e Δy a partir do ponto (x_0, y_0).

Temos:

$$\begin{aligned}
\Delta f &= f(x_0 + \Delta x, y_0 + \Delta y) - f(x_0, y_0) \\
&= 2(x_0 + \Delta x)^2 + 3(y_0 + \Delta y)^2 - (2x_0^2 + 3y_0^2) \\
&= 2(x_0^2 + 2x_0 \Delta x + \Delta x^2) + 3(y_0^2 + 2y_0 \Delta y + \Delta y^2) - 2x_0^2 - 3y_0^2 \\
&= 4x_0 \Delta x + 6y_0 \Delta y + 2\Delta x^2 + 3\Delta y^2
\end{aligned}$$

Por exemplo, se $x_0 = 5$, $y_0 = 6$ e $\Delta x = \Delta y = 0{,}01$, teremos:

$$\Delta f = 4 \cdot (5) \cdot 0{,}01 + 6 \cdot (6) \cdot 0{,}01 + 2(0{,}01)^2 + 3(0{,}01)^2$$
$$= 0{,}2 + 0{,}36 + 0{,}0002 + 0{,}0003$$

Como as parcelas 0,0002 e 0,0003 são desprezíveis comparadas com 0,2 e 0,36, podemos dizer que:

$$\Delta f \cong 0{,}2 + 0{,}36 = 0{,}56$$

Voltando à expressão de Δf, notamos que:

- $4x_0 = \dfrac{\partial f}{\partial x}(x_0, y_0)$ e $6y_0 = \dfrac{\partial f}{\partial y}(x_0, y_0)$;

- os termos $2\Delta x^2 + 3\Delta y^2$ são desprezíveis quando comparados com $4x_0\Delta x + 6y_0\Delta y$, desde que Δx e Δy sejam próximos de zero;

- $\Delta f \cong \dfrac{\partial f}{\partial x}(x_0, y_0)\Delta x + \dfrac{\partial f}{\partial y}(x_0, y_0)\Delta y$.

O resultado que acabamos de ver não é um caso isolado, mas vale para a grande maioria das funções, isto é, a variação sofrida por $f(x, y)$ quando variamos simultaneamente x e y de valores pequenos Δx e Δy é aproximadamente igual a $\dfrac{\partial f}{\partial x}(x_0, y_0)\Delta x + \dfrac{\partial f}{\partial y}(x_0, y_0)\Delta y$.

Esse exemplo preliminar nos leva à definição apresentada a seguir.

Seja f uma função com duas variáveis e seja (x_0, y_0) um ponto de seu domínio. Seja Δf a variação sofrida por $f(x, y)$ ao passarmos do ponto (x_0, y_0) para o ponto $(x_0 + \Delta x, y_0 + \Delta y)$. Isto é,

$$\Delta f = f(x_0 + \Delta x, y_0 + \Delta y) - f(x_0, y_0)$$

Dizemos que f é diferenciável no ponto (x_0, y_0) se Δf puder ser escrita sob a forma:

$$\Delta f = \dfrac{\partial f}{\partial x}(x_0, y_0) \cdot \Delta x + \dfrac{\partial f}{\partial y}(x_0, y_0) \cdot \Delta y + \Delta x \cdot h_1(\Delta x, \Delta y) + \Delta y \cdot h_2(\Delta x, \Delta y)$$

em que as funções h_1 e h_2 têm limites iguais a zero quando $(\Delta x, \Delta y)$ tende a $(0, 0)$.

A parcela $\dfrac{\partial f}{\partial x}(x_0, y_0) \cdot \Delta x + \dfrac{\partial f}{\partial y}(x_0, y_0) \cdot \Delta y$ é chamada diferencial de f e é indicada por df, no caso de f ser diferenciável.

Voltando ao exemplo inicial, vimos que:

$$\Delta f = 4x_0\Delta x + 6y_0\Delta y + 2\Delta x^2 + 3\Delta y^2$$

Assim, como:

$$4x_0 = \dfrac{\partial f}{\partial x}(x_0, y_0)$$

$$6y_0 = \dfrac{\partial f}{\partial y}(x_0, y_0)$$

$h_1(\Delta x, \Delta y) = 2\Delta x$ e $h_2(\Delta x, \Delta y) = 3\Delta y$, ambas com limites nulos quando $(\Delta x, \Delta y)$ tendem a $(0,0)$, concluímos que f é diferenciável num ponto genérico (x_0, y_0).

Seria bastante trabalhoso ter que verificar pela definição se uma função é ou não diferenciável para poder calcular a diferencial como resultado aproximado de Δf. Felizmente, existe um teorema que nos fornece condições facilmente verificáveis para vermos se uma função é diferenciável. Seu enunciado é o seguinte:

Teorema 10.1

Seja f uma função com duas variáveis. Se as derivadas parciais $\dfrac{\partial f}{\partial x}$ e $\dfrac{\partial f}{\partial y}$ são contínuas num conjunto aberto A, então f é diferenciável em todos os pontos de A.

Exemplo 10.7 A função $f(x,y) = 2x^2 + 4y^3$ é diferenciável em todos os pontos de R^2, pois as derivadas parciais $\dfrac{\partial f}{\partial x} = 4x$ e $\dfrac{\partial f}{\partial y} = 12y^2$ são contínuas em R^2. A diferencial de f num ponto genérico (x,y) vale

$$df = 4x \cdot \Delta x + 12y^2 \cdot \Delta y$$

Exemplo 10.8 A função $f(x,y) = \dfrac{2x}{x-y}$ com domínio $D = \{(x,y) \in R^2 \,|\, x \neq y\}$ é diferenciável em D, pois as derivadas parciais $\dfrac{\partial f}{\partial x} = \dfrac{-2y}{(x-y)^2}$ e $\dfrac{\partial f}{\partial y} = \dfrac{2x}{(x-y)^2}$ são contínuas em D. A diferencial de f num ponto genérico (x,y) vale:

$$df = \dfrac{-2y}{(x-y)^2} \cdot \Delta x + \dfrac{2x}{(x-y)^2} \cdot \Delta y$$

Exercícios

20. Mostre que a função $f(x,y) = 3x^2 + 4y^2$ é diferenciável no ponto $(1,1)$ e calcule a diferencial da função nesse ponto para $\Delta x = \Delta y = 0{,}01$.

21. Mostre que a função $f(x,y) = xy^2$ é diferenciável no ponto $(3,4)$ e calcule a diferencial da função nesse ponto para $\Delta x = \Delta y = 0{,}001$.

22. Mostre que a função $f(x,y) = 2x + 3y$ é diferenciável no ponto $(5,7)$ e calcule a diferencial da função nesse ponto para $\Delta x = 0{,}1$ e $\Delta y = 0{,}5$.

23. Dada a função $f(x,y) = x^2 + y$, calcule exatamente $f(1{,}01; 2{,}01) - f(1; 2)$. Calcule também a diferencial da função no ponto $(1,2)$ para Δx e Δy iguais a $0{,}01$ e compare os resultados.

24. Dada a função $f(x,y) = xy$, calcule exatamente $f(3{,}05; 5{,}01) - f(3; 5)$. Calcule também a diferencial da função no ponto $(3,5)$ para valores apropriados de Δx e Δy e compare os resultados.

25. Dada a função do 1º grau $f(x, y) = ax + by + c$, mostre que a diferencial da função em qualquer ponto (x, y) é exatamente igual a Δf, quaisquer que sejam Δx e Δy (grandes ou pequenos).

26. Use o resultado do exercício anterior para calcular Δf nos seguintes casos:
    a) $f(x, y) = 4x + 3y + 5$, para $\Delta x = 5$ e $\Delta y = 10$;
    b) $f(x, y) = 3x - 2y + 1$, para $\Delta x = 100$ e $\Delta y = 250$;
    c) $f(x, y) = 10x + 8y$, para $\Delta x = 600$ e $\Delta y = 1.000$;
    d) $f(x, y) = 2x - y$, para $\Delta x = 18$ e $\Delta y = 96$.

27. Calcule a diferencial de f, num ponto genérico (x_0, y_0), nos seguintes casos:
    a) $f(x, y) = 2x^3 - y$
    b) $f(x, y) = \ln(2x^2 + 3y^2)$
    c) $f(x, y) = \cos(2x + y^3)$
    d) $f(x, y) = x^2 \text{ sen } y$
    e) $f(x, y) = e^{x^2 + y^2}$

28. Calcule a diferencial de f, num ponto genérico (x, y), nos seguintes casos:
    a) $f(x, y) = \dfrac{x^2}{x + y}$
    b) $f(x, y) = \log(x^2 + y^2)$

29. Considere a função custo de produção de dois bens de quantidades x e y:

$$C(x, y) = 15 + 2x^2 + 5y^2 + xy$$

   a) Calcule a diferencial do custo no ponto $x = 10$ e $y = 15$, para $\Delta x = \Delta y = 0{,}1$.
   b) Calcule a diferencial do custo num ponto genérico (x, y), para $\Delta x = 0{,}1$ e $\Delta y = 0{,}05$.
   c) Calcule a diferencial do custo num ponto genérico (x, y), para $\Delta x = \Delta y = h$.

30. Considere a função receita de vendas de dois produtos de quantidades x e y:

$$R(x, y) = -x^2 - y^2 + 100x + 200y$$

   a) Calcule a diferencial da receita no ponto $x = 10$ e $y = 30$, para $\Delta x = \Delta y = 0{,}01$.
   b) Calcule a diferencial da receita num ponto genérico (x, y), para $\Delta x = 0{,}1$ e $\Delta y = 0{,}05$.
   c) Calcule a diferencial da receita num ponto genérico (x, y), para $\Delta x = \Delta y = h$.

31. Dada a função utilidade de um consumidor $U(x, y) = x^{\frac{1}{4}} y^{\frac{3}{4}}$, em que x e y são as quantidades consumidas de dois bens, calcule a diferencial da função utilidade quando x passa de 100 para 99 e y passa de 300 para 301.

32. Encontre o aumento real e aproximado do volume de um tanque cilíndrico quando seu raio da base aumenta de 3 m para 3,05 m e sua altura aumenta de 10 m para 10,1 m.
    (O volume do cilindro é dado por $V = \pi \cdot r^2 \cdot h$, em que r é o raio da base e h, a altura.)

33. Considere a seguinte relação macroeconômica:

$$Y = \frac{C_0 + I + G - bT}{1 - b}$$

em que:
Y é a renda nacional;
C_0 e b são constantes;
I representa o gasto com investimentos;
G representa o gasto governamental;
T representa o total de impostos.

Usando a diferencial de função, verifique o que ocorre com a renda nacional, se o gasto governamental e os impostos aumentarem em 2 unidades monetárias e o gasto com investimentos permanecer constante.

10.5 Função composta — Regra da cadeia

Consideremos uma função de produção $P(x, y) = 6x^{0,5}y^{0,5}$, em que x e y são as quantidades de dois insumos, capital e trabalho, e P, a quantidade produzida de um produto.

Suponhamos que o capital x cresça com o tempo t, de acordo com a relação $x = 0,16t$, e que o trabalho cresça de acordo com a relação $y = 0,09t$.

Se quisermos expressar a produção em função do tempo, temos que substituir $x = 0,16t$ e $y = 0,09t$ na relação $P(x, y) = 6x^{0,5}y^{0,5}$. Procedendo dessa forma, teremos:

$$P(t) = 6(0,16t)^{0,5}(0,09t)^{0,5} = 0,72t$$

A função de t, dada por $P(t) = 0,72t$, chamamos de função composta de P com x e y.

A derivada da função composta dada por $P(t) = 0,72t$ em relação a t é imediata (função de uma variável):

$$P'(t) = \frac{dP}{dt} = 0,72$$

Isto é, a taxa de crescimento do produto em relação ao tempo é 0,72.

De modo geral, a derivada da função composta pode ser obtida facilmente por mera substituição e derivação da função de uma variável, como vimos no exemplo. Entretanto, existe uma fórmula alternativa de cálculo da derivada da função composta, conhecida como regra da cadeia, que veremos a seguir.

Teorema 10.2 — Regra da cadeia

Seja f uma função de duas variáveis x e y, diferenciável num ponto (x_0, y_0) do domínio, e sejam as funções dadas por $x(t)$ e $y(t)$ diferenciáveis em t_0, de modo que $x(t_0) = x_0$ e $y(t_0) = y_0$. Então a função F composta de f com x e y é tal que:

$$\frac{dF}{dt}(t_0) = \frac{\partial f}{\partial x}(x_0, y_0) \cdot \frac{dx}{dt}(t_0) + \frac{\partial f}{\partial y}(x_0, y_0) \cdot \frac{dy}{dt}(t_0)$$

Ou abreviadamente:

$$\frac{dF}{dt} = \frac{\partial f}{\partial x} \cdot \frac{dx}{dt} + \frac{\partial f}{\partial y} \cdot \frac{dy}{dt}$$

Exemplo 10.9 Sejam $f(x, y) = 2x + 5y - 3$, $x(t) = 2t$ e $y(t) = 3t - 1$. A função composta de f com x e y é dada por:

$$F(t) = 2 \cdot (2t) + 5 \cdot (3t - 1) - 3 = 19t - 8$$

a) Cálculo direto de $\frac{dF}{dt}$:

$$\frac{dF}{dt} = 19$$

b) Cálculo de $\frac{dF}{dt}$ pela regra da cadeia:

$$\frac{\partial f}{\partial x} = 2 \qquad \frac{\partial f}{\partial y} = 5$$

$$\frac{dx}{dt} = 2 \qquad \frac{dy}{dt} = 3$$

logo,

$$\frac{dF}{dt} = 2 \times 2 + 5 \times 3 = 19$$

Exemplo 10.10 Sejam $f(x, y) = x^2 + 3y - 5$, $x(t) = e^t$ e $y(t) = t^3$. A função composta de f com x e y é dada por:

$$F(t) = e^{2t} + 3t^3 - 5$$

a) Cálculo direto de $\frac{dF}{dt}$:

$$\frac{dF}{dt} = 2e^{2t} + 9t^2$$

b) Cálculo de $\frac{dF}{dt}$ pela regra da cadeia:

$$\frac{\partial f}{\partial x} = 2x = 2e^t \qquad \frac{\partial f}{\partial y} = 3$$

$$\frac{dx}{dt} = e^t \qquad \frac{dy}{dt} = 3t^2$$

portanto,

$$\frac{dF}{dt} = (2e^t)e^t + 3(3t^2) = 2e^{2t} + 9t^2$$

Exercícios

34. Obtenha $\dfrac{dF}{dt}$ diretamente e pela regra da cadeia, sendo F a função composta de f, com x e y nos seguintes casos:

   a) $f(x, y) = 3x + 6y - 9, x(t) = 3t$ e $y(t) = t^2 - 1$
   b) $f(x, y) = 3x + y^2, x(t) = \text{sen } t$ e $y(t) = \cos t$
   c) $f(x, y) = \ln(x^2 + y^2), x(t) = 3t$ e $y(t) = t - 1$
   d) $f(x, y) = e^{x+y}, x(t) = t^2$ e $y(t) = 2t^3 - 1$
   e) $f(x, y) = x^2y^3 + x^3y^2, x(t) = \dfrac{1}{t}$ e $y(t) = \dfrac{1}{t^2}$

35. Seja $P = 10 \cdot x^{0,2} \cdot y^{0,8}$ uma função de produção, em que x indica o capital e y, o trabalho. Suponha que o capital cresça com o tempo t de acordo com a relação $x = 0,32t$, e o trabalho cresça com o tempo de acordo com $y = 0,2t^5$. Obtenha:
   a) A produção em função do tempo.
   b) A taxa de crescimento da produção em relação ao tempo.

36. Uma pessoa tem a seguinte função utilidade:

$$U(x_1, x_2) = \sqrt{x_1^2 \cdot x_2}$$

   em que x_1 é o número de horas de lazer por semana e x_2, a renda semanal. Suponha que x_1 e x_2 dependam do número t de horas trabalhadas por semana, de acordo com as relações

$$x_1 = 168 - t \quad \text{e} \quad x_2 = 0,5t$$

   a) Obtenha a utilidade em função de t, $U(t)$.
   b) Calcule t de modo que $U(t)$ seja máxima.
   c) Nas condições do item (b), qual a renda da pessoa e qual seu número de horas de lazer?

10.6 Funções definidas implicitamente

Consideremos a equação $x + y - 3 = 0$. Resolvendo-a, em relação a y, obtemos $y = 3 - x$; esta última expressão representa uma função de uma variável $h(x) = 3 - x$, derivável para todo x real. Dizemos então que a equação $x + y - 3 = 0$ define implicitamente uma função $y = h(x)$, derivável em relação a x.

Se considerarmos também a equação $x^2 + y^2 = 0$, veremos que ela é satisfeita apenas pelo par $(0, 0)$ e, portanto, a equação $x^2 + y^2 = 0$ não define implicitamente uma função $y = h(x)$ derivável em relação a x (representa uma função em que o domínio é $\{0\}$ e o conjunto imagem é $\{0\}$).

Consideremos agora a equação $x^3y + xy^3 + x^2y^2 + xy - 4 = 0$. Não é fácil isolar y dessa equação e saber se tal equação define implicitamente uma função $y = h(x)$.

De modo geral, como saber se determinada equação a duas variáveis x e y define implicitamente uma função?

A resposta a essa pergunta está no chamado teorema da função implícita, cujo enunciado veremos a seguir.

Teorema 10.3 — Teorema da função implícita

Sejam $f(x, y)$ e $\dfrac{\partial f}{\partial y}$ funções contínuas num domínio D e $(x_0, y_0) \in D$. Se $f(x_0, y_0) = 0$ e $\dfrac{\partial f}{\partial y}(x_0, y_0) \neq 0$, então existe um intervalo I, com centro em x_0, em que a equação $f(x_0, y_0) = 0$ define implicitamente uma única função derivável $y = h(x)$, tal que $y_0 = h(x_0)$ e $f(x, h(x)) = 0, \forall x \in I$.

Assim, por exemplo, a equação:

$$f(x, y) = x^3 y + xy^3 + x^2 y^2 + xy - 4 = 0$$

define implicitamente uma função $y = h(x)$, num intervalo I centrado em $x_0 = 1$, pois:

a) f e $\dfrac{\partial f}{\partial y} = x^3 + 3xy^2 + 2x^2 y + x$ são contínuas em R^2;

b) $f(1, 1) = 0$;

c) $\dfrac{\partial f}{\partial y}(1, 1) = 7 \neq 0$.

Consideremos a função derivável $y = h(x)$, definida implicitamente pela equação $f(x, y) = 0$. Como $F(x) = f(x, h(x)) = 0$, segue-se, pela regra da cadeia, que:

$$F'(x) = \frac{\partial f}{\partial x} \cdot 1 + \frac{\partial f}{\partial y} \cdot \frac{dy}{dx} = 0$$

de onde obtemos a seguinte fórmula:

Derivada da função definida implicitamente

$$\frac{dy}{dx} = -\frac{\dfrac{\partial f}{\partial x}}{\dfrac{\partial f}{\partial y}}$$

Exemplo 10.11 Consideremos a equação $f(x, y) = 2x^2 + y - 1 = 0$. Tal equação define implicitamente a função $y = 1 - 2x^2$.

Calculemos a derivada $\dfrac{dy}{dx}$ diretamente e pela fórmula da derivada da função definida implicitamente. Temos:

a) Cálculo direto de $\dfrac{dy}{dx}$:

$$\dfrac{dy}{dx} = -4x$$

b) Cálculo de $\dfrac{dy}{dx}$ pela fórmula da derivada da função definida implicitamente:

$$\dfrac{dy}{dx} = -\dfrac{\dfrac{\partial f}{\partial x}}{\dfrac{\partial f}{\partial y}} = -\dfrac{4x}{1} = -4x$$

Exemplo 10.12 Consideremos a equação $f(x, y) = x^2 + y^2 - 1 = 0$, que representa uma circunferência de centro na origem e raio igual a 1. Tal equação define implicitamente as funções $y = \sqrt{1 - x^2}$ e $y = -\sqrt{1 - x^2}$ deriváveis no intervalo $]-1, 1[$ (Figura 10.3).

Figura 10.3: Função definida implicitamente por $x^2 + y^2 - 1 = 0$

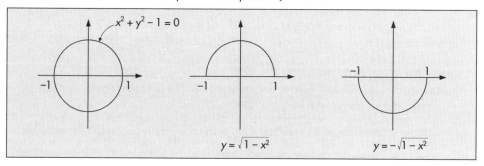

Calculemos de dois modos a derivada $\dfrac{dy}{dx}$ da função $y = \sqrt{1 - x^2}$.

a) Cálculo direto de $\dfrac{dy}{dx}$:

$$\dfrac{dy}{dx} = \dfrac{1}{2}(1 - x^2)^{-\frac{1}{2}} \cdot (-2x) = -\dfrac{x}{\sqrt{1 - x^2}}$$

b) Cálculo de $\dfrac{dy}{dx}$ pela fórmula da derivada da função definida implicitamente:

$$\dfrac{dy}{dx} = -\dfrac{\dfrac{\partial f}{\partial x}}{\dfrac{\partial f}{\partial y}} = -\dfrac{2x}{2y} = -\dfrac{x}{y}$$

Entretanto, como $y = \sqrt{1 - x^2}$, vem:

$$\dfrac{dy}{dx} = -\dfrac{x}{\sqrt{1 - x^2}}$$

Procedendo de modo análogo, pode-se mostrar que, para a função $y = -\sqrt{1-x^2}$, a derivada $\dfrac{dy}{dx}$ é dada por:

$$\frac{dy}{dx} = \frac{x}{\sqrt{1-x^2}}$$

Exercícios

37. Determine a derivada $\dfrac{dy}{dx}$ das funções definidas implicitamente pelas equações:

   a) $2x + 3y - 7 = 0$, num ponto genérico (x_0, y_0);
   b) $3x^2 + 2y - 5 = 0$, num ponto genérico (x_0, y_0);
   c) $x^2 + y^2 - 9 = 0$, no ponto $(1, 2\sqrt{2})$;
   d) $2x^2 + 3y^2 = 1$, no ponto $\left(0, -\dfrac{\sqrt{3}}{3}\right)$;
   e) $x^{0,5} y^{0,5} - 10 = 0$, no ponto $(4, 25)$;
   f) $x^2 + xy - 9 = 0$, no ponto $(1, 8)$;
   g) $y^3 - xy + 1 = 0$, no ponto $(2, 1)$;
   h) $x^2 - e^{xy} - 3 = 0$, no ponto $(2, 0)$.

38. Considere a função de produção $P = x^{0,5} y^{0,5}$.
   a) Esboce a curva de nível correspondente a $P = 8$. (Tal curva recebe o nome de curva de isoproduto para $P = 8$.)
   b) Calcule a taxa marginal de substituição técnica $\left(\dfrac{dy}{dx}\right)$ na curva do item anterior, no ponto $x = 2$ e $y = 32$. Interprete o resultado.

39. Considere a função de produção $P = x^{0,2} y^{0,8}$.
   a) Esboce a curva de isoproduto correspondente a $P = 32$.
   b) Na curva do item anterior, obtenha a taxa marginal de substituição técnica $\left(\dfrac{dy}{dx}\right)$ num ponto genérico (x, y).

40. Encontre a equação da reta tangente à circunferência de equação $x^2 + y^2 = 1$, no ponto (x_0, y_0), com $y_0 \neq 0$.

    Resolução

    • A equação da reta tangente é $y - y_0 = m(x - x_0)$, em que $m = \dfrac{dy}{dx}(x_0, y_0)$.

    • Se considerarmos a função $f(x, y) = x^2 + y^2 - 1$, teremos $\dfrac{dy}{dx} = -\dfrac{\dfrac{\partial f}{\partial x}}{\dfrac{\partial f}{\partial y}} = -\dfrac{2x}{2y} = -\dfrac{x}{y}$.

    • Portanto, a equação da reta tangente procurada é $y - y_0 = -\dfrac{x_0}{y_0}(x, -x_0)$.

- Por exemplo, no ponto $\left(\frac{\sqrt{2}}{2}, \frac{\sqrt{2}}{2}\right)$, a equação da tangente é $y - \frac{\sqrt{2}}{2} = -\dfrac{\frac{\sqrt{2}}{2}}{\frac{\sqrt{2}}{2}}\left(x - \frac{\sqrt{2}}{2}\right)$,

ou seja, $x + y - \sqrt{2} = 0$.

41. Encontre a equação da reta tangente às curvas abaixo, nos pontos indicados:

    a) $\dfrac{x^2}{a^2} + \dfrac{y^2}{b^2} = 1$ (elipse com $a > b$), no ponto (x_0, y_0), com $y_0 \neq 0$.

    b) $x^2 + y^2 - 4x = 0$ (circunferência), no ponto $(2, 2)$.

    c) $y^2 = 2ax$ (parábola), no ponto $\left(\dfrac{a}{2}, a\right)$ com $a > 0$.

10.7 Funções homogêneas — Teorema de Euler

Seja f uma função de duas variáveis x e y. Dizemos que f é homogênea de grau m se, para toda constante positiva λ, tivermos:

$$f(\lambda x, \lambda y) = \lambda^m f(x, y)$$

Exemplo 10.13 A função $f(x, y) = 3x^2 + 6xy$ é homogênea de grau 2, pois:

$$f(\lambda x, \lambda y) = 3(\lambda x)^2 + 6(\lambda x)(\lambda y) = \lambda^2(3x^2 + 6xy)$$

isto é:

$$f(\lambda x, \lambda y) = \lambda^2 f(x, y)$$

Exemplo 10.14 A função Cobb-Douglas de produção $P(x, y) = k \cdot x^\alpha \cdot y^{1-\alpha}$, com $0 < \alpha < 1$ é homogênea de grau 1, pois:

$$P(\lambda x, \lambda y) = k \cdot (\lambda x)^\alpha \cdot (\lambda y)^{1-\alpha} = \lambda \cdot (kx^\alpha y^{1-\alpha})$$

isto é:

$$P(\lambda x, \lambda y) = \lambda^1 (P(x, y))$$

Exemplo 10.15 A função de demanda de um produto, $Q(x, y) = \dfrac{10y}{x}$, em que y é a renda do consumidor e x, o preço unitário do produto, é homogênea de grau zero, pois:

$$Q(\lambda x, \lambda y) = \frac{10(\lambda y)}{\lambda x} = \lambda^0 \left(\frac{10y}{x}\right) = \lambda^0 Q(x, y)$$

O conceito de homogeneidade de uma função diz respeito ao que ocorre com $f(x, y)$ quando x e y passam a valer λx e λy, respectivamente, isto é, sofrem uma variação porcentual igual a $(\lambda - 1)100\%$. Assim, um valor de $\lambda = 1,5$ corresponde a uma variação porcentual de 50% $((1,5 - 1) \cdot 100\%)$.

Se f for homogênea de grau zero, significa que qualquer variação porcentual sofrida por x e y não altera o valor de $f(x, y)$ (é o caso do Exemplo 10.15).

Se f for homogênea de grau 1, significa que, toda vez que x e y forem multiplicados por um valor λ, a nova imagem de f será igual a λ vezes a imagem inicial (é o caso da função do exemplo 10.14).

Se f for homogênea de grau 2, significa que, toda vez que x e y forem multiplicados por um valor λ, a nova imagem de f será igual a λ^2 vezes a imagem inicial (é o caso da função do exemplo 10.13).

Cumpre observar finalmente que nem toda função é homogênea; por exemplo, a função $f(x, y) = 2x + y + 3$ não é homogênea.

As funções homogêneas gozam de uma importante propriedade, conhecida como teorema de Euler (Leonard Euler, matemático suíço, 1707–1783), que veremos a seguir.

Teorema 10.4 — Teorema de Euler

> Seja f uma função de duas variáveis x e y, homogênea de grau m. Então,
> $$m \cdot f(x, y) = x \cdot \frac{\partial f}{\partial x}(x, y) + y \cdot \frac{\partial f}{\partial y}(x, y)$$

Demonstração

Sendo f homogênea de grau m, teremos:

$$f(\lambda x, \lambda y) = \lambda^m \cdot f(x, y)$$

Derivando ambos os membros dessa relação, em relação a λ, considerando as funções $x(\lambda) = \lambda x$ e $y(\lambda) = \lambda y$ e a regra da cadeia, teremos:

$$\frac{\partial f}{\partial x}(\lambda x, \lambda y) \cdot \frac{dx}{d\lambda} + \frac{\partial f}{\partial y}(\lambda x, \lambda y) \cdot \frac{dy}{d\lambda} = m\lambda^{m-1} f(x, y)$$

Como $\frac{dx}{d\lambda} = x$ e $\frac{dy}{d\lambda} = y$, segue que:

$$\frac{\partial f}{\partial x}(\lambda x, \lambda y) \cdot x + \frac{\partial f}{\partial y}(\lambda x, \lambda y) \cdot y = m\lambda^{m-1} f(x, y)$$

Tendo em vista que essa última igualdade se verifica para todo $\lambda > 0$, em particular, para $\lambda = 1$, teremos:

$$\frac{\partial f}{\partial x}(x, y) \cdot x + \frac{\partial f}{\partial y}(x, y) \cdot y = m f(x, y)$$

conforme queríamos demonstrar.

O teorema de Euler tem um importante papel em Economia, no que diz respeito à função de produção e à remuneração dos insumos.

CAPÍTULO 10   DERIVADAS PARA FUNÇÕES DE DUAS VARIÁVEIS

Com efeito, consideremos a função Cobb-Douglas de produção $P = k \cdot x^{\alpha} \cdot y^{1-\alpha}$, homogênea de grau 1, em que x e y indicam as quantidades dos insumos trabalho e capital, respectivamente.

Pelo teorema de Euler:

$$P = x \cdot \frac{\partial P}{\partial x} + y \cdot \frac{\partial P}{\partial y}$$

em que as derivadas parciais $\frac{\partial P}{\partial x}$ e $\frac{\partial P}{\partial y}$ indicam as produtividades marginais do trabalho e do capital, respectivamente.

Assim, se cada unidade de insumo for remunerada de acordo com sua produtividade marginal, teremos

$$t = \frac{\partial P}{\partial x} \cdot s$$

e

$$c = \frac{\partial P}{\partial y} \cdot s$$

em que t é a remuneração de cada unidade de trabalho, c é a remuneração de cada unidade de capital e s é o preço unitário do produto.

Substituindo esses valores na expressão de P, resulta em:

$$P = \frac{t}{s} \cdot x + \frac{c}{s} \cdot y$$

e, portanto,

$$Ps = tx + cy$$

Essa última relação nos mostra que a receita total (Ps) se decompõe em duas parcelas:

tx, que é a remuneração total do trabalho,

e

cy, que é a remuneração do capital.

Enfatizamos mais uma vez que tal conclusão só é válida se forem verificadas estas condições:

a) Função de produção homogênea de grau 1.
b) Remuneração dos insumos de acordo com suas produtividades marginais.

Assim, constitui um problema de Economia a verificação dessas condições.

Exercícios

42. Nas funções a seguir, indique as homogêneas e dê seu grau de homogeneidade:

   a) $f(x, y) = 2x + 5y$
   b) $f(x, y) = 3x^2 + 10y^2$
   c) $f(x, y) = 4y^2 - 6xy$
   d) $f(x, y) = 4x^3 - y^2$
   e) $f(x, y) = \dfrac{x+y}{x-y}$
   f) $f(x, y) = e^{x+y}$
   g) $f(x, y) = \operatorname{sen}(x^2 + y^2)$
   h) $f(x, y) = 2x^{0,3}y^{0,7}$
   i) $f(x, y) = x^{0,2}y^{0,6}$
   j) $f(x, y) = 6x^{0,5}y^{0,7}$

43. Considere a seguinte função de produção

    $P = 6x^{0,5}y^{0,5}$ (em que x é a quantidade de trabalho e y, a de capital.)

   a) Mostre que a função é homogênea de grau 1.
   b) Calcule a produtividade marginal do trabalho $\dfrac{\partial P}{\partial x}$ e a do capital $\dfrac{\partial P}{\partial y}$.
   c) Se o nível de produção é de 1.200 unidades, e o preço por unidade do produto for $ 2,00, qual a remuneração do trabalho e do capital se ambas as remunerações por unidade forem iguais às produtividades marginais?

44. Resolva o exercício anterior considerando a função de produção $P = Ax^{\alpha}y^{1-\alpha}$, em que $0 < \alpha < 1$.

45. Uma ilha produz apenas um produto: suco de abacaxi. A função de produção é $P = 20x^{0,5}y^{0,5}$, em que P é a produção diária (em litros de suco), x é a quantidade de trabalho (em homens-hora) e y é o número de máquinas utilizadas. Se cada unidade de trabalho e de capital for remunerada de acordo com sua produtividade marginal e se o preço de venda do produto é $ 0,80 por litro:

   a) Qual a produção diária se forem utilizados 1.600 homens-hora e 100 máquinas?
   b) Qual o salário por homem-hora?
   c) Qual a remuneração diária por máquina recebida pelos proprietários das máquinas?

46. Em relação ao exercício anterior, o que ocorre com o salário por homem-hora se houver um aumento de 21% na quantidade de trabalho, mantido o número de máquinas?

47. Em relação ao exercício 45, o que ocorre com o salário por homem-hora se houver um aumento de 21% na quantidade de trabalho e na quantidade de máquinas?

48. Ainda em relação ao exercício 45, o que ocorre com a produção diária e com o salário, se a quantidade de trabalho e a de máquinas aumentar em 21%, e em virtude de um aperfeiçoamento tecnológico a função de produção passar a ser $P = 24{,}2x^{0,5}y^{0,5}$?

49. Mostre que a função $f(x, y) = x^2 + y^2 + xy \log \dfrac{y}{x}$ é homogênea de grau 2.

50. Indique o grau de homogeneidade das funções:

   a) $f(x, y) = \dfrac{x+y}{x^2 + xy + y^2}$
   b) $f(x, y) = \dfrac{xy}{\sqrt{x^2 + y^2}}$

10.8 Derivadas parciais de segunda ordem

Seja f uma função de duas variáveis x e y, f_x e f_y suas derivadas parciais. Se calcularmos as derivadas parciais de f_x e f_y, obteremos quatro funções chamadas derivadas parciais de segunda ordem. São elas:

a) Derivada de f_x em relação a x, indicada por:

$$f_{xx} \quad \text{ou} \quad \frac{\partial^2 f}{\partial x^2}$$

b) Derivada de f_x em relação a y, indicada por:

$$f_{xy} \quad \text{ou} \quad \frac{\partial^2 f}{\partial y \partial x}$$

c) Derivada de f_y em relação a x, indicada por:

$$f_{yx} \quad \text{ou} \quad \frac{\partial^2 f}{\partial x \partial y}$$

d) Derivada de f_y em relação a y, indicada por:

$$f_{yy} \quad \text{ou} \quad \frac{\partial^2 f}{\partial y^2}$$

Exemplo 10.16 Se $f(x, y) = 4x^2 + 3y^2 - 6xy$, então:

$$f_x = 8x - 6y \qquad f_y = 6y - 6x$$
$$f_{xx} = 8 \qquad f_{yx} = -6$$
$$f_{xy} = -6 \qquad f_{yy} = 6$$

Exercícios

51. Calcule as derivadas parciais de segunda ordem para as funções:
    a) $f(x, y) = 2x + 6y$
    b) $f(x, y) = xy$
    c) $f(x, y) = 2x^2 + y^2$
    d) $f(x, y) = \dfrac{x}{y}$
    e) $f(x, y) = 6x^{0,5} y^{0,5}$
    f) $f(x, y) = \text{sen } x + 2 \cos y$
    g) $f(x, y) = e^{x+y}$

52. Calcule as derivadas mistas f_{xy} e f_{yx} da função

$$f(x, y) = \ln\sqrt{x^2 + y^2}$$

53. Mostre que a função $f(x, y) = R \,\text{sen}(a\lambda y + \varphi) \,\text{sen } \lambda x$ satisfaz a condição

$$\frac{\partial^2 f}{\partial y^2} = a^2 \frac{\partial^2 f}{\partial x^2}$$

10.9 Integrais duplas

Introdução

Consideremos uma função de duas variáveis $f(x, y)$ e suponhamos que a derivada parcial, em relação a x, seja $f_x(x, y) = 6xy$.

Mantendo y como constante e integrando essa derivada parcial em relação a x, obtemos a função $f(x, y)$:

$$\int f_x(x, y)dx = \int 6xy \, dx = 3x^2y + c(y)$$

Assim:

$$f(x, y) = 3x^2y + c(y)$$

A integral calculada é chamada integral parcial em relação a x. A constante de integração $c(y)$ é função de y, pois y é mantido constante na integração parcial em relação a x.

Caso quiséssemos calcular a integral definida de $f_x(x, y)$, com limites de integração entre 0 e $2y$, teríamos:

$$\int_0^{2y} f_x(x, y)dx = \int_0^{2y} 6xy \, dx = [3x^2y]_0^{2y} = 3(2y)^2 y - 0 = 12y^3$$

Analogamente, se em uma função $f(x, y)$ conhecêssemos a derivada parcial em relação a y, $f_y(x, y) = 2x + y$, o cálculo de $f(x, y)$ seria feito pela integral parcial em relação a y, ou seja:

$$f(x, y) = \int f_y(x, y)dy = \int (2x + y)dy = 2xy + \frac{y^2}{2} + c(x)$$

em que $c(x)$ é uma constante que depende de x. Caso estivéssemos calculando a integral parcial definida em relação a y, entre os limites 1 e x teríamos:

$$\int_1^x (2x + y)dy = \left[2xy + \frac{y^2}{2}\right]_1^x = 2x(x) + \frac{x^2}{2} - \left(2x \cdot 1 + \frac{1^2}{2}\right) = \frac{5}{2}x^2 - 2x - \frac{1}{2}$$

Exercício

54. Calcule as integrais parciais

   a) $\int (2x^3y + 4x)dx$

   b) $\int (2x^3y + 4x)dy$

   c) $\int_0^{3y} 4xy \, dx$

   d) $\int_1^{2x} 4xy \, dy$

Integral dupla

Consideremos uma função $f(x, y)$ não negativa, definida no domínio D constituído do retângulo dado pelas inequações $a \leq x \leq b$ e $c \leq y \leq d$ (Figura 10.4).

CAPÍTULO 10   DERIVADAS PARA FUNÇÕES DE DUAS VARIÁVEIS

Figura 10.4: Função definida no domínio D

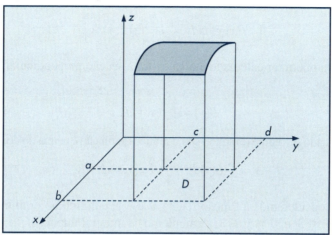

Ao calcularmos a integral parcial (em relação a y) $A(x)$, entre c e d, estaremos mantendo x constante. Assim, $A(x)$ representará a área da secção do gráfico da função, perpendicular ao eixo x, num ponto genérico entre a e b. Isto é, $A(x) = \int_{c}^{d} f(x,y) dy$ (Figura 10.5).

Figura 10.5: Integral parcial $A(x)$

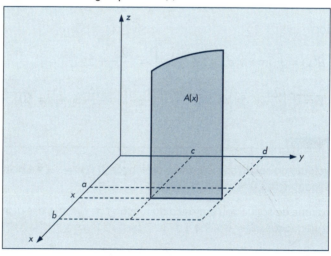

O produto $A(x)dx$ representa o volume do sólido de área $A(x)$ e espessura dx. Assim, a integral de $A(x)$ em relação a x representará o volume do sólido sob o gráfico de $f(x, y)$, acima do domínio D.

A esse volume damos o nome de integral dupla de $f(x, y)$ no domínio D. Dessa forma, indicando por V o volume do referido sólido, teremos

$$V = \int_{a}^{b} A(x) dx$$

Simbolizando a integral dupla por $\iint_D f(x,y)dxdy$, podemos escrever:

$$\iint_D f(x,y)dxdy = \int_a^b \left[\int_c^d f(x,y)dy \right] dx$$

Poderíamos também ter calculado a área de uma secção perpendicular ao eixo y, $B(y)$, da seguinte forma:

$$B(y) = \int_a^b f(x,y)dx$$

e em seguida calculado o volume do sólido sob o gráfico da função e acima do domínio D por:

$$V = \int_c^d B(y)dy = \int_c^d \left[\int_a^b f(x,y)dx \right] dy$$

Exemplo 10.17 Consideremos a função $f(x,y) = x + y$, definida no domínio D dado pelas inequações $0 \leq x \leq 5$ e $0 \leq y \leq 3$, e calculemos a integral dupla $\iint_D f(x,y)dxdy$, ou seja, o volume V do sólido sob o gráfico da função e acima de D.

a) Primeiro modo:

$$A(x) = \int_0^3 (x+y)dy = \left[xy + \frac{y^2}{2} \right]_0^3 = 3x + \frac{9}{2}$$

$$V = \int_0^5 \left(3x + \frac{9}{2} \right) dx = \left[\frac{3x^2}{2} + \frac{9}{2}x \right]_0^5 = \frac{75}{2} + \frac{45}{2} = 60$$

b) Segundo modo:

$$B(y) = \int_0^5 (x+y)dx = \left[\frac{x^2}{2} + xy \right]_0^5 = \frac{25}{2} + 5y$$

$$V = \int_0^3 \left(\frac{25}{2} + 5y \right) dy = \left[\frac{25y}{2} + \frac{5y^2}{2} \right]_0^3 = \frac{75}{2} + \frac{45}{2} = 60$$

Exercícios

55. Calcule o volume do sólido sob o gráfico da função $f(x,y) = x + y$ e acima do domínio dado pelas inequações $0 \leq x \leq 4$ e $0 \leq y \leq 4$.

56. Calcule o volume do sólido sob o gráfico da função $f(x,y) = x^2 + y^2$ e acima do domínio dado pelas inequações $2 \leq x \leq 4$ e $1 \leq y \leq 2$.

57. Calcule a integral dupla $\iint_D 7 dxdy$, em que D é dado pelas inequações $0 \leq x \leq 5$ e $1 \leq y \leq 3$.

Uma outra situação que ocorre no cálculo da integral dupla é aquela em que o domínio D da função é dado por

$$a \leq x \leq b$$

e

$$y_1(x) \leq y \leq y_2(x)$$

Veja a Figura 10.6.

Figura 10.6: Domínio de uma função definida por duas funções de x e duas constantes

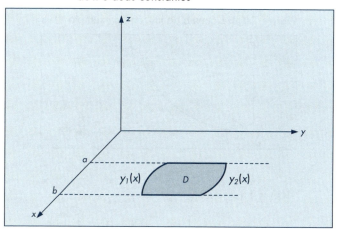

O primeiro passo para o cálculo da integral dupla consiste em achar a área $A(x)$ de uma secção do gráfico perpendicular ao eixo x, $A(x) = \int_{y_1(x)}^{y_2(x)} f(x, y)dy$ (Figura 10.7).

Figura 10.7: Integral parcial $A(x)$

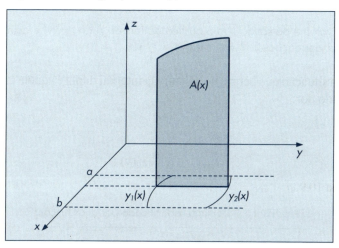

No segundo passo, o volume sob o gráfico e acima do domínio D é dado por:

$$V = \int_b^a A(x)dx$$

Portanto, a integral dupla de $f(x, y)$ em D é dada por

$$\iint_D f(x, y)dxdy = \int_b^a \left[\int_{y_1(x)}^{y_2(x)} f(x, y)dy \right] dx$$

Exemplo 10.18 Seja $f(x, y) = 1$ e D a região dada pelas inequações $0 \leq x \leq 1$ e $x^2 \leq y \leq x$. Calculemos o volume do sólido sob o gráfico da função acima de D.

A região D é dada pela Figura 10.8.

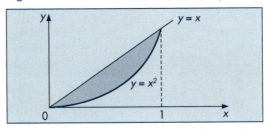

Figura 10.8: Domínio da função do Exemplo 10.18

Temos:

$$A(x) = \int_{x^2}^{x} 1 \, dy = [y]_{x^2}^{x} = x - x^2$$

$$V = \int_{0}^{1} (x - x^2) dx = \left[\frac{x^2}{2} - \frac{x^3}{3}\right]_{0}^{1} = \frac{1}{2} - \frac{1}{3} = \frac{1}{6}$$

Exercícios

58. Calcule o volume do sólido sob o gráfico da função $f(x, y) = 5$ e acima do domínio dado pelas inequações $0 \leq x \leq 4$ e $x \leq y \leq 2x$.

59. Calcule o volume do sólido sob o gráfico da função $f(x, y) = xy^2$ e acima do domínio dado pelas inequações $0 \leq x \leq 1$ e $x^2 \leq y \leq x$.

Uma terceira situação que ocorre no cálculo da integral dupla é aquela em que o domínio D de $f(x, y)$ é dado por:

$$c \leq y \leq d$$

e

$$x_1(y) \leq x \leq x_2(y)$$

Veja a Figura 10.9.

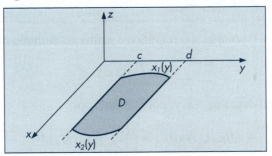

Figura 10.9 Domínio especificado por duas funções

O primeiro passo para calcular a integral dupla consiste em achar a área $B(y)$ de uma secção do gráfico da função perpendicular ao eixo y. Isto é:

$$B(y) = \int_{x_1(y)}^{x_2(y)} f(x, y)dx \text{ (Figura 10.10)}$$

Figura 10.10: Integral parcial $B(y)$

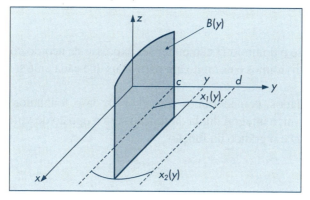

O segundo passo consiste em calcular o volume sob o gráfico de $f(x, y)$ e acima de D, por meio da integral:

$$V = \int_c^d f(x, y)dy$$

Portanto, a integral dupla de $f(x, y)$ em D é dada por:

$$\iint_D f(x, y)dxdy = \int_c^d \left[\int_{x_1(y)}^{x_2(y)} f(x, y)dx \right] dy$$

Exemplo 10.19 Consideremos a função $f(x, y) = x + y$ e calculemos a integral dupla $\iint_D f(x, y)dxdy$, em que a região D é dada por:

$$1 \leq y \leq 2$$

e

$$y \leq x \leq 3y$$

Temos:

$$B(y) = \int_y^{3y}(x+y)dx = \left[\frac{x^2}{2} + xy\right]_y^{3y} = \frac{9y^2}{2} + 3y^2 - \frac{y^2}{2} - y^2 = 6y^2$$

$$V = \int_1^2 6y^2 dy = [2y^3]_1^2 = 2 \cdot (8) - 2 \cdot (1) = 14$$

Portanto, a integral dupla procurada vale 14.

Exercícios

60. Calcule o volume do sólido sob o gráfico da função $f(x, y) = 5$ e acima do domínio dado pelas inequações $y \leq x \leq 3y$ e $0 \leq y \leq 5$.

61. Calcule a integral dupla $\iint_D y\,dx\,dy$, em que D é dado pelas inequações $y \leq x \leq 8 - y$ e $2 \leq y \leq 4$.

Observações

a) De modo geral, se o domínio D não puder ser expresso de acordo com as situações descritas, então subdividimos o domínio em partes tais que cada uma se enquadre nos casos dados.

b) Nos casos estudados, consideramos $f(x, y) \geq 0$; caso tenhamos $f(x, y) \leq 0$, então $-f(x, y) \geq 0$. Assim, a integral dupla da função será o oposto do volume do sólido compreendido entre D e o gráfico da função.

Capítulo 11

Máximos e mínimos para funções de duas variáveis

11.1 Introdução

Uma importante aplicação do estudo das derivadas parciais é a da otimização de funções. Otimizar uma função significa encontrar seu ponto de máximo ou de mínimo. Assim, determinar a máxima produção de uma firma com um dado orçamento constitui um problema de maximização; encontrar, entre as possíveis combinações de insumos, aquela que nos permite obter certo nível de produção, a custo mínimo, consiste em resolver um problema de minimização. Vamos tornar mais precisas essas ideias, com algumas definições.

Seja f uma função de duas variáveis x e y. Dizemos que um ponto (x_0, y_0) do domínio D é um ponto de máximo relativo de f, ou simplesmente ponto de máximo, se existir uma bola aberta de centro (x_0, y_0) e raio r, tal que, para todo ponto $P(x, y)$ do domínio situado no interior dessa bola aberta, tenhamos:

$$f(x, y) \leq f(x_0, y_0)$$

Ao número $f(x_0, y_0)$ damos o nome de valor máximo de f (Figura 11.1).

Figura 11.1: Pontos de máximo de uma função

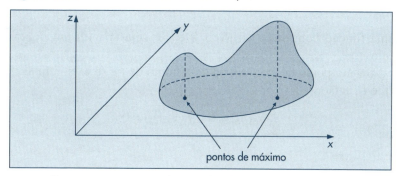

Analogamente, dizemos que um ponto (x_0, y_0) do domínio D é um ponto de mínimo relativo de f, ou simplesmente ponto de mínimo, se existir uma bola aberta de centro (x_0, y_0) e raio r, tal que, para todo ponto $P(x, y)$ do domínio situado no interior dessa bola aberta, tenhamos

$$f(x, y) \geq f(x_0, y_0)$$

Ao número $f(x_0, y_0)$ damos o nome de valor mínimo de f (Figura 11.2).

Figura 11.2: Ponto de mínimo de uma função

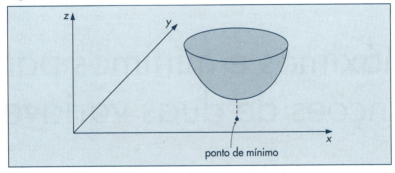

Seja f uma função de duas variáveis x e y. Dizemos que um ponto (x_0, y_0) do domínio D é um ponto de máximo global (ou absoluto) de f se, para todo ponto $P(x, y)$ do domínio, tivermos

$$f(x, y) \leq f(x_0, y_0)$$

Analogamente, dizemos que um ponto (x_0, y_0) do domínio D é um ponto de mínimo global (ou absoluto) de f se, para todo ponto $P(x, y)$ do domínio, tivermos

$$f(x, y) \geq f(x_0, y_0)$$

A descoberta de um ponto de máximo ou de mínimo exige, na maioria dos casos, o conhecimento do gráfico de f, o que, conforme vimos, não é um problema fácil.

Entretanto, existem teoremas que nos auxiliam nesse sentido, os quais passaremos a estudar.

Teorema 11.1

Seja f uma função com duas variáveis x e y e seja (x_0, y_0) um ponto interior ao domínio.
Se (x_0, y_0) for um ponto de máximo ou de mínimo de f e se existirem as derivadas parciais f_x e f_y, então:

$$f_x(x_0, y_0) = 0 \text{ e } f_y(x_0, y_0) = 0$$

Demonstração

Suponhamos que (x_0, y_0) seja um ponto de máximo. Existe a bola aberta de centro (x_0, y_0) e raio r, no interior do domínio D, cujos pontos (x, y) são tais que $f(x, y) \leq f(x_0, y_0)$ (Figura 11.3).

Figura 11.3: Ilustração do Teorema 11.1

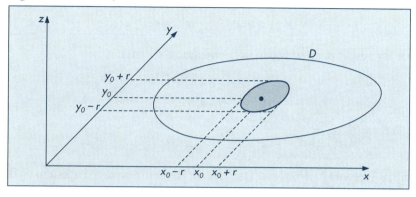

Consideremos os pontos dessa bola para os quais $y = y_0$. Então $f(x, y_0)$ será função somente de x. Mas, como $f(x, y_0) \leq f(x_0, y_0)$ para $x_0 - r < x < x_0 + r$, segue-se que a função $f(x, y_0)$ de uma variável tem um ponto de máximo em (x_0, y_0) e, consequentemente, $f_x(x_0, y_0) = 0$.

Analogamente, se considerarmos os pontos da bola aberta para os quais $x = x_0$, então $f(x_0, y)$ será só função de y. Mas, como $f(x_0, y) \leq f(x_0, y_0)$ para $y_0 - r < y < y_0 + r$, segue-se que a função $f(x_0, y)$ de uma variável tem ponto de máximo em (x_0, y_0) e, consequentemente, $f_y(x_0, y_0) = 0$.

Em resumo, se (x_0, y_0) for ponto de máximo, então $f_x(x_0, y_0) = 0$ e $f_y(x_0, y_0) = 0$.

A demonstração é análoga se (x_0, y_0) for um ponto de mínimo.

Os pontos que anulam simultaneamente as derivadas parciais f_x e f_y são chamados pontos críticos de f.

Exemplo 11.1 Seja $f(x, y) = x^2 + y^2 - 2x + 1$. Os possíveis pontos de máximo ou de mínimo são aqueles para os quais $f_x = 0$ e $f_y = 0$.

Temos que:

$$f_x = 2x - 2 \quad \text{e} \quad f_y = 2y$$

Igualando a zero essas derivadas, obtemos o sistema:

$$\begin{cases} 2x - 2 = 0 \\ 2y = 0 \end{cases}$$

cuja solução é $x = 1$ e $y = 0$.

Portanto, o Teorema 11.1 nos assegura que, se f tiver um ponto de máximo ou de mínimo, este só poderá ser o ponto $(1, 0)$.

Exemplo 11.2 Seja $f(x, y) = x^2 + y^2 - 2x - 2y + xy$. Os possíveis pontos de máximo ou de mínimo são aqueles para os quais $f_x = 0$ e $f_y = 0$.

Como:

$$f_x = 2x - 2 + y \quad \text{e} \quad f_y = 2y - 2 + x$$

igualando a zero essas derivadas parciais, obtemos o sistema:

$$\begin{cases} 2x - 2 + y = 0 \\ 2y - 2 + x = 0 \end{cases}$$

cuja solução é $x = \dfrac{2}{3}$ e $y = \dfrac{2}{3}$.

Portanto, o Teorema 11.1 nos assegura que, se f tiver um ponto de máximo ou de mínimo, este só poderá ser o ponto $\left(\dfrac{2}{3}, \dfrac{2}{3}\right)$.

Exemplo 11.3 Seja $f(x, y) = 2x + 3y - 5$. Temos: $f_x = 2$ e $f_y = 3$. Como essas derivadas nunca se anulam, a função não terá ponto de máximo nem de mínimo.

Nesse caso particular, poderíamos ter chegado a essa conclusão lembrando que o gráfico de f é um plano não horizontal e, consequentemente, sem ponto de máximo nem de mínimo.

Observações

Antes de prosseguirmos, cumpre salientar algumas considerações bastante importantes em tudo o que segue.

i) O Teorema 11.1 não nos garante a existência de pontos de máximo ou de mínimo, mas sim possíveis pontos de máximo ou de mínimo. Assim, pode ocorrer de termos $f_x(x_0, y_0) = 0$ e $f_y(x_0, y_0) = 0$ sem que (x_0, y_0) seja ponto de máximo ou de mínimo.

Um exemplo desse fato é o da função $f(x, y) = xy$, em que $f_x = y$ e $f_y = x$; o ponto crítico é $(0, 0)$.

Assim, se tomarmos uma bola aberta de centro $(0, 0)$ e raio r, teremos:

a) para os pontos dessa bola aberta situados no interior do primeiro e terceiro quadrantes, $f(x, y) = xy > 0$, pois x e y têm o mesmo sinal;

b) para os pontos dessa bola aberta situados no interior do segundo e quarto quadrantes, $f(x, y) = xy < 0$, pois x e y têm sinais contrários.

Logo, $(0, 0)$ não é ponto de máximo nem de mínimo.

Verifica-se que o gráfico dessa função tem o aspecto de uma "sela de cavalo". O ponto $(0, 0)$ é chamado ponto de sela (Figura 11.4).

Figura 11.4: O ponto $(0,0)$ é chamado ponto de sela

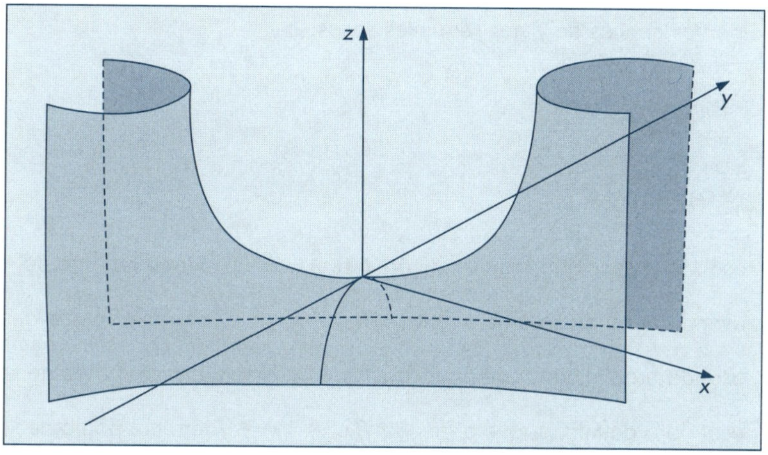

De modo geral, todo ponto crítico (x_0, y_0) que não é de máximo nem de mínimo é chamado ponto de sela.

ii) O Teorema 11.1 só se aplica a pontos interiores ao domínio. Assim, os pontos que anulam as derivadas parciais f_x e f_y só podem ser pontos de máximo ou de mínimo do interior do domínio. A análise dos pontos de fronteira deve ser feita à parte, como veremos a seguir.

Exemplo 11.4 A função $f(x, y) = 6 - 2x - 3y$ definida no domínio $D = \{(x, y) \in R^2 \,|\, x \geq 0, y \geq 0\}$ tem um ponto de máximo em $(0, 0)$, que é ponto de fronteira do domínio.

Além disso, f não tem ponto de máximo ou de mínimo no interior do domínio, pois $f_x = -2 \neq 0$ e $f_y = -3 \neq 0$ (Figura 11.5).

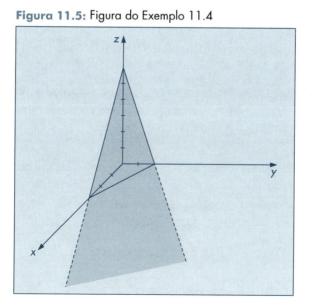

Figura 11.5: Figura do Exemplo 11.4

Exercícios

1. Ache os pontos críticos de f nos seguintes casos:
   a) $f(x, y) = x^2 + y^2 - 6x - 4y$
   b) $f(x, y) = x^2 + y^2 - 4x - 8y - xy$
   c) $f(x, y) = e^{x^2 + y^2}$
   d) $f(x, y) = 6x + 4y - 7$
   e) $f(x, y) = x^3 - y^3$

2. Mostre, usando a definição, que a função $f(x, y) = x^2 + y^2$ tem um ponto de mínimo.

3. Mostre, usando a definição, que a função $f(x, y) = -x^2 - y^2$ tem um ponto de máximo.

4. Mostre, usando a definição, que a função $f(x, y) = xy + 3$ tem um ponto de sela.

5. Mostre, usando a definição, que a função $f(x, y) = xy + 7$ tem um ponto de sela.

11.2 Critérios para identificação de pontos de máximo ou mínimo

O Teorema 11.1 permitiu-nos determinar os possíveis pontos de máximo ou de mínimo no interior do domínio, sem, contudo, identificá-los. O Teorema 11.2, que veremos a seguir, permitirá essa identificação. Sua demonstração poderá ser vista, por exemplo, em Leithold.[1]

Teorema 11.2

Seja f uma função de duas variáveis x e y, contínua, com derivadas parciais até segunda ordem contínuas. Seja (x_0, y_0) um ponto crítico de f. Chamemos o determinante:

$$H(x_0, y_0) = \begin{vmatrix} f_{xx}(x_0, y_0) & f_{xy}(x_0, y_0) \\ f_{yx}(x_0, y_0) & f_{yy}(x_0, y_0) \end{vmatrix}$$

de Hessiano (em homenagem ao matemático alemão Ludwig Otto Hesse, 1811–1874) de f no ponto (x_0, y_0). Se:

a) $H(x_0, y_0) > 0$ e $f_{xx}(x_0, y_0) < 0$, então (x_0, y_0) será ponto de máximo de f.
b) $H(x_0, y_0) > 0$ e $f_{xx}(x_0, y_0) > 0$, então (x_0, y_0) será ponto de mínimo de f.
c) $H(x_0, y_0) < 0$, então (x_0, y_0) será ponto de sela de f.

Exemplo 11.5 Consideremos a função $f(x, y) = x^2 + y^2 - 2x$. Os pontos críticos de f são soluções do sistema:

$$\begin{cases} f_x = 2x - 2 = 0 \\ f_y = 2y = 0 \end{cases}$$

ou seja, $x = 1$ e $y = 0$. Portanto, $(1, 0)$ é o único ponto crítico.

---

[1] LEITHOLD, L. *O cálculo com geometria analítica*. São Paulo: Harper Row do Brasil, 1977.

CAPÍTULO 11 MÁXIMOS E MÍNIMOS PARA FUNÇÕES DE DUAS VARIÁVEIS

Por outro lado,

$$\begin{cases} f_{xx} = 2 \\ f_{xy} = 0 \\ f_{yx} = 0 \\ f_{yy} = 2 \end{cases} \Rightarrow \begin{cases} f_{xx}(1,0) = 2 \\ f_{xy}(1,0) = 0 \\ f_{yx}(1,0) = 0 \\ f_{yy}(1,0) = 2 \end{cases}$$

e, portanto,

$$H(1,0) = \begin{vmatrix} 2 & 0 \\ 0 & 2 \end{vmatrix} = 4$$

Desta forma,

$$\begin{cases} H(1,0) > 0 \\ e \\ f_{xx}(1,0) = 2 > 0 \end{cases} \Rightarrow (1,0) \text{ é ponto de mínimo de } f.$$

Exemplo 11.6 Consideremos a função $f(x, y) = -\dfrac{1}{4}x^4 - \dfrac{1}{4}y^4 + x + y$.

Os pontos críticos de f são as soluções do sistema:

$$\begin{cases} f_x = -x^3 + 1 = 0 \\ f_y = -y^3 + 1 = 0 \end{cases}$$

ou seja, $(1, 1)$ é o único ponto crítico.

Por outro lado,

$$\begin{cases} f_{xx} = -3x^2 \\ f_{xy} = 0 \\ f_{yx} = 0 \\ f_{yy} = -3y^2 \end{cases} \Rightarrow \begin{cases} f_{xx}(1,1) = -3 \\ f_{xy}(1,1) = 0 \\ f_{yx}(1,1) = 0 \\ f_{yy}(1,1) = -3 \end{cases}$$

e, portanto,

$$H(1,1) = \begin{vmatrix} -3 & 0 \\ 0 & -3 \end{vmatrix} = 9$$

Desta forma,

$$\begin{cases} H(1,1) > 0 \\ e \\ f_{xx}(1,1) = -3 < 0 \end{cases} \Rightarrow (1, 1) \text{ é ponto de máximo de } f.$$

Exemplo 11.7 Consideremos a função $f(x, y) = \frac{1}{5} x^5 - x + \frac{1}{5} y^5 - 16y$.

Os pontos críticos de f são as soluções do sistema

$$\begin{cases} f_x = x^4 - 1 = 0 \\ f_y = y^4 - 16 = 0 \end{cases}$$

portanto, $x = 1$ ou $x = -1$, $y = 2$ ou $y = -2$, ou seja, os pontos críticos de f são: $(1, 2), (1, -2)$, $(-1, 2)$ e $(-1, -2)$.

Por outro lado,

$$f_{xx} = 4x^3 \quad f_{xy} = 0 \quad f_{yx} = 0 \quad f_{yy} = 4y^3$$

e

$$H = \begin{vmatrix} 4x^3 & 0 \\ 0 & 4y^3 \end{vmatrix} = 16x^3 y^3$$

Em resumo, temos:

a) Ponto $(1, 2)$:

$$H(1, 2) = 128 > 0$$
$$f_{xx}(1, 2) = 4 > 0$$

logo $(1, 2)$ é ponto de mínimo de f.

b) Ponto $(1, -2)$

$$H(1, -2) = -128 < 0$$

logo $(1, -2)$ é ponto de sela de f.

c) Ponto $(-1, 2)$

$$H(-1, 2) = -128 < 0$$

logo $(-1, 2)$ é ponto de sela de f.

d) Ponto $(-1, -2)$

$$H(-1, -2) = 128 > 0$$
$$f_{xx}(-1, -2) = -4 < 0$$

logo $(-1, -2)$ é ponto de máximo de f.

Exemplo 11.8 Consideremos a função $f(x, y) = x^2 - 2xy + y^2$. Os pontos críticos de f são as soluções do sistema:

$$\begin{cases} f_x = 2x - 2y = 0 \\ f_y = -2x + 2y = 0 \end{cases} \Rightarrow \begin{cases} x = y \\ x = y \end{cases}$$

ou seja, os pontos críticos de f são os pontos (x, x) em que $x \in R$.

Por outro lado,
$$f_{xx} = 2, \quad f_{xy} = -2, \quad f_{yx} = -2, \quad f_{yy} = 2$$

e

$$H(x, x) = \begin{vmatrix} 2 & -2 \\ -2 & 2 \end{vmatrix} = 0$$

Logo, o Teorema 11.2 é inconclusivo. Nesse caso, devemos analisar o comportamento de f nos pontos (x, x), usando a definição.

Temos:
$$f(x, y) = x^2 - 2xy + y^2 = (x - y)^2 \geqslant 0 \text{ para todo par } (x, y)$$
$$f(x, x) = 0 \text{ para todo } x$$

Logo, $f(x, y) \geqslant f(x, x)$, para qualquer valor de x e y, portanto, os pontos (x, x) são todos de mínimo de f.

Exercícios

6. Ache os pontos críticos de cada função abaixo e classifique-os:
   a) $f(x, y) = -x^2 - y^2 + 2x - 2y$
   b) $f(x, y) = x^2 + y^2 - xy - 3x - 4y$
   c) $f(x, y) = 3 + 4xy$
   d) $f(x, y) = e^{3x + 4y}$
   e) $f(x, y) = x^2 + 2xy + y^2$
   f) $f(x, y) = e^{x^2 + y^2}$
   g) $f(x, y) = \frac{1}{3}x^3 + \frac{1}{3}y^3 - 2x^2 - 3y^2 + 3x + 5y + 40$
   h) $f(x, y) = \frac{1}{3}x^3 - 5x^2 - y^2 - 3y$
   i) $f(x, y) = e^{x^2 + 3y}$
   j) $f(x, y) = x^3 + 2y^2 - 3x - 4y$
   k) $f(x, y) = -x^2 - 4xy - 4$
   l) $f(x, y) = x^2 y^2$

7. O lucro que uma empresa obtém, vendendo dois produtos A e B, é dado por:
$$L = 600 - 2x^2 - 4y^2 - 3xy + 18x + 18y$$
em que x e y são as quantidades vendidas. Obtenha os valores de x e y que maximizam o lucro.

8. Quando uma empresa usa x unidades de trabalho e y unidades de capital, sua produção mensal de certo produto é dada por:
$$P = 32x + 20y + 3xy - 2x^2 - 2{,}5y^2$$
Obtenha os valores de x e y que maximizam a produção mensal.

9. Uma firma produz um produto que é vendido em dois países. Sejam x e y as quantidades vendidas nesses dois mercados. Sabe-se que as equações de demanda nos dois mercados são dadas por $p_1 = 6.000 - 2x$ e $p_2 = 9.000 - 4y$, em que p_1 e p_2 são os preços unitários em cada mercado.
A função custo da firma é $C = 60.000 + 500(x + y)$.
a) Obtenha os valores de x e y que maximizam o lucro e ache o valor desse lucro.
b) Nas condições do item anterior, quais os preços cobrados em cada país?

10. Uma firma produz dois produtos A e B nas quantidades x e y. As equações de demanda de A e B são:

$$A: p_1 = 20 - x \qquad B: p_2 = 80 - 2y$$

A função custo é $C = x^2 + y^2 + 4x + 4y$. Obtenha os preços p_1 e p_2 que devem ser cobrados para maximizar o lucro.

11. Resolva o exercício anterior considerando as seguintes funções de demanda:

$$A: p_1 = 10 - x \qquad B: p_2 = 20 - 2y$$

e a função custo $C = \dfrac{1}{2} x^2 + \dfrac{1}{2} y^2 + 2xy$.

12. Uma firma produz dois produtos I e II, cujos preços de venda são, respectivamente, $\$\ 10{,}00$ e $\$\ 6{,}00$. A função custo é $C = 2x^2 + y^2 + xy$, em que x e y são as quantidades produzidas de I e II, respectivamente. Obtenha os valores de x e y que proporcionam lucro máximo.

13. Uma empresa fabrica dois produtos P e Q, o primeiro vendido a $\$\ 4{,}00$ a unidade e o segundo, a $\$\ 2{,}00$ a unidade. A função custo mensal é $C = 5 + x^2 + y^2 - xy$, em que x e y são as quantidades produzidas.
a) Quais as quantidades x e y que maximizam o lucro?
b) Qual o lucro máximo?

14. Uma empresa produz dois bens substitutos, cujas equações de demanda são dadas por:

$$x = 500 - 2p + q \text{ e}$$
$$y = 900 + p - 3q$$

em que x e y são as quantidades produzidas e p e q são seus preços unitários, respectivamente. Se a função custo para fabricar esses bens for:

$$C = 10.000 + 200x + 100y$$

obtenha os valores de p e q que maximizam o lucro.

15. Em relação ao exercício anterior, qual o lucro máximo?

16. Um duopólio é tal que as funções custo para as firmas são:

$$C(x) = 3x \quad \text{e} \quad C(y) = \frac{1}{2}y^2$$

em que x é a quantidade produzida pela primeira firma e y, a da segunda. A equação da demanda do produto é:

$$p = 100 - 2(x + y), \text{ em que } p \text{ é o preço unitário.}$$

a) Qual a equação do lucro do duopólio, em função de x e y?
b) Quais os valores de x e y que maximizam esse lucro?

17. Um monopolista produz e vende um produto em dois mercados, cada qual com a seguinte equação de demanda:

$$p_1 = 40 - 3x_1 \quad \text{e} \quad p_2 = 90 - 2x_2$$

em que p_1 e p_2 são os preços unitários em cada mercado, e x_1 e x_2, as respectivas quantidades demandadas. A função custo é $C = 200 + 10(x_1 + x_2)$.
a) Obtenha os preços p_1 e p_2 que maximizam o lucro.
b) Se não puder haver discriminação de preços (ou seja, se p_1 e p_2 tiverem de ser iguais), qual preço maximiza o lucro?

18. Resolva o exercício anterior considerando as seguintes equações de demanda:

$$p_1 = 200 - x_1 \quad \text{e} \quad p_2 = 300 - 0{,}5x_2$$

e a função custo $C = 10.000 + 80(x_1 + x_2)$.

11.3 Uma aplicação: ajuste de retas pelo método dos mínimos quadrados

Ao longo do texto tivemos a oportunidade de trabalhar com certas funções sem mencionar de que forma elas foram obtidas. Muitas vezes elas são obtidas por meio de dados reais, usando-se uma técnica estatística conhecida como regressão; de acordo com essa técnica, é possível ajustar a um conjunto de valores uma determinada função que se adapte a esse conjunto.

Veremos neste capítulo como ajustar uma reta a uma nuvem de pontos.

Consideremos n pontos do plano cartesiano, não todos situados numa mesma vertical, cujas coordenadas são $(x_1, y_1), (x_2, y_2), \ldots (x_n, y_n)$. Suponhamos que o gráfico desses pontos sugira uma relação linear entre y e x (Figura 11.6).

Figura 11.6: Relação aproximadamente linear entre x e y

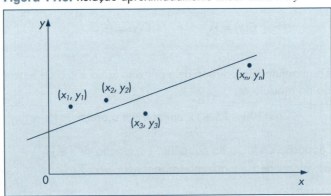

Há inúmeras maneiras de obter uma reta que se adapte aos pontos (com uma régua, por exemplo). Contudo, um método que é frequentemente utilizado, em virtude das boas qualidades que possui, é o método dos mínimos quadrados.

A ideia básica do método consiste no seguinte: entre as infinitas retas que existem, uma delas, de equação $y = ax + b$, será aquela que tornará mínima a soma dos quadrados dos desvios ($e_1^2 + e_2^2 + e_3^2 + ... + e_n^2$), em que $e_i = y_i - (ax_i + b)$. Tal reta é chamada de reta de mínimos quadrados, cuja equação iremos determinar (Figura 11.7).

Figura 11.7: A reta de mínimos quadrados e os desvios

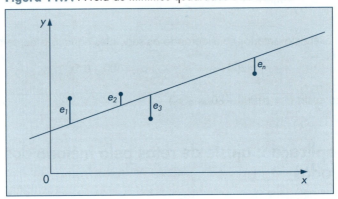

Temos:

$$\sum_{i=1}^{n} e_i^2 = \sum_{i=1}^{n} (y_i - ax_i - b)^2$$

Considerando a função de variáveis a e b dada por:

$$f(a, b) = \sum_{i=1}^{n} (y_i - ax_i - b)^2$$

nosso problema consiste em encontrar o par (a, b) que minimiza $f(a, b)$.

A seguir, omitiremos os índices do somatório, pois não há perigo de confusão.

CAPÍTULO 11 — MÁXIMOS E MÍNIMOS PARA FUNÇÕES DE DUAS VARIÁVEIS

Os pontos críticos de $f(a, b)$ são obtidos impondo que as derivadas parciais f_a e f_b sejam ambas nulas. Isto é:

$$f_a = 2\sum(y_i - ax_i - b) \cdot (-x_i) = 0$$
$$f_b = 2\sum(y_i - ax_i - b) \cdot (-1) = 0$$

A simplificação dessas equações conduz sucessivamente aos resultados:

$$\begin{cases} \sum(x_i y_i - ax_i^2 - bx_i) = 0 \\ \sum(y_i - ax_i - b) = 0 \end{cases} \Leftrightarrow \begin{cases} \sum x_i y_i - a\sum x_i^2 - b\sum x_i = 0 \\ \sum y_i - a\sum x_i - nb = 0 \end{cases}$$

Resolvendo-se este último sistema de equações, obtemos:

$$a = \frac{\sum x_i y_i - \frac{(\sum x_i)(\sum y_i)}{n}}{\sum x_i^2 - \frac{(\sum x_i)^2}{n}}$$

e

$$b = \frac{\sum y_i}{n} - a\frac{\sum x_i}{n}$$

Para provarmos que a solução encontrada é um ponto de mínimo, temos de calcular as derivadas de segunda ordem de f:

$$\begin{cases} f_{aa} = 2\sum x_i^2 \\ f_{ab} = 2\sum x_i \\ f_{ba} = 2\sum x_i \\ f_{bb} = 2n \end{cases}$$

O Hessiano de f no ponto crítico vale:

$$H(a, b) = \begin{vmatrix} 2\sum x_i^2 & 2\sum x_i \\ 2\sum x_i & 2n \end{vmatrix}$$

ou seja,

$$H(a, b) = 4n\sum x_i^2 - 4(\sum x_i)^2 = 4n\left[\sum x_i^2 - \frac{(\sum x_i)^2}{n}\right]$$

e, portanto,

$$H(a, b) = 4n \cdot \sum(x_i - \bar{x})^2, \text{ em que } \bar{x} = \frac{\sum x_i}{n}$$

Como $\sum(x_i - \bar{x})^2$ é uma soma de quadrados e os x_i's não são todos iguais, segue-se que $H(a, b) > 0$.

Por outro lado, $f_{aa} = 2\sum x^2_i > 0$, e assim concluímos que o ponto crítico obtido é de fato um ponto de mínimo de f.

Em resumo, a reta de mínimos quadrados tem por equação:

$$y = ax + b$$

em que:

$$a = \frac{\sum x_i y_i - \frac{(\sum x_i)(\sum y_i)}{n}}{\sum x_i^2 - \frac{(\sum x_i)^2}{n}}$$

e

$$b = \frac{\sum y_i}{n} - a\frac{\sum x_i}{n}$$

Exemplo 11.9 Um monopolista deseja obter empiricamente uma equação de demanda para seu produto. Ele admite que a quantidade média demandada (y) relaciona-se com seu preço unitário (x) por meio de uma função do 1º grau.

Para estimar essa reta, ele fixou os preços em vários níveis e observou a quantidade demandada, obtendo os dados a seguir:

Preço unitário (x)	Quantidade demandada (y)
1	9,5
2	8,5
3	5,5
4	3,5

Qual é a equação da reta de mínimos quadrados?

Resolução

Inicialmente, vamos escrever a seguinte tabela de dados:

	x_i	y_i	$x_i \cdot y_i$	x_i^2
	1	9,5	9,5	1
	2	8,5	17	4
	3	5,5	16,5	9
	4	3,5	14	16
Σ	10	27	57	30

Assim: $\sum x_i = 10$, $\sum y_i = 27$, $\sum x_i \cdot y_i = 57$ e $\sum x_i^2 = 30$.

CAPÍTULO 11   MÁXIMOS E MÍNIMOS PARA FUNÇÕES DE DUAS VARIÁVEIS   287

Usando as fórmulas da reta de mínimos quadrados, teremos:

$$a = \frac{57 - \frac{(10)(27)}{4}}{30 - \frac{(10)^2}{4}} = -2{,}1$$

e

$$b = \frac{27}{4} - (-2{,}1) \cdot \frac{10}{4} = 12$$

Portanto, a equação da reta procurada é $y = -2{,}1x + 12$, cujo gráfico, juntamente com os pontos dados, encontra-se na Figura 11.8.

Figura 11.8: Reta de mínimos quadrados da demanda em função do preço do Exemplo 11.9

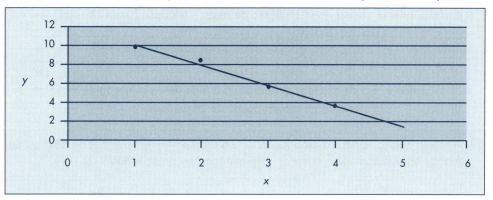

Exercícios

19. Encontre a reta de mínimos quadrados de y em função de x ajustada aos pontos:

x_i	y_i
2	7
4	10
6	11

20. Encontre a reta de mínimos quadrados de y em função de x ajustada aos pontos:

x_i	5	4	2	1	3
y_i	15	10	5	3	9

21. A tabela a seguir fornece as quantidades de fertilizantes aplicados (x_i) e a produção por hectare (y_i) em quatro canteiros de uma fazenda experimental.

x_i	2	4	6	8
y_i	20	35	55	85

a) Obtenha a reta de mínimos quadrados de y em função de x ajustada aos dados.
b) Preveja a produção para uma aplicação de fertilizante correspondente a $x = 7$.

22. Um monopolista variou o preço de seu produto (x) e observou a correspondente demanda mensal (y). Os dados obtidos foram:

Preço (x)	Demanda mensal (y)
10	100
15	70
20	50
25	30

a) Ajuste aos dados a reta de mínimos quadrados de y em função de x.
b) Preveja a demanda para um preço igual a 27.

23. Uma empresa observou a quantidade mensal produzida de um produto (x) e o correspondente custo (y) em milhares de reais. Os dados foram os seguintes:

x	10	12	14	16	18	20	22
y	14,5	16,5	18	18,5	19,5	21	21,5

a) Obtenha a reta de mínimos quadrados ajustada de y em função de x aos dados.
b) Qual o custo estimado para a produção de 24 unidades por mês?

24. A tabela abaixo fornece a exportação de um produto (y), em milhões de dólares, em função ano (x) contado a partir de determinado ano do calendário:

Ano (x)	1	2	3	4	5	6	7
Exportações (y)	80	100	118	143	164	179	205

a) Obtenha a reta de mínimos quadrados de y em função de x ajustada aos dados.
b) Preveja a exportação para o próximo ano.

11.4 Análise dos pontos de fronteira

Até agora, vimos como encontrar máximos e mínimos de funções analisando apenas os pontos interiores ao domínio (pois os teoremas dados só se aplicam a esses pontos). A análise dos pontos de fronteira (quando existem) terá de ser feita sem o auxílio desses teoremas. Uma das formas usadas para abordar tais situações é por meio das curvas de nível da função a ser otimizada. Os exemplos esclarecerão esse tipo de abordagem.

Exemplo 11.10 Consideremos a função f dada por $f(x, y) = 2x + y$, definida no domínio D dado pelas inequações

$$x \geq 0$$
$$y \geq 0$$
$$x + y \leq 7$$

a) Em primeiro lugar, notemos que o conjunto D é constituído pela reunião do triângulo da Figura 11.9 com sua parte interna. A fronteira do domínio é constituída dos lados $\overline{AB}$, $\overline{BC}$ e $\overline{AC}$.

Figura 11.9: Domínio da função do Exemplo 11.10

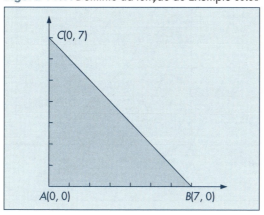

b) A função $f(x, y) = 2x + y$ admite como curvas de nível o feixe de paralelas à reta $2x + y = 0$, pois qualquer curva de nível c tem por equação a reta $2x + y = c$, que é paralela à $2x + y = 0$ qualquer que seja c.

Eis algumas curvas de nível. Seus gráficos comparecem na Figura 11.10:

$$c = 1 \rightarrow 2x + y = 1$$
$$c = 2 \rightarrow 2x + y = 2$$
$$c = 3 \rightarrow 2x + y = 3$$

Figura 11.10: Curvas de nível da função $f(x, y) = 2x + y$

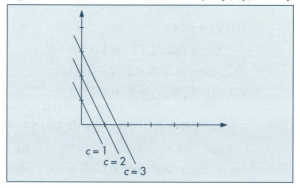

Notemos, nesse exemplo, que, quanto mais a reta se distancia da origem, maior é o valor de c.

c) Como todos os pontos (x, y) da curva de nível c produzem um valor constante para $f(x, y)$, o ponto da curva de maior nível que intercepta D é o ponto de máximo de f; no caso do exemplo em questão, tal ponto é $B(7, 0)$. A curva de menor nível que intercepta D é o ponto de mínimo de f; no caso, tal ponto é $A(0, 0)$ (Figura 11.11).

Figura 11.11: O ponto B é de máximo e o A é de mínimo, no Exemplo 11.10

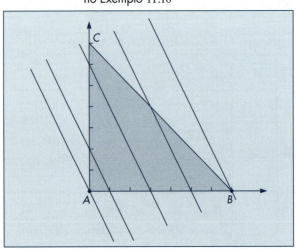

d) O ponto (0, 0) é ponto de mínimo absoluto e (7, 0) é ponto de máximo absoluto de f.

e) Entre os pontos interiores a D, não existem pontos de máximo ou de mínimo, pois as derivadas parciais nunca se anulam ($f_x = 2$ e $f_y = 1$).

É intuitivo perceber, nesse exemplo, que os pontos de máximo e de mínimo estão nos vértices do triângulo. Assim, por simples inspeção do valor de f nos pontos A, B e C, poderíamos descobrir os pontos de máximo e de mínimo.

De fato,

$$f(x, y) = 2x + y$$
$$A(0, 0) \to f(0, 0) = 2 \cdot 0 + 0 = 0$$
$$B(7, 0) \to f(7, 0) = 2 \cdot 7 + 0 = 14$$
$$C(0, 7) \to f(0, 7) = 2 \cdot 0 + 7 = 7$$

Portanto, $A(0, 0)$ é o ponto de mínimo e $B(7, 0)$ é o ponto de máximo de f.

Exemplo 11.11 Consideremos a função dada por $f(x, y) = x + y$, definida no domínio D determinado pelas inequações:

$$x \geq 0$$
$$y \geq 0$$
$$2x + y \geq 10$$
$$x + 2y \geq 10$$

a) O conjunto D é formado pelos pontos da região indicada na Figura 11.12.

Figura 11.12: Domínio da função do Exemplo 11.11

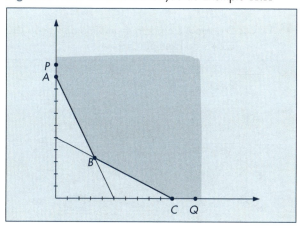

Os pontos A, B e C têm coordenadas $(0, 10)$, $\left(\dfrac{10}{3}, \dfrac{10}{3}\right)$ e $(10, 0)$, respectivamente; o ponto B é a intersecção das retas $2x + y = 10$ e $x + 2y = 10$.

Os pontos de fronteira do domínio são aqueles dos segmentos $\overline{AB}$ e $\overline{BC}$, bem como os das semirretas, $\overline{AP}$ e $\overline{CQ}$.

b) A função $f(x, y) = x + y$ admite como curvas de nível o feixe de retas paralelas à reta $x + y = 0$.

Eis algumas curvas de nível e seus respectivos gráficos (Figura 11.13):

$$c = 1 \rightarrow x + y = 1$$
$$c = 2 \rightarrow x + y = 2$$
$$c = 3 \rightarrow x + y = 3$$

Figura 11.13: Curva de nível da função $f(x, y) = x + y$

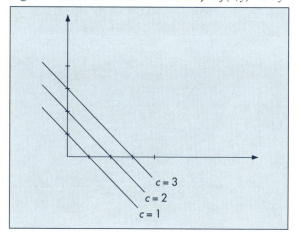

c) O ponto de mínimo de f é o ponto da curva de menor nível que intercepta D. Assim, o ponto de mínimo é o ponto $B\left(\dfrac{10}{3}, \dfrac{10}{3}\right)$ (Figura 11.14).

Figura 11.14: O ponto B é o ponto de mínimo da função $f(x, y) = x + y$ do Exemplo 11.11

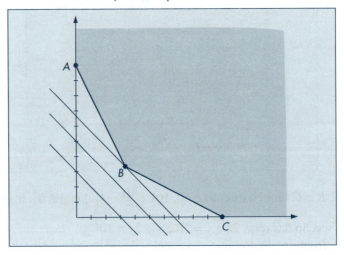

d) A função f não tem ponto de máximo em D, pois não existe curva de maior nível de f que intercepte D (Figura 11.15).

Figura 11.15: Não há ponto de máximo

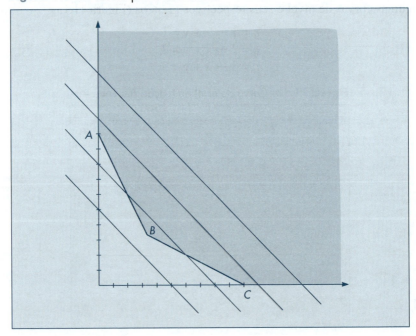

CAPÍTULO 11   MÁXIMOS E MÍNIMOS PARA FUNÇÕES DE DUAS VARIÁVEIS   293

Exemplo 11.12 Consideremos a função dada por $f(x, y) = x + y$ e domínio D determinado pelas inequações:

$$x \geq 0$$
$$y \geq 0$$
$$x + y \leq 3$$

a) O conjunto D é constituído pela região triangular da Figura 11.16. Os vértices do triângulo são $A(0, 0)$, $B(3, 0)$ e $C(0, 3)$.

Figura 11.16: Domínio da função do Exemplo 11.12

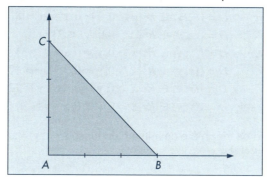

b) A função dada admite como curvas de nível o feixe de paralelas à reta $x + y = 0$ (Figura 11.17).

c) Todos os pontos do segmento $\overline{BC}$ são pontos de máximo, pois a reta determinada por BC tem o mesmo coeficiente angular que o feixe de paralelas (-1). O ponto de mínimo de f é o ponto $A(0, 0)$ (Figura 11.18).

Figura 11.17: Curvas de nível do caso (b)   **Figura 11.18:** Pontos de mínimo e máximo do Exemplo 11.12

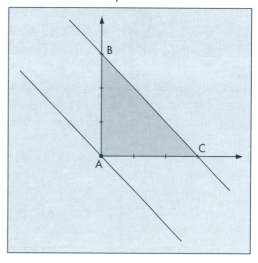

Exercícios

25. Determine os pontos de máximo e mínimo (caso existam) das funções nos domínios indicados:

a) $f(x, y) = 3x + y$, $D = \{(x, y) \in R^2 | x \geq 0, y \geq 0, x + y \leq 6\}$
b) $f(x, y) = x + 3y$, $D = \{(x, y) \in R^2 | x \geq 0, y \geq 0, x + 2y \leq 6\}$
c) $f(x, y) = x - y$, $D = \{(x, y) \in R^2 | x \geq 0, y \geq 0, x + 3y \leq 5\}$
d) $f(x, y) = 2x + 5y$, $D = \{(x, y) \in R^2 | x \geq 0, y \geq 0, x \leq 6, y \leq 5, x + y \leq 8\}$
e) $f(x, y) = x + 10y$, $D = \{(x, y) \in R^2 | x \geq 0, y \geq 0, x \leq 5, y \leq 10, 2x + y \leq 12\}$
f) $f(x, y) = x + 20y$, $D = \{(x, y) \in R^2 | x \geq 0, y \geq 0, x + y \leq 10, 5x + y \leq 30\}$
g) $f(x, y) = 3x + y$, $D = \{(x, y) \in R^2 | x \geq 2, y \geq 0, x + y \leq 10, 5x + y \leq 30\}$
h) $f(x, y) = 4x - 3y$, $D = \{(x, y) \in R^2 | x \geq 0, y \geq 0, x + 2y \leq 8, x - y \leq 4\}$
i) $f(x, y) = x + y$, $D = \{(x, y) \in R^2 | |x| \leq 2, |y| \leq 2\}$
j) $f(x, y) = x + 2y$, $D = \{(x, y) \in R^2 | x \geq 0, y \geq 0, x + y \geq 5\}$
k) $f(x, y) = x + 3y$, $D = \{(x, y) \in R^2 | x \geq 0, y \geq 0, 3x + y \geq 12\}$
l) $f(x, y) = 2x + y$, $D = \{(x, y) \in R^2 | x \geq 0, y \geq 0, 3x + y \geq 12, x + 3y \geq 12\}$
m) $f(x, y) = x + 2y + 1$, $D = \{(x, y) \in R^2 | x \geq 0, y \geq 0, x + y \leq 1\}$

26. Determine o ponto de máximo e de mínimo da função $f(x, y) = x + y$ no domínio dado por $D = \{(x, y) \in R^2 | x^2 + y^2 \leq 1\}$.

Resolução

O domínio da função é o círculo de centro na origem e raio 1 (Figura 11.19).
As curvas de nível da função são as retas do feixe de paralelas $x + y = c$ (Figura 11.20).
Portanto, os pontos de máximo e de mínimo são os pontos de tangência de $x + y = c$ com a circunferência $x^2 + y^2 = 1$ (Figura 11.21).

Figura 11.19: Domínio da função   **Figura 11.20:** Curvas de nível da função

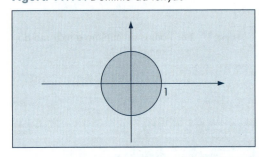
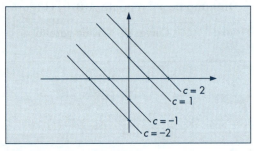

Figura 11.21: Pontos de máximo e mínimo

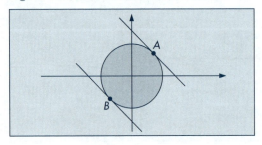

Assim, devemos impor que o sistema de equações:

$$\begin{cases} x + y = c & (11.1) \\ x^2 + y^2 = 1 & (11.2) \end{cases}$$

tenha solução única.

De (11.1) temos: $y = c - x$. Substituindo em (11.2), teremos:

$$2x^2 - 2cx + c^2 - 1 = 0 \qquad (11.3)$$

Para que (11.3) tenha uma única raiz, seu discriminante (Δ) deve ser nulo. Assim:

$$\Delta = 4c^2 - 8(c^2 - 1) = -4c^2 + 8 = 0 \Rightarrow c = \sqrt{2} \text{ ou } c = -\sqrt{2}$$

É evidente que, para $c = \sqrt{2}$, teremos um ponto de máximo e, para $c = -\sqrt{2}$, teremos um ponto de mínimo.

Para $c = \sqrt{2}$, a equação (11.3) fica igual a $2x^2 - 2\sqrt{2}x + 1 = 0$, cuja raiz é $x = \frac{\sqrt{2}}{2}$.

O valor de y é dado pela equação (11.1), isto é: $y = \sqrt{2} - \frac{\sqrt{2}}{2} = \frac{\sqrt{2}}{2}$. Portanto, o ponto de máximo é $\left(\frac{\sqrt{2}}{2}, \frac{\sqrt{2}}{2}\right)$.

Para $c = -\sqrt{2}$, concluímos de modo análogo que o ponto de mínimo é $\left(-\frac{\sqrt{2}}{2}, -\frac{\sqrt{2}}{2}\right)$.

27. Determine os pontos de máximo e de mínimo (se existirem) das funções abaixo, nos domínios indicados:

a) $f(x, y) = x - y$, $D = \{(x, y) \in R^2 \mid x^2 + y^2 \leq 4\}$

b) $f(x, y) = x + y$, $D = \left\{(x, y) \in R^2 \mid y \leq \frac{1}{x}, x > 0, y > 0\right\}$

c) $f(x, y) = x + y$, $D = \left\{(x, y) \in R^2 \mid y \geq \frac{1}{x}, x \geq 0, y \geq 0\right\}$

d) $f(x, y) = x^2 + y^2$, $D = \{(x, y) \in R^2 \mid x + y \leq 5, x \geq 0, y \geq 0\}$

e) $f(x, y) = x^2 + y^2$, $D = \{(x, y) \in R^2 \mid x + y \geq 1\}$

f) $f(x, y) = -x^2 + y$, $D = \{(x, y) \in R^2 \mid x \geq 0, y \geq 0, x + y \leq 1\}$

28. Uma marcenaria produz mesas e cadeiras de um único modelo, utilizando dois insumos: trabalho e madeira. Para produzir uma mesa são necessários 10 homens-hora e para uma cadeira, 2 homens-hora. Cada mesa requer 10 unidades de madeira e cada cadeira, 5 unidades.

Durante um período de tempo, a marcenaria dispõe de 200 homens-hora e 260 unidades de madeira. Se cada mesa é vendida por $ 200,00 e cada cadeira por $ 90,00, qual a produção que maximiza a receita de vendas naquele período?

Resolução

Sejam x o número de mesas e y o de cadeiras. A receita procurada vale $R(x, y) = 200x + 90y$.

Queremos maximizar $R(x, y)$. Resta saber qual o seu domínio. De acordo com o enunciado, as variáveis x e y devem satisfazer as seguintes restrições:

$$10x + 2y \leq 200 \qquad (11.4)$$
$$10x + 5y \leq 260 \qquad (11.5)$$

É óbvio também que, por serem quantidades, x e y devem ser não negativos, ou seja,

$$x \geq 0 \qquad (11.6)$$
$$y \geq 0 \qquad (11.7)$$

Portanto, o domínio da função receita é o quadrilátero determinado pelas inequações (11.4), ..., (11.7), representado na Figura 11.22. Seus vértices são os pontos $A(0, 0)$, $B(20, 0)$, $C(16, 20)$ e $D(0, 52)$.

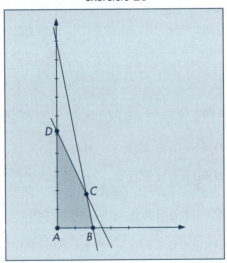

Figura 11.22: Domínio da função do exercício 28

Retomando a função receita $R(x, y) = 200x + 90y$, observamos que:

a) No interior do domínio não existem pontos de máximo ou de mínimo, pois:

$$\frac{\partial R}{\partial x} = 200 \neq 0 \qquad \text{e} \qquad \frac{\partial R}{\partial y} = 90 \neq 0$$

b) Na fronteira do domínio, o ponto de máximo pode ser pesquisado com o auxílio das curvas de nível da função receita. Tais curvas são as retas do feixe de paralelas:

$$200x + 90y = c, \quad c \in \mathbb{R}$$

É óbvio que o ponto de máximo será um dos vértices do quadrilátero $ABCD$ (eventualmente poderia ser um lado, caso o coeficiente angular das retas do feixe fosse igual ao desse lado). Assim, calculamos o valor de $R(x, y)$ em cada vértice.

Temos:

$$A(0, 0) \to R(0, 0) = 0$$
$$B(20, 0) \to R(20, 0) = 4.000$$
$$C(16, 20) \to R(16, 20) = 5.000$$
$$D(0, 52) \to R(0, 52) = 4.680$$

Portanto, o ponto de máxima receita é o ponto $C(16, 20)$, isto é, a receita será máxima se forem produzidas 16 mesas e 20 cadeiras.

29. Resolva o exercício anterior considerando que o preço de cada mesa seja $ 600,00 e o preço de cada cadeira, $ 90,00.

30. Uma pessoa precisa fazer um regime alimentar de modo a ter um suprimento de vitaminas (em unidades apropriadas) satisfazendo a tabela a seguir:

Vitamina	Quantidade mínima por dia
I	50
II	20
III	30

Supondo que o suprimento de tais vitaminas seja fornecido pelos alimentos espinafre e carne, a tabela a seguir fornece as quantidades de vitaminas por kg de cada alimento:

	Vitamina I	Vitamina II	Vitamina III
Espinafre	100	200	50
Carne	200	40	150

Se o preço do kg de carne e de espinafre forem, respectivamente, $ 3,00 e $ 0,80, qual é a dieta de mínimo custo que satisfaz as necessidades de vitaminas dessa pessoa?

31. Uma empresa de informática produz dois modelos de impressoras, A e B. O custo de produzir uma unidade de A é $ 300,00 e uma de B, $ 400,00.
Devido a restrições de orçamento, a empresa pode gastar, por semana, no máximo $ 12.000,00. A capacidade de mão de obra da empresa permite fabricar, por semana, no máximo 35 impressoras. Se cada unidade de A dá uma margem de contribuição de $ 60,00 e cada unidade de B dá uma margem de $ 70,00, qual a produção semanal que maximiza a margem de contribuição?

32. Uma empresa produz dois produtos A e B em quantidades x e y. Toda produção é vendida. Os custos unitários de produção de A e B são $ 8,00 e $ 5,00, respectivamente, e os correspondentes preços de venda são $ 10,00 e $ 7,00.
Os custos unitários de transporte de A e B são, respectivamente, $ 0,40 e $ 0,60. Se a empresa pretende arcar com um custo de produção mensal de no máximo $ 5.000,00 e um custo de transporte mensal de no máximo $ 300,00, quais os valores de x e y que maximizam a margem de contribuição mensal?

11.5 Máximos e mínimos condicionados

Consideremos uma função f de duas variáveis, com domínio D. Se restringirmos o domínio aos pontos (x, y) que satisfazem uma dada relação $\Phi(x, y) = 0$ e procurarmos, entre esses pontos, os pontos de máximo e de mínimo, dizemos que estamos resolvendo um problema de máximo e mínimo de f condicionados à restrição $\Phi(x, y) = 0$ (Figura 11.23).

Figura 11.23: Máximo condicionado

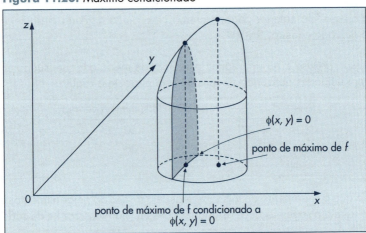

É importante observarmos que o ponto de máximo (ou de mínimo) condicionado não coincide necessariamente com o ponto de máximo (ou de mínimo) da função f definida em D.

Exemplo 11.13 Um exemplo de máximo condicionado é o seguinte problema: dada uma função de produção $P(x, y) = kx^{\alpha}y^{1-\alpha}$, com insumos de quantidades x e y, determinar a máxima produção sabendo-se que a firma tem uma restrição de custo (dispõe de uma quantia fixa c para o custo de produção). Assim, se chamarmos de p_1 e p_2 os preços unitários dos insumos, teremos a seguinte restrição:

$$p_1 x + p_2 y = c, \text{ ou então } p_1 x + p_2 y - c = 0$$

Veremos a seguir dois métodos de resolução de problemas de máximos e mínimos condicionados: o da substituição e o dos multiplicadores de Lagrange.

Método da substituição

Tal método consiste em substituir x (ou y) obtido a partir da restrição $\Phi(x, y) = 0$, na função f. Obtém-se, desta forma, uma função de uma única variável, e o problema se reduz à determinação de máximos e mínimos de funções de uma variável.

CAPÍTULO 11   MÁXIMOS E MÍNIMOS PARA FUNÇÕES DE DUAS VARIÁVEIS

Exemplo 11.14 Consideremos a função $f(x, y) = x^2 + y^2$ e determinemos seus pontos de máximo ou de mínimo, sabendo-se que a função está sujeita à restrição $x + y = 4$.

Temos:

$$x + y = 4 \Rightarrow y = 4 - x$$

Substituindo o valor de y em $f(x, y)$, obtemos uma função apenas da variável x:

$$f(x) = x^2 + (4 - x)^2 = 2x^2 - 8x + 16$$

Os possíveis pontos de máximo ou de mínimo são obtidos igualando-se a zero a derivada $f'(x)$. Assim:

$$f'(x) = 4x - 8 = 0 \Rightarrow x = 2$$

Como $f''(x) = 4 > 0$, segue-se que $x = 2$ é um ponto de mínimo.

Para obtermos o valor de y, basta substituirmos x por 2 na equação da restrição:

$$2 + y = 4 \Rightarrow y = 2$$

Portanto, a função $f(x, y) = x^2 + y^2$, sujeita à restrição $x + y = 4$, tem um ponto de mínimo que é $(2, 2)$.

Método dos multiplicadores de Lagrange

A ideia intuitiva do método baseia-se no seguinte: suponhamos que a função f, sujeita à restrição $\Phi(x, y) = 0$, tenha um ponto de máximo e que o gráfico da restrição seja a curva da Figura 11.24.

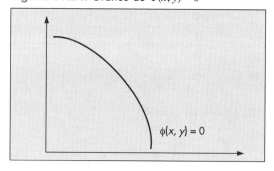

Figura 11.24: Gráfico de $\Phi(x, y) = 0$

Suponhamos também que as curvas de nível de f tenham a forma das curvas da Figura 11.25.

Figura 11.25: Curvas de nível da função f

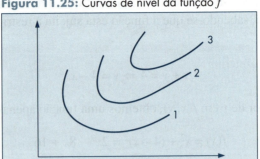

É intuitivo admitirmos que, no ponto de máximo de f, sujeita à restrição $\Phi(x, y) = 0$, uma curva de nível de f e $\Phi(x, y) = 0$ admitam uma tangente em comum (Figura 11.26).

Figura 11.26: Uma curva de nível de f e a restrição admitem uma tangente em comum

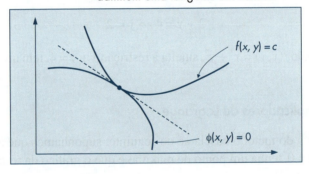

Assim,

$$-\frac{\frac{\partial f}{\partial x}}{\frac{\partial f}{\partial y}} = -\frac{\frac{\partial \Phi}{\partial x}}{\frac{\partial \Phi}{\partial y}} \quad \text{ou, ainda,} \quad \frac{\frac{\partial f}{\partial y}}{\frac{\partial \Phi}{\partial y}} = \frac{\frac{\partial f}{\partial x}}{\frac{\partial \Phi}{\partial x}} = \lambda$$

ou seja, deve existir um número λ tal que:

$$\frac{\partial f}{\partial y} = \lambda \frac{\partial \Phi}{\partial y} \quad \text{e} \quad \frac{\partial f}{\partial x} = \lambda \frac{\partial \Phi}{\partial x}$$

O número λ é chamado de multiplicador de Lagrange. Essas ideias intuitivas podem ser formalmente demonstradas no seguinte teorema:

Teorema 11.3

Seja f uma função com duas variáveis e $\Phi(x, y) = 0$ uma restrição. Se $f(x, y)$ e $\Phi(x, y)$ admitirem derivadas parciais contínuas e (x_0, y_0) for um ponto de máximo (ou de mínimo) de f, interior ao domínio, condicionado à restrição $\Phi(x, y) = 0$ e, ainda, se $\dfrac{\partial \Phi}{\partial x}(x_0, y_0) \neq 0$ ou $\dfrac{\partial \Phi}{\partial y}(x_0, y_0) \neq 0$, então existe um número λ tal que:

$$\frac{\partial f}{\partial x}(x_0, y_0) = \lambda \frac{\partial \Phi}{\partial x}(x_0, y_0) \quad \text{e} \quad \frac{\partial f}{\partial y}(x_0, y_0) = \lambda \frac{\partial \Phi}{\partial y}(x_0, y_0)$$

Demonstração

Suponhamos que $\dfrac{\partial \Phi}{\partial y}(x_0, y_0) \neq 0$ $\left(\text{o caso } \dfrac{\partial \Phi}{\partial x}(x_0, y_0) \neq 0 \text{ é análogo} \right)$.

Pelo teorema da função implícita, $\Phi(x, y) = 0$ define uma função $y = g(x)$ tal que:

$$g'(x) = -\frac{\dfrac{\partial \Phi}{\partial x}}{\dfrac{\partial \Phi}{\partial y}} \qquad (11.8)$$

Por outro lado, a função $F(x) = f(x, g(x))$ tem um ponto interior de máximo ou de mínimo, x_0, portanto, $F'(x_0) = 0$. Mas,

$$F'(x) = \frac{\partial f}{\partial x} \cdot 1 + \frac{\partial f}{\partial y} \cdot \frac{dy}{dx}$$

Portanto,

$$F'(x_0) = \frac{\partial f}{\partial x}(x_0, y_0) + \frac{\partial f}{\partial y}(x_0, y_0) \cdot g'(x_0) = 0 \qquad (11.9)$$

Substituindo (11.8) em (11.9), vem:

$$\frac{\partial f}{\partial x} \cdot (x_0, y_0) - \frac{\partial f}{\partial y}(x_0, y_0) \cdot \frac{\dfrac{\partial \Phi}{\partial x}(x_0, y_0)}{\dfrac{\partial \Phi}{\partial y}(x_0, y_0)} = 0 \qquad (11.10)$$

Chamando:

$$\lambda = \frac{\dfrac{\partial f}{\partial x}(x_0, y_0)}{\dfrac{\partial \Phi}{\partial x}(x_0, y_0)} \qquad (11.11)$$

Segue-se de (11.10) que:

$$\lambda = \dfrac{\dfrac{\partial f}{\partial y}(x_0, y_0)}{\dfrac{\partial \Phi}{\partial y}(x_0, y_0)} \qquad (11.12)$$

De (11.11) e (11.12) concluímos que:

$$\dfrac{\partial f}{\partial x}(x_0, y_0) = \lambda \cdot \dfrac{\partial \Phi}{\partial x}(x_0, y_0) \quad \text{e} \quad \dfrac{\partial f}{\partial y}(x_0, y_0) = \lambda \cdot \dfrac{\partial \Phi}{\partial y}(x_0, y_0)$$

O método dos multiplicadores de Lagrange baseia-se nesse teorema, ou seja, se (x_0, y_0) for um ponto de máximo ou de mínimo de f condicionado à restrição $\Phi(x, y) = 0$, então (x_0, y_0) deve ser solução do sistema de equações:

$$\begin{cases} \dfrac{\partial f}{\partial x} = \lambda \dfrac{\partial \Phi}{\partial x} \\ \dfrac{\partial f}{\partial y} = \lambda \dfrac{\partial \Phi}{\partial y} \\ \Phi(x, y) = 0 \end{cases} \qquad (11.13)$$

Observações

- Resolvendo-se o sistema de equações dado em (11.13), obteremos soluções que serão possíveis pontos de máximo ou de mínimo. Com o auxílio das curvas de nível da função f, em geral podemos saber se tal solução é um ponto de máximo ou de mínimo.
- O teorema não se aplica se $\dfrac{\partial \Phi}{\partial x}(x_0, y_0) = \dfrac{\partial \Phi}{\partial y}(x_0, y_0) = 0$.
- O teorema só se aplica a pontos interiores do domínio. Os pontos de fronteira devem ser analisados diretamente pelas curvas de nível.
- Frequentemente, o sistema de equações em (11.13) aparece na forma:

$$\begin{cases} \dfrac{\partial F}{\partial x} = 0 \\ \dfrac{\partial F}{\partial y} = 0 \\ \dfrac{\partial F}{\partial \lambda} = 0 \end{cases} \qquad (11.14)$$

em que $F(x, y, \lambda) = f(x, y) - \lambda \cdot \Phi(x, y)$.

Deixaremos a cargo do leitor a verificação da equivalência dos dois sistemas de equações.

Exemplo 11.15 Seja $f(x, y) = x^2 + y^2$ uma função sujeita à restrição $x + y - 4 = 0$. Para determinarmos os pontos de máximo ou de mínimo pelo método dos multiplicadores de Lagrange, devemos proceder como segue:

$$F(x, y, \lambda) = x^2 + y^2 - \lambda(x + y - 4)$$

$$\begin{cases} \dfrac{\partial F}{\partial x} = 0 \\ \dfrac{\partial F}{\partial y} = 0 \\ \dfrac{\partial F}{\partial \lambda} = 0 \end{cases} \Rightarrow \begin{cases} 2x - \lambda = 0 & (11.15) \\ 2y - \lambda = 0 & (11.16) \\ x + y - 4 = 0 & (11.17) \end{cases}$$

De (11.15), temos $x = \dfrac{\lambda}{2}$; de (11.16), temos $y = \dfrac{\lambda}{2}$.

Substituindo esses valores em (11.17), obtemos:

$$\dfrac{\lambda}{2} + \dfrac{\lambda}{2} - 4 = 0 \Rightarrow \lambda = 4.$$

Substituindo esse valor em (11.15) e (11.16), obtemos $x = 2$ e $y = 2$.

Portanto, $(2, 2)$ é um possível ponto de máximo ou de mínimo, pois $\dfrac{\partial \Phi}{\partial y}(2, 2) = 1 \neq 0$.

As curvas de nível c de f são circunferências concêntricas com centro na origem e raios $\sqrt{c}$ (para $c > 0$), e a restrição $\Phi(x, y) = x + y - 4 = 0$ é uma reta (Figura 11.27).

Figura 11.27: Curvas de nível de f(a) e restrição (b) do Exemplo 11.15

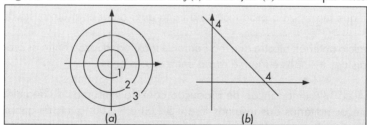

Logo, o ponto $(2, 2)$ é um ponto de mínimo de f, sujeito à restrição dada (pois o ponto de tangência é o ponto da curva de menor nível que intercepta a restrição) (Figura 11.28).

Figura 11.28: Ponto de mínimo de f do Exemplo 11.15

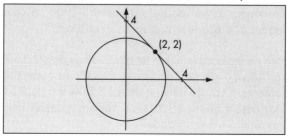

Exercícios

33. Ache o ponto de máximo ou de mínimo da cada função a seguir, usando o método da substituição e o dos multiplicadores de Lagrange:
    a) $f(x,y) = x^2 + y^2$, sujeita a $x + 2y = 6$
    b) $f(x,y) = x^2 + y^2$, sujeita a $x + 3y = 12$
    c) $f(x,y) = x^2 + 2y^2$, sujeita a $x - y = 1$
    d) $f(x,y) = x^2 - y^2$, sujeita a $x - y = 1$
    e) $f(x,y) = x^2 - y$, sujeita a $x - y = 0$

34. Ache o ponto de máximo ou de mínimo de cada função a seguir, usando o método que julgar conveniente:
    a) $f(x,y) = x + y$, sujeita a $x^2 + y^2 - 1 = 0$
    b) $f(x,y) = x - y$, sujeita a $x^2 + y^2 - 2 = 0$
    c) $f(x,y) = 2x - y$, sujeita a $x^2 + y^2 - 2x - 1 = 0$
    d) $f(x,y) = x + 2y$, sujeita a $x^2 + y^2 - 2y - 3 = 0$
    e) $f(x,y) = x + 3y$, sujeita a $xy = 1$
    f) $f(x,y) = x - y$, sujeita a $xy = 2$
    g) $f(x,y) = x^2 + y^2 - xy$, sujeita a $2x + 4y - 12 = 0$
    h) $f(x,y) = \dfrac{x^2}{9} + \dfrac{y^2}{4}$, sujeita a $x + y = 5$
    i) $f(x,y) = x + y$, sujeita a $2x^2 + y^2 - 1 = 0$

35. Seja $P = 2x^{0,5}y^{0,5}$ uma função de produção com dois insumos de quantidades x e y. Se os preços unitários dos insumos forem \$ 1,00 e \$ 2,00, qual a combinação de insumos que maximiza a produção se a firma quer arcar com um custo de \$ 15,00?

36. No exercício anterior, mostre que, no ponto de máximo, a razão entre as produtividades marginais dos insumos é igual à razão entre seus preços.

37. Seja $P = 2x^{0,5}y^{0,5}$ uma função de produção com dois insumos de quantidades x e y. Se os preços unitários dos insumos forem \$ 1,00 e \$ 2,00, quais as quantidades dos insumos que minimizam o custo, sabendo-se que a firma deseja operar no nível de produção $P = 50$?

38. Seja $U(x_1, x_2) = x_1 \cdot x_2$ a função utilidade de um consumidor, em que x_1 e x_2 são as quantidades consumidas de dois bens. Se os preços unitários desses bens forem \$ 1,00 e \$ 2,00 e o consumidor estiver disposto a gastar \$ 20,00 no consumo desses bens, quais as quantidades x_1 e x_2 que maximizam sua utilidade?

39. O comportamento de um consumidor é tal que sua função utilidade em relação a dois produtos A e B é $U(q_1, q_2) = q_1 \cdot q_2^2$, em que q_1 e q_2 são as quantidades consumidas de A e B, respectivamente. O preço unitário de A é \$ 5,00, e o de B é \$ 8,00. Sabendo-se que o consumidor deseja gastar \$ 120,00 no consumo desses bens, quais os valores de q_1 e q_2 que maximizam sua utilidade?

40. Resolva o exercício anterior considerando a função utilidade $U(q_1, q_2) = \sqrt{q_1 \cdot q_2}$, preços unitários de A e B iguais a \$ 2,00 e \$ 4,00 e renda disponível para consumo igual a \$ 50,00.

41. Considere a função utilidade de um consumidor $U(x, y) = xy$, em que x e y são as quantidades consumidas de dois bens. Se a linha de restrição orçamentária for $4x + y = 20$:
   a) Que valores de x e y maximizam a utilidade?
   b) Mostre que no ponto encontrado acima a razão entre as utilidades marginais é igual à razão entre os preços $\left(\text{isto é, } \dfrac{U_x}{U_y} = \dfrac{p_x}{p_y}, \text{ em que } p_x = 4 \text{ e } p_y = 1\right)$.

42. Um consumidor tem uma função utilidade dada por $U(x, y) = \ln x + 3 \ln y$, em que x e y são as quantidades consumidas de dois produtos A e B. Obtenha os valores de x e y que maximizam sua utilidade, sabendo-se que a linha de restrição orçamentária é $x + 2y = 10$.

43. Um consumidor consome pêssegos e maçãs, sendo sua função utilidade $U(x, y) = xy^2$, em que x é a quantidade de pêssegos e y, a de maçãs consumidas. O preço unitário do pêssego é \$ 0,80 e o da maçã é \$ 1,00. Se o consumidor pretende gastar \$ 6,00, quais quantidades de x e y maximizam sua utilidade?

44. Uma empresa produz apenas dois produtos A e B e sua produção é totalmente vendida a \$ 80,00 cada unidade de A e a \$ 60,00 cada unidade de B. A empresa opera segundo uma curva de transformação do produto, dada por $x^2 + y^2 = 2.500$, em que x e y indicam as quantidades produzidas de A e B, respectivamente.
   a) Quais quantidades de x e y maximizam a receita?
   b) Qual o valor dessa receita máxima?

45. Decomponha um número positivo k, na soma de dois números tais que a soma de seus quadrados seja mínima.

46. Determine dois números não negativos, de soma igual a m, de modo que tenham produto máximo.

Capítulo 12

Funções de três ou mais variáveis

12.1 Introdução

As ideias e propriedades estudadas nos capítulos anteriores, em geral, permanecem válidas se tivermos funções de três ou mais variáveis. As demonstrações dos teoremas também são análogas.

Seja D um subconjunto do R^n. Chamamos de função de D em R toda relação que associa a cada elemento $(x_1, x_2, x_3, ..., x_n)$ pertencente a D um único número real, indicado por $f(x_1, x_2, x_3, ..., x_n)$. O conjunto D é chamado de domínio da função e $f(x_1, x_2, x_3, ..., x_n)$ é chamado de valor ou imagem da função.

Exemplo 12.1 Seja $D = R^4$ e $f(x, y, z, t) = x^2 + y^2 + z^2 + t^2$. A função f associa a cada quádrupla ordenada de números reais a soma de seus quadrados. Assim,

$$f(1, 2, 3, 4) = 1^2 + 2^2 + 3^2 + 4^2 = 30$$
$$f(-1, -1, 2, 0) = (-1)^2 + (-1)^2 + 2^2 + 0^2 = 6$$

Exemplo 12.2 Sejam x_1, x_2 e x_3 as quantidades fabricadas de três produtos e $C(x_1, x_2, x_3)$ o custo de fabricação dessas quantidades. Suponhamos que:

$$C(x_1, x_2, x_3) = 100 + 2x_1 + 2x_2 + 3x_3$$

Se a empresa fabricar, por exemplo, 3 unidades do primeiro produto, 1 do segundo e 4 do terceiro, o custo será:

$$C(3, 1, 4) = 100 + 6 + 2 + 12 = 120$$

Observação

Quando não for especificado o domínio de uma função, convenciona-se que ele é o mais amplo subconjunto de R^n, de forma que as imagens da função sejam números reais.

Assim, por exemplo, dada a função $f(x, y, z) = \dfrac{1}{x^2 + y^2 - z^2}$, convenciona-se que seu domínio é o conjunto $D = \{(x, y, z) \in R^3 \mid x^2 + y^2 - z^2 \neq 0\}$.

Exercícios

1. Considere a função $f(x, y, z) = \dfrac{x^2 + y^2}{\sqrt{z - 1}}$, cujo domínio é $D = \{(x, y, z) \in R^3 \mid z > 1\}$.

   Calcule:

   a) $f(1, 1, 2)$

   b) $f(0, 0, 3)$

   c) $f(-1, -3, 2)$

   d) $f(a, a, a)$

   e) $f(1, 2, 3) + f(-1, 0, 2)$

   f) $\dfrac{f(0, 0, 2)}{f(1, 1, 2)}$

   g) $\dfrac{f(1, 1, 3)}{f(-1, -1, 2) + f(-1, -1, 3)}$

2. Dada a função $f(x, y, z) = 2x + 3y + z^2$, calcule:

   a) $f(x + \Delta x, y, z)$

   b) $f(x, y + \Delta y, z)$

   c) $f(x, y, z + \Delta z)$

   d) $f(x + \Delta x, y + \Delta y, z + \Delta z)$

3. Ache o domínio das funções:

   a) $f(x, y, z) = \dfrac{x + y}{z - 3}$

   b) $f(x, y, z) = \sqrt{x^2 + y^2 + z^2}$

   c) $f(x, y, z) = \sqrt{x + y - z}$

   d) $f(x, y, z, t) = \log(x - y + z - t)$

4. Represente graficamente os pontos (x, y, z) para os quais $f(x, y, z) = 2$, sendo a função dada por $f(x, y, z) = 8 - x - y - 2z$.

12.2 Limite e continuidade

Intuitivamente, o limite de $f(x_1, x_2, ..., x_n)$ quando $(x_1, x_2, ..., x_n)$ tende a $(x_{1_0}, x_{2_0}, ..., x_{n_0})$ é o número L (se existir), do qual se aproxima $f(x_1, x_2, ..., x_n)$ quando $(x_1, x_2, ..., x_n)$ se aproxima de $(x_{1_0}, x_{2_0}, ..., x_{n_0})$, sem se tornar igual a $(x_{1_0}, x_{2_0}, ..., x_{n_0})$.

Indicamos da seguinte forma:

$$\lim_{(x_1, x_2, ..., x_n) \to (x_{1_0}, x_{2_0}, ..., x_{n_0})} f(x_1, x_2, ..., x_n) = L$$

Caso L seja igual a $f(x_{1_0}, x_{2_0}, ..., x_{n_0})$, dizemos que a função f é **contínua** em $(x_{1_0}, x_{2_0}, ..., x_{n_0})$; caso contrário, dizemos que f é descontínua naquele ponto.

Os teoremas 1 e 2, do Capítulo 10, vistos para a continuidade de funções de duas variáveis, estendem-se para funções de três ou mais variáveis. Assim, por exemplo, são contínuas em todos os pontos do domínio as seguintes funções:

a) $f(x, y, z) = x^2 + y^2 - 3z$

b) $f(x, y, z) = \dfrac{2x + 3y}{y - 4z}$

c) $f(x, y, z, t) = \ln(x + y - z - t)$

d) $f(x, y, z, t) = e^{x+y} + e^{z-t}$

Exercícios

5. Dada a função $f(x, y, z) = 2x + 3y + 4z$, obtenha $\lim_{(x,y,z) \to (0,2,3)} f(x, y, z)$ e verifique se ela é contínua em $(0, 2, 3)$.

6. Dada a função:

$$f(x, y, z) = \begin{cases} x + y + 3z, \text{ se } (x, y, z) \neq (1, 1, 1) \\ 6, \text{ se } (x, y, z) = (1, 1, 1) \end{cases}$$

verifique se ela é contínua no ponto $(1, 1, 1)$.

7. Dada a função:

$$f(x, y, z) = \begin{cases} \dfrac{1}{x^2 + y^2 + z^2}, \text{ se } (x, y, z) \neq (0, 0, 0) \\ 0, \text{ se } (x, y, z) = (0, 0, 0) \end{cases}$$

verifique se ela é contínua no ponto $(0, 0, 0)$.

12.3 Derivadas parciais

Seja f uma função definida num subconjunto D do R^n. A função derivada parcial de f em relação a x_i (ou simplesmente derivada de f em relação a x_i) é a derivada de f em relação a x_i, admitindo todas as outras variáveis como constantes. Indicamos a derivada parcial de f em relação a x_i por f_{xi}, ou $\dfrac{\partial f}{\partial x_i}$.

Exemplo 12.3 Se $f(x, y, z) = x^2 + y^3 + z^2 x$, então:

$$f_x = 2x + z^2$$
$$f_y = 3y^2$$
$$f_z = 2xz$$

Exemplo 12.4 Se $f(x, y, z, t) = \ln(2x + 3y - z^2 + t^2)$, então:

$$f_x = \frac{2}{2x + 3y - z^2 + t^2}$$

$$f_y = \frac{3}{2x + 3y - z^2 + t^2}$$

$$f_z = \frac{-2z}{2x + 3y - z^2 + t^2}$$

$$f_t = \frac{2t}{2x + 3y - z^2 + t^2}$$

Exercícios

8. Calcule as derivadas parciais f_x, f_y e f_z para as seguintes funções:

   a) $f(x, y, z) = 3x + 5y - 6z$
   b) $f(x, y, z) = 2xy + 2xz + 3yz$
   c) $f(x, y, z) = x^{0,5} + y^{1,5} + 2xz^{0,25}$
   d) $f(x, y, z) = \dfrac{x+y}{y-z}$
   e) $f(x, y, z) = 2x^{0,3}y^{0,3}z^{0,4}$
   f) $f(x, y, z) = e^{x^2 + y^2 + z^2}$
   g) $f(x, y, z) = (x + 2y + 3z)^3$
   h) $f(x, y, z) = \sqrt{xyz}$

9. Calcule as derivadas parciais f_x, f_y, f_z e f_t para as seguintes funções:

   a) $f(x, y, z, t) = 2xy - 3zt$
   b) $f(x, y, z, t) = (x + yz - t)^4$
   c) $f(x, y, z, t) = \ln(2x^2 + y^2 - zt^2)$

10. Considere a função $f(x, y, z) = 3x + 4y + 5z$. Calcule $x \cdot \dfrac{\partial f}{\partial x} + y \cdot \dfrac{\partial f}{\partial y} + z \cdot \dfrac{\partial f}{\partial z}$.

11. Considere a função de produção $P = 2x^{0,2}y^{0,3}z^{0,5}$.

    a) Calcule as produtividades marginais $\dfrac{\partial P}{\partial x}, \dfrac{\partial P}{\partial y}$ e $\dfrac{\partial P}{\partial z}$.
    b) Mostre que $x \cdot \dfrac{\partial P}{\partial x} + y \cdot \dfrac{\partial P}{\partial y} + z \cdot \dfrac{\partial P}{\partial z} = P$.

12. Dada a função custo de produção de quatro bens de quantidades x_1, x_2, x_3 e x_4,

    $$C = 2x_1 + x_2 + x_3 + 3x_4 + 100$$

    determine os custos marginais $\dfrac{\partial C}{\partial x_i}$.

12.4 Funções diferenciáveis — diferencial de uma função

Seja f uma função definida num subconjunto do R^n, e seja $(x_{1_0}, x_{2_0}, ..., x_{n_0})$ um ponto de seu domínio. Seja Δf a variação sofrida por $f(x_1, x_2, ..., x_n)$ ao passarmos do ponto $(x_{1_0}, x_{2_0}, ..., x_{n_0})$ para o ponto $(x_{1_0} + \Delta x_{1_0}, x_{2_0} + \Delta x_{2_0}, ..., x_{n_0} + \Delta x_{n_0})$.

Dizemos que f é diferenciável no ponto $(x_{1_0}, x_{2_0}, ..., x_{n_0})$ se Δf puder ser escrita na forma:

$$\Delta f = \sum_{i=1}^{n} \dfrac{\partial f}{\partial x_i}(x_{1_0}, x_{2_0}, ..., x_{n_0}) \cdot \Delta x_{i_0} + \sum_{i=1}^{n} h_i(\Delta x_{1_0}, \Delta x_{2_0}, ..., \Delta x_{n_0})$$

em que as funções h_i têm todas limites iguais a zero, quando $(\Delta x_{1_0}, \Delta x_{2_0}, ..., \Delta x_{n_0})$ tende a $(0, 0, ..., 0)$.

Caso f seja diferenciável, a diferencial de f é indicada por df e vale:

$$df = \sum_{i=1}^{n} \dfrac{\partial f}{\partial x_i}(x_{1_0}, x_{2_0}, ..., x_{n_0}) \cdot \Delta x_{i_0}$$

Prova-se, de maneira análoga à vista para funções de duas variáveis, que f será diferenciável se suas derivadas parciais forem contínuas.

Exemplo 12.5 A função $f(x, y, z) = x^2 + y^2 + z^2$ é diferenciável em todos os pontos do R^3, pois:

$$\frac{\partial f}{\partial x} = 2x, \frac{\partial f}{\partial y} = 2y \quad \text{e} \quad \frac{\partial f}{\partial z} = 2z \text{ são contínuas.}$$

A diferencial de f vale:

$$df = 2x \cdot \Delta x + 2y \cdot \Delta y + 2z \cdot \Delta z$$

Exercícios

13. Calcule a diferencial de cada função abaixo num ponto genérico.
    a) $f(x, y, z) = 2x + 3y + 4z$
    b) $f(x, y, z, t) = x^2 - y^2 + z^2 - t^2$
    c) $f(x, y, z, t) = e^{x-y+z^2+t^2}$

14. Seja C a função custo de produção de três bens de quantidades x, y e z:

    $$C = 10 + 2x + y + z + xy$$

    a) Calcule a diferencial do custo no ponto $x = y = 10$ e $z = 20$, para $\Delta x = \Delta y = \Delta z = 0{,}1$.
    b) Calcule a diferencial do custo num ponto genérico (x, y, z) para $\Delta x = \Delta y = 0{,}1$ e $\Delta z = 0{,}05$.
    c) Calcule a diferencial do custo num ponto genérico (x, y, z) para $\Delta x = \Delta y = \Delta z = h$.

15. Seja $f(x, y, z) = ax + by + cz + d$. Mostre que a diferencial de f é igual a Δf, quaisquer que sejam os valores de Δx, Δy e Δz.

12.5 Função composta — Regra da cadeia

Seja f uma função definida num subconjunto do R^n, diferenciável num ponto $(x_{1_0}, x_{2_0}, ..., x_{n_0})$ do seu domínio. Sejam as funções dadas por $x_1(t), x_2(t), ..., x_n(t)$ diferenciáveis em t_0, de modo que:

$$x_1(t_0) = x_{1_0}, \quad x_2(t_0) = x_{2_0}, \quad ..., \quad x_n(t_0) = x_{n_0}$$

Então a função F, composta de f com $x_1, x_2, ..., x_n$, dada por $F(t) = f(x_1(t), x_2(t), ..., x_n(t))$ é tal que:

$$\frac{dF}{dt}(t_0) = \sum_{i=1}^{n} \frac{\partial f}{\partial x_i}(x_{1_0}, x_{2_0}, ..., x_{n_0}) \frac{dx_i}{dt}(t_0)$$

Exemplo 12.6 Sejam $f(x, y, z) = 2x + 3y + 4z$, $x(t) = 2t$, $y(t) = 3t - 2$ e $z(t) = t - 4$.
A função composta de f com x, y e z é:

$$F(t) = 2 \cdot (2t) + 3 \cdot (3t - 2) + 4 \cdot (t - 4) = 17t - 22$$

a) Cálculo de $\dfrac{dF}{dt}$ diretamente:

$$\frac{dF}{dt} = 17$$

b) Cálculo de $\dfrac{dF}{dt}$ pela regra da cadeia:

$$\frac{\partial f}{\partial x} = 2, \frac{\partial f}{\partial y} = 3, \frac{\partial f}{\partial z} = 4$$

$$\frac{dx}{dt} = 2, \frac{dy}{dt} = 3, \frac{dz}{dt} = 1$$

Portanto:

$$\frac{dF}{dt} = 2 \cdot (2) + 3 \cdot (3) + 4 \cdot (1) = 17$$

Exercício

16. Obtenha a derivada $\dfrac{dF}{dt}$, sendo F a composta de f com x, y e z nos casos abaixo:

a) $f(x, y, z) = 3x + 4y - 6z$, $x(t) = 2t$, $y(t) = t^2$ e $z(t) = t - 1$
b) $f(x, y, z) = x + 2y + z^2$, $x(t) = \operatorname{sen} t$, $y(t) = \cos t$, e $z(t) = t^2$
c) $f(x, y, z) = e^{x+y+z}$, $x(t) = t^2$, $y(t) = t^3$ e $z(t) = t - 2$
d) $f(x, y, z) = x^2y + yz^2$, $x(t) = \dfrac{1}{t}$, $y(t) = \dfrac{1}{t^2}$, e $z(t) = \dfrac{1}{t^3}$

12.6 Funções definidas implicitamente

O teorema das funções implícitas e a derivada de funções definidas implicitamente, vistos para funções de duas variáveis, também se estendem de modo análogo para funções de n variáveis; assim, seja:

$$x_i = h(x_1, x_2, ..., x_{i-1}, x_{i+1}, ..., x_n)$$

uma função definida implicitamente pela equação $f(x_1, x_2, ..., x_n) = 0$.

Então:

$$\frac{\partial h}{\partial x_j} = -\frac{\dfrac{\partial f}{\partial x_j}}{\dfrac{\partial f}{\partial x_i}}, \quad j = 1, 2, ..., (i-1), (i+1), ..., n$$

Exemplo 12.7 Seja $z = h(x, z)$ definida implicitamente pela equação $x^2 + y^2 - z = 0$.

a) Cálculo de $\dfrac{\partial z}{\partial x}$ e $\dfrac{\partial z}{\partial y}$ diretamente.

Temos:
$$z = x^2 + y^2$$
$$\frac{\partial z}{\partial x} = 2x \quad \text{e} \quad \frac{\partial z}{\partial y} = 2y$$

b) Cálculo de $\dfrac{\partial z}{\partial x}$ e $\dfrac{\partial z}{\partial y}$ pela fórmula da derivada das funções definidas implicitamente.

Temos:
$$f(x, y, z) = x^2 + y^2 - z$$

$$\frac{\partial z}{\partial x} = -\frac{\dfrac{\partial f}{\partial x}}{\dfrac{\partial f}{\partial z}} = -\frac{2x}{-1} = 2x$$

$$\frac{\partial z}{\partial y} = -\frac{\dfrac{\partial f}{\partial y}}{\dfrac{\partial f}{\partial z}} = -\frac{2y}{-1} = 2y$$

Exercícios

17. Calcule $\dfrac{\partial z}{\partial x}$ e $\dfrac{\partial z}{\partial y}$, sendo z a função definida implicitamente por $2x^3 - 4y^2 - 6z = 0$.

18. Calcule $\dfrac{\partial z}{\partial x}$ e $\dfrac{\partial z}{\partial y}$, sendo z a função definida implicitamente por $x^2 + y^2 + z^2 - 3 = 0$.

12.7 Funções homogêneas — Teorema de Euler

Seja f uma função de n variáveis $x_1, x_2, ..., x_n$. Dizemos que f é homogênea de grau m se, para toda constante positiva λ, tivermos:

$$f(\lambda x_1, \lambda x_2, ..., \lambda x_n) = \lambda^m \cdot f(x_1, x_2, ..., x_n)$$

Exemplo 12.8 A função dada por $f(x, y, z) = x^2 + xy - 3yz$ é homogênea de grau 2, pois:

$$f(\lambda x, \lambda y, \lambda z) = (\lambda x)^2 + (\lambda x)(\lambda y) - 3(\lambda y)(\lambda z) = \lambda^2(x^2 + xy - 3yz) = \lambda^2 f(x, y, z)$$

O teorema de Euler, visto para funções homogêneas de duas variáveis, se estende para funções homogêneas de n variáveis. Isto é, se f é homogênea de grau m, então:

$$m \cdot f(x_1, x_2, ..., x_n) = x_1 \cdot \frac{\partial f}{\partial x_1} + x_2 \cdot \frac{\partial f}{\partial x_2} + ... + x_n \cdot \frac{\partial f}{\partial x_n}$$

Exercícios

19. Para as funções a seguir, indique as homogêneas e o respectivo grau de homogeneidade:
    a) $f(x, y, z) = x^2 + y^2 + z^2$
    b) $f(x, y, z, t) = x^2 + y^2 - zx - tz$
    c) $f(x, y, z) = 2x^2 + 3y^2 + 6z$
    d) $f(x_1, x_2, x_3) = 2x_1x_2 + 3x_1x_3 + 4x_2x_3$

20. Dada a função de produção $P = 10x^{0,2}y^{0,4}z^{0,4}$:
    a) mostre que tal função é homogênea de grau 1;
    b) mostre que $P = x \cdot \frac{\partial P}{\partial x} + y \cdot \frac{\partial P}{\partial y} + z \cdot \frac{\partial P}{\partial z}$.

12.8 Derivadas parciais de segunda ordem

Seja f uma função de n variáveis $x_1, x_2, x_3, ..., x_n$, e sejam $f_{x_1}, f_{x_2}, f_{x_3}, ..., f_{x_n}$ suas derivadas parciais. Se calcularmos as derivadas parciais de $f_{x_1}, f_{x_2}, f_{x_3}, ..., f_{x_n}$, obteremos as derivadas parciais de segunda ordem de f.

Indicaremos por $f_{x_i x_j}$ a derivada de f_{x_i} em relação a x_j.

Exemplo 12.9 Sendo $f(x, y, z) = x^2 + 4y^2 - 3yz$, temos:

$$\begin{array}{lll} f_x = 2x & f_y = 8y - 3z & f_z = -3y \\ f_{xx} = 2 & f_{yx} = 0 & f_{zx} = 0 \\ f_{xy} = 0 & f_{yy} = 8 & f_{zy} = -3 \\ f_{xz} = 0 & f_{yz} = -3 & f_{zz} = 0 \end{array}$$

Exercícios

21. Calcule todas as derivadas parciais de segunda ordem da função $f(x, y, z) = xy + xz + yz$.

22. Dada a função $f(x_1, x_2, x_3, x_4) = x_1x_2x_3 + x_1x_2x_4 + x_1x_3x_4 + x_2x_3x_4$, calcule $f_{x_2x_3}$ e $f_{x_3x_2}$.

23. Dada a função $f(x_1, x_2, x_3, x_4) = x_1^2 + x_2^2 + x_3^2 + x_4^2 + x_1x_2x_3x_4$, calcule $f_{x_1x_1}, f_{x_1x_2}, f_{x_1x_3}$ e $f_{x_1x_4}$.

12.9 Máximos e mínimos

As ideias de máximo e mínimo para funções de n variáveis são semelhantes às que foram vistas para funções de duas variáveis.

Seja f uma função das variáveis $x_1, x_2, x_3, ..., x_n$. Dizemos que o ponto $P_0(x_{1_0}, x_{2_0}, ..., x_{n_0})$ do domínio é o ponto de máximo relativo de f (ou simplesmente ponto de máximo) se existir uma bola aberta de centro em P_0 e raio r, tal que, para todo ponto $P(x_1, x_2, ..., x_n)$ do domínio situado no interior dessa bola, tivermos:

$$f(x_1, x_2, ..., x_n) \leq f(x_{1_0}, x_{2_0}, ..., x_{n_0})$$

Ao número $f(x_{1_0}, x_{2_0}, ..., x_{n_0})$ damos o nome de valor máximo de f.

Analogamente, dizemos que o ponto $P_0(x_{1_0}, x_{2_0}, ..., x_{n_0})$ do domínio é ponto de mínimo relativo de f (ou simplesmente ponto de mínimo) se existir uma bola aberta de centro em P_0 e raio r, tal que, para todo ponto $P(x_1, x_2, ..., x_n)$ do domínio situado no interior dessa bola, tivermos:

$$f(x_1, x_2, ..., x_n) \geq f(x_{1_0}, x_{2_0}, ..., x_{n_0})$$

Ao número $f(x_{1_0}, x_{2_0}, ..., x_{n_0})$ damos o nome de valor mínimo de f.

Seja f uma função das variáveis $x_1, x_2, x_3, ..., x_n$. Dizemos que o ponto $P_0(x_{1_0}, x_{2_0}, ..., x_{n_0})$ do domínio é ponto de máximo global de f se, para todo ponto $P(x_1, x_2, ..., x_n)$ do domínio, tivermos:

$$f(x_1, x_2, ..., x_n) \leq f(x_{1_0}, x_{2_0}, ..., x_{n_0})$$

Analogamente, dizemos que o ponto $P_0(x_{1_0}, x_{2_0}, ..., x_{n_0})$ do domínio é ponto de mínimo global de f se, para todo ponto $P(x_1, x_2, ..., x_n)$ do domínio, tivermos:

$$f(x_1, x_2, ..., x_n) \geq f(x_{1_0}, x_{2_0}, ..., x_{n_0})$$

Teoremas semelhantes aos vistos em funções a duas variáveis se verificam no caso de n variáveis.

Teorema 12.1

Seja f uma função das variáveis $x_1, x_2, x_3, ..., x_n$, e seja $P_0(x_{1_0}, x_{2_0}, ..., x_{n_0})$ um ponto interior ao domínio. Se P_0 for um ponto de máximo, ou de mínimo, e se existirem as derivadas parciais $f_{x_1}, f_{x_2}, ..., f_{x_n}$, então:

$$f_{x_i}(x_{1_0}, x_{2_0}, ..., x_{n_0}) = 0, \quad i = 1, 2, ..., n$$

Teorema 12.2

Seja f uma função de n variáveis $x_1, x_2, x_3, ..., x_n$, contínua, com derivadas parciais contínuas até segunda ordem. Seja $P_0(x_{1_0}, x_{2_0}, ..., x_{n_0})$ um ponto do domínio tal que $f_{x_i}(P_0) = 0$ para $i = 1, 2, ..., n$.

Seja o determinante:

$$H(P_0) = \begin{bmatrix} f_{x_1 x_1}(P_0) & f_{x_1 x_2}(P_0) & \cdots & f_{x_1 x_n}(P_0) \\ f_{x_2 x_1}(P_0) & f_{x_2 x_2}(P_0) & \cdots & f_{x_2 x_n}(P_0) \\ \cdots & \cdots & \cdots & \cdots \\ f_{x_n x_1}(P_0) & f_{x_n x_2}(P_0) & \cdots & f_{x_n x_n}(P_0) \end{bmatrix}$$

chamado Hessiano de f no ponto P_0. Sejam ainda os determinantes:

$\Delta_0 = 1$,

$\Delta_1 = |f_{x_1 x_1}(P_0)|$

$\Delta_2 = \begin{vmatrix} f_{x_1 x_1}(P_0) & f_{x_1 x_2}(P_0) \\ f_{x_2 x_1}(P_0) & f_{x_2 x_2}(P_0) \end{vmatrix}$

$\Delta_3 = \begin{vmatrix} f_{x_1 x_1}(P_0) & f_{x_1 x_2}(P_0) & f_{x_1 x_3}(P_0) \\ f_{x_2 x_1}(P_0) & f_{x_2 x_2}(P_0) & f_{x_2 x_3}(P_0) \\ f_{x_3 x_1}(P_0) & f_{x_3 x_2}(P_0) & f_{x_3 x_3}(P_0) \end{vmatrix}$

....

$\Delta_n = \begin{vmatrix} f_{x_1 x_1}(P_0) & f_{x_1 x_2}(P_0) & \cdots & f_{x_1 x_n}(P_0) \\ f_{x_2 x_1}(P_0) & f_{x_2 x_2}(P_0) & \cdots & f_{x_2 x_n}(P_0) \\ \cdots & \cdots & \cdots & \cdots \\ f_{x_n x_1}(P_0) & f_{x_n x_2}(P_0) & \cdots & f_{x_n x_n}(P_0) \end{vmatrix} = H(P_0)$

Então:

- Se $\Delta_0, \Delta_1, \Delta_2, \ldots, \Delta_n$ forem todos positivos, então P_0 é ponto de mínimo de f.
- Se $\Delta_0, \Delta_1, \Delta_2, \ldots, \Delta_n$ forem alternadamente positivos e negativos, então P_0 é ponto de máximo de f.

Exemplo 12.10 Seja a função $f(x, y, z) = x^2 + y^2 + z^2$. Os pontos críticos de f são as soluções do sistema:

$$\begin{cases} f_x = 2x = 0 \\ f_y = 2y = 0 \\ f_z = 2z = 0 \end{cases} \Rightarrow \begin{cases} x = 0 \\ y = 0 \\ z = 0 \end{cases} \Rightarrow (0, 0, 0) \text{ é o único ponto crítico.}$$

Sendo,

$$\begin{array}{ccc} f_{xx} = 2 & f_{xy} = 0 & f_{xz} = 0 \\ f_{yx} = 0 & f_{yy} = 2 & f_{yz} = 0 \\ f_{zx} = 0 & f_{zy} = 0 & f_{zz} = 2 \end{array}$$

temos,

$$H(0, 0, 0) = \begin{vmatrix} 2 & 0 & 0 \\ 0 & 2 & 0 \\ 0 & 0 & 2 \end{vmatrix} = 8$$

$$\Delta_0 = 1$$
$$\Delta_1 = |2| = 2$$
$$\Delta_2 = \begin{vmatrix} 2 & 0 \\ 0 & 2 \end{vmatrix} = 4$$
$$\Delta_3 = \begin{vmatrix} 2 & 0 & 0 \\ 0 & 2 & 0 \\ 0 & 0 & 2 \end{vmatrix} = 8$$

Assim, o ponto $(0, 0, 0)$ é ponto de mínimo de f.

Exemplo 12.11 Seja a função $f(x, y, z) = -x^2 - y^2 - z^2 + 4y + 2z - 5$. Os pontos críticos de f são as soluções do sistema:

$$\begin{cases} f_x = -2x = 0 \\ f_y = -2y + 4 = 0 \\ f_z = -2z + 2 = 0 \end{cases} \Rightarrow \begin{cases} x = 0 \\ y = 2 \\ z = 1 \end{cases} \Rightarrow (0, 2, 1) \text{ é o único ponto crítico.}$$

Sendo:

$$\begin{array}{lll} f_{xx} = -2 & f_{xy} = 0 & f_{xz} = 0 \\ f_{yx} = 0 & f_{yy} = -2 & f_{yz} = 0 \\ f_{zx} = 0 & f_{zy} = 0 & f_{zz} = -2 \end{array}$$

obtemos:

$$H(0, 2, 1) = \begin{vmatrix} -2 & 0 & 0 \\ 0 & -2 & 0 \\ 0 & 0 & -2 \end{vmatrix} = -8$$

$$\Delta_0 = 1$$
$$\Delta_1 = |-2| = -2$$
$$\Delta_2 = \begin{vmatrix} -2 & 0 \\ 0 & -2 \end{vmatrix} = 4$$
$$\Delta_3 = \begin{vmatrix} -2 & 0 & 0 \\ 0 & -2 & 0 \\ 0 & 0 & -2 \end{vmatrix} = -8$$

Logo, o ponto $(0, 2, 1)$ é ponto de máximo de f.

Exercício

24. Ache os possíveis pontos de máximo ou de mínimo das funções abaixo:
    a) $f(x, y, z) = -x^2 - y^2 - z^2 + 10$
    b) $f(x, y, z) = -x^2 - y^2 - z^2 + 4x + 2y + 6z - 10$
    c) $f(x, y, z) = -x^2 - 2y^2 - z^2 + xy - xz - yz$
    d) $f(x, y, z) = x^2 + y^2 + z^2 + y - z + xy + 6$
    e) $f(x, y, z, t) = x^2 + y^2 + z^2 + t^2 + 200$

PARTE IV

MATRIZES DETERMINANTES E SISTEMAS LINEARES

- **Capítulo 13**
  Matrizes e determinantes

- **Capítulo 14**
  Sistemas de equações lineares

Capítulo 13

Matrizes e determinantes

13.1 Matrizes

Em muitas situações, particularmente em Economia, as ideias envolvidas costumam ser expressas por uma ou mais equações. Quando tais equações são numerosas, a representação com matrizes constitui uma forma adequada e simples de representá-las e de resolvê-las. A teoria de matrizes foi introduzida em meados do século XIX, sendo o matemático inglês Arthur Cayley (1821-1895) um dos pioneiros nesse estudo.

Chamamos de matriz toda tabela de números dispostos em filas horizontais (ou linhas) e verticais (ou colunas). Se a tabela tiver m linhas e n colunas, dizemos que a matriz é retangular do tipo (ou de ordem) $m \times n$ (lê-se m por n). As linhas são numeradas de cima para baixo e as colunas, da esquerda para a direita. Os elementos de uma matriz são geralmente representados entre colchetes, e a indicação de uma matriz é feita por uma letra maiúscula do alfabeto.

Exemplo 13.1

$$A = \begin{bmatrix} 2 & 1 & 0 \\ 3 & \frac{1}{2} & 4 \end{bmatrix} \text{ é matriz do tipo } 2 \times 3$$

$$B = \begin{bmatrix} 1 & -1 \\ 0 & -4 \\ 6 & -6 \end{bmatrix} \text{ é matriz do tipo } 3 \times 2$$

$$C = \begin{bmatrix} 2 & 0 \\ 0 & 2 \end{bmatrix} \text{ é matriz do tipo } 2 \times 2$$

Os elementos de uma matriz costumam ser representados por meio de uma letra minúscula do alfabeto afetada de dois índices: o primeiro indicando a linha, e o segundo, a coluna à qual pertence o elemento.

Assim, na matriz $\begin{bmatrix} 2 & 7 & -1 \\ 6 & 4 & 0 \end{bmatrix}$ temos:

$a_{11} = 2 \qquad a_{12} = 7 \qquad a_{13} = -1$
$a_{21} = 6 \qquad a_{22} = 4 \qquad a_{23} = 0$

Observação

No lugar dos colchetes para a representação de uma matriz, podemos utilizar os parênteses ou duas barras verticais de cada lado da tabela. Assim, são válidas as representações:

$\begin{bmatrix} 1 & 4 \\ 7 & 6 \end{bmatrix}$ ou $\begin{pmatrix} 1 & 4 \\ 7 & 6 \end{pmatrix}$ ou $\begin{Vmatrix} 1 & 4 \\ 7 & 6 \end{Vmatrix}$

Matriz quadrada

Chamamos de matriz quadrada toda matriz em que o número de linhas é igual ao número de colunas. Ao número de linhas (ou de colunas) damos o nome de ordem da matriz.

Por exemplo, uma matriz de ordem 3 pode ser indicada por

$$\begin{bmatrix} a_{11} & a_{12} & a_{13} \\ a_{21} & a_{22} & a_{23} \\ a_{31} & a_{32} & a_{33} \end{bmatrix}$$

Em uma matriz quadrada, os elementos a_{ij} tais que $i = j$ são chamados elementos da diagonal principal. No exemplo citado, tais elementos são a_{11}, a_{22} e a_{33}.

Os elementos a_{ij} tais que $i + j = n + 1$ (em que n é a ordem da matriz) são chamados elementos da diagonal secundária. No exemplo estudado, tais elementos são a_{13}, a_{22} e a_{31}. (Figura 13.1.)

Figura 13.1: Diagonal principal e secundária de uma matriz

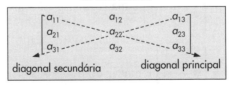

Matriz nula

É aquela em que os elementos são todos nulos. Assim,

$\begin{bmatrix} 0 & 0 & 0 \\ 0 & 0 & 0 \end{bmatrix}$ é matriz nula tipo 2×3.

$\begin{bmatrix} 0 & 0 \\ 0 & 0 \end{bmatrix}$ é matriz nula de ordem 2.

Igualdade de matrizes

Duas matrizes A e B do mesmo tipo são iguais quando seus elementos correspondentes (aqueles com o mesmo par ordenado de índices) são iguais. Isto é, se A e B são do tipo $m \times n$, então:

$$A = B \text{ se, e só se, } a_{rs} = b_{rs} \ \forall r, \forall s$$

em que a_{rs} é um elemento genérico de A, e b_{rs} é um elemento genérico de B.

Exemplo 13.2

$$\begin{bmatrix} 3^0 & 3^1 \\ 3^2 & 3^3 \end{bmatrix} = \begin{bmatrix} 1 & 3 \\ 9 & 27 \end{bmatrix}$$

Matriz simétrica e antissimétrica

Chamamos de matriz simétrica aquela na qual os elementos dispostos simetricamente em relação à diagonal principal são iguais. Isto é, A é uma matriz simétrica se $a_{ij} = a_{ji} \ \forall i, \forall j$.

Exemplo 13.3

A matriz $\begin{bmatrix} 6 & 2 & 10 \\ 2 & 4 & -7 \\ 10 & -7 & 9 \end{bmatrix}$ é simétrica.

Chamamos de matriz antissimétrica aquela na qual são nulos os elementos da diagonal principal e opostos os elementos dispostos simetricamente em relação a ela.

Exemplo 13.4

A matriz $\begin{bmatrix} 0 & -5 & 6 \\ 5 & 0 & 10 \\ -6 & -10 & 0 \end{bmatrix}$ é antissimétrica.

Matriz diagonal

Chamamos de matriz diagonal toda matriz quadrada cujos elementos que não pertencem à diagonal principal valem zero. Isto é, uma matriz A é diagonal se $a_{ij} = 0$ para $i \neq j$.

Exemplo 13.5 São diagonais as matrizes:

$$\begin{bmatrix} 2 & 0 & 0 \\ 0 & 1 & 0 \\ 0 & 0 & 3 \end{bmatrix} \text{ e } \begin{bmatrix} 2 & 0 \\ 0 & 0 \end{bmatrix}$$

Matriz identidade

Chamamos de matriz identidade toda matriz quadrada cujos elementos da diagonal principal valem 1 e os elementos restantes valem zero. Uma matriz identidade de ordem n é indicada por I_n.

Exemplo 13.6 As matrizes identidade de ordem 2 e 3 são dadas por:

$$I_2 = \begin{bmatrix} 1 & 0 \\ 0 & 1 \end{bmatrix} \text{ e } I_3 = \begin{bmatrix} 1 & 0 & 0 \\ 0 & 1 & 0 \\ 0 & 0 & 1 \end{bmatrix}$$

Transposta de uma matriz

Seja A uma matriz do tipo $m \times n$. Chamamos de transposta de A, e indicamos por A^t, a matriz cujas colunas são ordenadamente iguais às linhas de A, isto é, se a_{ij} é um elemento genérico de A, e b_{ij} é um elemento genérico de B, então $b_{ij} = a_{ji}$ $\forall i$, $\forall j$.

Exemplo 13.7

A matriz transposta de $A = \begin{bmatrix} 2 & 3 & 4 \\ 5 & 7 & 9 \end{bmatrix}$ é a matriz $A^t = \begin{bmatrix} 2 & 5 \\ 3 & 7 \\ 4 & 9 \end{bmatrix}$.

Observemos que, se uma matriz A é simétrica, então $A = A^t$.

Exercícios

1. Escreva em forma de tabela a matriz do tipo 3×2 tal que $a_{ij} = i + j$.

2. Escreva em forma de tabela a matriz A de ordem 4 tal que
$$a_{ij} = \begin{cases} 1, & \text{se } i = j \\ 0, & \text{se } i \neq j \end{cases}$$

3. Escreva em forma de tabela a matriz A de ordem 4 tal que
$$a_{ij} = \begin{cases} 1, & \text{se } i > j \\ 0, & \text{se } i = j \\ -1, & \text{se } i < j \end{cases}$$

4. Obtenha a, b, x e y de modo que
$$\begin{bmatrix} a+2b & a \\ x+y & 2x-y \end{bmatrix} = \begin{bmatrix} 6 & 10 \\ 12 & 18 \end{bmatrix}$$

5. Obtenha os reais x e y de modo que
$$\begin{bmatrix} x^2 - y \\ y^2 - x \end{bmatrix} = \begin{bmatrix} 0 \\ 0 \end{bmatrix}$$

6. Qual é a matriz I_4? E I_5?

7. Obtenha as transpostas das seguintes matrizes:

a) $A = \begin{bmatrix} 2 & 4 \\ 6 & 7 \end{bmatrix}$

b) $A = \begin{bmatrix} 6 & 2 & -1 \\ 7 & 4 & 6 \end{bmatrix}$

c) $A = \begin{bmatrix} 3 & 1 \\ -1 & 8 \\ 0 & 6 \end{bmatrix}$

d) $A = \begin{bmatrix} 1 & -3 & 2 \\ 0 & 1 & 0 \\ 3 & 4 & 2 \end{bmatrix}$

13.2 Operações com matrizes

Adição

Dadas duas matrizes A e B, de mesmo tipo $m \times n$, chamamos de soma de A com B (e indicamos por $A + B$) a matriz C do tipo $m \times n$, cujos elementos são as somas dos elementos correspondentes de A e B. Isto é:

se a_{rs} é um elemento genérico de A,
b_{rs} é um elemento genérico de B e
c_{rs} é um elemento genérico de C,

então:

$$c_{rs} = a_{rs} + b_{rs}, \forall r, \forall s$$

Exemplo 13.8

$$\begin{bmatrix} -6 & 1 & 5 \\ -6 & 0 & 4 \end{bmatrix} + \begin{bmatrix} 3 & 1 & 2 \\ 0 & 6 & 2 \end{bmatrix} = \begin{bmatrix} -3 & 2 & 7 \\ -6 & 6 & 6 \end{bmatrix}$$

Matriz oposta

Dada a matriz A do tipo $m \times n$ e elemento genérico a_{ij}, chamamos de matriz oposta de A (e indicamos por $-A$) a matriz B do tipo $m \times n$ e elemento genérico b_{ij} tal que:

$$b_{ij} = -a_{ij}, \forall i, \forall j$$

Exemplo 13.9 Seja a matriz $A = \begin{bmatrix} 3 & -5 \\ 6 & 2 \end{bmatrix}$. A matriz oposta de A é $-A = \begin{bmatrix} -3 & 5 \\ -6 & -2 \end{bmatrix}$.

Propriedades da adição de matrizes

Sejam A, B e C matrizes quaisquer de mesmo tipo $m \times n$. São válidas as seguintes propriedades:

A_1) Comutativa: $A + B = B + A$.
A_2) Associativa: $(A + B) + C = A + (B + C)$.
A_3) Existência do elemento neutro: $A + 0 = A$ (0 é a matriz nula do tipo $m \times n$).
A_4) Existência do elemento oposto: $A + (-A) = 0$ (0 é a matriz nula do tipo $m \times n$).
A_5) $(A + B)^t = A^t + B^t$.

Subtração de matrizes

Dadas duas matrizes A e B do mesmo tipo, chamamos de diferença entre A e B (e indicamos por $A - B$) a soma da matriz A com a oposta de B. Isto é:

$$A - B = A + (-B)$$

Exemplo 13.10

$$\begin{bmatrix} 2 & 1 \\ 5 & -6 \end{bmatrix} - \begin{bmatrix} 3 & -2 \\ -1 & 6 \end{bmatrix} = \begin{bmatrix} 2 & 1 \\ 5 & -6 \end{bmatrix} + \begin{bmatrix} -3 & 2 \\ 1 & -6 \end{bmatrix} = \begin{bmatrix} -1 & 3 \\ 6 & -12 \end{bmatrix}$$

Multiplicação de número por matriz

Dada a matriz A e o número α, o produto de α por A é a matriz que se obtém multiplicando-se todos os elementos de A por α. Indicamos tal produto por $\alpha \cdot A$.

Exemplo 13.11

$$5 \cdot \begin{bmatrix} -3 & 1 & 2 \\ -5 & 0 & 6 \end{bmatrix} = \begin{bmatrix} -15 & 5 & 10 \\ -25 & 0 & 30 \end{bmatrix}$$

Multiplicação de matrizes

Sejam A e B matrizes do tipo $m \times p$ e $p \times n$, respectivamente, com elementos genéricos a_{ik} e b_{kj}. Chama-se produto de A por B (e indica-se por AB) a matriz do tipo $m \times n$ cujo elemento genérico c_{ij} é dado por:

$$c_{ij} = a_{i1} \cdot b_{1j} + a_{i2} \cdot b_{2j} + a_{i3} \cdot b_{3j} + \ldots + a_{ip} \cdot b_{pj}$$

Isto é, o elemento da *i-ésima* linha e *j-ésima* coluna de AB é obtido multiplicando-se a linha i de A pela coluna j de B ordenadamente, elemento por elemento, somando-se os produtos em seguida (Figura 13.2).

Figura 13.2: Multiplicação da matriz A pela matriz B

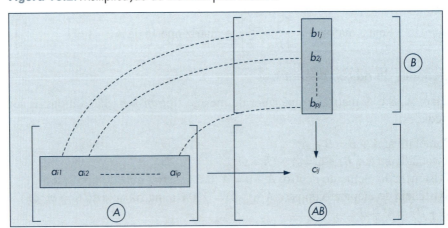

Exemplo 13.12 Sejam as matrizes $A = \begin{bmatrix} 1 & 3 \\ 4 & 2 \end{bmatrix}$ e $B = \begin{bmatrix} 2 & 7 \\ 1 & 6 \end{bmatrix}$ e calculemos o produto AB.

Primeiro, usamos a disposição

$$\begin{bmatrix} 1 & 3 \\ 4 & 2 \end{bmatrix} \quad \begin{bmatrix} 2 & 7 \\ 1 & 6 \end{bmatrix} \\ \begin{bmatrix} & \\ & \end{bmatrix}$$

O elemento c_{11} da matriz AB é obtido multiplicando-se a primeira linha de A pela primeira coluna de B, como se segue (Figura 13.3), e somando-se os produtos obtidos.

Figura 13.3: Multiplicação da matriz A por B do Exemplo 13.12

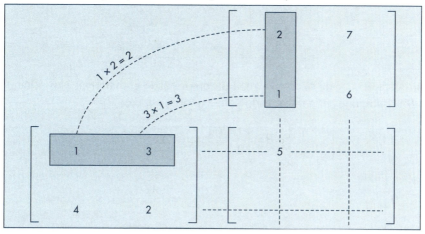

Procedendo de forma análoga com os outros elementos, obtemos:

$$\begin{bmatrix} 1 & 3 \\ 4 & 2 \end{bmatrix} \quad \begin{bmatrix} 2 & 7 \\ 1 & 6 \end{bmatrix} \\ \begin{bmatrix} 5 & 25 \\ 10 & 40 \end{bmatrix}$$

Portanto, $AB = \begin{bmatrix} 5 & 25 \\ 10 & 40 \end{bmatrix}$.

Observações

a) Notamos que, de acordo com a definição, exigia-se que A fosse do tipo $m \times p$ e B do tipo $p \times n$, ou seja, o produto AB só é definido se o número de colunas de A for igual ao número de linhas de B. Além disso, a matriz AB é do tipo $m \times n$ (Figura 13.4).

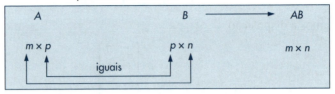

Figura 13.4: Relação entre número de linhas e colunas de A e B para AB ser definido

Exemplo 13.13 Produto AB para matrizes A e B de diversos tipos:

A	B	AB
2 × 5	5 × 3	2 × 3
1 × 7	7 × 2	1 × 2
3 × 3	3 × 3	3 × 3
3 × 4	3 × 4	Não existe

b) A multiplicação de matrizes não goza da propriedade comutativa, isto é, nem sempre $AB = BA$. Isso pode ser comprovado pelo exemplo abaixo.

Exemplo 13.14. Se $A = \begin{bmatrix} 2 & 1 \\ 3 & 2 \end{bmatrix}$ e $B = \begin{bmatrix} 1 & 0 \\ 2 & 3 \end{bmatrix}$, teremos:

- $AB = \begin{bmatrix} 4 & 3 \\ 7 & 6 \end{bmatrix}$

- $BA = \begin{bmatrix} 2 & 1 \\ 13 & 8 \end{bmatrix}$

- Portanto, $AB \neq BA$.

Propriedades da multiplicação de matrizes

Sejam A, B e C matrizes de tipos convenientes de modo que existam os produtos e as somas indicados. São válidas as seguintes propriedades:

M_1) Associativa: $(AB) \cdot C = A \cdot (BC)$.

M_2) Distributiva pela esquerda: $A \cdot (B + C) = AB + AC$.

M_3) Distributiva pela direita: $(B + C) \cdot A = BA + CA$.

M_4) Se k é um número, então: $(kA) \cdot B = A \cdot (kB) = k \cdot (AB)$.

M_5) Se A e B são do tipo $m \times n$, então: $A \cdot I_n = A$ e $I_m \cdot B = B$, em que I_n e I_m são matrizes identidade de ordem m e n.

(A demonstração dessa propriedade encontra-se nos exercícios a seguir.)

M_6) $(AB)^t = B^t \cdot A^t$.

Exercícios

8. Dadas as matrizes:

$$A = \begin{bmatrix} 2 & 4 \\ 1 & 2 \\ 3 & 0 \end{bmatrix}, B = \begin{bmatrix} 3 & 2 \\ 1 & -3 \\ 4 & 1 \end{bmatrix} \text{ e } C = \begin{bmatrix} 1 & 2 \\ 1 & 0 \\ 1 & 2 \end{bmatrix}$$

calcule:

a) $A + B$
b) $B - C$
c) $2A$
d) $A + B + C$
e) $2A + 3B$
f) $A - B - C$
g) $4A + 2B + 3C$
h) $4A - C$
i) $C - 2B - 3A$

9. Dadas as matrizes $A = \begin{bmatrix} 1 & 0 \\ 2 & 3 \end{bmatrix}$ e $B = \begin{bmatrix} 1 & 2 \\ 0 & 1 \end{bmatrix}$:

a) Obtenha A^t; B^t; $A + B$; $(A + B)^t$; $A^t + B^t$.
b) Verifique que $(A + B)^t = A^t + B^t$.

10. Dadas as matrizes:

$$A = \begin{bmatrix} 3 & 1 \\ 4 & 5 \end{bmatrix}, B = \begin{bmatrix} 0 & 2 \\ 0 & 1 \end{bmatrix} \text{ e } C = \begin{bmatrix} 1 & 2 \\ 1 & 0 \end{bmatrix}$$

obtenha a matriz X, tal que:

a) $X - A = B$
b) $X - A + C = 0$
c) $2X = B + C$

11. Efetue as multiplicações:

a) $\begin{bmatrix} 2 & 1 \\ 6 & 3 \end{bmatrix} \cdot \begin{bmatrix} 4 \\ 2 \end{bmatrix}$

b) $\begin{bmatrix} 2 & 1 \\ 3 & -4 \end{bmatrix} \cdot \begin{bmatrix} 1 & 2 \\ 0 & 3 \end{bmatrix}$

c) $\begin{bmatrix} 1 & 0 & 2 \\ 3 & -1 & 4 \end{bmatrix} \cdot \begin{bmatrix} 1 & 0 \\ 1 & 3 \\ 2 & 6 \end{bmatrix}$

d) $\begin{bmatrix} 2 & 0 \\ 1 & 2 \\ 3 & 4 \end{bmatrix} \cdot \begin{bmatrix} 2 & 0 \\ 1 & 4 \end{bmatrix}$

12. Obtenha a matriz $X = [a \ \ b]$, tal que:

$$X \cdot \begin{bmatrix} 0 & -1 \\ 7 & 3 \end{bmatrix} = [7 \ \ 0]$$

13. Obtenha a matriz X, tal que:

$$X \cdot \begin{bmatrix} 2 & 1 \\ 5 & 3 \end{bmatrix} = I_2$$

14. Obtenha o número k, tal que:

$$[1 \ \ -1] \cdot \begin{bmatrix} 0 & 2 \\ -2 & 4 \end{bmatrix} = k \cdot [1 \ \ -1]$$

15. Calcule a e b sabendo que $AB = 0$ (matriz nula), sendo:

$$A = \begin{bmatrix} a & 1 \\ 3 & -1 \end{bmatrix} \text{ e } B = \begin{bmatrix} 2 \\ b \end{bmatrix}$$

16. Sejam as matrizes:

$$A = \begin{bmatrix} 2 & 1 & 3 \\ 4 & 5 & 6 \end{bmatrix} \text{ e } B = \begin{bmatrix} 7 & 8 \\ 6 & 4 \\ 5 & 2 \end{bmatrix}$$

verifique que:

a) $A \cdot I_3 = A$
b) $I_3 \cdot B = B$
c) $I_2 \cdot A = A$
d) $B \cdot I_2 = B$

17. Sejam as matrizes $A = \begin{bmatrix} 2 & 1 \\ 3 & 4 \end{bmatrix}$ e $B = \begin{bmatrix} 0 & 2 \\ 6 & 6 \end{bmatrix}$

a) Calcule A^t, B^t, AB, $(AB)^t$ e $B^t A^t$.
b) Verifique que $(AB)^t = B^t A^t$.

18. Mostre que, se A é uma matriz do tipo $m \times p$, então $A \cdot I_p = A$.

Resolução

Seja a_{ij} um elemento genérico de A, b_{ij} um elemento genérico de I_p e c_{ij} um elemento genérico de $A \cdot I_p$. Temos:

$$c_{ij} = a_{i1}b_{1j} + a_{i2}b_{2j} + \ldots + a_{ij}b_{jj} + \ldots + a_{ip}b_{pj}$$

como $\begin{cases} b_{ij} = 1 & \text{se } i = j \\ b_{ij} = 0 & \text{se } i \neq j \end{cases}$

segue que $c_{ij} = a_{ij}$. Como o raciocínio vale para todo i e todo j, concluímos que $A \cdot I_p = A$.

19. Seja a matriz $A = \begin{bmatrix} 2 & -1 \\ 3 & -2 \end{bmatrix}$. Calcule:

a) A^2
b) A^3
c) A^{25}
d) A^{26}

20. Um investidor em um certo país aplica seu dinheiro em três tipos de aplicação: a juros, em imóveis e em ações. Haverá uma eleição. Se ganhar o partido I, o dinheiro a juros renderá 8% ao ano, os imóveis renderão 20% ao ano, e as ações cairão 15% ao ano. Se ganhar o partido II, o dinheiro a juros renderá 8% ao ano, os imóveis cairão 10% ao ano, e as ações subirão 12% ao ano. Seja A a matriz:

$$A = \begin{bmatrix} 1{,}20 & 0{,}90 \\ 1{,}08 & 1{,}08 \\ 0{,}85 & 1{,}12 \end{bmatrix}$$

em que cada elemento da primeira coluna representa o montante de $ 1,00 aplicado em imóveis, a juros e em ações respectivamente se ganhar o partido I, e a segunda coluna representa o montante de $ 1,00 aplicado em imóveis, a juros e em ações respectivamente se ganhar o partido II.

a) Se o investidor aplicar $ 5.000,00 em imóveis, $ 8.000,00 a juros e $ 15.000,00 em ações, qual seu montante caso ganhe o partido I? E se ganhar o partido II? Resolva usando a multiplicação de matrizes.
b) Se ele investir de acordo com a matriz [0 28.000 0], em que o primeiro elemento representa o valor aplicado em imóveis, o segundo, o valor aplicado a juros, e o terceiro, em ações, mostre que o montante independe de quem ganhar a eleição.
c) Se ele tomar emprestado a juros (a taxa de 8% ao ano) uma quantia X e aplicar metade em imóveis e metade em ações, ele conseguirá ter um ganho positivo caso ganhe o partido I? E se for o II?

21. Resolva o exercício anterior supondo que haja três partidos I, II e III e a matriz A seja dada por:
$$A = \begin{bmatrix} 1,05 & 1,3 & 1,1 \\ 1,1 & 1,1 & 1,1 \\ 0,8 & 1,15 & 1,1 \end{bmatrix}$$

22. Escreva na forma matricial o sistema de equações: $\begin{cases} 2x + 3y = 6 \\ 4x + 5y = 2 \end{cases}$

Resolução

Fazendo:
$$A = \begin{bmatrix} 2 & 3 \\ 4 & 5 \end{bmatrix}, \quad X = \begin{bmatrix} x \\ y \end{bmatrix} \quad e \quad B = \begin{bmatrix} 6 \\ 2 \end{bmatrix}$$

o sistema pode ser escrito na forma $AX = B$, ou seja, $\begin{bmatrix} 2 & 3 \\ 4 & 5 \end{bmatrix} \cdot \begin{bmatrix} x \\ y \end{bmatrix} = \begin{bmatrix} 6 \\ 2 \end{bmatrix}$.

23. Escreva na forma matricial os sistemas:

a) $\begin{cases} x + 2y = 8 \\ x - 3y = 5 \end{cases}$

b) $\begin{cases} x + y = 1 \\ 2x - y = 6 \\ 3x + y = 0 \end{cases}$

c) $\begin{cases} x + 2y - z = 6 \\ x - y + 5z = 0 \end{cases}$

d) $\begin{cases} x + y - z = 1 \\ 2x + y = 0 \\ x - y + z = -3 \end{cases}$

13.3 Determinantes

Os primeiros estudos sobre os determinantes tiveram origem na China e posteriormente no Japão, com os trabalhos do matemático japonês Seki Kowa (1642-1708). Tais estudos visavam elaborar processos de resolução de sistemas de equações lineares; a teoria se consolidou por volta do século XVIII quando Cramer (Gabriel Cramer, matemático suíço, 1704-1752) publicou um processo de resolução de sistemas de equações com o uso de determinantes, conhecido como regra de Cramer. Hoje em dia, os determinantes são usados em outras aplicações além da resolução de sistemas de equações (vimos algumas nos capítulos anteriores). Todavia, a regra de Cramer só é aplicada, na prática, em sistemas com poucas equações e incógnitas, já que para sistemas com grande número de equações e de incógnitas são usados métodos mais simples e rápidos.

Definição de determinante — Casos particulares

Seja M uma matriz quadrada de ordem n. Chamamos de determinante de M (e indicamos por $det\ M$) um número que podemos obter operando com os elementos da matriz M. Veremos inicialmente como obter tal número em matrizes de ordem 1, 2 e 3 e, em seguida, daremos a definição geral.

a) Determinante de matriz de ordem 1:

Seja $M = [a_{11}]$. Definimos determinante de M como o próprio número a_{11}, isto é,

$$det\ M = a_{11}$$

Uma outra forma de indicarmos o determinante de uma matriz é escrever os elementos de M entre duas barras verticais, uma de cada lado. Assim:

$$det\ M = |a_{11}| = a_{11}$$

b) Determinante de matriz de ordem 2:

Seja $M = \begin{bmatrix} a_{11} & a_{12} \\ a_{21} & a_{22} \end{bmatrix}$ uma matriz de ordem 2. Definimos o determinante de M da seguinte forma:

$$det\ M = \begin{vmatrix} a_{11} & a_{12} \\ a_{21} & a_{22} \end{vmatrix} = a_{11}a_{22} - a_{12}a_{21}$$

Isto é, o determinante de uma matriz de ordem 2 é a diferença entre o produto dos elementos da diagonal principal e o produto dos elementos da diagonal secundária.

Exemplo 13.15

a) $\begin{vmatrix} 2 & 1 \\ 7 & 6 \end{vmatrix} = 12 - 7 = 5$

b) $\begin{vmatrix} -3 & 4 \\ -2 & 5 \end{vmatrix} = -15 - (-8) = -7$

c) Determinante de matriz de ordem 3:

Nesse caso, a definição é extensa e difícil de ser memorizada; contudo, ela pode ser facilitada por meio de uma regra prática conhecida como regra de Sarrus (devida ao matemático francês J. P. Sarrus, 1789-1861), que passaremos a descrever.

i) Escrevemos a matriz e repetimos à direita as duas primeiras colunas (Figura 13.5):

Figura 13.5: A regra de Sarrus

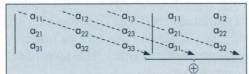

Seguindo as setas da Figura 13.5, obtemos os termos precedidos do sinal +:

$$a_{11}a_{22}a_{33} + a_{12}a_{23}a_{31} + a_{13}a_{21}a_{32}$$

ii) Seguindo as setas da Figura 13.6, obtemos os termos precedidos do sinal −:

$$-a_{13}a_{22}a_{31} - a_{11}a_{23}a_{32} - a_{12}a_{21}a_{33}$$

Figura 13.6: A regra de Sarrus

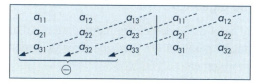

Somando os termos precedidos do sinal + com os precedidos do sinal −, obtemos o determinante de ordem 3.

Exemplo 13.16

Calculemos o determinante $\begin{vmatrix} 3 & 1 & 1 \\ 2 & 4 & -2 \\ 1 & 2 & 1 \end{vmatrix}$.

Temos:

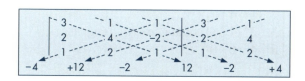

Logo, $\begin{vmatrix} 3 & 1 & 1 \\ 2 & 4 & -2 \\ 1 & 2 & 1 \end{vmatrix} = -4 + 12 - 2 + 12 - 2 + 4 = 20$.

Exercícios

24. Calcule os determinantes:

a) $\begin{vmatrix} 3 & 1 \\ 4 & 3 \end{vmatrix}$

b) $\begin{vmatrix} 5 & -1 \\ 6 & -3 \end{vmatrix}$

c) $\begin{vmatrix} 1 & 2 & 2 \\ 2 & 1 & 1 \\ 1 & 1 & 3 \end{vmatrix}$

d) $\begin{vmatrix} 2 & 1 & 0 \\ 0 & -4 & 1 \\ 3 & 2 & 5 \end{vmatrix}$

e) $\begin{vmatrix} 2 & 4 & 6 \\ -1 & 2 & -3 \\ 3 & 5 & 2 \end{vmatrix}$

25. Resolva as equações:

a) $\begin{vmatrix} 2x & 3 \\ 1 & 9 \end{vmatrix} = 6$

b) $x \cdot \begin{vmatrix} 2 & 0 \\ 1 & 4 \end{vmatrix} = 16$

c) $\begin{vmatrix} 2 & 0 & 1 \\ x & 2 & 1 \\ 3 & 9 & 6 \end{vmatrix} = 0$

d) $\begin{vmatrix} 1 & 1 & 1 \\ 1 & x & x^2 \\ 1 & 4 & 9 \end{vmatrix} = 0$

Cofator ou complemento algébrico

Até agora vimos qual a definição de determinante para matrizes de ordem 1, 2 e 3. Para podermos dar uma definição geral válida para matrizes de ordem n, vamos introduzir o conceito de cofator ou complemento algébrico.

Seja M uma matriz quadrada de ordem n ($n \geq 2$) e a_{ij} um elemento dela. Chamamos de cofator de a_{ij}, e indicamos por A_{ij}, o produto de $(-1)^{i+j}$ pelo determinante da matriz que se obtém suprimindo-se a linha i e a coluna j de M.

Exemplo 13.17 Seja a matriz $M = \begin{bmatrix} 2 & 4 \\ 5 & 3 \end{bmatrix}$. O cofator de 5 ($a_{21}$) é igual a $(-1)^{2+1}$ vezes o determinante da matriz $M = \begin{bmatrix} 2 & 4 \\ 5 & 3 \end{bmatrix}$. Isto é:

$$A_{21} = (-1)^{2+1} \cdot |4| = -4$$

Exemplo 13.18

Seja a matriz $M = \begin{bmatrix} 2 & 1 & 4 \\ 3 & 2 & 7 \\ 0 & 4 & 6 \end{bmatrix}$. O cofator de 4 ($a_{32}$) é igual a $(-1)^{3+2}$ vezes o determinante da matriz $M = \begin{bmatrix} 2 & 1 & 4 \\ 3 & 2 & 7 \\ 0 & 4 & 6 \end{bmatrix}$. Isto é:

$$A_{32} = (-1)^{3+2} \cdot \begin{bmatrix} 2 & 4 \\ 3 & 7 \end{bmatrix} = -1 \cdot (14 - 12) = -2$$

Observemos que o cofator de um elemento de uma matriz de ordem n é um determinante de ordem $(n-1)$, multiplicado por 1 ou -1, dependendo de a soma dos índices do elemento ser par ou ímpar.

Definição de determinante por recorrência

Seja M uma matriz quadrada de ordem n. Definimos determinante de M ($det\ M$) da seguinte forma:

a) Se M for de ordem 1, ou seja, $M = [a_{11}]$, então $det\ M = a_{11}$.
b) Se M for de ordem n ($n \geq 2$), o determinante de M ($det\ M$) é a soma dos produtos dos elementos da primeira coluna pelos respectivos cofatores.

Exemplo 13.19

$$\begin{vmatrix} a & b \\ c & d \end{vmatrix} = a \cdot A_{11} + c \cdot A_{21} = a \cdot (-1)^2 \cdot |d| + c \cdot (-1)^3 \cdot |b| = ad - bc$$

Tal resultado coincide com a definição particular dada anteriormente.

Exemplo 13.20

$$\begin{vmatrix} a & x & m \\ b & y & n \\ c & z & p \end{vmatrix} = a \cdot A_{11} + b \cdot A_{21} + c \cdot A_{31}$$

$$= a \cdot \begin{vmatrix} y & n \\ z & p \end{vmatrix} - b \cdot \begin{vmatrix} x & m \\ z & p \end{vmatrix} + c \cdot \begin{vmatrix} x & m \\ y & n \end{vmatrix}$$

$$= ayp - azn - bxp + bzm + cxn - cmy$$

$$= ayp + cxn + bzm - cmy - azn - bxp$$

Tal resultado coincide com o obtido pela regra de Sarrus.

Exemplo 13.21

$$\begin{vmatrix} 3 & 4 & 7 & 6 \\ 0 & 1 & 1 & 1 \\ 0 & 1 & 2 & 3 \\ 0 & 1 & 4 & 9 \end{vmatrix} = 3 \cdot A_{11} + 0 \cdot A_{21} + 0 \cdot A_{31} + 0 \cdot A_{41} = 3 \cdot A_{11}$$

Como:

$$A_{11} = \begin{vmatrix} 1 & 1 & 1 \\ 1 & 2 & 3 \\ 1 & 4 & 9 \end{vmatrix} = 2$$

segue-se que:

$$\begin{vmatrix} 3 & 4 & 7 & 6 \\ 0 & 1 & 1 & 1 \\ 0 & 1 & 2 & 3 \\ 0 & 1 & 4 & 9 \end{vmatrix} = 3 \cdot 2 = 6$$

Exemplo 13.22

$$\begin{vmatrix} 1 & 2 & 1 & 1 \\ 2 & 1 & 4 & 3 \\ 3 & 0 & 0 & 2 \\ 4 & 3 & 2 & -5 \end{vmatrix} = 1 \cdot A_{11} + 2 \cdot A_{21} + 3 \cdot A_{31} + 4 \cdot A_{41}$$

$$= \begin{vmatrix} 1 & 4 & 3 \\ 0 & 0 & 2 \\ 3 & 2 & -5 \end{vmatrix} - 2 \cdot \begin{vmatrix} 2 & 1 & 1 \\ 0 & 0 & 2 \\ 3 & 2 & -5 \end{vmatrix} + 3 \cdot \begin{vmatrix} 2 & 1 & 1 \\ 1 & 4 & 3 \\ 3 & 2 & -5 \end{vmatrix} - 4 \cdot \begin{vmatrix} 2 & 1 & 1 \\ 1 & 4 & 3 \\ 0 & 0 & 2 \end{vmatrix}$$

$$= 20 - 2 \cdot (-2) + 3 \cdot (-48) - 4 \cdot (14) = -176$$

Observações

a) A definição dada chama-se recorrência, pois ela define precisamente o que é determinante de matriz de ordem 1 e, em seguida, por meio de cofatores, define determinante de matriz de ordem n, em função de determinantes de matrizes de ordem $(n-1)$.

Assim, sabendo-se calcular determinantes de matrizes de ordem 1, podem-se calcular determinantes de matrizes de ordem 2; sabendo-se calcular determinantes de matrizes de ordem 2, podem-se calcular determinantes de matrizes de ordem 3, e assim por diante.

b) Notemos que, no determinante do Exemplo 13.22, o cálculo foi trabalhoso em virtude de não existirem zeros na primeira coluna da matriz. Tal trabalho pode ser atenuado com o importante teorema que veremos a seguir.

Teorema 13.1 (Laplace, Pierre-Simon, matemático francês, 1749-1827)

O determinante de uma matriz de ordem n ($n \geq 2$) é igual à soma dos produtos dos elementos de uma fila qualquer (linha ou coluna) pelos respectivos cofatores.

Exemplo 13.23 Para calcularmos o determinante:

$$\begin{vmatrix} 1 & 2 & 1 & 1 \\ 3 & 6 & 4 & 0 \\ 2 & 0 & 0 & 0 \\ 1 & 6 & 6 & 7 \end{vmatrix}$$

podemos escolher a 3ª linha para o desenvolvimento (é a que tem mais zeros). De acordo com o teorema de Laplace, o valor do determinante é:

$$2 \cdot A_{31} = 2 \cdot \begin{vmatrix} 2 & 1 & 1 \\ 6 & 4 & 0 \\ 6 & 6 & 7 \end{vmatrix} = 2 \cdot (26) = 52$$

Portanto, só tivemos de calcular um cofator em vez de quatro, se usássemos a definição.

Exercícios

26. Calcule os cofatores A_{23} e A_{32} da matriz $\begin{bmatrix} 3 & 6 & 3 \\ 4 & 2 & 1 \\ 1 & 6 & 9 \end{bmatrix}$.

27. Calcule os cofatores de todos os elementos da matriz $\begin{bmatrix} 2 & 1 & 0 \\ 6 & 5 & 6 \\ 7 & -2 & 5 \end{bmatrix}$.

28. Calcule os determinantes:

a) $\begin{vmatrix} 2 & 1 & 2 & 1 \\ 1 & 0 & 0 & 0 \\ 3 & 3 & 0 & 4 \\ 4 & -1 & 2 & -4 \end{vmatrix}$

b) $\begin{vmatrix} 3 & 1 & 3 & 2 \\ 0 & 4 & 0 & 1 \\ 0 & 2 & 1 & 2 \\ 0 & 1 & 3 & 1 \end{vmatrix}$

c) $\begin{vmatrix} 2 & 0 & 0 & 0 \\ 5 & 1 & 0 & 0 \\ 3 & 4 & 2 & 0 \\ 2 & 1 & 6 & 6 \end{vmatrix}$

d) $\begin{vmatrix} 2 & 1 & 0 & 2 \\ 0 & 2 & 3 & 0 \\ 3 & 1 & -1 & 1 \\ 0 & 3 & 4 & -1 \end{vmatrix}$

e) $\begin{vmatrix} 3 & 0 & 3 & 1 \\ 1 & 0 & 1 & 2 \\ 4 & 2 & 1 & 2 \\ 3 & 1 & 1 & -1 \end{vmatrix}$

Capítulo 14

Sistemas de equações lineares

14.1 Definição e resolução

Consideremos um produto cuja equação de demanda em certo mercado seja $p + 2x = 110$ e suponhamos que a equação de oferta seja $p - x = 20$. Cada uma dessas equações é representada por uma reta. O ponto de equilíbrio de mercado é o ponto de intersecção dessas retas e é dado pela solução do sistema formado pelas duas equações, isto é:

$$\begin{cases} p + 2x = 110 \\ p - x = 20 \end{cases}$$

Observemos que cada uma dessas equações é caracterizada pelo fato de cada termo ter uma única incógnita elevada a expoente 1, e o segundo membro ser um termo numérico. Equações com essas características costumam aparecer em diversas aplicações na área de Economia e Administração. Dessa forma, passaremos a estudar, neste item, os sistemas de equações com as referidas características.

Equação linear

Chamamos de equação linear nas incógnitas $x_1, x_2, ..., x_n$ toda equação do tipo:

$$a_1 x_1 + a_2 x_2 + ... + a_n x_n = b$$

em que $a_1, a_2, ..., a_n$ são números quaisquer chamados coeficientes e b é um número chamado termo independente.

Sistema linear

É um conjunto de equações lineares nas mesmas incógnitas.

Exemplo 14.1

$$\begin{cases} x + 2y + 3z = 14 \\ x - 2y + z = 1 \\ 3x + 4y - z = 7 \end{cases}$$

é um sistema linear de três equações com três incógnitas.

Exemplo 14.2

$$\begin{cases} x + 2y + z = 0 \\ 3x - y + z = 0 \end{cases}$$

é um sistema linear de duas equações com três incógnitas.

Exemplo 14.3

$$\begin{cases} x + 2y = 3 \\ x - y = 0 \\ 5x + 6y = 11 \end{cases}$$

é um sistema linear de três equações com duas incógnitas.

Chamamos de sistema linear homogêneo aquele cujos termos independentes são todos nulos. É o caso do sistema do Exemplo 14.2.

Solução de um sistema linear

Chamamos de solução de um sistema linear toda sequência de números $(\alpha_1, \alpha_2, ..., \alpha_n)$ que, colocados respectivamente nos lugares de $x_1, x_2, ..., x_n$, fazem que todas as equações se transformem em sentenças verdadeiras (isto é, igualdades numéricas).

Exemplo 14.4

No sistema:

$$\begin{cases} x + y = 7 \\ x - y = 3 \end{cases}$$

o par ordenado (5, 2) é solução, pois

$$5 + 2 = 7 \text{ é sentença verdadeira}$$

e

$$5 - 2 = 3 \text{ é sentença verdadeira.}$$

Porém, o par ordenado (3, 4) não é solução, pois

$$3 + 4 = 7 \text{ é sentença verdadeira}$$

e

$$3 - 4 = 3 \text{ é sentença falsa.}$$

Classificação de um sistema linear

Dado um sistema linear, se ele tiver pelo menos uma solução, diremos que é possível; caso contrário, diremos que é impossível (ou que suas equações são incompatíveis).

Se o sistema for possível e tiver uma só solução, chamaremos o sistema de determinado. Se o sistema for possível e tiver mais de uma solução, chamaremos o sistema de indeterminado.

Em resumo:

Exemplo 14.5 O sistema:
$$\begin{cases} x + y = 10 \\ 2y = 6 \end{cases}$$
é possível e determinado, pois só admite a solução (7, 3).

Exemplo 14.6 O sistema:
$$\begin{cases} x - y = 0 \\ 2x - 2y = 0 \end{cases}$$
é possível e indeterminado, pois admite as soluções $(0,0), (6,6), (-10,-10), \left(\dfrac{1}{2}, \dfrac{1}{2}\right) ..., (\alpha, \alpha)$, em que α é um número qualquer.

Exemplo 14.7 O sistema:
$$\begin{cases} x + y = 1 \\ x + y = 2 \end{cases}$$
é claramente impossível, pois não é possível encontrar dois números cuja soma seja 1 e 2 ao mesmo tempo.

Exemplo 14.8 O sistema:
$$\begin{cases} x + 2y = 6 \\ 0 \cdot x + 0 \cdot y = 1 \end{cases}$$
é impossível, pois a última equação nunca é satisfeita.

Observação

Todo sistema linear homogêneo é possível, pois admite sempre a solução nula $(0, 0, ..., 0)$.

Exemplo 14.9 O sistema homogêneo:
$$\begin{cases} 2x + 3y + 5z = 0 \\ x + 6y - z = 0 \end{cases}$$
admite a solução $(0, 0, 0)$.

Regra de Cramer

Consideremos o sistema linear de duas equações e duas incógnitas x e y:

$$\begin{cases} ax + by = m \\ cx + dy = n \end{cases}$$

Vamos resolver esse sistema pelo método da adição; multiplicamos a primeira equação por d e a segunda por $(-b)$. Obteremos:

$$\begin{cases} adx + bdy = md \\ -bcx - bdy = -bn \end{cases}$$

Somando membro a membro essas equações, temos:

$$x(ad - bc) = md - bn$$

Supondo $ad - bc \neq 0$, teremos $x = \dfrac{md - bn}{ad - bc}$. Levando esse valor de x na primeira equação, obteremos para y o valor $y = \dfrac{an - mc}{ad - bc}$.

Lembrando a definição de determinante de ordem 2, podemos escrever que

$$x = \dfrac{\begin{vmatrix} m & b \\ n & d \end{vmatrix}}{\begin{vmatrix} a & b \\ c & d \end{vmatrix}} \quad \text{e} \quad y = \dfrac{\begin{vmatrix} a & m \\ c & n \end{vmatrix}}{\begin{vmatrix} a & b \\ c & d \end{vmatrix}}$$

Assim, observamos que:

- o denominador das frações é o determinante da matriz dos coeficientes $\begin{vmatrix} a & b \\ c & d \end{vmatrix}$, simbolicamente indicado por D;

- o numerador da fração do valor de x é o determinante da matriz dos coeficientes substituindo-se a coluna dos coeficientes de x pela coluna dos termos independentes. Esse determinante é indicado por D_x. Assim:

$$D_x = \begin{vmatrix} m & b \\ n & d \end{vmatrix} \quad \text{e} \quad x = \dfrac{D_x}{D}, \text{ em que } D \neq 0;$$

- o numerador da fração do valor de y é o determinante da matriz dos coeficientes substituindo-se a coluna dos coeficientes de y pela coluna dos termos independentes. Esse determinante é indicado por D_y. Assim:

$$D_y = \begin{vmatrix} a & m \\ c & n \end{vmatrix} \quad \text{e} \quad y = \dfrac{D_y}{D}, \text{ em que } D \neq 0.$$

O resultado que vimos é, na verdade, uma propriedade geral, conhecida como regra de Cramer (em homenagem ao matemático suíço Gabriel Cramer, 1704-1752). Tal regra está estabelecida no seguinte teorema:

Teorema 14.1 — Regra de Cramer

Consideremos um sistema linear de n equações com n incógnitas e seja D o determinante da matriz dos coeficientes. Se $D \neq 0$, então o sistema será determinado, e o valor de cada incógnita é dado por uma fração que tem D no denominador e, no numerador, o determinante da matriz dos coeficientes, substituindo-se a coluna dos coeficientes dessa incógnita pela coluna dos termos independentes do sistema.

Seja o sistema:

$$\begin{cases} x + y + 2z = 9 \\ x + 2y + z = 8 \\ 2x + y + z = 7 \end{cases}$$

Temos:

$$D = \begin{vmatrix} 1 & 1 & 2 \\ 1 & 2 & 1 \\ 2 & 1 & 1 \end{vmatrix} = -4 \neq 0.$$ Portanto, o sistema é determinado. Além disso:

$$D_x = \begin{vmatrix} 9 & 1 & 2 \\ 8 & 2 & 1 \\ 7 & 1 & 1 \end{vmatrix} = -4$$

$$D_y = \begin{vmatrix} 1 & 9 & 2 \\ 1 & 8 & 1 \\ 2 & 7 & 1 \end{vmatrix} = -8$$

$$D_z = \begin{vmatrix} 1 & 1 & 9 \\ 1 & 2 & 8 \\ 2 & 1 & 7 \end{vmatrix} = -12$$

Portanto:

$$x = \frac{D_x}{D} = \frac{-4}{-4} = 1$$

$$y = \frac{D_y}{D} = \frac{-8}{-4} = 2$$

e

$$z = \frac{D_z}{D} = \frac{-12}{-4} = 3$$

Consequentemente, a solução (única) do sistema é (1, 2, 3).

Exercícios

1. Resolva os sistemas a seguir pela regra de Cramer:

a) $\begin{cases} x + 2y = 5 \\ 3x - y = 2 \end{cases}$

b) $\begin{cases} 4x - 7y = 11 \\ 2x + 8y = 0 \end{cases}$

c) $\begin{cases} x + y + z = 6 \\ x - y - z = 4 \\ 2x - y + z = 1 \end{cases}$

d) $\begin{cases} x + y + z = 6 \\ x + 2y + 3z = 10 \\ x + 4y + 9z = 8 \end{cases}$

2. Para que valores de *m* o sistema abaixo é determinado?

$$\begin{cases} x + y + 2z = 6 \\ x + my + z = 0 \\ 2x + y + z = 3 \end{cases}$$

Sistemas escalonados

A regra de Cramer, embora simples na resolução de sistemas de duas equações com duas incógnitas ou três equações com três incógnitas, não é recomendável para sistemas maiores, dada a complexidade dos cálculos envolvidos (por exemplo, um sistema de quatro equações com quatro incógnitas demandaria o cálculo de cinco determinantes de ordem quatro). O método do escalonamento, que veremos a seguir, é operacionalmente mais simples e é mais fácil de ser programado em computadores.

O método do escalonamento foi desenvolvido pelo matemático alemão Carl Friedrich Gauss (1777-1855) e posteriormente foi aperfeiçoado por Wilhem Jordan (1842-1899).

Consideremos um sistema linear em que, em cada equação, há pelo menos um coeficiente não nulo. Diremos que o sistema está na forma escalonada (ou é escalonado) se o número de coeficientes nulos antes do primeiro coeficiente não nulo aumenta de equação para equação.

Exemplo 14.10 O sistema linear

$$\begin{cases} x + 3y + z = 6 \\ y - z = 7 \\ 2z = 5 \end{cases}$$

está na forma escalonada.

Exemplo 14.11 O sistema linear

$$\begin{cases} 4x - y + z - t + w = 6 \\ z + 2t - w = 0 \\ t + w = 1 \end{cases}$$

está na forma escalonada.

Exemplo 14.12 O sistema linear

$$\begin{cases} x + 2y - z = 10 \\ 4y + 5z = 6 \\ y - z = 0 \end{cases}$$

não está na forma escalonada.

Há dois tipos de sistemas escalonados a considerar; vejamos quais são e como se resolvem.

Primeiro tipo — o número de equações é igual ao de incógnitas

Nesse caso, o sistema é determinado e cada incógnita é obtida resolvendo-se o sistema "de baixo para cima".

Exemplo 14.13 Vamos resolver o sistema escalonado abaixo:

$$\begin{cases} x + 2y + z = 4 \\ 3y - z = 1 \\ 3z = 6 \end{cases}$$

- da terceira equação obtemos $z = 2$;
- substituindo $z = 2$ na segunda equação, obtemos $3y - 2 = 1$, ou seja, $y = 1$;
- substituindo $z = 2$ e $y = 1$ na primeira equação, obtemos $x + 2 + 2 = 4$, resultando em $x = 0$.

Portanto, a solução (única) do sistema é (0, 1, 2).

Segundo tipo — o número de equações é menor que o de incógnitas

Nesse caso, pegamos as incógnitas que não aparecem no começo de nenhuma equação (chamadas variáveis livres) e as transpomos para o segundo membro. Em seguida, para cada variável livre atribuímos um valor arbitrário e resolvemos o sistema nas incógnitas do primeiro membro. O fato de atribuirmos valores arbitrários a algumas das incógnitas faz que o sistema tenha uma infinidade de soluções, sendo, portanto, indeterminado.

Exemplo 14.14 Vamos resolver o sistema linear abaixo:

$$\begin{cases} x - y + z = 4 \\ y - z = 2 \end{cases}$$

A variável livre é z (não aparece no começo de nenhuma equação). Transpondo z para o segundo membro, teremos:

$$\begin{cases} x - y = 4 - z \\ y = 2 + z \end{cases}$$

Atribuindo a z um valor arbitrário α, teremos:

$$\begin{cases} x - y = 4 - \alpha \\ y = 2 + \alpha \end{cases}$$

- da segunda equação, temos $y = 2 + \alpha$;
- substituindo $y = 2 + \alpha$ na primeira equação, obtemos $x - 2 - \alpha = 4 - \alpha$, ou seja, $x = 6$.

Portanto, as soluções do sistema são as triplas ordenadas $(6, 2 + \alpha, \alpha)$ em que α é um número qualquer.

Eis algumas soluções:

$$\alpha = 1 \rightarrow (6, 3, 1),$$
$$\alpha = 0 \rightarrow (6, 2, 0),$$
$$\alpha = -6 \rightarrow (6, -4, -6).$$

Escalonamento de um sistema

Dados dois sistemas S_1 e S_2, diremos que são equivalentes se tiverem as mesmas soluções. Assim, são equivalentes os sistemas:

$$S_1: \begin{cases} x + 2y = 3 \\ 2x + y = 1 \end{cases}$$

e

$$S_2: \begin{cases} x + 2y = 3 \\ -3y = -5 \end{cases}$$

pois são ambos determinados (uma vez que o determinante D da matriz dos coeficientes é diferente de zero) e admitem como solução o par ordenado $\left(-\dfrac{1}{3}, \dfrac{5}{3}\right)$.

Já que sistemas equivalentes têm o mesmo conjunto solução, o que faremos é transformar um sistema linear qualquer num outro equivalente, porém na forma escalonada; isso porque sistemas escalonados são fáceis de resolver.

Precisamos então saber que recursos usar para transformar um sistema S num outro equivalente S' na forma escalonada. Tais recursos são os teoremas que veremos a seguir.

Teorema 14.2

> Multiplicando-se os membros de uma equação qualquer de um sistema S por um número $k \neq 0$, obteremos um sistema S' equivalente a S.

Teorema 14.3

> Substituindo-se uma equação de um sistema S pela soma membro a membro dela com outra, obteremos um novo sistema S' equivalente a S.

Para escalonarmos um sistema, teremos de seguir alguns passos, todos eles baseados nos teoremas 14.2 e 14.3.

- *Primeiro passo*: anular os coeficientes da primeira incógnita, da segunda equação em diante.
- *Segundo passo*: deixar de lado a primeira equação e repetir o primeiro passo com os coeficientes da próxima incógnita que tenha coeficiente diferente de zero, nas equações remanescentes.
- *Terceiro passo*: deixar de lado as duas primeiras equações e repetir o primeiro passo com os coeficientes da próxima incógnita que tenha coeficiente diferente de zero, nas equações remanescentes.

Os próximos passos são análogos e devem ser seguidos até que o sistema fique escalonado.

Exemplo 14.15 Vamos escalonar o seguinte sistema:

$$\begin{cases} x + 2y + z = 9 \\ 2x + y - z = 3 \\ 3x - y - 2z = -4 \end{cases}$$

Temos:

$$\begin{cases} x + 2y + z = 9 \quad \times (-2) \\ 2x + y - z = 3 \\ 3x - y - 2z = -4 \end{cases}$$

Substituímos a segunda equação pela soma dela com a primeira multiplicada por -2:

$$\begin{cases} x + 2y + z = 9 \quad \times (-3) \\ -3y - 3z = -15 \\ 3x - y - 2z = -4 \end{cases}$$

Substituímos a terceira equação pela soma dela com a primeira multiplicada por -3:

$$\begin{cases} x + 2y + z = 9 \\ -3y - 3z = -15 \quad \times \left(-\dfrac{1}{3}\right) \\ -7y - 5z = -31 \end{cases}$$

Multiplicamos a segunda equação por $-\dfrac{1}{3}$:

$$\begin{cases} x + 2y + z = 9 \\ y + z = 5 \quad \times (7) \\ -7y - 5z = -31 \end{cases}$$

Substituímos a terceira equação pela soma dela com a segunda multiplicada por 7:

$$\begin{cases} x + 2y + z = 9 \\ y + z = 5 \\ 2z = 4 \end{cases}$$

O sistema está escalonado. Como o número de equações é igual ao de incógnitas, ele é possível e determinado.

Exemplo 14.16

Vamos escalonar o sistema $\begin{cases} x + y + z = 4 \\ 3x + 4y + 2z = 10 \\ 2x - 3y + 7z = 18 \end{cases}$

Temos:

$\begin{cases} x + y + z = 4 \\ 3x + 4y + 2z = 10 \\ 2x - 3y + 7z = 18 \end{cases}$ × (−3)

Substituímos a segunda equação pela soma dela com a primeira multiplicada por −3:

$\begin{cases} x + y + z = 4 \\ y - z = -2 \\ 2x - 3y + 7z = 18 \end{cases}$ × (−2)

Substituímos a terceira equação pela soma dela com a primeira multiplicada por −2:

$\begin{cases} x + y + z = 4 \\ y - z = -2 \\ -5y + 5z = 10 \end{cases}$ × (5)

Substituímos a terceira equação pela soma dela com a segunda multiplicada por 5:

$\begin{cases} x + y + z = 4 \\ y - z = -2 \\ 0y + 0z = 0 \end{cases}$

Como a última equação é satisfeita para quaisquer valores de x, y e z, ela pode ser suprimida do sistema. Assim, obtemos o seguinte sistema escalonado, em que o número de equações é menor que o de incógnitas e, portanto, indeterminado:

$\begin{cases} x + y + z = 4 \\ y - z = -2 \end{cases}$

Exemplo 14.17

Vamos escalonar o sistema $\begin{cases} 2x - y + 4z = -1 \\ 2x + 7y + 3z = 0 \\ 16y - 2z = 3 \end{cases}$

Temos:

$\begin{cases} 2x - y + 4z = -1 \\ 2x + 7y + 3z = 0 \\ 16y - 2z = 3 \end{cases}$ × (−1)

Substituímos a segunda equação pela soma dela com a primeira multiplicada por –1:

$$\begin{cases} 2x - y + 4z = -1 \\ 8y - z = 1 \quad \times(-2) \\ 16y - 2z = 3 \quad \longleftarrow\!\!\!\rfloor + \end{cases}$$

Substituímos a terceira equação pela soma dela com a segunda multiplicada por –2:

$$\begin{cases} 2x - y + 4z = -1 \\ 8y - z = 1 \\ 0y + 0z = 1 \end{cases}$$

Como a última equação não é satisfeita para nenhum valor de x, y e z, concluímos que o sistema é impossível.

Observações

i) Se, durante o escalonamento, ocorrer uma equação do tipo $0 \cdot x_1 + 0 \cdot x_2 + \ldots 0 \cdot x_n = b$ (com $b \neq 0$), então o sistema será impossível (é o caso do Exemplo 14.17).

ii) Se, durante o escalonamento, ocorrer uma equação do tipo $0 \cdot x_1 + 0 \cdot x_2 + \ldots + 0 \cdot x_n = 0$, então essa equação poderá ser suprimida do sistema (é o caso do Exemplo 14.16).

iii) Como os cálculos no processo de escalonamento são feitos apenas com os coeficientes e termos independentes, é comum adotar-se uma disposição matricial em que as primeiras colunas são formadas pelos coeficientes e a última pelos termos independentes. Assim, no Exemplo 14.15 poderíamos proceder como segue:

$$\begin{bmatrix} 1 & 2 & 1 & 9 \\ 2 & 1 & -1 & 3 \\ 3 & -1 & -2 & -4 \end{bmatrix}$$

Substituímos a segunda linha pela soma dela com a primeira multiplicada por –2:

$$\begin{bmatrix} 1 & 2 & 1 & 9 \\ 0 & -3 & -3 & -15 \\ 3 & -1 & -2 & -4 \end{bmatrix}$$

Substituímos a terceira linha pela soma dela com a primeira multiplicada por –3:

$$\begin{bmatrix} 1 & 2 & 1 & 9 \\ 0 & -3 & -3 & -15 \\ 0 & -7 & -5 & -31 \end{bmatrix}$$

Multiplicamos a segunda equação por $-\dfrac{1}{3}$:

$$\begin{bmatrix} 1 & 2 & 1 & 9 \\ 0 & 1 & 1 & 5 \\ 0 & -7 & -5 & -31 \end{bmatrix}$$

Substituímos a terceira linha pela soma dela com a segunda multiplicada por 7:

$$\begin{bmatrix} 1 & 2 & 1 & 9 \\ 0 & 1 & 1 & 5 \\ 0 & 0 & 2 & 4 \end{bmatrix}$$

A última matriz corresponde ao sistema escalonado:

$$\begin{cases} x + 2y + z = 9 \\ y + z = 5 \\ 2z = 4 \end{cases}$$

iv) No caso do exemplo anterior, é comum fazermos que o sistema escalonado fique com uma única incógnita por equação, aplicando o mesmo procedimento utilizado no escalonamento. Assim, retomando o Exemplo 14.15 na forma matricial e no sistema escalonado, teremos:

$$\begin{bmatrix} 1 & 2 & 1 & 9 \\ 0 & 1 & 1 & 5 \\ 0 & 0 & 2 & 4 \end{bmatrix}$$

Multiplicamos a terceira linha por $\dfrac{1}{2}$:

$$\begin{bmatrix} 1 & 2 & 1 & 9 \\ 0 & 1 & 1 & 5 \\ 0 & 0 & 1 & 2 \end{bmatrix}$$

Substituímos a segunda linha pela soma dela com a terceira multiplicada por –1:

$$\begin{bmatrix} 1 & 2 & 1 & 9 \\ 0 & 1 & 0 & 3 \\ 0 & 0 & 1 & 2 \end{bmatrix}$$

Substituímos a primeira linha pela soma dela com a terceira multiplicada por –1:

$$\begin{bmatrix} 1 & 2 & 0 & 7 \\ 0 & 1 & 0 & 3 \\ 0 & 0 & 1 & 2 \end{bmatrix}$$

Substituímos a primeira linha pela soma dela com a segunda multiplicada por –2:

$$\begin{bmatrix} 1 & 0 & 0 & 1 \\ 0 & 1 & 0 & 3 \\ 0 & 0 & 1 & 2 \end{bmatrix}$$

Portanto, o sistema do Exemplo 14.15 é equivalente a:

$$\begin{cases} x = 1 \\ y = 3 \\ z = 2 \end{cases}$$

cuja solução (1, 3, 2) é imediata.

Exercícios

3. Resolva os seguintes sistemas

a) $\begin{cases} 2x + 3y = 4 \\ 2y = 8 \end{cases}$

b) $\begin{cases} x + 2y - z = 3 \\ y - 3z = -9 \\ 3z = 12 \end{cases}$

c) $\begin{cases} 2x + y - z = 6 \\ y + z = 0 \end{cases}$

d) $\begin{cases} x + y + z + t - w = 5 \\ t + w = 0 \end{cases}$

e) $\begin{cases} x + y - z - t + w = 2 \\ z + t - w = 0 \\ t + 2w = 0 \end{cases}$

4. Escalone e resolva (quando possível) os sistemas:

a) $\begin{cases} x + y - 3z = 0 \\ 4x - y + z = 0 \\ 2x - 3y + 7z = 0 \end{cases}$

b) $\begin{cases} x - y + 2z = 2 \\ 2x + y - z = 3 \\ 4x - y + z = 3 \end{cases}$

c) $\begin{cases} x - y + 3z = 1 \\ 3x - 4y + z = 2 \\ 7x - 10y - 3z = 6 \end{cases}$

d) $\begin{cases} x - 2y + z = 1 \\ 2x + y - z = 2 \\ x + 3y - 2z = 1 \end{cases}$

e) $\begin{cases} x + 2y = 2 \\ 2x + 4y = 4 \\ 3x + 6y = 6 \end{cases}$

f) $\begin{cases} 2x + y = 4 \\ x - y = 2 \\ 3x + 2y = 5 \end{cases}$

g) $\begin{cases} x + y + z + t = 1 \\ x + z + t = 2 \\ x + y + t = 3 \\ x + y + z = 4 \end{cases}$

5. Em um país, a renda nacional é dada pelas relações macroeconômicas por meio das equações IS-LM (IS — Investment-Saving e LM — Liquidity Money):

$$C = 40 + 0{,}2(Y - T)$$
$$I = 15 - 20r$$
$$M_d = 4 + 0{,}1Y - 10r$$
$$M_s = 10$$
$$G = T = 10$$

em que Y é a renda nacional, C é o consumo, I é o investimento, r é a taxa de juros, M_d é a demanda por moeda, M_s é a oferta de moeda, G é o gasto governamental, e T é o imposto arrecadado. Obtenha os valores de Y e r de equilíbrio, isto é, aqueles valores que satisfazem as equações:

$$\begin{cases} Y = C + I + G \\ M_d = M_s \end{cases}$$

14.2 Matriz inversa

É frequente, em modelos quantitativos, encontrarmos equações em que a incógnita é uma matriz X, como:

$$X = CX + D$$
$$A^t AX = A^t B$$

em que A, B, C e D são matrizes conhecidas.

Em problemas dessa natureza, a matriz X pode ser obtida com a utilização de matrizes inversas, que passaremos a definir.

Dada uma matriz A de ordem n, com determinante diferente de zero, prova-se que existe e é única a matriz B, tal que $AB = BA = I_n$.

À matriz B damos o nome de inversa de A e a indicamos por A^{-1}.

Exemplo 14.18 A matriz $A = \begin{bmatrix} 2 & 0 \\ 1 & -1 \end{bmatrix}$ tem inversa, pois $\det A = -2 \neq 0$.

A inversa de A é $A^{-1} = \begin{bmatrix} 1/2 & 0 \\ 1/2 & -1 \end{bmatrix}$, pois,

$$A \cdot A^{-1} = \begin{bmatrix} 2 & 0 \\ 1 & -1 \end{bmatrix} \cdot \begin{bmatrix} 1/2 & 0 \\ 1/2 & -1 \end{bmatrix} = \begin{bmatrix} 1 & 0 \\ 0 & 1 \end{bmatrix} = I_2$$

$$A^{-1} \cdot A = \begin{bmatrix} 1/2 & 0 \\ 1/2 & -1 \end{bmatrix} \cdot \begin{bmatrix} 2 & 0 \\ 1 & -1 \end{bmatrix} = \begin{bmatrix} 1 & 0 \\ 0 & 1 \end{bmatrix} = I_2$$

Exemplo 14.19 A matriz $A = \begin{bmatrix} 2 & 2 \\ 0 & 0 \end{bmatrix}$ não tem inversa, pois, se chamarmos de B a matriz $\begin{bmatrix} a & b \\ c & d \end{bmatrix}$, teremos:

$$A \cdot B = \begin{bmatrix} 2 & 2 \\ 0 & 0 \end{bmatrix} \cdot \begin{bmatrix} a & b \\ c & d \end{bmatrix} = \begin{bmatrix} 2a + 2c & 2b + 2d \\ 0 & 0 \end{bmatrix} \neq \begin{bmatrix} 1 & 0 \\ 0 & 1 \end{bmatrix} \quad \forall a, b, c, d$$

Observemos que, nesse exemplo, $\det A = 0$.

Cálculo da matriz inversa pela definição

Exemplo 14.20 Seja $A = \begin{bmatrix} 2 & 1 \\ 5 & 3 \end{bmatrix}$. Como $\det A = 1 \neq 0$, existe a inversa de A. Seja $A^{-1} = \begin{bmatrix} a & b \\ c & d \end{bmatrix}$.

Então:

$$\begin{bmatrix} 2 & 1 \\ 5 & 3 \end{bmatrix} \cdot \begin{bmatrix} a & b \\ c & d \end{bmatrix} = \begin{bmatrix} 1 & 0 \\ 0 & 1 \end{bmatrix}$$

CAPÍTULO 14 SISTEMAS DE EQUAÇÕES LINEARES 349

$$\begin{bmatrix} 2a+c & 2b+d \\ 5a+3c & 5b+3d \end{bmatrix} = \begin{bmatrix} 1 & 0 \\ 0 & 1 \end{bmatrix}$$

Logo,

$$\begin{cases} 2a+c=1 \\ 5a+3c=0 \end{cases} \Rightarrow \begin{cases} a=3 \\ c=-5 \end{cases}$$

e

$$\begin{cases} 2b+d=0 \\ 5b+3d=1 \end{cases} \Rightarrow \begin{cases} b=-1 \\ d=2 \end{cases}$$

Portanto,

$$A^{-1} = \begin{bmatrix} 3 & -1 \\ -5 & 2 \end{bmatrix}$$

Podemos observar que os dois sistemas que foram resolvidos têm os mesmos coeficientes, os termos independentes do primeiro são dados pela primeira coluna da matriz identidade, e os termos independentes do segundo sistema, pela segunda coluna da matriz identidade. Assim, os dois sistemas poderiam ser resolvidos simultaneamente. A matriz a ser escalonada seria:

$$\begin{bmatrix} 2 & 1 & | & 1 & 0 \\ 5 & 3 & | & 0 & 1 \end{bmatrix}, \text{cujo escalonamento é dado a seguir.}$$

Multiplicamos a primeira linha por 1/2:

$$\begin{bmatrix} 1 & 1/2 & | & 1/2 & 0 \\ 5 & 3 & | & 0 & 1 \end{bmatrix}$$

Substituímos a segunda linha pela soma dela com a primeira multiplicada por –5:

$$\begin{bmatrix} 1 & 1/2 & | & 1/2 & 0 \\ 0 & 1/2 & | & -5/2 & 1 \end{bmatrix}$$

Multiplicamos a segunda linha por 2:

$$\begin{bmatrix} 1 & 1/2 & | & 1/2 & 0 \\ 0 & 1 & | & -5 & 2 \end{bmatrix}$$

Substituímos a primeira linha pela soma dela com a segunda multiplicada por –1/2:

$$\begin{bmatrix} 1 & 0 & | & 3 & -1 \\ 0 & 1 & | & -5 & 2 \end{bmatrix}$$

O processo termina quando as primeiras colunas são as colunas da matriz identidade. A matriz inversa é dada pelas colunas seguintes da matriz escalonada. Assim:

$$A^{-1} = \begin{bmatrix} 3 & -1 \\ -5 & 2 \end{bmatrix}$$

Observemos que os sistemas escalonados são:

$$\begin{cases} a + 0 \cdot c = 3 \\ 0 \cdot a + c = -5 \end{cases} \Rightarrow \begin{cases} a = 3 \\ c = -5 \end{cases}$$

e

$$\begin{cases} b + 0 \cdot d = -1 \\ 0 \cdot b + d = 2 \end{cases} \Rightarrow \begin{cases} b = -1 \\ d = 2 \end{cases}$$

Notemos que, no cálculo da inversa do exemplo dado, só impusemos que $A \cdot B = I_2$, sem, verificarmos se $B \cdot A = I_2$. Na realidade, isso é desnecessário, pois, se existe a matriz A^{-1} e se $A \cdot B = I_2$, então $B = A^{-1}$. De fato,

$$A \cdot B = I_2 \Rightarrow A^{-1}(A \cdot B) = A^{-1}(I_2) \Rightarrow (A^{-1} \cdot A) \cdot B = A^{-1} \Rightarrow I_2 \cdot B = A^{-1} \Rightarrow B = A^{-1}$$

Cálculo da matriz inversa usando cofatores

Seja A uma matriz quadrada com determinante diferente de zero. Chamemos de $cof(A)$ a matriz cujos elementos são os cofatores correspondentes dos elementos de A. Prova-se que

$$A^{-1} = \frac{1}{\det A} [cof(A)]^t$$

A demonstração dessa propriedade pode ser encontrada em Iezzi e Hazzan (1978).

Exemplo 14.21

Calculemos a matriz inversa de $A = \begin{bmatrix} 1 & 1 & 1 \\ 1 & 2 & 3 \\ 1 & 4 & 9 \end{bmatrix}$ usando a matriz de cofatores.

Temos:

$$\det A = 2$$

$$A_{11} = (-1)^2 \begin{vmatrix} 2 & 3 \\ 4 & 9 \end{vmatrix} = 6$$

$$A_{21} = (-1)^3 \begin{vmatrix} 1 & 1 \\ 4 & 9 \end{vmatrix} = -5$$

$$A_{31} = (-1)^4 \begin{vmatrix} 1 & 1 \\ 2 & 3 \end{vmatrix} = 1$$

$$A_{12} = (-1)^3 \begin{vmatrix} 1 & 3 \\ 1 & 9 \end{vmatrix} = -6$$

$$A_{22} = (-1)^4 \begin{vmatrix} 1 & 1 \\ 1 & 9 \end{vmatrix} = 8$$

$$A_{32} = (-1)^5 \begin{vmatrix} 1 & 1 \\ 1 & 3 \end{vmatrix} = -2$$

$$A_{13} = (-1)^4 \begin{vmatrix} 1 & 2 \\ 1 & 4 \end{vmatrix} = 2$$

$$A_{23} = (-1)^5 \begin{vmatrix} 1 & 1 \\ 1 & 4 \end{vmatrix} = -3$$

$$A_{33} = (-1)^6 \begin{vmatrix} 1 & 1 \\ 1 & 2 \end{vmatrix} = 1$$

Portanto, $cof(A) = \begin{bmatrix} 6 & -6 & 2 \\ -5 & 8 & -3 \\ 1 & -2 & 1 \end{bmatrix}$ e, consequentemente:

$$A^{-1} = \frac{1}{2} \begin{bmatrix} 6 & -5 & 1 \\ -6 & 8 & -2 \\ 2 & -3 & 1 \end{bmatrix} = \begin{bmatrix} 3 & -5/2 & 1/2 \\ -3 & 4 & -1 \\ 1 & -3/2 & 1/2 \end{bmatrix}$$

Não nos deteremos no cálculo de inversa de matrizes de ordem superior a 3, uma vez que, nas aplicações, tais cálculos são, em geral, feitos por calculadoras ou computadores, dado o grande número de operações envolvidas.

Exercícios

6. Calcule a inversa das seguintes matrizes:

a) $A = \begin{bmatrix} 1 & 1 \\ 11 & 12 \end{bmatrix}$

b) $A = \begin{bmatrix} 5 & 2 \\ 3 & 4 \end{bmatrix}$

c) $A = \begin{bmatrix} 2 & 0 \\ 0 & 3 \end{bmatrix}$

d) $A = \begin{bmatrix} 1 & 1 & 1 \\ 3 & 5 & 4 \\ -2 & -1 & -2 \end{bmatrix}$

e) $A = \begin{bmatrix} 2 & 0 & 0 \\ 0 & 1 & 0 \\ 0 & 0 & 3 \end{bmatrix}$

f) $A = \begin{bmatrix} 1 & 0 & 0 \\ 2 & 3 & 0 \\ 4 & 5 & 6 \end{bmatrix}$

g) $A = \begin{bmatrix} 2 & 3 & 4 \\ 0 & 1 & 5 \\ 0 & 0 & 2 \end{bmatrix}$

7. Mostre que, se $A = \begin{bmatrix} x & y \\ z & t \end{bmatrix}$ e $\det A \neq 0$, então $A^{-1} = \frac{1}{\det A} \begin{bmatrix} t & -y \\ -z & x \end{bmatrix}$.

8. Use o resultado do exercício anterior para calcular a inversa das matrizes:

a) $A = \begin{bmatrix} 2 & 7 \\ 15 & 6 \end{bmatrix}$

b) $A = \begin{bmatrix} -2 & 8 \\ 7 & 5 \end{bmatrix}$

c) $A = \begin{bmatrix} 6 & -2 \\ 8 & -10 \end{bmatrix}$

9. Em um país, a renda nacional é dada pelas equações *IS-LM* (*IS* — *Investment-Saving* e *LM* — *Liquidity Money*):

$$C = 40 + 0{,}2(Y - T)$$
$$I = 15 - 20r$$
$$M_d = 4 + 0{,}1Y - 10r$$
$$M_s = 10$$
$$G = T = 10$$

em que Y é a renda nacional, C é o consumo, I é o investimento, r é a taxa de juros, M_d é a demanda por moeda, M_s é a oferta de moeda, G é o gasto governamental, e T é o imposto arrecadado. Obtenha os valores de Y e r de equilíbrio, isto é, aqueles valores que satisfazem as equações:

$$\begin{cases} Y = C + I + G \\ M_d = M_s \end{cases}$$

Resolva o exercício expressando o sistema na forma matricial e encontre os valores de Y e r usando matriz inversa.

Aplicação: o modelo do insumo-produto

A aplicação que veremos é um exemplo importante de como matrizes inversas fazem parte da formulação de modelos econômicos.

Consideremos uma economia em que sejam produzidos n produtos que podem ter dois destinos: ou ser aplicados no consumo intermediário de fabricação desses produtos, ou então servir para consumo final de mercado.

Admitamos ainda que cada produto seja fabricado em proporções fixas de quantidade de mão de obra e do consumo intermediário de outros produtos.

Indiquemos por a_{ij} a quantidade do *i-ésimo* produto utilizado na fabricação de uma unidade do *j-ésimo* produto. Indiquemos por $x_1, x_2, ..., x_n$ as quantidades totais produzidas dos produtos 1, 2, ..., n e por $b_1, b_2, ..., b_n$ as demandas finais dos produtos.

Assim, podemos escrever:

$$\begin{cases} x_1 = a_{11} \cdot x_1 + a_{12} \cdot x_2 + ... + a_{1n} \cdot x_n + b_1 \\ x_2 = a_{21} \cdot x_1 + a_{22} \cdot x_2 + ... + a_{2n} \cdot x_n + b_2 \\ \vdots \quad \vdots \quad \vdots \quad \vdots \quad \vdots \\ x_n = a_{n1} \cdot x_1 + a_{n2} \cdot x_2 + ... + a_{nn} \cdot x_n + b_n \end{cases}$$

O sistema de equações pode ser escrito na forma matricial:

$$X = A \cdot X + B$$

em que:

$$X = \begin{bmatrix} x_1 \\ x_2 \\ \vdots \\ x_n \end{bmatrix}, \quad A = \begin{bmatrix} a_{11} & a_{12} & a_{13} & ... & a_{1n} \\ a_{21} & a_{22} & a_{23} & ... & a_{2n} \\ \vdots & \vdots & \vdots & \vdots & \vdots \\ a_{n1} & a_{n2} & a_{n3} & ... & a_{nn} \end{bmatrix}, \quad B = \begin{bmatrix} b_1 \\ b_2 \\ \vdots \\ b_n \end{bmatrix}$$

Dessa forma, um problema que pode ser resolvido é o seguinte: dadas as matrizes A (chamada matriz dos coeficientes técnicos) e B (chamada matriz das demandas finais de mercado), obter a matriz X (chamada matriz das quantidades produzidas) para atender às demandas intermediárias e finais dos produtos.

Assim, tomemos a equação matricial:

$$X = A \cdot X + B$$

e vamos resolvê-la em relação a X. Temos:

$$X - A \cdot X = B$$
$$(I - A) \cdot X = B$$
$$X = (I - A)^{-1} \cdot B$$

A matriz $(I - A)$ é chamada matriz de Leontief (em homenagem ao economista russo, radicado nos Estados Unidos desde 1931, Vassíli Leontief, 1906-1989, que introduziu esse modelo e ganhou, em 1973, o prêmio Nobel em Economia).

Exemplo 14.22 Consideremos uma economia com dois setores. Os coeficientes técnicos e as demandas finais de mercado são dadas pela tabela a seguir:

Setor	Consumo intermediário para fabricar uma unidade no setor 1	Consumo intermediário para fabricar uma unidade no setor 2	Consumo final
1	0,2	0,6	50
2	0,4	0,2	80

Assim, para fabricar uma unidade do produto 1 são necessárias 0,2 unidades do produto 1 e 0,4 unidades do produto 2; para fabricar uma unidade do produto 2 são necessárias 0,6 unidade do produto 1 e 0,2 unidades do produto 2. Portanto, as matrizes dos coeficientes técnicos e do consumo final são, respectivamente,

$$A = \begin{bmatrix} 0{,}2 & 0{,}6 \\ 0{,}4 & 0{,}2 \end{bmatrix} \text{ e } B = \begin{bmatrix} 50 \\ 80 \end{bmatrix}$$

Assim,

$$I - A = \begin{bmatrix} 1 & 0 \\ 0 & 1 \end{bmatrix} - \begin{bmatrix} 0{,}2 & 0{,}6 \\ 0{,}4 & 0{,}2 \end{bmatrix} = \begin{bmatrix} 0{,}8 & -0{,}6 \\ -0{,}4 & 0{,}8 \end{bmatrix}$$

$$(I - A)^{-1} = \frac{1}{0{,}4} \begin{bmatrix} 0{,}8 & 0{,}6 \\ 0{,}4 & 0{,}8 \end{bmatrix} = \begin{bmatrix} 2 & 1{,}5 \\ 1 & 2 \end{bmatrix}$$

Portanto, a matriz X das produções é:

$$X = \begin{bmatrix} 2 & 1{,}5 \\ 1 & 2 \end{bmatrix} \cdot \begin{bmatrix} 50 \\ 80 \end{bmatrix} = \begin{bmatrix} 220 \\ 210 \end{bmatrix}$$

Ou seja, devem ser produzidas 220 unidades do produto 1 e 210 unidades do produto 2, assim discriminadas:

Produto 1

Consumo intermediário no setor 1 = 0,2 · (220) = 44
Consumo intermediário no setor 2 = 0,6 · (210) = 126
Consumo final = 50
Total 220

Produto 2

Consumo intermediário no setor 1 = 0,4 · (220) = 88
Consumo intermediário no setor 2 = 0,2 · (210) = 42
Consumo final = 80
Total 210

Exercícios

10. Dada a matriz de coeficientes técnicos para dois setores $A = \begin{bmatrix} 0 & 0,5 \\ 0,4 & 0,1 \end{bmatrix}$ e a matriz de consumo final $B = \begin{bmatrix} 70 \\ 140 \end{bmatrix}$, obtenha as quantidades a serem produzidas para atender às demandas intermediárias e final de mercado.

11. Resolva o exercício anterior, supondo que a demanda final seja $B = \begin{bmatrix} 35 \\ 210 \end{bmatrix}$.

12. Dada a matriz de coeficientes técnicos para três setores $A = \begin{bmatrix} 0 & 0,2 & 0,1 \\ 0,5 & 0,1 & 0 \\ 0,3 & 0,8 & 0 \end{bmatrix}$ e a matriz de consumo final $B = \begin{bmatrix} 100 \\ 200 \\ 100 \end{bmatrix}$, obtenha as quantidades a serem produzidas para atender às demandas intermediárias e final de mercado.

13. Resolva o exercício anterior, supondo que a matriz de demanda final seja $B = \begin{bmatrix} 200 \\ 300 \\ 500 \end{bmatrix}$.

14. Uma economia está dividida em dois setores: agricultura e manufatura. A matriz de coeficientes técnicos é $A = \begin{bmatrix} 0,3 & 0,7 \\ 0,2 & 0,4 \end{bmatrix}$ e a matriz de demanda final é $B = \begin{bmatrix} 100 \\ 200 \end{bmatrix}$.

    a) Qual é a produção de cada setor necessária para atender às demandas finais e intermediárias?
    b) Se a demanda final de manufaturados cair para 180 (mantendo-se em 100 a da agricultura) e se para produzir uma unidade do produto agrícola são necessários 1.000 homens-hora, qual o desemprego (em relação à situação do item a) na agricultura?

Aplicação: a reta de mínimos quadrados por meio de matrizes

Vimos no Capítulo 11 como resolver o seguinte problema: dado um conjunto de pontos no plano cartesiano $(x_1, y_1), (x_2, y_2), ..., (x_n, y_n)$, achar a reta de equação $\hat{y} = ax_i + b$ que minimiza a soma dos quadrados dos desvios, em que cada desvio é dado por $y_i - (ax_i + b)$. Se usarmos a seguinte notação matricial:

$$Y = \begin{bmatrix} y_i \\ y_2 \\ \vdots \\ y_n \end{bmatrix}, \quad X = \begin{bmatrix} 1 & x_1 \\ 1 & x_2 \\ \vdots & \vdots \\ 1 & x_n \end{bmatrix} \quad \text{e} \quad A = \begin{bmatrix} b \\ a \end{bmatrix}$$

pode-se provar que a matriz dos coeficientes da reta de mínimos quadrados A satisfaz a equação matricial $(X^t \cdot X) \cdot A = X^t \cdot Y$. Resolvendo essa equação, obtemos:

$$A = (X^t \cdot X)^{-1} \cdot X^t \cdot Y$$

desde que a matriz $X^t \cdot X$ admita inversa.

Exemplo 14.23 Consideremos os pontos $(1, 7), (2, 8), (3, 10), (4, 9)$ e $(5, 11)$. As matrizes X e Y são dadas por:

$$Y = \begin{bmatrix} 7 \\ 8 \\ 10 \\ 9 \\ 11 \end{bmatrix}, \quad X = \begin{bmatrix} 1 & 1 \\ 1 & 2 \\ 1 & 3 \\ 1 & 4 \\ 1 & 5 \end{bmatrix}$$

Assim:

$$X^tX = \begin{bmatrix} 1 & 1 & 1 & 1 & 1 \\ 1 & 2 & 3 & 4 & 5 \end{bmatrix} \begin{bmatrix} 1 & 1 \\ 1 & 2 \\ 1 & 3 \\ 1 & 4 \\ 1 & 5 \end{bmatrix} = \begin{bmatrix} 5 & 15 \\ 15 & 55 \end{bmatrix}$$

$$(X^tX)^{-1} = \frac{1}{50} \begin{bmatrix} 55 & -15 \\ -15 & 5 \end{bmatrix} = \begin{bmatrix} 1,1 & -0,3 \\ -0,3 & 0,1 \end{bmatrix}$$

$$X^t \cdot Y = \begin{bmatrix} 1 & 1 & 1 & 1 & 1 \\ 1 & 2 & 3 & 4 & 5 \end{bmatrix} \begin{bmatrix} 7 \\ 8 \\ 10 \\ 9 \\ 11 \end{bmatrix} = \begin{bmatrix} 45 \\ 144 \end{bmatrix}$$

$$(X^tX)^{-1} \cdot X^tY = \begin{bmatrix} 1,1 & -0,3 \\ -0,3 & 0,1 \end{bmatrix} \begin{bmatrix} 45 \\ 144 \end{bmatrix} = \begin{bmatrix} 6,3 \\ 0,9 \end{bmatrix}$$

Dessa forma, $b = 6,3$ e $a = 0,9$, e a reta de mínimos quadrados é $\hat{y} = 0,9x + 6,3$.

Apêndice A

Notas suplementares sobre limites

A.1 Vizinhanças e limites

Considere o número real a. Dizemos que o intervalo aberto $]a - \varepsilon, a + \varepsilon[$, em que ε é um número real positivo, é uma vizinhança de ponto a, e a indicamos por $V_\varepsilon(a)$. Indicamos também por $V_\varepsilon\{a\}$ o intervalo $]a - \varepsilon, a + \varepsilon[$ menos o ponto a, isto é:

$$V_\varepsilon\{a\} = V_\varepsilon(a) - \{a\}$$

Sejam a e b números reais e f uma função definida em $A \subset R$. Dizemos que:

$$\lim_{x \to a} f(x) = b$$

quando, dado $\varepsilon > 0$ real qualquer, existe uma vizinhança $V_\delta\{a\}$ contida em A, tal que, para todo $x \in V_\delta\{a\}$, se tenha $|f(x) - b| < \varepsilon$. Isso é equivalente a dizer que, dada uma vizinhança arbitrária $V_\varepsilon(b)$ de b, existe uma vizinhança $V_\delta\{a\} \subset A$, tal que $f(x) \in V_\varepsilon(b)$ para todo $x \in V_\delta\{a\}$.

Note que:

$$|f(x) - b| < \varepsilon \Leftrightarrow b - \varepsilon < f(x) < b + \varepsilon$$

Geometricamente, temos a situação da Figura A.1.

Figura A.1: Ilustração da definição de limite

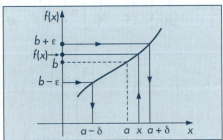

Na Figura A.2, ilustramos certos casos que podem ocorrer. O leitor poderá comprovar os resultados de cada caso, usando a definição. No que segue, $f(a)$ é a imagem da função no ponto a, e b é o valor do limite.

Figura A.2: Exemplos de limites

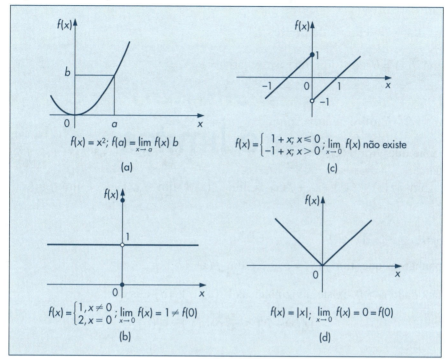

Vamos designar por $V_\varepsilon^+(a)$ uma vizinhança direita de a, isto é, um intervalo da forma $]a, a + \varepsilon[$; analogamente, $]a - \varepsilon, a[$ é uma vizinhança esquerda de a, indicada por $V_\varepsilon^-(a)$.

Sejam a e b reais e f uma função real de variável real, definida em $A \subset R$. Dizemos que b é o limite à esquerda de f, em a, e escrevemos:

$$\lim_{x \to a^-} f(x) = b \quad \text{ou} \quad f(a^-) = b$$

se, dada uma vizinhança arbitrária $V_\varepsilon(b)$ de b, existir uma vizinhança esquerda $V_\delta^-(a)$ de a, contida em A, tal que, para todo $x \in V_\delta^-(a)$, se tenha $f(x) \in V_\varepsilon(b)$.

De forma semelhante, b é o limite à direita de f em a, e escrevemos:

$$\lim_{x \to a^+} f(x) = b \quad \text{ou} \quad f(a^+) = b$$

se, dada uma vizinhança arbitrária $V_\varepsilon(b)$ de b, existir uma vizinhança direita de a, $V_\delta^+(a)$, contida em A, tal que $f(x) \in V_\varepsilon(b)$, para todo $x \in V_\delta^+(a)$.

Por exemplo, na Figura A.2(c), temos: $\lim_{x \to 0^+} f(x) = -1$ e $\lim_{x \to 0^-} f(x) = 1$

É claro que existe o limite no ponto a se, e somente se:

$$\lim_{x \to a^-} f(x) = \lim_{x \to a^+} f(x)$$

e o valor é o $\lim_{x \to a} f(x)$.

A.2 Alguns resultados sobre limites

Teorema A.1 – Unicidade do limite

Se $\lim_{x \to a} f(x) = b$ e $\lim_{x \to a} f(x) = c$, então $b = c$.

Teorema A.2 – Limite de uma soma

Suponha que $\lim_{x \to a} f_i(x) = b_i$ para $i = 1, 2, ..., n$ e $g(x) = f_1(x) + f_2(x) + ... + f_n(x)$. Então:
$$\lim_{x \to a} (f_1(x) + f_2(x) + ... + f_n(x)) = \lim_{x \to a} f_1(x) + \lim_{x \to a} f_2(x) + ... + \lim_{x \to a} f_n(x)$$

Demonstração para $n = 2$

Suponhamos que $\lim_{x \to a} f_1(x) = b_1$ e $\lim_{x \to a} f_2(x) = b_2$.

Então, dado $\varepsilon > 0$, existem vizinhanças $V_1\{a\}$ e $V_2\{a\}$ tais que:

$$|f_1(x) - b_1| < \frac{\varepsilon}{2}, \text{ para } x \in V_1\{a\}$$

e

$$|f_2(x) - b_2| < \frac{\varepsilon}{2}, \text{ para } x \in V_2\{a\}$$

Portanto:

$$|f_1(x) + f_2(x) - (b_1 + b_2)| = |[f_1(x) - b_1] + [f_2(x) - b_2]| \leq |f_1(x) - b_1| + |f_2(x) - b_2| < \frac{\varepsilon}{2} + \frac{\varepsilon}{2} < \varepsilon$$

para todo $x \in V_1\{a\} \cap V_2\{a\}$, ou seja,

$$\lim_{x \to a} [f_1(x) + f_2(x)] = b_1 + b_2 = \lim_{x \to a} f_1(x) + \lim_{x \to a} f_2(x)$$

Teorema A.3 – Limite de um produto

Se g for definida por:
$$g(x) = f_1(x) \cdot f_2(x) \, ... \, f_n(x) \text{ e se}$$

$$\lim_{x \to a} f_i(x) = b_i \quad \text{para} \quad i = 1, 2, ..., n$$

então,

$$\lim_{x \to a} f_1(x) \cdot f_2(x) \, ... \, f_n(x) = \lim_{x \to a} f_1(x) \cdot \lim_{x \to a} f_2(x) \, ... \, \lim_{x \to a} f_n(x)$$

Teorema A.4 – Limite de um quociente

Suponha que $g(x) = \dfrac{f_1(x)}{f_2(x)}$ e que $\lim_{x \to a} f_1(x) = b_1$ e $\lim_{x \to a} f_2(x) = b_2 \neq 0$.

Então,
$$\lim_{x \to a} g(x) = \frac{b_1}{b_2}$$

Como consequência dos teoremas anteriores, obtemos:

Teorema A.5

Se f e g são funções contínuas em um domínio A, então:

a) $f + g$ é contínua em A;

b) $f \cdot g$ é contínua em A;

c) $\dfrac{f}{g}$ é contínua em todos os pontos de A para os quais $g(a) \neq 0$.

Dizemos que uma função f é contínua à direita do ponto a se $f(a)$ for um número real tal que $f(a^+) = f(a)$. A função f é contínua à esquerda de a se $f(a)$ for um número real tal que $f(a^-) = f(a)$. Segue-se que f é contínua em a se, e somente se, $f(a^+) = f(a^-) = f(a)$.

Considere, por exemplo, a função da Figura A.3, dada por:

$$f(x) = \begin{cases} 0, \text{ se } x < 0 \\ 1/3, \text{ se } 0 \leq x < 1 \\ 1/2, \text{ se } 1 \leq x < 2 \\ 1, \text{ se } x \geq 2 \end{cases}$$

Figura A.3: Função contínua à direita

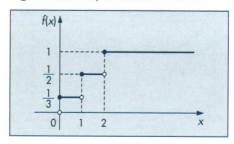

Então, f é contínua à direita nos pontos 0, 1 e 2. Como f não é contínua à esquerda em 0, 1 e 2, dizemos que f é descontínua à esquerda nesses pontos.

Teorema A.6

a) Suponha que f seja contínua no ponto b, com $\lim_{x \to a} g(x) = b$. Então:
$$\lim_{x \to a} f[g(x)] = f(b)$$

b) Se f for contínua em b, e g for contínua em a, com $g(a) = b$, então $f[g(x)]$ é contínua em a.

A.3 Limites infinitos

Dizemos que $\lim_{x \to a^+} f(x) = \infty$, se, dado $A > 0$, existe um número $\delta > 0$, tal que $f(x) > A$ para todo $x \in V_\delta^+(a)$.

Analogamente, definimos:
$$\lim_{x \to a^+} f(x) = -\infty, \quad \lim_{x \to a^-} f(x) = \infty \quad \text{e} \quad \lim_{x \to a^-} f(x) = -\infty$$

Dizemos que:
$$\lim_{x \to a} f(x) = \infty \quad \text{se} \quad f(a^+) = f(a^-) = \infty$$

e
$$\lim_{x \to a} f(x) = -\infty \quad \text{se} \quad f(a^+) = f(a^-) = -\infty$$

Como exemplo, se $f(x) = \dfrac{1}{x}$, então $f(0^-) = -\infty$ e $f(0^+) = \infty$ (Figura A.4a).

Se $f(x) = \dfrac{1}{x^2}$, então $f(0^-) = f(0^+) = \infty$. Logo, $\lim_{x \to 0} f(x) = \infty$ (Figura A.4b).

Figura A.4: Limites infinitos

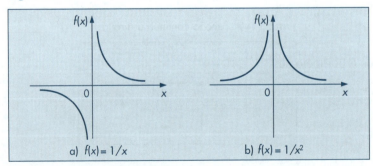

a) $f(x) = 1/x$
b) $f(x) = 1/x^2$

Definições apropriadas podem ser dadas para:
$$\lim_{x \to \infty} f(x) = b \quad \text{e} \quad \lim_{x \to -\infty} f(x) = b$$

Apêndice B

Notas suplementares sobre derivadas

B.1 Função composta

Seja f a função composta de g e h, isto é:

$$f(x) = h[g(x)] \qquad (B.1)$$

para $x \in A \subset R$. Para demonstrar a fórmula da derivada da função composta, vejamos antes o lema a seguir.

Lema B.1

Suponha que a função f, de A em R, seja tal que exista $f'(x_0)$. Então existe uma função E, de R em R, contínua na origem, com $E(0) = 0$ e tal que:

$$f(x_0 + h) - f(x_0) = [f'(x_0) + E(h)] \cdot h \qquad (B.2)$$

para todo h de modo que $f(x_0 + h)$ esteja definido.

Demonstração

Definimos E por meio de:

$$E(h) = \begin{cases} \dfrac{f(x_0 + h) - f(x_0)}{h} - f'(x_0), & \text{se } h \neq 0 \\ 0, \text{ se } h = 0. \end{cases}$$

Então, E satisfaz (B.2) para h nas condições do lema.

Como $f'(x_0) = \lim_{h \to 0} \dfrac{f(x_0 + h) - f(x_0)}{h}$, segue-se que $\lim_{h \to 0} E(h) = 0 = E(0)$, o que implica continuidade de E na origem.

Teorema B.1 – Derivada da função composta

Suponha que f, g e h sejam como em (B.1), com $g'(x)$ e $h'(u)$ finitos e $u = g(x)$. Então, $f'(x)$ existe e é dada por:

$$f'(x) = h'(u) \cdot g'(x)$$

Demonstração

Temos que $f(x + h) = h[g(x + h)]$, logo:

$$\Delta f = f(x + h) - f(x) = h[g(x + h)] - h[g(x)]$$

Como $u = g(x)$, $g(x + h) = u + \Delta u$, temos que $\Delta f = h(u + \Delta u) - h(u)$. Pelo Lema B.1 (com $\Delta u = h$), vem que:

$$\Delta f = h(u + \Delta u) - h(u) = [h'(u) + E(\Delta u)] \cdot \Delta u$$

Portanto, $\dfrac{\Delta f}{h} = [h'(u) + E(\Delta u)] \cdot \dfrac{\Delta u}{h}$

Quando h tende a 0, $\lim_{h \to 0} E(\Delta u) = 0$, pois E é contínua na origem e Δu tende a 0 quando h tende a 0, pois existe a derivada $u' = g'(x)$.

Portanto, $\lim_{h \to 0} \dfrac{\Delta f}{h} = f'(x) = h'(u) \cdot u' = h'(u) \cdot g'(x)$

B.2 Função inversa

Vamos demonstrar o teorema sobre derivada da função inversa, visto no Capítulo 5.

Suponhamos que f seja crescente e derivável no intervalo $I = \,]a, b[$. Seja J a imagem de I por meio da função f e $y_0 = f(x_0)$ para $a < x_0 < b$.

Para $x_0 \in I$, existe um intervalo $]c, d[\subset I$ tal que $c < x_0 < d$, o que implica $]f(c), f(d)[\subset J$ e $f(c) < y_0 < f(d)$, pois f é crescente em I. Portanto y_0 pertence ao interior de J e $f[f^{-1}(y_0)] = y_0$. Logo:

$$\lim_{y \to y_0} \frac{f^{-1}(y) - f^{-1}(y_0)}{y - y_0} = \lim_{y \to y_0} \frac{f^{-1}(y) - f^{-1}(y_0)}{f[f^{-1}(y)] - f[f^{-1}(y_0)]} =$$

$$= \lim_{x \to x_0} \frac{x - x_0}{f(x) - f(x_0)} = \frac{1}{\lim_{x \to x_0} \dfrac{f(x) - f(x_0)}{x - x_0}} = \frac{1}{f'(x_0)}$$

pois $f'(x_0) \neq 0$ e a segunda igualdade segue do fato de que f^{-1} é contínua em y_0. Portanto:

$$\lim_{y \to y_0} f^{-1}(y) = f^{-1}(y_0) = x_0$$

isto é, $x \to x_0$ quando $y \to y_0$.

B.3 Teoremas sobre funções deriváveis

Vamos demonstrar aqui alguns teoremas relacionados ao Capítulo 6.

Teorema B.2

Seja f uma função definida e derivável num intervalo aberto $]a, b[$. Se c for um ponto desse intervalo que seja ponto de máximo ou de mínimo, então $f'(c) = 0$.

Demonstração

Suponhamos que c seja um ponto de máximo (Figura B.1).

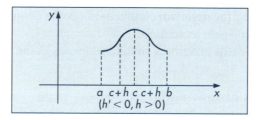

Figura B.1: Máximo de f em $x = c$

Então, $f(c + h) \leq f(c)$, para todo h tal que $(c + h) \in]a, b[$. Como $c \in]a, b[$, existe $h_0 > 0$ tal que $(c + h) \in]a, b[$ para todo h com $|h| < h_0$. Logo, temos:

$$\frac{f(c + h) - f(c)}{h} \leq 0, \text{ se } 0 < h < h_0$$

$$\frac{f(c + h) - f(c)}{h} \geq 0, \text{ se } -h_0 < h < 0$$

Como f é derivável em c, $f'(c^+) = f'(c^-)$ e como:

$$f'(c^+) = \lim_{h \to 0^+} \frac{f(c + h) - f(c)}{h} \leq 0$$

e

$$f'(c^-) = \lim_{h \to 0^-} \frac{f(c + h) - f(c)}{h} \geq 0$$

vem que:

$$f'(c^+) = f'(c^-) = 0 = f'(c)$$

A demonstração é análoga se c for um ponto de mínimo.

Teorema B.3 – Rolle, Michel, matemático francês, 1652-1719

Suponhamos que a função f seja contínua no intervalo $[a, b]$, com $f(a) = f(b) = 0$, e que f seja derivável no intervalo $]a, b[$. Então existe um ponto $c \in]a, b[$ tal que $f'(c) = 0$.

Demonstração

Se $f(x) = 0$, para todo $x \in \,]a, b[$, basta escolhermos c como qualquer valor do intervalo. Consideremos as situações da Figura B.2.

Figura B.2: Ilustração do teorema de Rolle

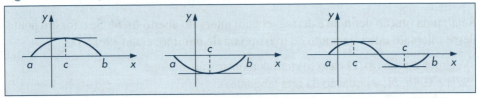

Se o valor máximo de f for positivo, escolhemos c como ponto de máximo de f. Como $f(a) = f(b) = 0$, temos que $a < c < b$. Então $f'(c) = 0$ pelo teorema B.2.

Se o valor mínimo de f for negativo, escolhemos c como ponto de mínimo de f. Novamente $a < c < b$ e $f'(c) = 0$ pelo teorema B.2.

Podemos ter os dois casos anteriores simultaneamente, como mostra o último gráfico da Figura B.2.

Teorema B.4 – Teorema do valor médio

Suponhamos que f seja contínua e derivável em $\,]a, b[$. Então existe um ponto $c \in \,]a, b[$ tal que:

$$f'(c) = \frac{f(b) - f(a)}{b - a}$$

Demonstração

Seja $g(x)$ a função cujo gráfico é a reta AB da Figura B.3, e seja $h(x) = f(x) - g(x)$.

Figura B.3: Ilustração do teorema do valor médio

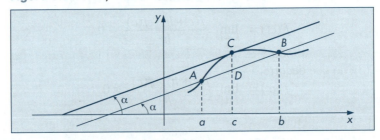

Então $h(a) = f(a) - g(a) = 0$ e $h(b) = f(b) - g(b) = 0$. Assim, pelo teorema de Rolle existe $c \in \,]a, b[$ tal que $h'(c) = f'(c) - g'(c) = 0$.

Mas $g'(c)$ é igual ao coeficiente angular da reta AB, que vale $\dfrac{f(b) - f(a)}{b - a}$.

Portanto,

$$f'(c) = g'(c) = \frac{f(b) - f(a)}{b - a}$$

Teorema B.5 – Máximos e mínimos por meio da segunda derivada

Suponhamos que f seja uma função contínua em $[a, b]$, que a sua derivada f' seja contínua em $]a, b[$ e que a segunda derivada f'' seja definida em $]a, b[$. Então,

a) se $f''(x) > 0$ para $x \in]a, b[$, o gráfico de f é côncavo para cima em $[a, b]$;
b) se $f''(x) < 0$ para $x \in]a, b[$, o gráfico de f é côncavo para baixo em $[a, b]$.

Demonstração

Vejamos o caso (a). O caso (b) tem demonstração análoga.

Seja $c \in]a, b[$; a equação da reta tangente ao gráfico de f por c é dada na Figura B.4

Figura B.4: Ilustração do teorema 5

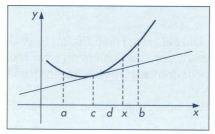

A equação dessa reta é $y = f(c) + f'(c) \cdot (x - c)$. Precisamos provar que:

$$f(x) \geqslant f(c) + f'(c) \cdot (x - c) \tag{B.3}$$

para todo $x \in [a, b]$.

Se $x = c \Rightarrow f(x) \geqslant f(c)$, a relação (B.3) é válida.

Se $x > c$, pelo teorema de valor médio, existe um ponto $d \in]c, x[$ tal que:

$$\frac{f(x) - f(c)}{x - c} = f'(d)$$

ou seja,

$$f(x) - f(c) = f'(d) \cdot (x - c) \tag{B.4}$$

Como $f''(x) > 0$ para todo $x \in]a, b[$, f' é crescente em $]a, b[$. Logo, para $x > c$ vem que $f'(d) > f'(c)$, do que decorre:

$$f'(d) \cdot (x - c) > f'(c) \cdot (x - c) \tag{B.5}$$

De (B.4) e (B.5) vem que

$$f(x) - f(c) > f'(c) \cdot (x - c)$$

que é a relação (B.3) que queríamos demonstrar. A mesma coisa vale para $x < c$.

Corolário B.1

Sejam f, f', f'' contínuas em $[a, b]$ e $c \in [a, b]$ com $f'(c) = 0$. Se $f''(c) > 0$, c é ponto de mínimo e, se $f''(c) < 0$, c é ponto de máximo de f.

Apêndice C

Noções sobre equações diferenciais

C.1 Introdução

Em diversas áreas do conhecimento, como Física, Engenharia, Economia e Biologia, certos fenômenos são expressos por relações envolvendo taxas de variação instantâneas. Como essas taxas são dadas por derivadas, os fenômenos passam a ser expressos por equações envolvendo derivadas.

Uma equação diferencial é uma equação que relaciona alguma função $f(x)$ com suas derivadas.

As equações diferenciais (ED) apareceram com a invenção do Cálculo por Newton e Leibniz e é natural que tenham sido usadas inicialmente em problemas de Física. Exemplos são as equações do movimento, na Mecânica Clássica, as equações de Maxwell, em Eletrodinâmica, as equações de Einstein, na Teoria da Relatividade Geral, ou a equação de Schrödinger, na Mecânica Quântica.

Por exemplo, uma lei importante na Física Clássica, a segunda lei de Newton, $F = ma$, é, na verdade, uma equação diferencial (de segunda ordem):

$$F(r, t) = m \frac{d^2 r}{dt^2}$$

em que r é espaço e t é tempo.

A ordem de uma ED é a ordem da derivada de maior grau que aparece na equação.

Em Biologia, as equações diferencias são frequentemente usadas para descrever a dinâmica de sistemas biológicos nos quais duas espécies interagem, uma como predadora e outra como presa, como a equação de Lotka-Volterra.

Em Economia, exemplos envolvem o modelo de crescimento populacional de Malthus e a equação de Black-Scholes, que trata do apreçamento de opções de derivativos.

As EDs podem ser de dois tipos: Equações Diferencias Ordinárias (EDO), que contêm uma função de uma variável independente e suas derivadas, e Equações Diferencias Parciais (EDP), que contêm mais de uma variável independente e suas derivadas parciais.

As EDs também podem ser classificadas como lineares e não lineares. Uma ED é linear se a função desconhecida e suas derivadas aparecem com potência 1 (por exemplo, produtos da função e suas derivadas não podem aparecer), caso contrário será uma ED não linear.

Por exemplo, a ED:

$$x^2 \frac{dy}{dx} + 2y = \operatorname{sen} x$$

é linear, ao passo que a ED:

$$x^2 \left(\frac{dy}{dx}\right)^2 + 2y = \operatorname{sen} x$$

é não linear. Neste apêndice, trataremos de EDO lineares de ordem 1.

Exemplo C.1 São exemplos de ED:
a) $\frac{dy}{dx} + 10y = 0$;
b) $\frac{dy}{dx} = 4x^2$;
c) $xy' - 5y = 0$, em que y' é a derivada de y em relação a x;
d) $y'' - 2y' + 10y = 0$, em que y'' é a derivada segunda de y em relação a x;
e) $f'(x) + f(x) = x + 3$.

Exemplo C.2 É razoável supor que a taxa de crescimento de uma população seja proporcional ao tamanho da população N num determinado instante t. Assim, indicando por $\frac{dN}{dt}$ a taxa de crescimento da população em relação ao tempo, o modelo descrito pode ser expresso pela ED:

$$\frac{dN}{dt} = k \cdot N \qquad (C.1)$$

em que k é uma constante de proporcionalidade.

Exemplo C.3 Suponhamos que o máximo que se possa vender de um produto, em certo ano, seja 100 mil unidades. Suponhamos, ainda, que a taxa de crescimento das vendas em relação ao tempo (t) seja proporcional à diferença entre o máximo das vendas e o valor y das vendas no instante t. Podemos escrever, então,

$$\frac{dy}{dt} = k \cdot (100 - y) \qquad (C.2)$$

em que k novamente é uma constante.

C.2 Solução de uma ED

Chama-se solução de uma ED qualquer função f que, substituída na ED, reduz a equação a uma identidade.

Exemplo C.4 Considere a ED $f'(x) + 5f(x) = 0$ ou $y'(x) + 5y(x) = 0$.

A função $y = f(x) = e^{-5x}$ é uma solução da ED, pois $y' = \dfrac{dy}{dx} = -5e^{-5x}$. Substituindo esse valor na ED, obtemos:

$$-5e^{-5x} + 5(e^{-5x}) = 0$$

que é uma identidade.

É fácil ver que $y = 2e^{-5x}$ também é uma solução da ED e, de modo geral, $y = c \cdot e^{-5x}$ é uma solução da ED, sendo c uma constante real.

Solução particular

Consideremos a ED $\dfrac{dy}{dx} = 2x$. É fácil ver que a função $y = x^2 + c$ é solução dessa equação, para todo real c. Chamamos essa solução de solução geral da ED. Graficamente, a solução geral é constituída pela família de parábolas $y = x^2 + c$, com $c \in \mathbb{R}$, que estão representadas na Figura C.1, para alguns valores de c.

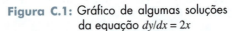

Figura C.1: Gráfico de algumas soluções da equação $dy/dx = 2x$

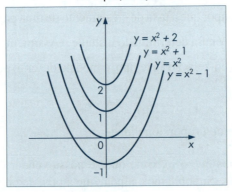

Se impusermos que a solução passe por determinado ponto, por exemplo $(3, 4)$, obteremos uma solução particular da equação. Dizemos que $x = 3$ e $y = 4$ é uma condição inicial para essa solução particular.

Para determinar qual função satisfaz a condição inicial dada, basta fazermos $y = 4$ para $x = 3$ na solução geral $y = x^2 + c$ e obtemos $c = -5$. Logo, a solução particular procurada é $y = x^2 - 5$.

C.3 Métodos de resolução de ED

Existem vários métodos de resolução de uma ED, cada um aplicado a determinado tipo de equação. Trataremos aqui de dois métodos: o da separação de variáveis e o do fator integrante.

Método da separação de variáveis

Basicamente, a técnica consiste no seguinte: para uma ED envolvendo as variáveis x e y, separamos de um lado da equação os termos envolvendo x e de outro os termos envolvendo y (a derivada $\dfrac{dy}{dx}$ é considerada o quociente entre os valores Δy e Δx, consideravelmente pequenos). Em seguida, integramos os dois lados.

Por exemplo, consideremos a ED:

$$\frac{dy}{dx} = 10y$$

Separando as variáveis, teremos:

$$\frac{dy}{y} = 10dx$$

Em seguida, integramos os dois membros, obtendo:

$$\int \frac{dy}{y} = \int 10dx$$

do que decorre:

$$\ln|y| + c_1 = 10x + c_2$$

em que c_1 e c_2 são constantes arbitrárias. Ou, então,

$$\ln|y| = 10x + c$$

em que chamamos $c = c_2 - c_1$. Segue-se que:

$$|y| = e^{10x+c}$$

e, finalmente,

$$y = e^{10x+c} \text{ ou } y = -e^{10x+c}$$

Exemplo C.5 Consideremos a ED $\dfrac{dy}{dx} = \dfrac{x}{y^2}$.

Separando as variáveis, temos:

$$y^2 dy = x dx$$

Integrando os dois membros,

$$\int y^2 dy = \int x dx$$

do que resulta:

$$\frac{y^3}{3} + c_1 = \frac{x^2}{2} + c_2$$

Ou, ainda,

$$y^3 = \frac{3x^2}{2} + 3c$$

em que $c = c_2 - c_1$. Finalmente,

$$y = (\frac{3x^2}{2} + 3c)^{1/3}$$

Exemplo C.6 Modelo de crescimento exponencial. Consideremos uma variável y positiva que seja função do tempo t. A variável y representa, por exemplo, o tamanho de uma população de bactérias num dado instante. Suponha que a taxa de variação de y em relação a t seja proporcional ao valor de y no instante t. Dizemos que y tem um crescimento exponencial em relação ao tempo t. Podemos escrever a ED como:

$$\frac{dy}{dt} = my$$

em que m é a constante de proporcionalidade. Separando as variáveis, temos:

$$\frac{dy}{y} = mdt$$

E integrando,

$$\int \frac{dy}{y} = \int mdt$$

da qual resulta:

$$\ln y = mt + c$$

pois, por hipótese, $y > 0$.

Segue-se que a solução geral da ED é:

$$y = e^{mt+c}$$

Suponhamos que, para $t = 0$, o valor de $y = A$. O valor correspondente de c pode ser obtido de $A = e^0 \cdot e^c$. Portanto, $e^c = A$, ou $c = \ln(A)$, e a solução particular é $y = A \cdot e^{mt}$.

Podemos obter o significado da constante m, procedendo como segue.

Consideremos dois instantes de tempo t_0 e t_1, tais que $\Delta t = t_1 - t_0 = 1$. Dessa forma, podemos escrever:

$$y_0 = Ae^{mt_0}, y_1 = Ae^{mt_1}$$

Dividindo os membros das relações acima, teremos:

$$\frac{y_1}{y_0} = e^{mt_1 - mt_0} = e^{m(t_1 - t_0)} = e^m$$

Como a taxa de variação percentual da variável y, no período considerado, é dada por:

$$k = \frac{y_1 - y_0}{y_0} = \frac{y_1}{y_0} - 1$$

obtemos:

$$\frac{y_1}{y_0} = 1 + k$$

Portanto,

$$e^m = 1 + k$$

da qual obtemos finalmente $m = \ln(1 + k)$. Ou seja, a constante de proporcionalidade m representa o logaritmo natural de 1 mais a taxa de variação de y por unidade de tempo.

Exemplo C.7 Curva de aprendizagem. Suponha que existam 100 mil clientes em potencial para adquirir um novo produto. Admita que a taxa (em relação ao tempo) com que os consumidores ficam conhecendo o produto seja proporcional ao número de pessoas que ainda não o conhecem.

Assim, se y for o número de pessoas (em milhares) que ficam conhecendo o produto, $(100 - y)$ será o número de pessoas que ainda não o conhecem. Portanto,

$$\frac{dy}{dt} = m \cdot (100 - y)$$

em que m é a constante de proporcionalidade.

Separando as variáveis,

$$\frac{dy}{100 - y} = mdt$$

e integrando:

$$\int \frac{dy}{100 - y} = \int mdt$$

Essa integral pode ser resolvida usando o método da substituição, sendo $u = 100 - y$. Obtemos

$$\ln(100 - y) = -mt - c$$

obtendo-se a solução geral:

$$y = 100 - e^{-mt - c}$$

Uma solução particular para $t = 0$ e $y = 0$ é:

$$y = 100(1 - e^{-mt})$$

levando-se em conta que $e^{-c} = 100$.

A constante m pode ser obtida se for dada uma informação adicional. Por exemplo, suponha que, ao final de um ano, 50% dos clientes fiquem conhecendo o produto. Então, $y = 50$ para $t = 1$. Substituindo na última equação, obtemos $50 = 100(1 - e^{-m})$, da qual obtemos $m = -\ln(0{,}5) = 0{,}6931$.

Dessa forma, teremos a solução particular $y = 100(1 - e^{-0{,}6931t})$, a partir da qual poderemos saber quantas pessoas ficarão conhecendo o produto em qualquer instante t do tempo. O gráfico dessa função, chamada curva de aprendizagem, é dado pela Figura C.2.

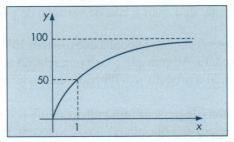

Figura C.2: Gráfico da curva de aprendizagem $y = 100(1 - e^{-0{,}6931x})$

Exemplo C.8 Juros contínuos. Dizemos que um capital C cresce com juros continuamente compostos quando o montante M tem um crescimento exponencial em relação ao tempo n.

Usando a fórmula do crescimento exponencial do Exemplo C.6, ou seja, $y = Ae \cdot e^{mt}$, $y = M$, $t = n$ e $C = A$, teremos a fórmula para juros contínuos:

$$M = C \cdot e^{mn}$$

Supondo-se um capital inicial de $ 2.000,00, obteremos que, em n anos, $M = 2.000e^{mn}$, sendo m a taxa anual de juros.

Método do fator integrante

Antes de discutir esse método, consideremos a ED:

$$a(x)y' + b(x)y = c(x)$$

que é a forma geral de uma ED linear de primeira ordem (com uma variável independente x). Essa ED também pode ser escrita na forma padronizada,

$$y' + p(x)y = q(x) \tag{C.3}$$

Se $q(x) = 0$, a ED é chamada homogênea.

Considere uma função $u(x)$ (que chamaremos de fator integrante) e multiplique ambos os membros de (C.3) por esse fator:

$$u(x)y' + u(x)p(x)y = u(x)q(x)$$

Se $u'(x) = p(x)u(x)$, então a ED anterior pode ser escrita:

$$(u(x)y)' = u(x)q(x)$$

Na ED $u'(x) = p(x)u(x)$, separando as variáveis, obtemos:

$$\frac{u'(x)}{u(x)} = p(x)$$

E integrando,

$$\ln u(x) = \int p(x)dx$$

de modo que o fator integrante é dado por:

$$u(x) = e^{\int p(x)dx} \qquad (C.4)$$

O método para resolver a ED (C.3) consiste em:

a) calcular $u(x)$, dado por (C.4);
b) multiplicar ambos os membros de (C.3) por $u(x)$;
c) integrar a ED resultante.

Exemplo C.9 Considere resolver a ED:

$$xy' - y = x^3$$

Escrevendo na forma padronizada,

$$y' - \frac{1}{x}y = x^2$$

Logo, $p(x) = -1/x$, do que segue $u(x) = e^{\int (-x^{-1})dx} = e^{-\ln x} = (e^{\ln x})^{-1} = \frac{1}{x}$.

Multiplicando a ED padronizada por $u(x)$, obtemos:

$$\frac{1}{x}y' - \frac{1}{x^2}y = x$$

ou seja,

$$\left(\frac{1}{x}y\right)' = x$$

Integrando,
$$\frac{1}{x} y = \frac{x^2}{2} + c$$
de modo que a solução geral é $y = \frac{x^3}{2} + cx$.

C.4 O processo de Poisson

A distribuição de Poisson é um modelo probabilístico bastante usado para descrever certos fenômenos que ocorrem na prática. Como exemplos, temos o número de partículas α emitidas por uma fonte radioativa durante um período especificado, o número de chamadas telefônicas recebidas por uma central também durante certo intervalo de tempo etc. Se chamarmos de X_t a variável aleatória que representa o número de ocorrências de um desses eventos, no intervalo de tempo $[0, t)$, a fórmula que dá a respectiva probabilidade de ocorrência é dada por:

$$P(X_t = k) = \frac{e^{-\lambda t}(\lambda t)^k}{k!}, k = 0, 1, 2, 3, \ldots \quad (C.5)$$

Note que o valor de k varia sobre todos os números inteiros não negativos, embora, na prática, k seja um número inteiro positivo finito. Veja o exercício 16. O parâmetro $\lambda > 0$ é chamado intensidade de X_t, e pode-se provar que a esperança matemática de X_t, ou simplesmente a média de X_t, é dada por $E(X_t) = \lambda t$, ou seja, λ nos dá o número médio de ocorrências do evento em questão por unidade de tempo.

Dizemos que X_t é um Processo de Poisson, com intensidade λ.

A pergunta que pode ser feita é: como chegamos à fórmula (C.5)? Para isso, temos de levantar certas hipóteses sobre o fenômeno em consideração, que sejam plausíveis, a partir das quais chegaremos a uma ED que poderemos resolver pelos métodos expostos acima.

Consideremos as seguintes suposições válidas:

S_1: $X_0 = 0$, ou seja, o processo começa no instante $t = 0$ com probabilidade 1: $P(X_0 = 0) = 1$.

S_2: Os números de ocorrências do evento em intervalos disjuntos são variáveis aleatórias independentes.

S_3: Consideremos X_t como acima, ou seja, o número de ocorrências do evento no intervalo $[0, t)$ e Y_t o número de ocorrências no intervalo $[s, s + t)$, para todo $s > 0$. Então, X_t e Y_t têm a mesma distribuição de probabilidades. Ou seja, a distribuição do número de ocorrências num intervalo depende somente da amplitude do intervalo, e não de sua localização.

S_4: Para h suficientemente pequeno, $P(X_h = 1) \sim \lambda h$, com $\lambda > 0$, constante. Ou seja, num intervalo pequeno, a probabilidade de uma ocorrência do evento é proporcional à amplitude do intervalo.

APÊNDICE C NOÇÕES SOBRE EQUAÇÕES DIFERENCIAIS 375

S_5: $\sum_{k=2}^{\infty} P(X_h = k) \sim 0$, que implica $P(X_h = k) \sim 0$, para $k \geq 2$. Isso nos diz que a probabilidade de se ter duas ou mais ocorrências num intervalo suficientemente pequeno é desprezível.

Pelas suposições S_3 e S_4,

$$P(X_h = 0) = 1 - P(X_h = 1) - \sum_{k=2}^{\infty} P(X_h = k) \sim 1 - \lambda h \tag{C.6}$$

para h pequeno.

Vamos verificar, inicialmente, que (C.5) vale para $k = 0$. Temos que:

$$P(X_{t+h} = 0) = P(X_t = 0 \text{ e } (X_{t+h} - X_t) = 0) = P(X_t = 0) P(X_h = 0)$$

$$\sim P(X_t = 0)[1 - \lambda h]$$

usando (C.6) e o fato de que X_h e $(X_{t+h} - X_t)$ são independentes, pelas suposições S_2 e S_3.
Dessa última equação obtemos:

$$\frac{P(X_{t+h} = 0) - P(X_t = 0)}{h} \sim -\lambda P(X_t = 0)$$

Fazendo $h \to 0$, obtemos que:

$$(P(X_t = 0))' = -\lambda P(X_t = 0)$$

Ou, ainda,

$$\frac{(P(X_t = 0))'}{P(X_t = 0)} = -\lambda$$

Para resolver essa ED, integramos ambos os membros com respeito a t, obtendo:

$$\ln P(X_t = 0) = -\lambda t + C$$

Usando S_1, para $t = 0$, obtemos $C = 0$; logo:

$$P(X_t = 0) = e^{-\lambda t} \tag{C.7}$$

Vejamos o caso geral, ou seja, vamos obter $P(X_t = n)$, para $n \geq 1$.
Sabemos que $X_{t+h} = n$ se, e somente se, $X_t = k$ e $(X_{t+h} - X_t) = n - k$, para $k = 0, 1, 2, ..., n$.
Usando S_2 e S_3,

$$P(X_{t+h} = n) = \sum_{k=0}^{n} P(X_t = k) P(X_h = n - k) =$$

$$= \sum_{k=0}^{n-2} P(X_t = k) P(X_h = n - k) + P(X_t = n - 1) P(X_h = 1) + P(X_t = n) P(X_h = 0)$$

Por S_4 e S_5 e (C6),

$$P(X_{t+h} = n) \sim P(X_t = n-1)\lambda h + P(X_n = t)[1-\lambda h]$$

do que decorre:

$$\frac{P(X_{t+h} = n) - P(X_t = n)}{h} \sim \lambda P(X_t = n-1) - \lambda P(X_n = t)$$

Fazendo, novamente, $h \to 0$, obtemos o seguinte sistema de EDs lineares:

$$(P(X_t = n))' = -\lambda P(X_t = n) + \lambda P(X_t = n-1), n = 1, 2, \ldots$$

Chamando $p_n(t) = P(X_n = t)$, a equação acima pode ser assim escrita:

$$p_n'(t) = -\lambda p_n(t) + \lambda p_{n-1}(t), \quad n \geq 1 \qquad (C.8)$$

Colocando $q_n(t) = e^{\lambda t} p_n(t)$, é fácil ver que (C.8) se transforma em:

$$q_n'(t) = \lambda q_{n-1}(t), \quad n \geq 1 \qquad (C.9)$$

Recursivamente, obtemos dessas EDs $q_1(t) = \lambda t$, $q_2(t) = (\lambda t)^2/2$ etc. De modo genérico, $q_n(t) = (\lambda t)^n/n!$. Portanto,

$$p_n(t) = P(X_t = n) = \frac{e^{-\lambda t}(\lambda t)^n}{n!}, \quad n = 0, 1, 2, 3, \ldots$$

Exercícios

1. Verifique que a função $y = \dfrac{1}{x} + c$ é solução da ED $\dfrac{dy}{dx} = -\dfrac{1}{x^2}$, qualquer que seja o valor de c real.
2. Mesmo problema para $y = x^3 + 9$ e a ED $y' = 3x^2$.
3. Mostre que $y = e^{-x}$ é solução da ED $y' + y = 0$.
4. Mostre que a função $y = x^2$ é solução da ED $x^2 y'' - 2y = 0$.
5. Mostre que a função $y = A - Be^{-kt}$ é uma solução da ED $y' = k(A-y)$.
6. Verifique que a função $y = c \cdot e^{-8x}$ é solução geral da ED $y' + 8y = 0$. Determine a solução particular, sabendo que, para $x = 0$, temos $y = 10$.
7. Mostre que $y = x^3 - 2x^2 - x + c$ é solução geral da ED $y' = 3x^2 - 4x - 1$. Obtenha a solução particular para $x = 1$ e $y = 7$.
8. Verifique que a função $y = \ln x + c$ é solução da ED $y' = \dfrac{1}{x}$. Qual é a solução particular de modo que $y = 18$ para $x = 1$?
9. Obtenha a solução geral das seguintes EDs usando o método da separação de variáveis:

   a) $\dfrac{dy}{dx} = 5x$

b) $\dfrac{dy}{dx} = 3x^4 y^2$

c) $\dfrac{dy}{dx} = \dfrac{e^x}{y^2}$

d) $\dfrac{dy}{dx} = 8+y$

e) $\dfrac{dy}{dx} = 10(50-y)$

10. Obtenha a solução particular da ED (e) do problema anterior, se, para $x = 0$, $y = 0$.

11. Obtenha a solução particular da ED $\dfrac{dy}{dx} = x(y-3)$, sabendo que, para $x = 1$, temos $y = 5$.

12. Resolva a ED $(1+\cos x)y' - (\operatorname{sen} x)y = 2x$, usando o método do fator integrante.

13. Resolva a ED $xy' - y = 1-x^3$ pelo método do fator integrante.

14. O tamanho de uma população y cresce exponencialmente com o tempo t. Hoje, o tamanho da população é de 20.000 pessoas e a cada ano a população cresce 2%. Qual é a expressão de y em função de t?

15. No Exemplo C.8, calcule o montante M no final de 5 anos, com capital inicial de $ 20.000,00 e taxa de juros de 5% ao ano.

16. Prove que a soma das probabilidades dadas por (C.5) é igual a 1.

17. Suponha que navios cheguem em um porto a uma taxa de 3 navios por dia. Calcule a probabilidade de:
    a) nenhum navio chegar ao porto em um dia;
    b) cinco navios chegarem ao porto em dois dias.

18. Calcule a média $E(X_t) = \sum_{k=0}^{\infty} k \cdot P(X_t = k)$, na qual $P(X_t = k)$ é dada por (C.5).

19. EDs não lineares. Uma equação não linear pode ser resolvida por meio de uma transformação que a torne linear. Por exemplo, considere a ED de Bernoulli

$$y' + p(x)y = q(x)y^n$$

na qual n é real. Para $n \neq 0$ e $n \neq 1$, essa ED não é linear. Dividindo ambos os membros por y^n, obtemos:

$$y^{-n}y' + p(x)y^{1-n} = q(x)$$

Façamos $z = y^{1-n}$. Derivando z e multiplicando ambos os membros da ED anterior por $(1-n)$, obtemos:

$$z' + (1-n)p(x)z = (1-n)q(x)$$

Essa é uma ED linear que pode ser resolvida pelo método do fator integrante. Resolva a ED:

$$y' + \dfrac{1}{x}y = xy^2$$

Apêndice D

Uso do Excel e do Mathematica

A planilha Microsoft Excel é um importante instrumento de trabalho bastante utilizado em cálculos, gráficos e tabelas. Veremos neste apêndice como efetuar os cálculos e gráficos vistos ao longo dos capítulos.

Admitiremos que o leitor tenha conhecimentos elementares da planilha Excel, tais como abrir e salvar uma planilha, selecionar uma ou mais células, utilizar as teclas de direção (→, ←, ↑, ↓), arredondar e formatar números.

O programa Mathematica pode ser usado para os mesmos objetivos e, neste apêndice, vamos usá-lo para fazer alguma figuras.

D.1 Calculando o valor de uma expressão numérica

As expressões numéricas podem ser elaboradas por meio dos seguintes procedimentos:

- Escolhemos uma célula qualquer.
- O resultado da expressão é obtido escrevendo o sinal =, seguido da fórmula como ela se apresenta do ponto de vista matemático, utilizando parênteses, quando for o caso.
- O símbolo de adição é +, o de subtração é −, o de multiplicação é *, o de divisão é / e o de potenciação, ^.

Exemplo D.1

Qual o valor da expressão: $5 \times 43 + 256 \div 8$?

Resolução

Devemos escolher uma célula, por exemplo, C3, e escrever:

$$= 5* 43 + 256/8$$

Em seguida, acionamos a tecla *ENTER* e aparecerá o resultado 247 na célula C3.

O aspecto da planilha será:

Figura D.1: Planilha com célula C3 indicando a expressão
$5 \times 43 + 256 \div 8$

	A	B	C	D	E
1					
2					
3			=5*43+256/8		
4					
5					

Após acionarmos a tecla *ENTER*, seu aspecto será:

Figura D.2: Planilha com célula C3 indicando o resultado da expressão $5 \times 43 + 256 \div 8$

	A	B	C	D	E
1					
2					
3			247		
4					
5					

Exemplo D.2

Qual o valor da expressão: $(42 - 15)^2 + 3(42 - 15) + 10$?

Resolução

Devemos escolher uma célula, por exemplo, C3, e escrever:

$$=(42 - 15)\,\hat{}\,2 + 3* (42 - 15) + 10$$

O aspecto da planilha será:

Figura D.3: Planilha com célula C3 indicando a expressão
$(42 - 15)^2 + 3(42 - 15) + 10$

	A	B	C	D	E
1					
2					
3			=(42-15)^2+3*(42-15)+10		
4					
5					
6					

Em seguida, acionamos a tecla *ENTER* e aparecerá o resultado 820 na célula C3.

Observe que as regras usuais da ordem das operações e dos parênteses em Matemática seguem valendo na planilha Excel.

D.2 Calculando potências, raízes e logaritmos

Conforme vimos no item anterior, o símbolo de potenciação é ^. No cálculo de raízes, basta lembrarmos que elas podem ser expressas na forma de potências:

$$\sqrt[n]{a^m} = a^{\frac{m}{n}}$$

Os logaritmos naturais (base e) de um número k são obtidos digitando-se:

$$= \ln(k)$$

e, em seguida, a tecla *ENTER*.

Os logaritmos decimais (base 10) de um número k são obtidos digitando-se:

$$= \log 10\,(k)$$

e, em seguida, a tecla *ENTER*.

As potências de base e (número de Euler, que vale aproximadamente 2,7183) e expoente k são calculadas digitando-se:

$$= \exp(k)$$

e, em seguida, a tecla *ENTER*.

Exemplo D.3

Qual o valor de $\sqrt[3]{56}$?

Resolução

Devemos escolher uma célula, por exemplo, C3, e escrever:

$$= 56\wedge(1/3)$$

Em seguida, acionamos a tecla *ENTER* e aparecerá o resultado 3,8259 na célula C3. O resultado poderá ser arredondado para mais ou para menos casas decimais usando o comando de arredondamento.

Exemplo D.4

a) Qual o valor de ln 512?
b) Qual o valor de log 512?

Resolução

a) Escolhendo uma célula qualquer e digitando:

$$= \ln(512)$$

obteremos o resultado 6,2383 após acionar a tecla *ENTER*.

b) Escolhendo uma célula qualquer e digitando:

$$= \log 10(512)$$

obteremos o resultado 2,7093 após acionar a tecla *ENTER*.

Exemplo D.5

a) Qual o valor de e^4?
b) Qual o valor de $e^{-0,5}$?

Resolução

a) Digitamos em uma célula qualquer = exp(4) e obteremos o resultado 54,5982 após acionar a tecla *ENTER*.
b) Digitamos em uma célula qualquer = exp(− 0,5) e obteremos o resultado 0,6065 após acionar a tecla *ENTER*.

D.3 Calculando valores com o assistente de função f_x

Inúmeras outras funções podem ser encontradas ao selecionar a tecla do assistente de função f_x na parte de cima da planilha.

Ao acionarmos o assistente, aparecerá uma caixa em que devemos selecionar a função Matemática e Trigonométrica.

Entre as várias funções disponíveis, encontramos o seno, o cosseno, a tangente, o fatorial e outras além daquelas vistas nos itens anteriores deste apêndice.

D.4 Obtendo o gráfico de uma função de uma variável ponto a ponto

Para obtermos o gráfico de uma função de uma variável, ponto a ponto, podemos proceder como segue:

- Geramos, em uma coluna, os valores de x do domínio para os quais desejamos obter o gráfico da função.
- Para o valor inicial de x, escrevemos na célula à direita a fórmula da imagem y correspondente.

- Usando a alça de preenchimento **+,** abaixo e à direita da célula obtida no item anterior, a arrastamos até atingir o último valor de x.
- Selecionamos os valores de x e y e inserimos o gráfico tipo dispersão.

Exemplo D.6

Obtenha o gráfico da função $y = x^2$ para x variando de -4 a 4 com acréscimos de 0,5 em 0,5.

Resolução

Passo 1

Escrevemos x na célula C2. Em C3, digitamos o número 4 e, em C4, digitamos o número $-3,5$ (igual a $-4 + 0,5$).

Selecionamos as células C3 e C4 e, com a alça de preenchimento em C4, arrastamos para baixo até atingirmos o número 4.

A planilha ficará da seguinte forma:

Figura D.4: Valores de x da função $y = x^2$

	A	B	C	D
1				
2			x	
3			-4	
4			-3,5	
5			-3	
6			-2,5	
7			-2	
8			-1,5	
9			-1	
10			-0,5	
11			0	
12			0,5	
13			1	
14			1,5	
15			2	
16			2,5	
17			3	
18			3,5	
19			4	
20				

Passo 2

Em D3, digitamos = C3^2 e, com a alça de preenchimento, arrastamos até D19, obtendo a seguinte planilha:

Figura D.5: Valores de x e y da função $y = x^2$

	C	D
	x	y
	-4	16
	-3,5	12,25
	-3	9
	-2,5	6,25
	-2	4
	-1,5	2,25
	-1	1
	-0,5	0,25
	0	0
	0,5	0,25
	1	1
	1,5	2,25
	2	4
	2,5	6,25
	3	9
	3,5	12,25
	4	16

Passo 3

Selecionamos os valores de x e y e, em seguida, inserimos o gráfico de dispersão tipo linha suave. A planilha ficará com o seguinte aspecto:

Figura D.6: Gráfico da função $y = x^2$

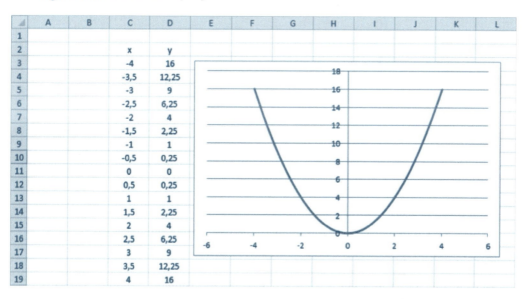

Exemplo D.7

Obtenha o gráfico da função $y = e^{-\frac{x^2}{2}}$ para x variando de –5 a 5 com acréscimos de 0,5 em 0,5.

Resolução

Passo 1

Escrevemos x na célula C2. Em C3, digitamos o número –5 e, em C4, digitamos o número –4,5 (igual a –4 + 0,5).

Selecionamos as células C3 e C4 e, com a alça de preenchimento em C4, arrastamos para baixo até atingirmos o número 5.

Passo 2

Em D3, digitamos = exp(–(C3^2)/2) e, com a alça de preenchimento, arrastamos até D23, obtendo a seguinte planilha:

Figura D.7: Valores de x e y da função $y = e^{-\frac{x^2}{2}}$

	A	B	C	D	E	F
1						
2			x	y		
3			-5	3,72665E-06		
4			-4,5	4,00653E-05		
5			-4	0,000335463		
6			-3,5	0,002187491		
7			-3	0,011108997		
8			-2,5	0,043936934		
9			-2	0,135335283		
10			-1,5	0,324652467		
11			-1	0,60653066		
12			-0,5	0,882496903		
13			0	1		
14			0,5	0,882496903		
15			1	0,60653066		
16			1,5	0,324652467		
17			2	0,135335283		
18			2,5	0,043936934		
19			3	0,011108997		
20			3,5	0,002187491		
21			4	0,000335463		
22			4,5	4,00653E-05		
23			5	3,72665E-06		
24						
25						

Observação: o número E-06 representa 10^{-6} e E-05 representa 10^{-5}.

Passo 3

Selecionamos os valores de x e y e, em seguida, inserimos o gráfico de dispersão tipo linha suave. A planilha ficará com o seguinte aspecto:

Figura D.8: Gráfico da função $y = e^{-\frac{x^2}{2}}$

x	y
-5	3,72665E-06
-4,5	4,00653E-05
-4	0,000335463
-3,5	0,002187491
-3	0,011108997
-2,5	0,043936934
-2	0,135335283
-1,5	0,324652467
-1	0,60653066
-0,5	0,882496903
0	1
0,5	0,882496903
1	0,60653066
1,5	0,324652467
2	0,135335283
2,5	0,043936934
3	0,011108997
3,5	0,002187491
4	0,000335463
4,5	4,00653E-05
5	3,72665E-06

Exemplo D.8

No Capítulo 6, Exemplo 6.8, utilizamos as derivadas em que, na função $y = \frac{x^3}{3} - 2x^2 + 3x + 5$, o ponto de máximo é $x = 1$, o ponto de mínimo é $x = 3$ e o ponto de inflexão é $x = 2$.

Portanto, para o esboço do gráfico dessa função é importante que compareçam os pontos acima. Digamos que a escolha de x seja de -1 a 6 com acréscimos de 0,5.

Assim, escrevendo em C2 o valor x e em D2 o valor y e procedendo como nos exemplos anteriores, obteremos a planilha:

Figura D.9: Gráfico da função $y = \frac{x^3}{3} - 2x^2 + 3x + 5$

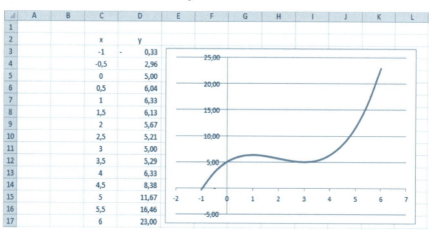

D.5 Obtendo a reta de mínimos quadrados

Vimos no Capítulo 11 como é possível ajustar a uma nuvem de pontos do plano $(x_1, y_1), (x_2, y_2), \ldots (x_n, y_n)$ a reta denominada mínimos quadrados. A reta de mínimos quadrados $y = ax + b$ tem os valores de a e b dados pelas fórmulas deduzidas no Item 11.3.

A planilha Excel obtém a reta de mínimos quadrados por meio de vários procedimentos.

Vamos explicar um deles mediante os seguintes valores de x e y, em que x representa o ano, a partir de certo ano, e y representa a exportação em milhares de dólares de uma empresa.

x	1	2	3	4	5	6	7
y	80	100	115	132	155	170	198

Passo 1

Escrever os valores de x e y em duas colunas adjacentes.

Passo 2

Selecionar os valores de x e y e inserir o gráfico de dispersão tipo dispersão só com marcadores.

Passo 3

Clicar com o *mouse* um dos pontos do gráfico. A planilha ficará com o seguinte aspecto:

Figura D.10: Gráfico de dispersão do exemplo do item D.5

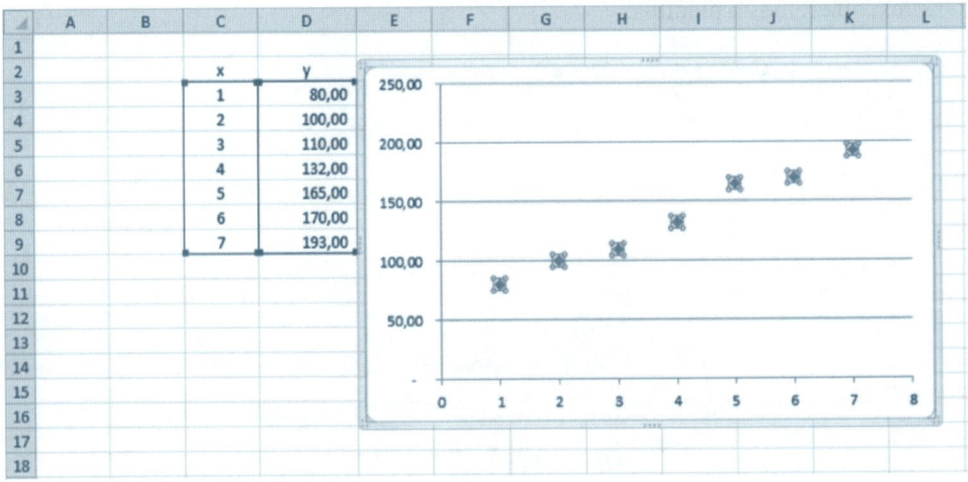

Passo 4

Clicar o lado direito do *mouse*. Quando aparecer uma caixa, selecione a opção *Adicionar Linha de Tendência*. Uma nova caixa surgirá com *Opções de Linha de Tendência*.

Devemos escolher a *Linear* e, abaixo, selecionar a opção *Exibir a Equação no Gráfico*.

Obteremos a seguinte planilha com a reta de mínimos quadrados e sua equação $y = 19,071x + 59,429$. A planilha ficará com este aspecto:

Figura D.11: Reta de mínimos quadrados do exemplo do item D.5

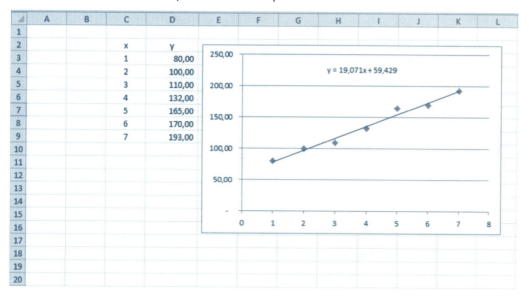

D.6 Multiplicando matrizes

Conforme vimos no Capítulo 13, as operações de adição e subtração de matrizes, bem como a multiplicação de número por matriz, são bastante simples de serem realizadas.

A operação um pouco mais trabalhosa é a multiplicação de matrizes, que pode ser realizada por meio do Excel.

Dadas duas matrizes A e B, só é possível realizar a multiplicação quando o número de colunas de A for igual ao de linhas de B. Além disso, o produto AB tem o mesmo número de linhas de A e o de colunas de B.

Para realizarmos a multiplicação de A por B no Excel, devemos proceder como segue, usando o exemplo das matrizes:

$$A = \begin{bmatrix} 3 & 1 & 0 \\ 4 & 2 & -5 \end{bmatrix} \text{ e } B = \begin{bmatrix} 1 & 4 \\ 1 & 2 \\ 3 & -3 \end{bmatrix}$$

Passo 1

Escrevemos os elementos das matrizes A e B na ordem em que aparecem nas células escolhidas e selecionamos em outra posição os elementos da matriz produto AB (no caso com duas linhas e duas colunas). A planilha ficará da seguinte forma:

Figura D.12: Matrizes A e B do item D.6

	A	B	C	D	E	F	G	H	I
1									
2									
3			3	1	0		1	4	
4			4	2	-5		1	2	
5							3	-3	
6									
7									
8									
9									
10									

Passo 2

Com o assistente de função f_x, selecionamos, entre as funções Matemática e Trigonométrica, a função *MATRIZ.MULT*. A seguinte caixa aparecerá:

Figura D.13: Multiplicação da Matriz A por B do item D.6

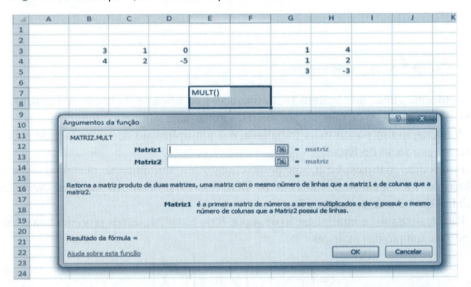

Em Matriz 1, colocamos a célula do primeiro e do último elementos da matriz A, separados por : (dois-pontos); em Matriz 2, colocamos a célula do primeiro e do último elemento; da matriz B separados por : (dois-pontos).

APÊNDICE D   USO DO EXCEL E DO MATHEMATICA

Passo 3

O produto AB é obtido pressionando simultaneamente as teclas *Ctrl*, ⇑ e *Enter*. A planilha ficará sob a forma:

Figura D.14: Matriz produto AB do item D.6

	A	B	C	D	E	F	G	H	I
1									
2									
3			3	1	0		1	4	
4			4	2	-5		1	2	
5							3	-3	
6									
7						4	14		
8						-9	35		
9									
10									

A matriz produto AB é $A = \begin{bmatrix} 4 & 14 \\ -9 & 35 \end{bmatrix}$.

D.7 Achando a inversa de uma matriz

Conforme vimos no Capítulo 14, a matriz inversa de uma matriz quadrada A, quando existir, é uma matriz indicada por A^{-1} tal que o produto das duas é igual à matriz identidade.

Vamos obter a inversa de uma matriz usando a planilha Excel e utilizando como exemplo a matriz $A = \begin{bmatrix} 2 & 1 \\ 5 & 3 \end{bmatrix}$.

Passo 1

Escrevemos nas células da planilha os elementos da matriz na ordem apresentada e selecionamos as células em que aparecerá a matriz inversa.

Passo 2

Com o assistente de função f_x, selecionamos, entre as funções Matemática e Trigonométrica, a função *MATRIZ.INVERSO*. A seguinte caixa aparecerá:

Figura D.15: Inversão da Matriz A do item D.7

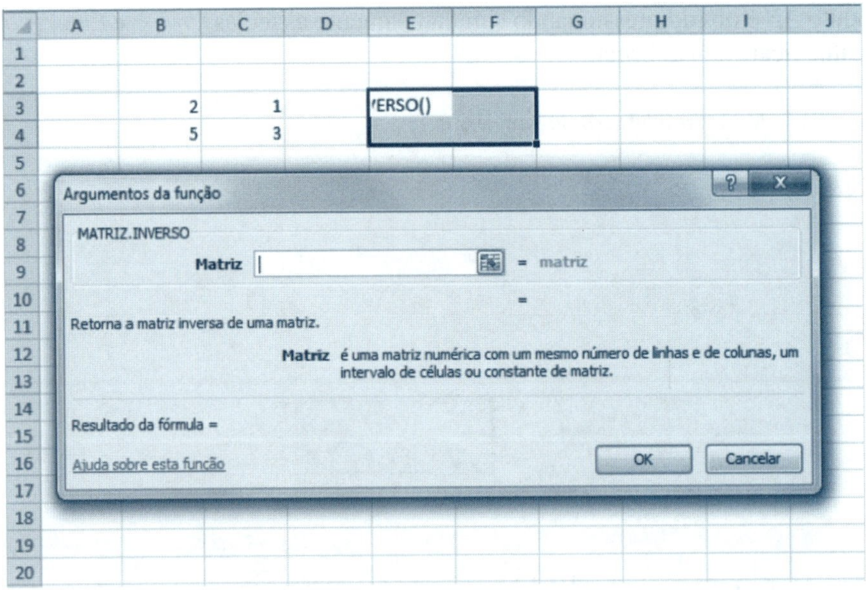

Passo 3

Em Matriz, preenchemos o primeiro e o último valor da matriz A separados por : (dois-pontos).

Pressionando simultaneamente as teclas *Ctrl*, ⇧ e *Enter*, obteremos a matriz inversa de A. A planilha ficará sob a forma:

Figura D.16: Matriz inversa de A do item D.7

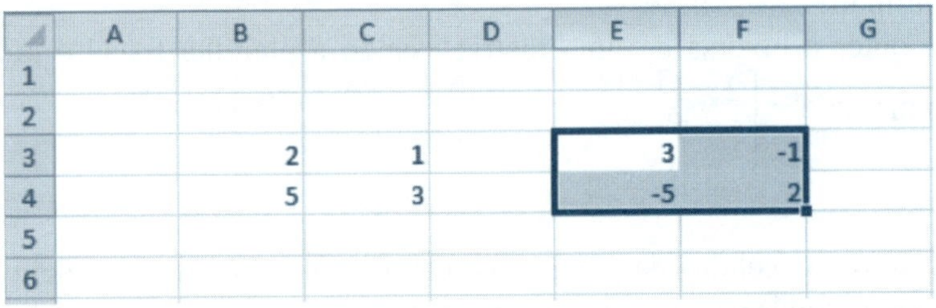

Portanto, a matriz inversa procurada é $A^{-1} = \begin{bmatrix} 3 & -1 \\ -5 & 2 \end{bmatrix}$.

D.8 Resolvendo um sistema determinado com o uso da matriz inversa

Um sistema linear de n equações a n incógnitas pode ser escrito sob a seguinte forma matricial: $AX = B$, em que A é a matriz dos coeficientes das incógnitas, X é a matriz das incógnitas e B, a matriz dos termos independentes.

APÊNDICE D   USO DO EXCEL E DO MATHEMATICA

Conforme vimos no Capítulo 14, a matriz das incógnitas de um sistema determinado pode ser obtida multiplicando-se a matriz inversa de A por B, isto é: $X = A^{-1}B$.

A título de exemplo, vamos resolver o seguinte sistema de equações:

$$\begin{cases} x + 2y + z = 9 \\ 2x + y - z = 3 \\ 3x - y - 2z = -4 \end{cases}$$

Temos:

$$A = \begin{bmatrix} 1 & 2 & 1 \\ 2 & 1 & -1 \\ 3 & -1 & -2 \end{bmatrix} \quad X = \begin{bmatrix} x \\ y \\ z \end{bmatrix} \quad B = \begin{bmatrix} 9 \\ 3 \\ -4 \end{bmatrix}$$

Inicialmente, escrevemos as matrizes A e B na planilha. Em seguida, achamos a inversa de A (inv A) e a multiplicamos por B, encontrando, assim, a matriz X.

A planilha ficará com o aspecto:

Figura D.17: Matrizes A, B, X e inversa de A do item D.8

	A	B	C	D	E	F	G
1							
2	A					B	
3	1	2	1			9	
4	2	1	-1			3	
5	3	-1	-2			-4	
6							
7							
8	inv A					X=(invA)B	
9	0,5	-0,5	0,5			1	
10	-0,16667	0,833333	-0,5			3	
11	0,833333	-1,16667	0,5			2	
12							
13							

Assim, a matriz procurada X é $\begin{bmatrix} 1 \\ 3 \\ 2 \end{bmatrix}$.

D.9 Calculando o determinante de uma matriz

Vimos no Capítulo 13 como podem ser calculados os determinantes de ordem 1, 2 e 3 como casos particulares.

Em seguida, vimos como podem ser calculados os determinantes de matrizes de ordem n qualquer.

Vejamos como calcular o determinante de uma matriz de ordem n usando a planilha Excel. Consideremos como exemplo o cálculo do seguinte determinante:

$$\begin{vmatrix} 1 & 2 & 1 & 1 \\ 2 & 1 & 4 & 3 \\ 3 & 0 & 0 & 2 \\ 4 & 3 & 2 & -5 \end{vmatrix}$$

Para calcularmos o determinante dessa matriz, escrevemos ordenadamente os elementos da matriz correspondente e selecionamos uma célula para o resultado.

Em seguida, usando o assistente de função f_x, selecionamos, entre as funções Matemática e Trigonométrica, a função *MATRIZ.DETERM*. A seguinte caixa aparecerá:

Figura D.18: Determinante da Matriz do item D.9

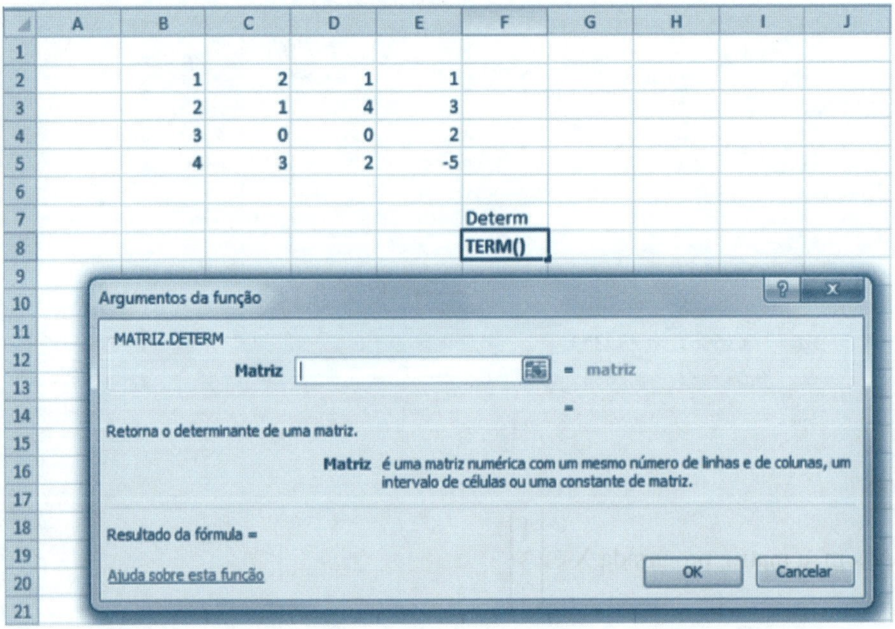

Em matriz, preenchemos a célula do primeiro e do último elemento da matriz separados por : (dois-pontos).

Pressionando OK, teremos o resultado –176 na célula F8.

D.10 Fazendo figuras tridimensionais com o Mathematica

Voltemos ao Exemplo 9.5, no Capítulo 9, para fazer o gráfico da função

$$f(x,y) = x + y$$

para alguns pontos do plano. Suponhamos que queremos, agora, que o domínio de f seja o conjunto dos pontos (x, y), tais que $0 \le x \le 5$ e $0 \le y \le 5$.

Usando o Mathematica, obtemos a figura a seguir, na qual também está o comando apropriado, usando a função Plot3D.

Figura D.19: Gráfico da função $f(x, y) = x + y$

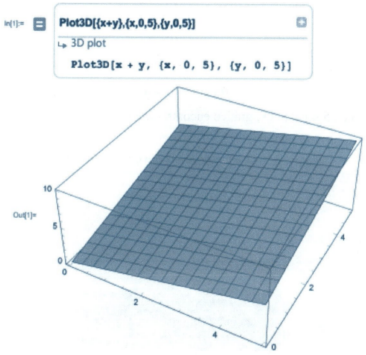

Como outro exemplo, a Figura 9.13, também no Capítulo 9, mostra o gráfico da função:

$$f(x, y) = x^{0,5} \cdot y^{0,5}$$

com domínio $D = \{(x,y) \in R^2 / 0 \le x \le 5, 0 \le y \le 5\}$.

A figura a seguir mostra o comando necessário e o gráfico resultante.

Figura D.20: Gráfico da função $f(x, y) = x^{0,5} \cdot y^{0,5}$

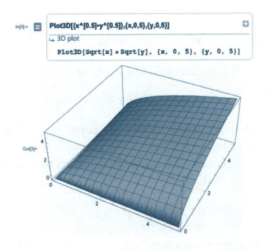

Para finalizar, vamos fazer as curvas de nível para as funções dos Exemplos 9.9 e 9.10, ainda no Capítulo 9, usando a função ContourPlot do Mathematica. No primeiro caso, a função é:

$$f(x, y) = x^2 + y^2$$

para $-5 \leq x \leq 5$ e $-5 \leq y \leq 5$. O : gráfico encontra-se abaixo:

Figura D.21: Curvas de nível para a função $f(x, y) = x^2 + y^2$

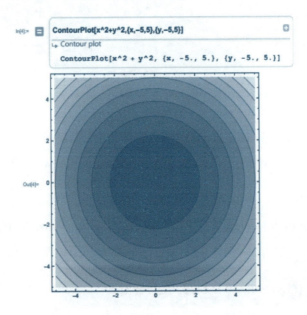

No segundo caso, a função é:

$$f(x, y) = x^{0,5} \cdot y^{0,5}$$

para $0 \leq x \leq 5$ e $0 \leq y \leq 5$. Obtemos a figura a seguir:

Figura D.22: Curvas de nível para a função $f(x, y) = x^{0,5} \cdot y^{0,5}$

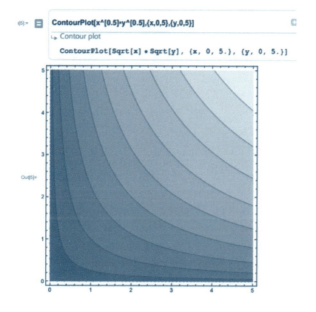

REFERÊNCIAS

ALLEN, R. G. D. *Análise matemática para economistas*. Rio de Janeiro: Fundo de Cultura, 1960. v. 1 e 2.

ANTON, H. *Calculus with analytic geometry*. 5. ed. New York: John Wiley & Sons, 1995.

ANTONY, M.; BIGGS, N. *Mathematics for economics and finance*. Cambridge: University Press, 1996.

ARYA, J. C.; LARDNER, R. W. *Mathematical analysis for business, economics, and life and social sciences*. 4. ed. New Jersey: Prentice Hall, 1993.

BARNETT, R. A.; ZIEGLER, M. R.; BYLEEN, E. K. *Calculus for business, economics, life sciences, and social science*. 8. ed. New Jersey: Prentice Hall, 1999.

BOULOS, P.; ABUD, Z. I. *Cálculo diferencial e integral*. São Paulo: Makron Books, 2000. v. 1 e 2.

BRADLEY, T.; PATTON, P. *Essential mathematics for economics and business*. West Sussex: John Wiley & Sons, 1998.

CHIANG, A. *Matemática para economistas*. São Paulo: McGraw-Hill do Brasil, 1982.

GOLDSTEIN, L. J.; LAY, D. C.; SCHNEIDER, D. I. *Matemática aplicada*. 8. ed. Porto Alegre: Bookman, 2000.

GUIDORIZZI, H. *Um curso de cálculo*. 4. ed. Rio de Janeiro: LTC, 2000. v. 1 e 2.

HAEUSSLER E. F. J.; PAUL, R. S. *Introductory mathematical analysis for business, economics, and life and social sciences*. 9. ed. New Jersey: Prentice Hall, 1999.

HIRSCHEY, M.; PAPPAS, J. L. *Managerial economics*. 8. ed. Orlando: Harcourt Brace College Publishers, 1996.

HOFFMANN, L. D.; BRADLEY, G. L. *Cálculo*: um curso moderno e suas aplicações. 6. ed. Rio de Janeiro: LTC, 1999.

IEZZI, G.; HAZZAN, S. *Fundamentos de matemática elementar*. São Paulo: Atual, 1978.

JACQUES, I. *Mathematics for economics and business*. 3. ed. Essex: Addison Wesley, 1999.

JAMES, D. E.; THROSBY, C. D. *Métodos quantitativos aplicados à economia*. São Paulo: Atlas, 1977.

LARSON, R.; EDWARDS, B. H. *Calculus*: an applied approach. 5. ed. New York: Houghton Mifflin, 1999.

_____. *Elementary linear algebra*. 4. ed. New York: Houghton Mifflin Co., 2000.

LEITHOLD, L. *O cálculo com geometria analítica*. São Paulo: Harper Row do Brasil, 1977. v. 1.

MACHADO, N. J. *Cálculo*: funções de mais de uma variável. São Paulo: Atual, 1979.

MANKIW, N. G. *Macroeconomia*. 3. ed. Rio de Janeiro: LTC, 1997.

PFITZNER, S. A. *Mathematical fundamentals for microeconomics*. Oxford: Blackwell Publishers, 1996.

SANDRONI, P. *Novo dicionário de economia*. 9. ed. São Paulo: Best Seller, 1994.

SIMONSEN, M. H. *Teoria microeconômica*. Rio de Janeiro: Editora FGV, 1979. v. 1 e 2.

SYDSAETER, K.; HAMMOND, P. J. *Mathematics for economic analysis*. New Jersey: Prentice-Hall, 1995.

TAN, S. T. *Matemática aplicada à administração e economia*. 5. ed. São Paulo: Pioneira, 2001.

VARIAN, H. R. *Microeconomia*. 5. ed. Rio de Janeiro: Campus, 2000.

VICECONTI, P. E. V.; NEVES, S. *Introdução à economia*. 3. ed. São Paulo: Frase, 1999.

WATSON, D. S.; HOLMAN, M. A. *Microeconomia*. São Paulo: Saraiva, 1980.

WEBER, J. *Matemática para economia e administração*. 2. ed. São Paulo: Harbra, 1986.

WISNIEWSKI, M. *Introductory mathematical methods in economics*. 2. ed. London: McGraw-Hill, 1996.

ZILL, D. G.; CULLEN, M. R. *Equações diferenciais*. 3. ed. São Paulo: Makron Books, 2001. v. 1.

RESPOSTAS

Capítulo 1

1. a) $a \in A$ c) $A \supset B$ e) $A \not\supset B$
   b) $A \subset B$ d) $A \not\subset B$ f) $a \notin A$

2. a) $\{8, 9, 10, 11, 12\}$
   b) $\{a, e, i, o, u\}$
   c) $\{2, 4, 6, 8, 10, 12, 14, 16\}$
   d) $\{2\}$
   e) $\left\{\frac{1}{7}, \frac{2}{7}, \frac{3}{7}, \frac{4}{7}, \frac{5}{7}, \frac{6}{7}\right\}$
   f) $\{1, -1\}$
   g) $\{A, R\}$
   h) $\{-3\}$
   i) $\{1, 2, 3, 4\}$

3. a) $\{x \in N^* | x \leq 15 \text{ e } x \text{ é ímpar}\}$
   b) $\{x \in N^* | x = 1 \text{ ou } x = 7\}$
   c) $\{x | x \text{ é par e } 5 < x < 21\}$
   d) $\{x \in R | -1 \leq x < 10\}$

4. a) $\{5, 7, 9, 11, 12\}$ d) $\{5, 7\}$
   b) $\{7\}$ e) $\{3, 5, 7, 9, 12\}$
   c) $\{3, 5, 7, 11\}$

5. a e d são verdadeiras.

6. a) $\{0\}, \{1\}, \{2\};$
      $\{0, 1\}, \{0, 2\}, \{1, 2\};$
      $\{0, 1, 2\}$ e $\varnothing$
   b) $\{1\}, \{\{2, 3\}\};$
      $\{1, \{2, 3\}\}$ e $\varnothing$
   c) $\{R\}, \{O\}, \{M\}, \{A\};$
      $\{R, O\}, \{R, M\}, \{R, A\}, \{O, M\}, \{O, A\}, \{M, A\};$
      $\{R, O, M\}, \{R, O, A\}, \{R, M, A\}, \{O, M, A\};$
      $\{R, O, M, A\}$ e $\varnothing$

7. a) V   b) V   c) V

8. São todas corretas.

9. a) infinito   c) finito   e) infinito
   b) infinito   d) finito

10. a) $\{1, 2, 3, 4, 5, 7, 9\}$ g) $\{1, 3, 5, 7, 9\}$
    b) $\{1, 2, 3, 4, 5, 6, 8\}$ h) $\{2, 4, 6, 8\}$
    c) $\varnothing$ i) $\{2, 4, 6, 8\}$
    d) $\{1, 3, 5\}$ j) $\{6, 7, 8, 9\}$
    e) $\{7, 9\}$ k) $\varnothing$
    f) $\{2, 4\}$ l) $\{2, 4, 6, 7, 8, 9\}$

    m) $\{2, 4, 6, 8\}$ o) $\{1, 3, 5\}$
    n) $\{1, 2, 3, 4, 5, 6, 8\}$ p) $\{6, 7, 8, 9\}$

11. a) $A \cap B = \varnothing$
    b) $A \cup B = \{0, 1, 2, 3, 4, 5, 6, 7, 9\}$
    c) $B \cap C = \varnothing$
    d) $A^c \cap B^c = \{8, 10\}$
    e) $\{1, 3, 5, 7, 9\}$
    f) $A \cup \varnothing = A$
    g) $\varnothing$
    h) $\{1, 3, 5, 7\}$

12.
    $A - B$ $A \cap B^c$ $A^c \cap B^c$

13.
    $A \cap B$ $(A \cup C) \cap B$ $(A \cup B) \cap C$

14. a) E e) $\varnothing$ i) A^c
    b) A f) E j) A
    c) E g) $\varnothing$ k) A
    d) A h) A l) $\varnothing$

18. a) $A \cap B$ c) A
    b) A d) $\varnothing$

19. $n(A \cup B) = n(A) + n(B) - n(A \cap B)$

20. a) $\{(0, 2), (0, 3), (1, 2), (1, 3)\}$
    b) $\{(a, x), (a, y), (a, z), (b, x), (b, y),$
       $(b, z), (c, x), (c, y), (c, z)\}$
    c) $\{(1, 1), (1, 2), (1, 3), (2, 1), (2, 2),$
       $(2, 3), (3, 1), (3, 2), (3, 3)\}$

21. 15 maneiras diferentes.

22. a) $\{(1, 1), (1, 2), (1, 5), (1, 7), (1, 8),$
       $(2, 1), (2, 2), (2, 5), (2, 7), (2, 8),$
       $(5, 1), (5, 2), (5, 5), (5, 7), (5, 8),$
       $(7, 1), (7, 2), (7, 5), (7, 7), (7, 8),$
       $(8, 1), (8, 2), (8, 5), (8, 7), (8, 8)\}$

b) {(1,2),(1,5),(1,7),(1,8),(2,5),
(2,7),(2,8),(5,7),(5,8),(7,8)}
c) {(1,5),(2,7)}
d) {(5,1)}

23. Se $A = \{1, 2, 3, 4, 5, 6\}$, o conjunto dos resultados possíveis será:
$A \times A = A^2 = \{(1,1),(1,2),(1,3),(1,4),(1,5),(1,6),$
$(2,1),(2,2)(2,3),(2,4),(2,5),(2,6),(3,1),(3,2),$
$(3,3),(3,4),(3,5),(3,6),(4,1),(4,2),(4,3),(4,4),$
$(4,5),(4,6),(5,1),(5,2),(5,3),(5,4),(5,5),(5,6),$
$(6,1),(6,2),(6,3),(6,4),(6,5),(6,6)\}$.

24. $\{(K,K),(K,C),(C,K),(C,C)\}$, em que K e C representam cara e coroa, respectivamente.

25. b) $E - A$ c) E d) A

26. $n = 10$

27. a) $A_1 = \{1\}; A_2 = \{2\}; A_3 = \{3, 4, 5, 6\}$
    b) $A_1 = \{1, 2\}; A_2 = \{3, 4\}; A_3 = \{5, 6\}$

28. a)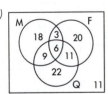

b) 29
c) 36, 40 e 48
d) 64 e 89

29.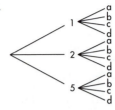

30. 1: $A \cap B \cap C$
    2: $A \cap C - A \cap B \cap C$
    3: $A \cap B - A \cap B \cap C$
    4: $B \cap C - A \cap B \cap C$
    5: $A - (A \cap B) \cup (A \cap C)$
    6: $B - (A \cap B) \cup (B \cap C)$
    7: $C - (A \cap C) \cup (B \cap C)$

31. $n(A \cup B \cup C) = n(A) + n(B) + n(C) - n(A \cap B) - n(A \cap C) - n(B \cap C) + n(A \cap B \cap C)$

32. 170

33. a) 2% b) 41%

34. Não

Capítulo 2

1. a) F
   b) F
   c) F
   d) F
   e) V
   f) F
   g) V
   h) V
   i) F
   j) F

2. a) 0,4
   b) 1,666...
   c) 1,4
   d) 0,32
   e) 0,2525...
   f) 0,4666...

3. a) 1,28
   b) 0,28
   c) 0,63
   d) 1,07
   e) 1,52
   f) 0,15

4. a) $\dfrac{43}{100}$
   b) $\dfrac{7}{100}$
   c) $\dfrac{2.454}{1.000}$
   d) $\dfrac{1.212}{100}$
   e) $\dfrac{-72}{100}$
   f) $\dfrac{31.415}{10.000}$

RESPOSTAS 401

5. a) $\dfrac{8}{9}$ c) $\dfrac{23}{9}$ e) $\dfrac{59}{90}$

   b) $\dfrac{24}{99}$ d) $\dfrac{65}{90}$ f) $\dfrac{563}{900}$

6. $x = 0$ e $y = 0$

7. a) 3,4641   b) 5,4772   c) 8,8318   d) 22,3607

8. a) $S = \{16\}$ e) $S = \left\{\dfrac{17}{3}\right\}$ h) $S = \{1, 5\}$

   b) $S = \{7\}$ f) $S = \{0\}$ i) $S = \{14\}$

   c) $S = \{3\}$ g) $S = \{0\}$ j) $S = \left\{\dfrac{81}{7}\right\}$

   d) $S = \{3\}$

9. a) $S = \left\{\dfrac{5}{7}\right\}$ h) $S = \left\{\dfrac{-6}{5}\right\}$

   b) $S = \left\{\dfrac{67}{8}\right\}$ i) $S = \{-2\}$

   c) $S = \left\{\dfrac{14}{5}\right\}$ j) $S = \{-10\}$

   d) $S = \{-1\}$ k) $S = \left\{\dfrac{33}{14}\right\}$

   e) $S = \left\{\dfrac{36}{53}\right\}$ l) $S = \left\{\dfrac{M - 100}{100}\right\}$

   f) $S = \left\{\dfrac{28}{15}\right\}$ m) $S = \left\{\dfrac{18K - 29}{2}\right\}$

   g) $S = \left\{\dfrac{31}{44}\right\}$ n) $S = \left\{\dfrac{1 + 3y}{y - 2}\right\}, y \neq 2$

10. 140 unidades

11. 200 camisas

12. 50 meses

13. a) $S = \{x \in R \mid x > 5\}$
    b) $S = \{x \in R \mid x > -4\}$
    c) $S = \{x \in R \mid x \geq -6\}$
    d) $S = \{x \in R \mid x \leq 0\}$
    e) $S = \left\{x \in R \mid x > \dfrac{5}{3}\right\}$
    f) $S = \left\{x \in R \mid x \geq \dfrac{27}{5}\right\}$
    g) $S = \{x \in R \mid x \leq -7\}$
    h) $S = \left\{y \in R \mid y \geq \dfrac{43}{11}\right\}$
    i) $S = \left\{m \in R \mid m \leq \dfrac{5}{2}\right\}$

14. 500 unidades

15. Entre 180 e 380 unidades

16. a) $S = \{1, 4\}$ g) $S = \{0, 5\}$
    b) $S = \{3, 4\}$ h) $S = \{3 + 2\sqrt{3}, 3 - 2\sqrt{3}\}$
    c) $S = \{2, 4\}$ i) $S = \{1 + \sqrt{6}, 1 - \sqrt{6}\}$
    d) $S = \{2\}$ j) $S = \varnothing$
    e) $S = \varnothing$ k) $S = \{2, -6\}$
    f) $S = \{1, 2\}$ l) $S = \varnothing$

17. a) $S = \{0, 5\}$ d) $S = \{4, -4\}$
    b) $S = \{0, 3\}$ e) $S = \{2, -2\}$
    c) $S = \{5, -5\}$ f) $S = \{0\}$

18. $-9/2$

19. $\dfrac{3 + \sqrt{5}}{2}$ ou $\dfrac{3 - \sqrt{5}}{2}$

20. $x = 2$ ou $x = 8$

21. $x = 5$

22. $\$ 5{,}00$ ou $\$ 15{,}00$

23. a) $[2, 20]$ c) $[2, 7[$
    b) $[7, 8]$ d) $]-\infty, 2[\cup\,]8, \infty[$

24. a) $[1, 5[$ b) $[0, \infty[$ c) $[5, \infty[$

25. a) ————————○———→ 4

    b) ——————————○——→ 3

    c) ————●————————●——→ 1   5

    d) ——●———————————●——→ −5   5

    e) ——●——————————●——→ −2   2

    f) ——●——————————●——→ −2   2

    g) ————○————○————→ −1   1

    h) ————○——————————○——→ −1   5

26. a) $-12 < x < 12$ d) $x > 8$ ou $x < -8$
    b) $3 < x < 9$ e) $x > 9$ ou $x < 5$
    c) $4 > x > -3$ f) $x < -1$ ou $x > 7/3$

27. $16{,}16 < x < 31{,}84$ 28. $10{,}05 < x < 19{,}95$

Capítulo 3

1. a) $\{(1,3),(1,5),(1,8),(1,9),(3,5),(3,8),(3,9),$
   $(5,8),(5,9),(7,8),(7,9)\}$
   b) $\{(3,3),(5,3),(5,5),(7,3),(7,5)\}$
   c) $\{(1,3),(1,5),(1,8),(1,9),(3,3),(3,9),(5,5)\}$
   d) $\{(3,3),(5,5)\}$
   e) $\{(1,3),(3,5),(7,9)\}$

2. Diagrama de flechas da resposta anterior.

3. a) $D = \{1,3,5,7\}, Im = \{3,5,8,9\}$
   b) $D = \{3,5,7\}, Im = \{3,5\}$
   c) $D = \{1,3,5\}, Im = \{3,5,8,9\}$
   d) $D = \{3,5\}, Im = \{3,5\}$
   e) $D = \{1,3,7\}, Im = \{3,5,9\}$

4. a) 11
   b) 39
   c) −3
   d) −10
   e) $7\sqrt{2} - 3$
   f) 1/2
   g) −16/3
   h) $7(a+b) - 3$

5. a) 3
   b) −11
   c) 26
   d) −7/2

6. a) x_0^2　　b) $(x_0 + h)^2$　　c) $2x_0 h + h^2$

7. 1 e 3

8. $m = 3$

9.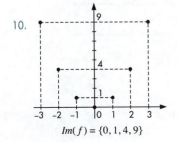
   $Im(f) = \{1,3,5,7,9\}$

10. $Im(f) = \{0,1,4,9\}$

11. [graph]

12. [graph]

13. a) $R(x) = 5x$
    b) $\$ 200,00$
    c) 140 unidades

14. a) $\$ 120,00$　　b) $\$ 2,00$

15. a) 4.333,33　　b) 234,33

16. a) $\$ 29,00$　　c) $\$ 4,00$
    b) 16,50

17. a) $\$ 60,00$
    b) $\$ 150,00$
    c) $\begin{cases} y = 0,1x \text{ para } x \leq 900 \\ y = 90 + 0,2(x - 900) \\ \text{para } x \geq 900 \end{cases}$

18. a) $\$ 8,00$
    b) $\$ 13,00$
    c) $\$ 41,80$
    d) $\begin{cases} y = 8 \text{ para } x \leq 10 \\ y = 8 + 1(x - 10) \text{ para } 10 \leq x \leq 20 \\ y = 18 + 1,4(x - 20) \text{ para } x \geq 20 \end{cases}$

19. $S(x) = 2.000 + 50x$

20. $A = x \cdot (20 - x)$

21. $A = \dfrac{\sqrt{3}}{4} \cdot x^2$

22. São funções: a, c, d, f, i, j, l.

23. a) R
    b) $R - \{2\}$
    c) $R - \{0, 3\}$
    d) $[0, \infty[$
    e) $[2, \infty[$
    f) $]-\infty, 2]$
    g) $]1, \infty[$
    h) $[3, \infty[$
    i) $[3, \infty[$
    j) $[2, \infty[$

RESPOSTAS

24. Crescente: [–7, –4], [–1, 6]
    Decrescente: [–4, –1], [6, 7]
    Pontos de máximo: –4 e 6
    Pontos de mínimo: –7, –1 e 7

25. a) ⊖ 3 ⊕
    b) ⊕ 4 ⊖
    c) ⊕2 ⊖ 5 ⊕
    d) ⊖ 2 ⊕ 5 ⊖
    e) ⊕ –1 ⊖ 3 ⊕ 4 ⊖ 5 ⊕

26. a)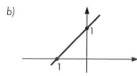

    b)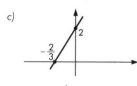

    c)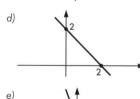

    d)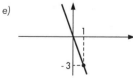

    e)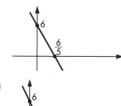

    f)

    g)

    h)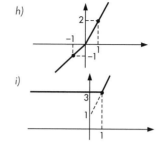

    i)

27. a) ⊖ 3 ⊕
    b) ⊖ –4 ⊕
    c) ⊕ 4 ⊖
    d) ⊕ 0 ⊖
    e) ⊖ $-\frac{2}{5}$ ⊕

28. a) 5   c) 1/4
    b) 1   d) –3/7

29. a) $y = 2x + 1$ d) $y = 2x$
    b) $y = 3x$ e) $y = -3x - 4$
    c) $y = -x + 3$ f) $y = -x - 2$

30. a) $y = x + 1$ c) $y = -\frac{3}{2}x + 4$
    b) $y = \frac{2}{5}x + \frac{2}{5}$

31. a) $y = -\frac{3}{4}x + 3$ c) $y = -x + 5$
    b) $y = \frac{1}{2}x + 2$

32. a)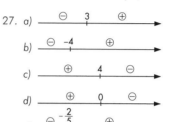

    b)

    c)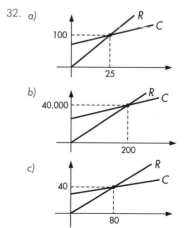

33. a)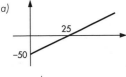
b)
c)

34. 500 unidades

35. 900 unidades

36. a) 500 unidades   c) 75%
    b) 400 unidades

37. a) $L = 2x - 30\,000$ b) $LL = 1,4x - 21\,000$

38. 807,7 unidades

39. a) $R = 10x$ d) $L = 3x - 150$
    b) $C = 150 + 7x$ e) 110
    c) 50

40. a) 227,3 unidades   c) $ 8.500,00
    b) $ 11,00   d) 64,7%

41. a) $ 200,00   b) 300/7

42. $ 27,50

43. 500 unidades

44. Não é vantajosa.

45. 2 horas

46. 100 km

47. a) $C = 2.000 + 24x$ b) $ 9.200,00

48. $C = 6.000 + 60x$

49. $ 25,00

50. a) $p = 1,25\,c$ b) 25%

51. 42,86%

52. 20%

53. Demonstração.

54. $m_p = \dfrac{m_c}{1 + m_c}$

55. $p = -0,2x + 30$

56. $p = -0,01x + 7$

57.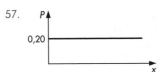

58. $p = 0,004x - 10$

59. $p = 300 + 0,5 \cdot x$

60. a) demanda   d) demanda
    b) oferta   e) oferta
    c) oferta

61. a) $ 15,00   b) $ 42,50

62. a) $ 2,00   c) $x = 650$ ton e $p = 3,5$
    b) 600 ton

63. a) $ 14,00   c) $ 12,00
    b) 25 unidades

64. 182,2

65. 20 unidades

66. a) $p = 60 - 2x$; $p = 70 - 2x$; $p = 80 - 2x$.
    b) Desloca-se paralelamente para cima.

67. a) $p = 41 + 0,5x$ b) $p = 39 + 0,5x$

68. a) $ 70,00   c) $ 162,00
    b) $ 73,00

69. $ 58,00

70. a) $ 40,00   b) $ 43,38
    Sugestão: Faça, por exemplo, $p = 100$ na função oferta; o valor de x será 160. Portanto, na nova curva de oferta, teremos $p = 110$ (10% a mais) e $x = 160$.
    Obtenha, de modo análogo, outro ponto da curva de oferta e ache a equação da reta de oferta.

71. a) $ 40,00   b) $ 46,67

RESPOSTAS

72.
a) P
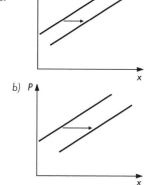
b) P

73. a) $ 1.400,00   c) 10 anos
    b) $ 600,00

74. a) $ 6.000,00   b) $ 3.500,00

75. $ 18.333,33

76. a) $V = 10.000 - \dfrac{4.000}{3} \cdot x$ b) $\dfrac{16.000}{3}$

77. 7,5 anos

78. a) $C = 800 + 0,8y$ b) $S = -800 + 0,2y$

79. a) $S = 0,4y - 500$ b) $ 1.250,00

80. a) $C = 800 + 0,65y$ b) $ 1.000,00

81. $ 500,00

82. $ 750,00

83. $ 60,00

84. $ 85,00

85. $C = 0,6y + 2.000$

86. $S = 0,4y - 2.000$

87. a) 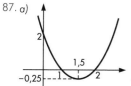   b)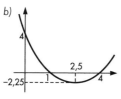

c)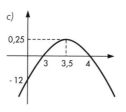

h)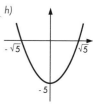

d)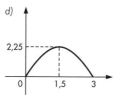

i)

e)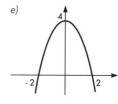

j)

f)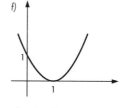

k)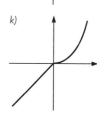

g)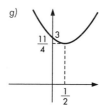

l)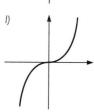

88. a) $\xrightarrow{\oplus \quad 1 \quad \ominus \quad 2 \quad \oplus}$
    Ponto de mínimo: $x = 1,5$
    Conjunto-imagem: $[-0,25, \infty[$

b) $\xrightarrow{\oplus \quad 1 \quad \ominus \quad 4 \quad \oplus}$
    Ponto de mínimo: $x = 2,5$
    Conjunto-imagem: $[-2,25, \infty[$

c) $\xrightarrow{\ominus \quad 3 \quad \oplus \quad 4 \quad \ominus}$
    Ponto de máximo: $x = 3,5$
    Conjunto-imagem: $]-\infty, 0,25]$

d) $\xrightarrow{\ominus \quad 0 \quad \oplus \quad 3 \quad \ominus}$
    Ponto de máximo: $x = 1,5$
    Conjunto-imagem: $]-\infty, 2,25]$

e) ⊖ -2 ⊕ 2 ⊖
Ponto de máximo: $x = 0$
Conjunto-imagem: $]-\infty, 4]$

f) ⊕ 1 ⊕
Ponto de mínimo: $x = 1$
Conjunto-imagem: $[0, \infty[$

g) ⊕
Ponto de mínimo: $x = 1/2$
Conjunto-imagem: $\left[\dfrac{11}{4}, \infty\right[$

h) ⊕ $-\sqrt{5}$ ⊖ $\sqrt{5}$ ⊕
Ponto de mínimo: $x = 0$
Conjunto-imagem: $[-5, \infty[$

i) ⊕
Ponto de mínimo: $x = 0$
Conjunto-imagem: $[3, \infty[$

j) ⊕ 0 ⊕
Ponto de mínimo: $x = 0$
Conjunto-imagem: $[0, \infty[$

k) ⊖ 0 ⊕
Conjunto-imagem: R

l) ⊖ 0 ⊕
Conjunto-imagem: R

89. a) $y > 0$ para $1 < x < 3$ ou $x > 5$
$y < 0$ para $x < 1$ ou $3 < x < 5$
$y = 0$ para $x = 1$ ou $x = 5$
b) $y > 0$ para $x < -2$ ou $2 < x < 3$
$y < 0$ para $-2 < x < 2$ ou $y > 3$
$y = 0$ para $x = 3$
c) $y > 0$ para $x < -1$
ou $0 < x < 1$ ou $x > 3$
$y < 0$ para $1 < x < 3$ ou $-1 < x < 0$
$y = 0$ para $x = 1$ ou $x = -1$
d) $y > 0$ para $-2 < x < 2$ ou $x > 4$
$y < 0$ para $x < -2$ ou $2 < x < 4$
$y = 0$ para $x = 2$ ou $x = 4$

90. a) $\{x \in R \mid x \leq 0 \text{ ou } x \geq 6\}$
b) $\{x \in R \mid 0 \leq x \leq 3\}$
c) $\{x \in R \mid x < -2 \text{ ou } x > 2\}$
d) $\{x \in R \mid 0 < x \leq 3 \text{ ou } x > 6\}$
e) $\{x \in R \mid x < -4 \text{ ou } -1 \leq x \leq 1\}$

91. a) Ponto de máximo: $x = 2$
Ponto de mínimo: $x = 4$

b) Ponto de máximo: $x = 2$
Ponto de mínimo: $x = 0$
c) Pontos de máximo: $x = -1$ ou $x = 1$
Ponto de mínimo: $x = 0$
d) Ponto de máximo: $x = 5$
Ponto de mínimo: $x = 8$

92. a) $x = 5$ b) $x = 19/4$

93. a) $x = 20$ b) $x = 4,5$

94. a) $p = -0,02x + 40$ b) $\$ 30,00$

95. a) $p = -0,05x + 25$ b) $\$ 12,50$

96. a) $p = -0,015x + 13$ b) $\$ 8,50$

97. a) $\$ 7,50$ b) $\$ 9,00$

98. a) $p = -5x + 350$ b) $\$ 175,00$

99. a) $\$ 60,00$ b) $\$ 50,00$

100. a) $\$ 51,00$ c) $\$ 40,00$
b) $\$ 51,00$

101. a) $R = -0,01x^2 + 10x$, $0 \leq x \leq 600$
b) $\$ 5,00$

102. a) $p = -0,02x + 8$ b) $\$ 4,00$

103. a) $\$ 51,50$ b) $\$ 52,50$

104. a) $\$ 19,00$ b) $\$ 12,50$

105. a) $\$ 21,50$ b) $\$ 10,00$

106. a) $L = -3x^2 + 180x - 200$
b) $x = 30$

107. $80/3$

108. a) $\$ 6,50$ b) $6 \leq p \leq 7$

109. 3,5 unidades

110.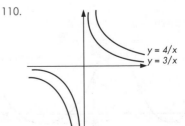

RESPOSTAS

111. a)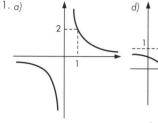

d)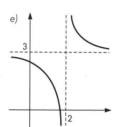

b)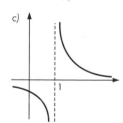

e)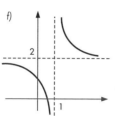

c)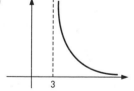

f)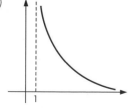

112. a) $x = 1$ e $p = 10$
b) $x = 1$ e $p = 8$
c) $x = 1$ e $p = 55/7$

113. a) $C = \dfrac{12 \cdot 10^5}{x}$ b) $ 3.000,00

114. a)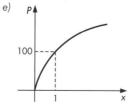

b) 2,5 bilhões   c) Tende a infinito.

115. a)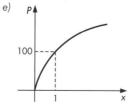

b) 2,5 bilhões   c) Tende a infinito.

116. a)

g)

b)

h)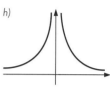

c)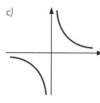

i)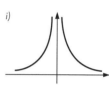

d)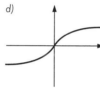

j)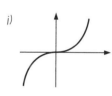

e)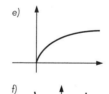

k)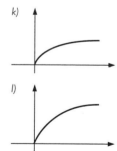

f)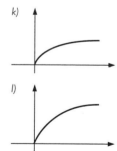

l)

117. a) $x = 1$ e $p = 1$ b) $x = 1$ e $p = 1$

118. a) 400; 25
b) 800; 12,5
c) Dobrará.
d) 0
e)

119. a) 40; 5
b) 160; 2,5
c) Quadruplicará.
d) 0
e)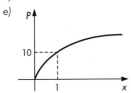

120. a) 19   b) 48   c) $ 1.698,50

121. a) 63   b) $ 1.294,96   c) $ 599,48

122. a) 16   f) 1/16   j) 4/9
b) 81   g) 1/25   k) –8/27
c) 1   h) 1/8   l) 3/2
d) 1/9   i) 1/81   m) 9/4
e) 1/8

123. a) x^5 d) x^7y^7 g) 4
b) x^9 e) $144x^6$ h) 1/2
c) x^4 f) 2   i) $1+i$

124. a) 2   d) 2,8284   g) 1,0188
b) 5   e) 14,6969   h) 1,8286
c) 1,7321   f) 2,5119

125. a) 16   c) 3   e) 0,25
b) 6   d) 128

126. a) 8.867   b) 16.990

127. 3,53%

128. 2,81%

129. 765,77 bilhões de dólares

130. a) $y = 20.000(1,02)^x$
b)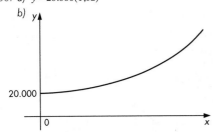

131. 25.598 habitantes

132. 2.488,32 unidades

133. a) $ 110.613,62
b)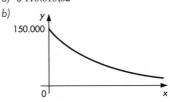

134. a) $ 8.874,11
b)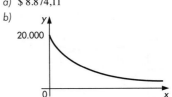

135. a) 6.561   b) $ 243   c) 6.318
d)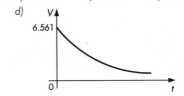

136. a) 50 mil dólares
b)

137. $K = -2,60\%$

138. $V = 4.000\,(0,866)^t$

139. a) $ 25.000   b) $17.000 \cdot (0,9)^{x-2}$ para $x \geq 2$

140. a)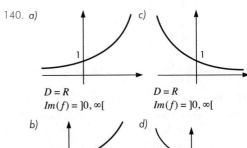
$D = R$
$Im(f) =]0, \infty[$

b)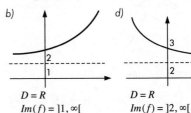
$D = R$
$Im(f) =]1, \infty[$

c) $D = R$
$Im(f) =]0, \infty[$

d) $D = R$
$Im(f) =]2, \infty[$

RESPOSTAS

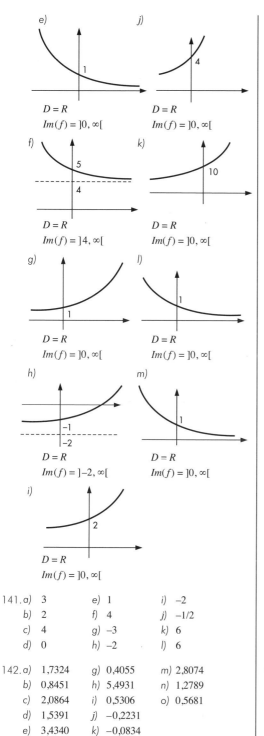

141. a) 3   e) 1   i) −2
    b) 2   f) 4   j) −1/2
    c) 4   g) −3   k) 6
    d) 0   h) −2   l) 6

142. a) 1,7324   g) 0,4055   m) 2,8074
    b) 0,8451   h) 5,4931   n) 1,2789
    c) 2,0864   i) 0,5306   o) 0,5681
    d) 1,5391   j) −0,2231
    e) 3,4340   k) −0,0834
    f) 1,9459   l) −0,6162

143. a) 0,78   f) 2,48
    b) 0,90   g) 0,70
    c) 1,08   h) 1,70
    d) 1,38   i) −0,70
    e) 1,30   j) −1,52

144. a) $x = 0{,}625$ d) $x = 1{,}15$
    b) $x = 0{,}80$ e) $x = 1{,}67$
    c) $x = 3{,}20$ f) $x = -0{,}87$

145. a) −3,9694   d) 3,4650
    b) 2,5779   e) 7,8074
    c) 1,4882

146. a) 1,3863   c) 0,4241
    b) 0,8214   d) 0,1329

147. 23,5 anos aproximadamente

148. 22,5 anos

149. 22,7 anos aproximadamente

150. 4,3 anos aproximadamente

151. 3,1 anos aproximadamente

152. 15 anos

153.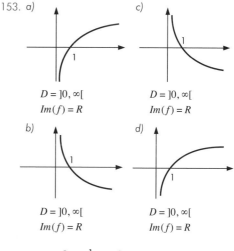

154.

155. a) $\{x \in R | x > 3\}$
b) $\{x \in R | x < 2\}$
c) $\{x \in R | x < 1 \text{ ou } x > 3\}$
d) $\{x \in R | x < -2 \text{ ou } x > 2\}$
e) $\{x \in R | 0 < x < 4\}$

156. a) 20
b) 32,6
c) 40
d)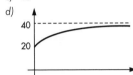

157. a) 5
b) 52,3
c) 60
d)

158. $K = 0,22$ e $B = 6,25$

159. $ 2.147,93

160. $ 14.282,46

161. $ 3.313,47

162. $ 3.814,48

163. 3,71% ao mês

164. 36,8 meses aproximadamente

165. 1,6 ano

166. $ 5.327,83

167. $ 8.556,29

168. 10% ao mês

169. 8% ao mês

170. 5% ao mês

171. a) R$ 279.161,54 b) R$ 277,91

172. a)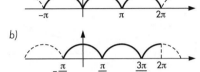
b)
c)

173. a) $0 \;\oplus\; \pi \;\ominus\; 2\pi$
b) $0 \;\oplus\; \pi/2 \;\ominus\; 3\pi/2 \;\oplus\; 2\pi$
c) $-\pi/2 \;\ominus\; 0 \;\oplus\; \pi/2$
d) $0 \;\ominus\; 1 \;\oplus\; \pi \;\ominus\; 2\pi$
e) $0 \;\ominus\; \pi/2 \;\oplus\; 3 \;\ominus\; 3\pi/2 \;\oplus\; 2\pi$
f) $-\pi/2 \;\ominus\; -1 \;\oplus\; 0 \;\ominus\; 1 \;\oplus\; \pi/2$

174. a) Ponto de máximo: $\pi/2$
Pontos de mínimo: 0 e π
b) Ponto de máximo: 2π
Ponto de mínimo: π
c) Ponto de mínimo: 0
d) Pontos de mínimo: 0, π e 2π
Pontos de máximo: $\pi/2$ e $3\pi/2$
e) Pontos de mínimo: $\pi/2$ e $3\pi/2$
Pontos de máximo: 0, π e 2π

Capítulo 4

1. a) $f(n) = n^2$ (divergente)
b) $f(n) = (-1)^n \cdot n$ (divergente)
c) $f(n) = 2^{n-1}$ (divergente)
d) $f(n) = 5(n-1)$ (divergente)
e) $f(n) = \left(\dfrac{1}{3}\right)^{n-1}$ (converge para 0)
f) $f(n) = (0,1)^n$ (converge para 0)

RESPOSTAS

2. a) Converge para 0.
   b) Divergente.
   c) Converge para 0.
   d) Converge para 2.
   e) Converge para 0.
   f) Divergente.
   g) Converge para 1.
   h) Converge para 0.
   i) Converge para 0.
   j) Divergente.
   k) Divergente.
   l) Converge para 5.
   m) Converge para $\frac{4}{3}$.

3. $f(n)$ converge para 0 e $g(n)$ para 1/2.

4. $h(n) = \frac{n+3}{2n}$ converge para $\frac{1}{2}$.

5. $h_1(n) = \frac{n+1}{2n^2}$ converge para 0.

6. $h_2(n) = \frac{1-n}{2n}$ converge para $-\frac{1}{2}$.

7. $h_3(n) = \frac{2}{n+1}$ converge para 0.

8. a) 8; 8; 8
   b) 7; 7; 7
   c) $-\frac{5}{3}; -\frac{5}{3}; -\frac{5}{3}$
   d) −7; −7; −7
   e) 7; 7; 7
   f) 0; 0; 0
   g) 7; 4; não existe
   h) 5; 5; 5
   i) 0; 0; 0
   j) $\frac{\sqrt{2}}{2}; \frac{\sqrt{2}}{2}; \frac{\sqrt{2}}{2}$
   k) 0; 0; 0

9. a) 6
   b) 14
   c) 1/10
   d) −1/3
   e) 0
   f) −2
   g) 1
   h) −1
   i) 0
   j) 1/4
   k) 12
   l) 27
   m) −2/3
   n) 1

10. a) ∞ e −∞
    b) −∞ e ∞
    c) ∞ e ∞
    d) ∞ e −∞
    e) −∞ e ∞
    f) ∞ e −∞
    g) ∞ e −∞
    h) ∞ e ∞
    i) −∞ e −∞
    j) ∞ e −∞
    k) ∞ e ∞
    l) ∞ e −∞
    m) ∞ e ∞
    n) ∞ e ∞
    o) ∞ e ∞
    p) ∞ e ∞

11. a) 0
    b) 0
    c) ∞
    d) ∞
    e) ∞
    f) −∞
    g) ∞
    h) 0
    i) ∞
    j) ∞
    k) ∞
    l) −∞
    m) ∞
    n) ∞
    o) −∞
    p) 2
    q) 2
    r) 25/16
    s) 1/2
    t) 0
    u) 0
    v) 0
    w) ∞
    x) 1/2

12. Sim

13. Não

14. Não

15. $k = 7$

16. a) $x = -1$ b) $y = 1$

17. a) $x = 1$ b) Não existem.

18. $x = 0$

19. $y = 0$

20. a) e^2 c) e^2 e) 1
    b) $e^{1/3}$ d) $e^{3/2}$

21. $ 3.644,24

22. $ 5.525,85

23. $ 7.899,18

24. 6,42 anos

25. a) −1   d) k f) a/b
    b) k e) a/b g) 0
    c) 0

Capítulo 5

1. a) 8
   b) 2
   c) −3
   d) 1
   e) 0
   f) −1/4
   g) −1/25
   h) 9

2. a) $f'(x) = 2x$
   b) $f'(x) = 2$
   c) $f'(x) = -3$
   d) $f'(x) = 2x - 3$
   e) $f'(x) = 2x$
   f) $f'(x) = -1/x^2$
   g) $f'(x) = -1/x^2$
   h) $f'(x) = 2x - 3$

3. Demonstração.

4. Demonstração.

5. a) $f'(x) = 0$
   b) $f'(x) = 5x^4$
   c) $f'(x) = 50x^4$
   d) $f'(x) = x$
   e) $f'(x) = 2x + 3x^2$
   f) $f'(x) = 30x^2 + 10x$
   g) $f'(x) = 2$
   h) $f'(t) = 6t - 6$
   i) $f'(u) = 15u^2 - 4u + 6$
   j) $f'(x) = \dfrac{3}{x}$
   k) $f'(x) = \dfrac{10}{x} - 3$
   l) $f'(x) = 5\cos x - 2\,\mathrm{sen}\,x$
   m) $f'(x) = \mathrm{sen}\,x + x \cdot \cos x$
   n) $f'(x) = 2x \ln x + x$
   o) $f'(x) = (4x - 3)(2x - 1) + (2x^2 - 3x + 5) \cdot 2$
   p) $f'(x) = \dfrac{x^2 \cdot \cos x - 2x \cdot \mathrm{sen}\,x}{x^4}$
   q) $f'(x) = 1/\cos^2 x$
   r) $f'(x) = \dfrac{-1}{(x-2)^2}$
   s) $f'(x) = -6x^{-4} - 10x^{-3}$
   t) $f'(x) = \dfrac{2}{3} x^{-1/3}$
   u) $f'(x) = \dfrac{1}{3} x^{-2/3} + \dfrac{1}{4} x^{-3/4}$
   v) $f'(x) = \dfrac{3}{2} x^{-1/2} + \dfrac{5}{3} x^{-2/3}$
   w) $f'(x) = \dfrac{1}{2} x^{-1/2} \mathrm{sen}\,x + x^{1/2} \cdot \cos x$
   x) $f'(x) = x^{-3/2} - \dfrac{1}{2} x^{-3/2} \cdot \ln x$

6. a) $f'(x) = 6(2x - 1)^2$
   b) $f'(x) = 8(2x - 1)^3$
   c) $f'(x) = 6(5x^2 - 3x + 5)^5 \cdot (10x - 3)$
   d) $f'(x) = 3\left(\dfrac{1}{x^2} + \dfrac{1}{x} + 1\right)^2 \cdot \left(-\dfrac{2}{x^3} - \dfrac{1}{x^2}\right)$
   e) $f'(x) = -5(x^2 - 3x - 2)^{-6} \cdot (2x - 3)$
   f) $f'(x) = \dfrac{6x - 2}{3x^2 - 2x}$
   g) $f'(x) = \dfrac{2x - 3}{x^2 - 3x + 6}$
   h) $f'(x) = (2x - 3) \cdot \cos(x^2 - 3x)$
   i) $f'(x) = 2^x \cdot \ln 2$
   j) $f'(x) = 5^x \cdot \ln 5$
   k) $f'(x) = e^x + 3^x \cdot \ln 3$
   l) $f'(x) = (2x - 2) e^{x^2 - 2x + 1}$
   m) $f'(x) = 2x \cdot 3^{x^2 - 4} \cdot \ln 3$
   n) $f'(x) = \dfrac{2}{(x + 1)^2} e^{x - 1/x + 1}$
   o) $f'(x) = e^x - e^{-x}$
   p) $f'(x) = \dfrac{-4}{(e^x - e^{-x})^2}$
   q) $f'(x) = (2x + 1)^{-1/2}$
   r) $f'(x) = \dfrac{2}{3}(2x + 1)^{-2/3}$
   s) $f'(x) = \dfrac{3}{2}(6x^2 + 2x + 1)^{1/2} \cdot (12x + 2)$
   t) $f'(x) = \dfrac{1}{2}(x + 1)^{-1/2} + (x^2 - 3x + 1)^{-2/3} \cdot (2x - 3) \cdot \dfrac{1}{3}$
   u) $f'(x) = \dfrac{1}{2} \cdot x^{-1/2} + \dfrac{1}{2}(x + 1)^{-1/2}$
   v) $f'(x) = \dfrac{1}{2}\left(\dfrac{\ln x}{e^x}\right)^{-1/2} \cdot \dfrac{\dfrac{1}{x} - \ln x}{e^x}$
   w) $f'(x) = -\dfrac{5}{2}\left(\dfrac{x+1}{3x-2}\right)^{-1/2} \cdot \dfrac{1}{(3x-2)^2}$
   x) $f'(x) = 3x \cdot (3x^2 + 1)^{-1}$

7. a) $f'(x) = x^{x^2}(2x \ln x + x)$
   b) $f'(x) = (x^2 + 1)^x \left[\ln(x^2 + 1) + \dfrac{2x^2}{x^2 + 1}\right]$
   c) $f'(x) = \left(\dfrac{2}{x} \ln x\right) x^{\ln x}$

8. $Df^{-1}(y) = -\dfrac{1}{\sqrt{1 - y^2}}$

9. $Df^{-1}(y) = \dfrac{1}{1 + y^2}$

10. a) $f'(x) = \dfrac{3}{\sqrt{1-(3x-5)^2}}$

b) $f'(x) = \dfrac{-1}{4 \cdot \sqrt{1-\dfrac{x^2}{16}}}$

c) $f'(x) = \dfrac{2x}{1+(x^2-5)^2}$

11. Demonstração.

12. a) $y - 25 = 10(x-5)$
b) $y + 4 = -3(x-1)$
c) $y = 2x + 3$
d) $y = -(x-2)$
e) $y - 1 = \dfrac{1}{e}(x-e)$
f) $y - \dfrac{1}{3} = \dfrac{1}{9}(x-3)$
g) $y - \dfrac{\sqrt{2}}{2} = \dfrac{\sqrt{2}}{2}\left(x - \dfrac{\pi}{4}\right)$
h) $y - \dfrac{1}{e} = \dfrac{-2}{e}(x-1)$

13. a) 0,4
b) 0,01
c) 0,1
d) $(\ln a) \cdot d$
e) 0
f) $-\dfrac{\sqrt{3}}{4}$

14. Demonstração.

15. a) $1,1e$ b) 0,06

16. $ 52,5

17. $ 64

18. $ –24

19. 1.666,67

20. $ 400

21. $ 50,00

22. a) $0,9x^2 - 5x + 20$ c) $ 60,00
b) $ 17,50

23. a) $0,2x + 5$ b) $ 6,00   c) $ 7,00

24. $ 100,00

25. a) $-8x + 500$ b) $ 420,00   c) $ 340,00

26. $20 - 4x$

27. $\dfrac{15.000}{(x+30)^2} - 10$

28. $a - 2bx$

29. a) $C_{mg}(x) = 2$

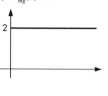

b) $C_{mg}(x) = 1$

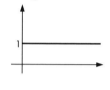

c) $C_{mg}(x) = 6x^2 - 20x + 30$

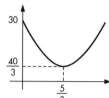

d) $C_{mg}(x) = 9x^2 - 10x + 20$

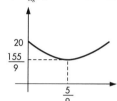

30. a) Receita marginal: $R_{mg}(x) = 10$
Receita média: $R_{me}(x) = 10$

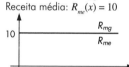

b) Receita marginal: $R_{mg}(x) = 6$
Receita média: $R_{me}(x) = 6$

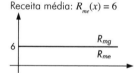

c) Receita marginal:
$R_{mg}(x) = -4x + 600$
Receita média:
$R_{me}(x) = -2x + 600$

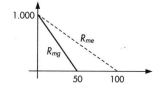

d) Receita marginal:
$R_{mg}(x) = -20x + 1.000$
Receita média:
$R_{me}(x) = -10x + 1.000$

31. a) 0,7   b) 0,3

32. a) $0,2y^{-0,5}$ b) 0,025   c) 0,975

33. a) $0,3y^{-0,5}$ b) 0,0375   c) 0,9625

34. a) 25/8   b) 25/9

35. a) 100   b) 50

36. a) $250 L^{-1/2} - 6$ b) 244; 119; 77,3; 44; 19

37. 1

38. 3/7

39. 7/150

40. 3/58

41. 2

42. 3/11

43. a) $x < 200/3$ b) $\dfrac{200}{3} < x < 100$

44. a) $\dfrac{2 \cdot (50 - 0,5q)}{q}$

 b) 4; 1,5; 0,67; 0,25 e 0.
 c) Infinito.

45. a) 0,0909   b) 0,45%

46. a) 0,6%   b) 1,2%   c) 3%

47. 2.048

48. Elasticidade igual a α.

49. Demonstração.

50. Demonstração.

51. a) $f'''(x) = 36$
 b) $f'''(x) = e^x$
 c) $f'''(x) = -e^{-x}$
 d) $f'''(x) = -\cos x$
 e) $f'''(x) = \dfrac{2}{x^3}$
 f) $f'''(x) = -\cos x + \operatorname{sen} x$
 g) $f'''(x) = e^x - e^{-x}$

52. $\operatorname{sen} x = x - \dfrac{x^3}{3!} + \dfrac{x^5}{5!} - \dfrac{x^7}{7!} + ...$

53. $\ln(1+x) = x - \dfrac{x^2}{2!} + \dfrac{2!x^3}{3!} - \dfrac{3!x^4}{4!} + ...$

54. 0,4167

55. $\ln x = (x-1) - \dfrac{1}{2}(x-1)^2 + \dfrac{1}{3}(x-1)^3 - ...$

56. $\cos x = \dfrac{1}{2} - \left(x - \dfrac{\pi}{3}\right)\dfrac{\sqrt{3}}{2} - \left(x - \dfrac{\pi}{3}\right)^2 \cdot \dfrac{1}{4} + ...$

57. a) 0   e) $\dfrac{1}{3}$
 b) 0   f) 1
 c) 0
 d) 0

Capítulo 6

1. a) Crescente em R
 b) Decrescente em R
 c) $\begin{cases} \text{Crescente em: }]3/2; \infty[\\ \text{Decrescente em: }]-\infty, 3/2[\\ \text{Ponto de mínimo: } x = 3/2 \end{cases}$
 d) $\begin{cases} \text{Crescente em: }]-\infty, 0[\\ \text{Decrescente em: }]0, \infty[\\ \text{Ponto de máximo: } x = 0 \end{cases}$
 e) $\begin{cases} \text{Crescente em: }]2, \infty[\\ \text{Decrescente em: }]-\infty, 2[\\ \text{Ponto de mínimo: } x = 2 \end{cases}$
 f) $\begin{cases} \text{Crescente em: }]-\infty, 3[\text{ ou }]4, \infty[\\ \text{Decrescente em: }]3, 4[\\ \text{Ponto de máximo: } x = 3 \\ \text{Ponto de mínimo: } x = 4 \end{cases}$
 g) $\begin{cases} \text{Crescente em: }]-\infty, 1[\text{ ou }]2, \infty[\\ \text{Decrescente em: }]1, 2[\\ \text{Ponto de máximo: } x = 1 \\ \text{Ponto de mínimo: } x = 2 \end{cases}$
 h) $\begin{cases} \text{Crescente em: }]-2, 2[\\ \text{Decrescente em: }]-\infty, -2[\\ \qquad \text{ou }]2, \infty[\\ \text{Ponto de máximo: } x = 2 \\ \text{Ponto de mínimo: } x = -2 \end{cases}$

i) $\begin{cases} \text{Crescente em: }]0, 8[\\ \text{Decrescente em: }]-\infty, 0[\\ \qquad\qquad \text{ou }]8, \infty[\\ \text{Ponto de máximo: } x = 8 \\ \text{Ponto de mínimo: } x = 0 \end{cases}$

j) Crescente em R

k) Decrescente em R

l) $\begin{cases} \text{Crescente em: }]0, \infty[\\ \text{Decrescente em: }]-\infty, 0[\\ \text{Ponto de mínimo: } x = 0 \end{cases}$

m) $\begin{cases} \text{Crescente em: }]-1, 0[\text{ ou }]1, \infty[\\ \text{Decrescente em: }]-\infty, -1[\\ \qquad\qquad \text{ou }]0, 1[\\ \text{Ponto de mínimo: } x = -1 \\ \qquad\qquad \text{ou } x = 1 \\ \text{Ponto de máximo: } x = 0 \end{cases}$

n) Decrescente em: $]-\infty, 0[$ ou $]0, \infty[$

o) Decrescente em: $]-\infty, 2[$ ou $]2, \infty[$

p) Decrescente em: $]-\infty, 3[$ ou $]3, \infty[$

q) $\begin{cases} \text{Crescente em: }]-\infty, 0[\\ \text{Decrescente em: }]0, \infty[\\ \text{Ponto de máximo: } x = 0 \end{cases}$

r) $\begin{cases} \text{Crescente em: }]-1, 1[\\ \text{Decrescente em: }]-\infty, -1[\\ \qquad\qquad \text{ou }]1, \infty[\\ \text{Ponto de mínimo: } x = -1 \\ \text{Ponto de máximo: } x = 1 \end{cases}$

s) $\begin{cases} \text{Crescente em: } \left]-\infty, 2 - \dfrac{\sqrt{3}}{3}\right[\\ \qquad\qquad \text{ou } \left]2 + \dfrac{\sqrt{3}}{3}, \infty\right[\\ \text{Decrescente em: } \\ \qquad\qquad \left]2 - \dfrac{\sqrt{3}}{3}, 2 + \dfrac{\sqrt{3}}{3}\right[\\ \text{Ponto de máximo: } x = 2 - \dfrac{\sqrt{3}}{3} \\ \text{Ponto de mínimo: } x = 2 + \dfrac{\sqrt{3}}{3} \end{cases}$

2. $x = 5/2$

3. $p = 20$

4. $p = 21$

5. $x = 4{,}65$ aproximadamente

6. $p = 8$

7. a) 52   b) 48,5

8. Máximo relativo: $x = 5$
Mínimos relativos: $x = 0$ e $x = 6$
Máximo absoluto: $x = 5$
Mínimo absoluto: $x = 0$

9. Máximo relativo: $x = 3$
Mínimos relativos: $x = 0$ e $x = 4$
Máximo absoluto: não existe
Mínimo absoluto: $x = 0$

10. Demonstração.

11. $C_{mg} = x^2 - 12x + 60$

12. Demonstração.

13. a) 12,16   b) Demonstração.

14. a) $C_{me}(x) = 40 - 10x + x^2$
b) Decrescente para $x < 5$ e crescente para $x > 5$; $x = 5$ é ponto de mínimo.

15. a) $C_{me}(x) = \dfrac{1}{3}x^2 - 4x + 30$
b) Decrescente para $x < 6$ e crescente para $x > 6$; $x = 6$ é ponto de mínimo.

16. Demonstração.

17. a) Demonstração.   b) $\$\,5{,}67$

18. a) $C_{me}(x) = 0{,}1x + 3 + \dfrac{4.000}{x}$
b) $x = 200$
c) $x = 180$
d) $x = 200$

19. $\$\,860$

20. $x = 2{,}63$

21. $x = 141{,}42$

22. a) $C_{me} = x^2 - 20x + 400$ e $C_{mg} = 3x^2 - 40x + 400$
b) Demonstração.

23. $\$\,38{,}63$

24. a) $p = -0{,}005x + 20$ b) $p = 10$

25. $p = 7{,}36$

26. Demonstração.

27. a) 49,6 mil habitantes
b) Demonstração.
c) 50 mil habitantes

28. Demonstração.

29. 3 unidades de A e 6 de B.

30. $i = 12\%$ ao ano

31. a) 72,34% em A e 27,66% em B
    b) 9,94%

32. a) Côncava para cima em: R.
    b) Côncava para baixo em: R.
    c) $\begin{cases} \text{Côncava para cima: }]3, \infty[\\ \text{Côncava para baixo em: }]-\infty, 3[\\ \text{Ponto de inflexão: } x = 3 \end{cases}$
    d) $\begin{cases} \text{Côncava para cima em: }]-\infty, 4[\\ \text{Côncava para baixo em: }]4, \infty[\\ \text{Ponto de inflexão: } x = 4 \end{cases}$
    e) $\begin{cases} \text{Côncava para cima em: }]-\infty, -8/3[\\ \text{Côncava para baixo em: }]-8/3, \infty[\\ \text{Ponto de inflexão: } x = -8/3 \end{cases}$
    f) $\begin{cases} \text{Côncava para cima em: }]-\infty, 1[\\ \qquad\qquad\text{ou }]3, \infty[\\ \text{Côncava para baixo em: }]1, 3[\\ \text{Pontos de inflexão: } x = 1 \\ \qquad\qquad\text{ou } x = 3 \end{cases}$
    g) $\begin{cases} \text{Côncava para cima em: }]0, \infty[\\ \text{Côncava para baixo em: }]-\infty, 0[\end{cases}$
    h) $\begin{cases} \text{Côncava para cima em: }]-\infty, -1[\\ \qquad\qquad\text{ou }]1, \infty[\\ \text{Côncava para baixo em: }]-1, 1[\\ \text{Pontos de inflexão: } x = -1 \\ \qquad\qquad\text{ou } x = 1 \end{cases}$
    i) $\begin{cases} \text{Côncava para cima em: }]1, \infty[\\ \text{Côncava para baixo em: }]-\infty, 1[\end{cases}$

33. a)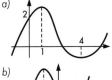
    b)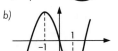
    c)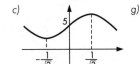
    d)
    e)
    f)
    g)
    h)
    i)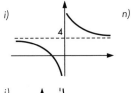
    j)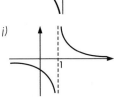
    k)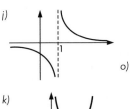
    l)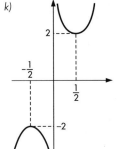
    m)
    n)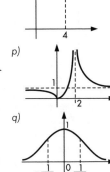
    o)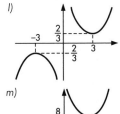
    p)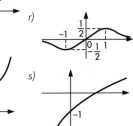
    q)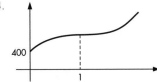
    r)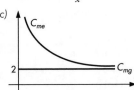
    s)

34.

35. a) $C_{mg}(x) = 2$
    b) $C_{me}(x) = 2 + \dfrac{100}{x}$
    c)

RESPOSTAS

36. a) $C_{mg}(x) = 3x^2 - 6x + 10$
    b) $C_{me}(x) = x^2 - 3x + 10$
    c)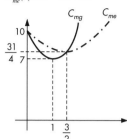

37. a) $C_{mg}(x) = 6x^2 - 24x + 30$
    b) $C_{me}(x) = 2x^2 - 12x + 30$
    c)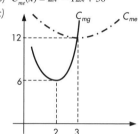

38. a) Ponto de mínimo: $x = 2$
    b) Ponto de máximo: $x = 3$
    c) $\begin{cases} \text{Ponto de máximo: } x = 1 \\ \text{Ponto de mínimo: } x = 6 \end{cases}$
    d) $\begin{cases} \text{Ponto de mínimo: } x = -2 \\ \text{Ponto de máximo: } x = 2 \end{cases}$
    e) $\begin{cases} \text{Ponto de máximo: } x = -1 \\ \text{Ponto de mínimo: } x = 1 \end{cases}$
    f) Ponto de mínimo: $x = -\dfrac{4}{3}$

39. 30 m por 30 m
40. 50 e 50
41. $r = \dfrac{10}{\sqrt[3]{4\pi}}$ e $h = \dfrac{500}{\pi r^2}$
42. 25 m por 25 m
43. 1
44. 5 m por 10 m
45. 5,66 m por 2,83 m
46. Demonstração.
47. Base e altura iguais a 2,15 m ($\sqrt[3]{10}$).
48. 2,71 m por 1,36 m
49. A base deve ser igual a 48 cm.

50. a) 13   b) Demonstração.
51. a) $x = 4,38$ b) Demonstração.
52. a) $x = 3$ b) Demonstração.
53. Demonstração.
54. 33
55. $x = \dfrac{p-b}{2a}$
56. $x = \dfrac{\alpha - b}{2a + 2\beta}$
57. $x = 50/3$
58. $x = 47$
59. $x = 100$
60. $x = 75$
61. $x = 25$
62. a) $ 70,00   b) $ 90,00
63. a) $ 510,00   b) $ 511,00
64. a) $x = 16$ b) Demonstração.
65. 32
66. 10 garrafas
67. a) $R = 30x - 5x \ln x$ c) Demonstração.
    b) $x = e^5$
68. 2,63
69. $ 860,00
70. a) $ 300,00   b) 234,17
71. Demonstração.
72. Demonstração.
73. Exercício resolvido.
74. a) 2.000 $\begin{cases} \text{manter: } \$\ 1.000,00 \\ \text{pedir: } \$\ 4.000,00 \\ \text{total: } \$\ 5.000,00 \end{cases}$

    6.000 $\begin{cases} \text{manter: } \$\ 3.000,00 \\ \text{pedir: } \$\ 1.333,33 \\ \text{total: } \$\ 4.333,33 \end{cases}$

    8.000 $\begin{cases} \text{manter: } \$\ 4.000,00 \\ \text{pedir: } \$\ 1.000,00 \\ \text{total: } \$\ 5.000,00 \end{cases}$

    b) 4.000
75. Demonstração.
76. Demonstração.

Capítulo 7

1.
   a) $\dfrac{x^4}{2} + c$

   b) $\dfrac{x^3}{3} + \dfrac{3x^2}{2} + c$

   c) $\dfrac{x^3}{3} - \dfrac{3x^2}{2} + c$

   d) $5x - \dfrac{x^2}{2} + c$

   e) $5x + c$

   f) $\dfrac{3x^4}{4} - \dfrac{2x^3}{3} + 4x^2 - 6x + c$

   g) $5\ln|x| + c$

   h) $\dfrac{x^3}{3} + 6\ln|x| + c$

   i) $-\cos x + \operatorname{sen} x + c$

   j) $\dfrac{-1}{2x^2} + \dfrac{x^3}{3} - \dfrac{5x^2}{2} + c$

   k) $\dfrac{2x^{3/2}}{3} + c$

   l) $\dfrac{15x^{4/3}}{4} + c$

   m) $\dfrac{2x^{3/2}}{3} + \dfrac{3x^{4/3}}{4} + c$

   n) $x - 3\ln|x| - \dfrac{5}{x} + c$

   o) $\operatorname{arc tg} x + \dfrac{x^3}{3} + c$

   p) $2e^x + c$

   q) $3e^x + \dfrac{x^4}{4} + c$

   r) $-\cos x - 5e^x + c$

2. Demonstração.
3. Demonstração.
4. Demonstração.
5. Exercício resolvido.
6. $C(x) = 0{,}05x^2 + 5x + 500$
7. $C(x) = 2x + 200$
8. a) $C(x) = 2x^3 - 3x^2 + 20x + 400$ b) 135
9. a) $C(x) = \dfrac{4}{3}x^3 - 3x^2 + 30x + 400$ b) $\dfrac{385}{3}$
10. $R(x) = 50x - \dfrac{x^2}{2}$

11. a) $R(x) = 20x - x^2$ b) $R_{me}(x) = 20 - x$
12. a) $R(x) = 100x$ b) $R_{me}(x) = 100$
13. a) $L(x) = 3x - 100$ b) $100/3$
14. $x = 4$
15. $C(x) = 0{,}04x^2 + 4x + 26$
16. $P(x) = -x^2 + 40x$
17. $P(x) = 20 \cdot x^{0,5}$
18. $C = 0{,}8y + 100$
19. $S = 0{,}2y - 100$
20. a) $C = y^{0,5} + 50$ c) $1 - \dfrac{1}{2}y^{-1/2}$
    b) $S = y - y^{0,5} - 50$

21. a) 15   g) 4,5
    b) 12   h) 20/3
    c) −22,5   i) 3/2
    d) 8/3   j) $e^3 - 1$
    e) $\dfrac{44}{3}$ k) 0
    f) $\dfrac{-125}{6}$ l) 0

22. a) $\dfrac{1}{3}$ h) $\dfrac{8}{3}$
    b) 9   i) 4
    c) ln 2   j) 22/3
    d) 4 ln 2   k) 1/6
    e) 8/3   l) 1/6
    f) 4,5   m) 8/3
    g) 4   n) 8/3

23. a) 1/4   b) 9/2   c) 1/3
24. Exercício resolvido.
25. a) 1/3   b) 1   c) e^1
26. $ 342.000.000,00
27. $ 113.569.219,00
28. $ 243.456.000,00

RESPOSTAS

29. a) $x = 5$ e $p = 10$ b) 25   c) 12,5

30. a) $x = 2$ e $p = 19$ b) 2   c) 16/3

31. a) $x = 10$ e $p = 20$ b) 50   c) 400/3

32. a) $\frac{1}{3}\ln|4 + 3x| + c$ g) $\frac{2}{3}(x^3 + 1)^{1/2} + c$

    b) $-\ln|5 - x| + c$ h) $\frac{\operatorname{sen}^2 x}{2} + c$

    c) $\ln|\ln x| + c$ i) $\frac{2}{3}(1 + \ln x)^{3/2} + c$

    d) $\frac{1}{2}e^{2x} + c$ j) $\frac{(x^2 + 3)^5}{5} + c$

    e) $\frac{1}{2}e^{2x+3} + c$ k) $\frac{1}{24}(3x^2 + 1)^4 + c$

    f) $e^{\operatorname{sen} x} + c$ l) $\ln(2x^2 + 3) + c$

33. $V = 20 \ln(5 + x) - 13$

34. a) $\frac{1}{8} - \frac{1}{2(1 + e)^2}$ b) $\frac{1}{3} \cdot 2^{3/2} - \frac{1}{3}$

35. a) $\frac{x^2}{2} \ln x - \frac{1}{4} \cdot x^2 + c$

    b) $-x \cdot \cos x + \operatorname{sen} x + c$

    c) $x \operatorname{sen} x + \cos x + c$

    d) $-e^{-x} \cdot (x + 1)$

    e) $e^x(x^2 - 2x + 2) + c$

    f) $\frac{x^{n+1}}{n+1}\left(\ln x - \frac{1}{n+1}\right) + c$

    g) $-\frac{\operatorname{sen} x \cos x}{2} + \frac{x}{2} + c$

36. a) $\ln\left|\frac{(x-2)^3}{x-1}\right| + c$

    b) $\ln \frac{|x|}{(x^2 + 1)^{1/2}} + c$

    c) $\frac{x^3}{3} + \frac{1}{3} \ln|x^3 - 1| + c$

    d) $\frac{x^2}{2} - 2x + \frac{1}{6}\ln\left|\frac{x-1}{(x+1)^3}\right| + \frac{16}{3} \ln|x+2| + c$

Capítulo 8

1. a)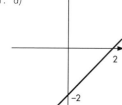

   b)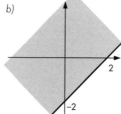

   c)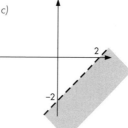

   d)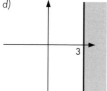

   e)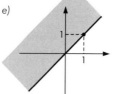

   f)

g)

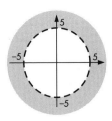

h)

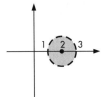

i)

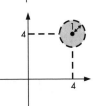

2. Exercício resolvido.

3.

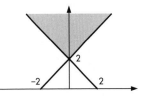

4.

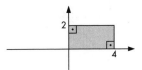

5.

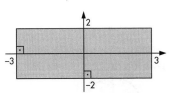

6.

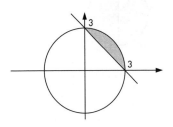

7. a)

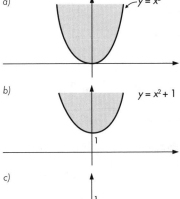

b)

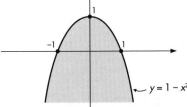

c)

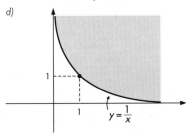

d)

e)

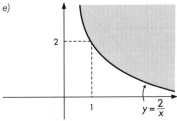

8. Exercício resolvido.

9.

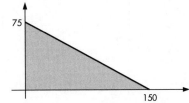

RESPOSTAS

10.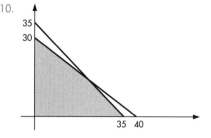

11.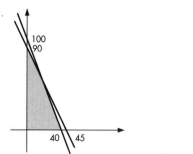

12.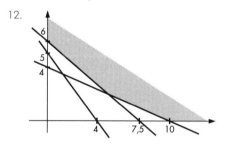

13. a) 5   c) $\sqrt{37}$ e) 5
    b) $\sqrt{73}$ d) $3\sqrt{5}$

14. a) V   c) V   e) V   g) V
    b) V   d) F   f) F   h) F

15. a) b) c) d)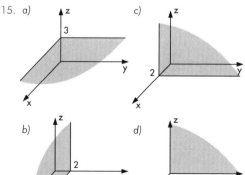

16. a) 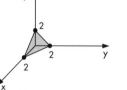   d)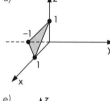

    b)   e)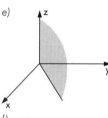

    e)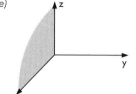

    c) 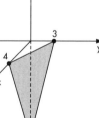   f)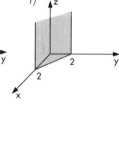

17. a) $\sqrt{13}$ b) $\sqrt{14}$ c) $\sqrt{6}$ d) 0

18. a) $\sqrt{15}$ b) $\sqrt{14}$ c) 0

19. (a); (f)

20. (a); (b); (d); (e)

21. (a); (b); (e)

22. a) $\{(x,y) \in R^2 \mid y = 5\}$
    b) $\{(x,y) \in R^2 \mid x = 2 \text{ ou } x = -1\}$
    c) $\{(x,y) \in R^2 \mid y = 2\}$
    d) $\{(x,y) \in R^2 \mid y = x^2\}$
    e) $\{(x,y) \in R^2 \mid y = x^2 - 1\}$
    f) $\{(x,y) \in R^2 \mid x^2 + y^2 = 9\}$
    g) $\{(x,y) \in R^2 \mid y = x\}$
    h) $\left\{(x,y) \in R^2 \mid y = \dfrac{1}{x}\right\}$

Capítulo 9

1. a) 3
   b) 1
   c) −1
   d) $\frac{25}{9}$
   e) 3
   f) 4
   g) $\frac{3}{4}$
   h) $\frac{\Delta x}{2}$
   i) $\frac{-3\Delta y}{2(4+\Delta y)}$

2.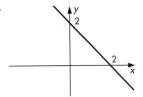

3.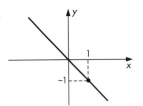

4.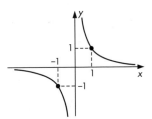

5. a) $R = 500x + 600y$
   b) 14.000
   c)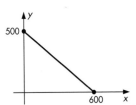

6. a) $R(x,y) = 100x + 300y$
   b) 1.400
   c)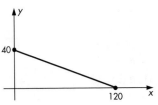

7. a) 180   b) 100   c) 28
   d)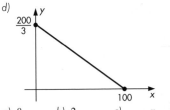

8. a) 8   b) 2   c)

x_1	x_2
1	24
2	12
3	8
4	6
6	4
8	3
12	2
24	1

9. I, II e III.

10. $a = 2b$

11. a) 64   b) 0   c) Demonstração.

12. $m = 100 \cdot 2^{-7,4}$

13. $k = 888$

14. $L = 2x + 4y - 1100$

15. $L = -x^2 - 1,5y^2 - 2xy + 197x + 200y$

16. Exercício resolvido.

17. a) $x^2 + y^2 \leq 9.000$ e $x \geq 0, y \geq 0$
    b) $x^2 + y^2 = 9.000$ e $x \geq 0, y \geq 0$

18. a) $\{(x,y) \in R^2 \mid x+y-2 \geq 0\}$

    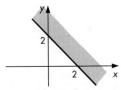

    b) $\{(x,y) \in R^2 \mid y \geq x^2\}$

    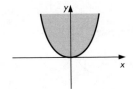

RESPOSTAS 423

c) $\{(x, y) \in R^2 | x + y - 2 \neq 0\}$
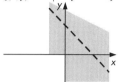

d) $\{(x, y) \in R^2 | x^2 + y^2 \geq 16\}$
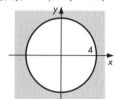

e) $\{(x, y) \in R^2 | x - y > 0\}$
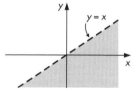

f) $\{(x, y) \in R^2 | y \geq x \text{ e } y \geq 2\}$
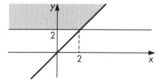

g) $\{(x, y) \in R^2 | xy \geq 0\}$
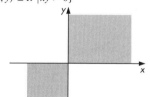

h) $\{(x, y) \in R^2 | x - y - 2 > 0\}$
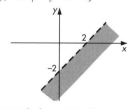

i) $\{(x, y) \in R^2 | x^2 - y - 1 > 0\}$
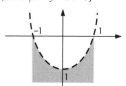

j) $\{(x, y) \in R^2 | y > x^3\}$
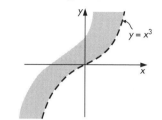

19. a) 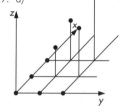   f)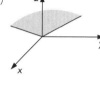

b) 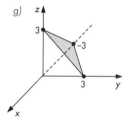   g)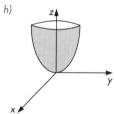

c) 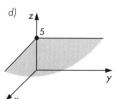   h)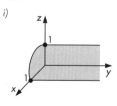

d) 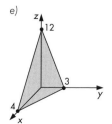   i)

e) 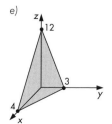   j)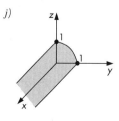

20. a)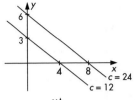
b)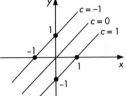
c)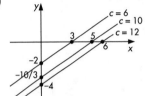
d)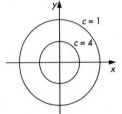
e)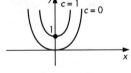
f)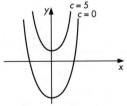
g)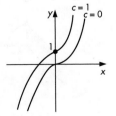

h)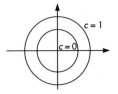

i)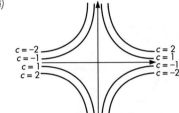

21.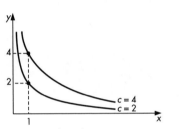

Os pontos de cada curva possuem as combinações de x e y que fornecem o mesmo grau de satisfação.

22.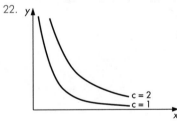

23.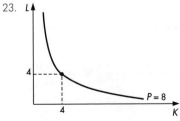

24.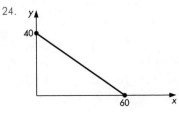

RESPOSTAS

25. Demonstração.

26. a) 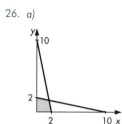 b)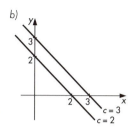

c) $x + y = \dfrac{10}{3}$

27. Circunferências ou arcos de circunferência com centro no ponto (a, b).

28. 18. É contínua.

29. Não é contínua.

30. Não é contínua.

31. Não é contínua.

32. Não é contínua.

Capítulo 10

1. a) 6   b) 12

2. a) 16   b) −16

3.
  1) $f_x = 7$ $f_y = 10$
  2) $f_x = 2x$ $f_y = 6y$
  3) $f_x = \dfrac{-2}{x^3}$ $f_y = \dfrac{-3}{y^2}$
  4) $f_x = \dfrac{-6}{x^4}$ $f_y = \dfrac{12}{y^3}$
  5) $f_x = \dfrac{1}{2} x^{-1/2}$ $f_y = \dfrac{1}{2} y^{-1/2}$
  6) $f_x = \dfrac{1}{3} x^{-2/3}$ $f_y = \dfrac{1}{2} y^{-1/2}$
  7) $f_x = 4y^2$ $f_y = 8xy$
  8) $f_x = 10y^2 + 10xy$ $f_y = 20xy + 5x^2$
  9) $f_x = e^x + 4x$ $f_y = 6$
  10) $f_x = \dfrac{1}{x}$ $f_y = 12y^2$
  11) $f_x = 3^x \cdot \ln 3$ $f_y = \cos y$
  12) $f_x = -\operatorname{sen} x + \dfrac{1}{x}$ $f_y = -e^y$
  13) $f_x = e^x(x^3 + 3x^2)$ $f_y = 10$
  14) $f_x = \dfrac{2y^2}{x}$ $f_y = 4y \ln x$
  15) $f_x = -3y^2 \cdot \operatorname{sen} x$ $f_y = 6y \cos x$
  16) $f_x = 12x$ $f_y = e^y(4y^2 + 8y)$
  17) $f_x = y^2[20x^2 \cos x + 40x \operatorname{sen} x]$ $f_y = 40x^2y \operatorname{sen} x$
  18) $f_x = \dfrac{-2y}{(x-y)^2}$ $f_y = \dfrac{2x}{(x-y)^2}$
  19) $f_x = \dfrac{e^x(2x + 3y - 2)}{(2x + 3y)^2}$ $f_y = \dfrac{-3e^x}{(2x + 3y)^2}$
  20) $f_x = \dfrac{-\ln y}{(x - 2y)^2}$ $f_y = \dfrac{\dfrac{x}{y} + 2\ln y - 2}{(x - 2y)^2}$
  21) $f_x = 0{,}3x^{-0{,}7} \cdot y^{0{,}7}$ $f_y = 0{,}7x^{0{,}3} \cdot y^{-0{,}3}$
  22) $f_x = 1{,}2x^{-0{,}4} \cdot y^{0{,}4}$ $f_y = 0{,}8x^{0{,}6} \cdot y^{-0{,}6}$
  23) $f_x = 10\alpha \cdot x^{\alpha-1} y^{1-\alpha}$ $f_y = 10(1-\alpha)x^\alpha \cdot y^{-\alpha}$
  24) $f_x = \dfrac{2}{2x + 3y}$ $f_y = \dfrac{3}{2x + 3y}$
  25) $f_x = 2 \cdot e^{2x+5y}$ $f_y = 5 \cdot e^{2x+5y}$
  26) $f_x = 2^{x+y} \cdot \ln 2$ $f_y = 2^{x+y} \cdot \ln 2$
  27) $f_x = 2x \cdot e^{x^2+y^2}$ $f_y = 2y \cdot e^{x^2+y^2}$
  28) $f_x = y \cdot e^{xy}$ $f_y = x \cdot e^{xy}$
  29) $f_x = y \cdot 3^{xy} \cdot \ln 3$ $f_y = x \cdot 3^{xy} \cdot \ln 3$
  30) $f_x = -2 \operatorname{sen}(2x + 3y)$ $f_y = -3 \operatorname{sen}(2x + 3y)$
  31) $f_x = 2x \cdot 5^{x^2+y} \cdot \ln 5$ $f_y = 5^{x^2+y} \cdot \ln 5$
  32) $f_x = 3(x^2 + 2xy)^2 \cdot (2x + 2y)$ $f_y = 6(x^2 + 2xy)^2 \cdot x$
  33) $f_x = 4(3x^2y + 2xy)^3 \cdot (6xy + 2y)$
     $f_y = 4(3x^2y + 2xy)^3 \cdot (3x^2 + 2x)$
  34) $f_x = -6x(x^2 + 2y)^{-4}$ $f_y = -6(x^2 + 2y)^{-4}$
  35) $f_x = \dfrac{1}{2} x^{-\tfrac{1}{2}} y^{\tfrac{1}{2}}$ $f_y = \dfrac{1}{2} x^{\tfrac{1}{2}} \cdot y^{-\tfrac{1}{2}}$
  36) $f_x = \dfrac{1}{2}(xy + x^2)^{-\tfrac{1}{2}} \cdot (y + 2x)$ $f_y = \dfrac{1}{2}(xy + x^2)^{-\tfrac{1}{2}} \cdot x$
  37) $f_x = \dfrac{1}{3}(2x^2 - 3xy)^{-\tfrac{2}{3}} \cdot (4x - 3y)$
     $f_y = -(2x^2 - 3xy)^{-\tfrac{2}{3}} \cdot x$
  38) $f_x = \dfrac{1}{2}(e^x + e^y)^{-\tfrac{1}{2}} \cdot e^x$ $f_y = \dfrac{1}{2}(e^x + e^y)^{-\tfrac{1}{2}} \cdot e^y$
  39) $f_x = \dfrac{x}{x^2 + y^2}$ $f_y = \dfrac{y}{x^2 + y^2}$
  40) $f_x = \dfrac{y(e^{xy} - 2xy^2)}{e^{xy} - x^2y^3}$ $f_y = \dfrac{x(e^{xy} - 3xy^2)}{e^{xy} - x^2y^3}$

4. a) 900   b) 945   c) 300   d) 300

5. Demonstração.

6. $2x + 3y$

7. $3x_1^2 \cdot x_2$

8. a) $\left(\dfrac{y}{x}\right)^{0,5}$ b) $\left(\dfrac{x}{y}\right)^{0,5}$ c) 2 e 1/2

9. 10 e 2,5

10. a) $\dfrac{O_q}{O_x} = -4x;\ \dfrac{O_q}{O_y} = 10$

   b) A diminuição de uma unidade no preço da manteiga (mantido o da margarina).

11. a) $\dfrac{O_q}{O_x} = -4;\ \dfrac{O_q}{O_y} = -2$

   b) Diminuir em uma unidade o preço de A (mantendo o de B).

12. a) $\dfrac{O_q}{O_x} = -6;\ \dfrac{O_q}{O_y} = 2$

   b) Diminuir em uma unidade o preço de I (mantendo o de II).

13. b) positivos   d) negativos

14. a) substitutos   c) substitutos
    b) complementares

15. a) $100 + x_2 - 2x_1$ c) 98 e 195
    b) $200 + x_1 - 2x_2$

16. a) $2x + y$ b) $4y + x$ c) 40 e 90

17. a) $\dfrac{O_c}{O_x} = 1 + 2xy - y;\ \dfrac{O_c}{O_y} = x^2 - x$

    b) 191 e 90

18. a) 5,33   b) $\dfrac{4x}{30 - 4x - 2y}$ c) $\dfrac{6x}{100 - 6x + 2y}$

19. a) 0,33   b) $\dfrac{-2y}{30 - 4x - 2y}$ c) $\dfrac{2y}{100 - 6x + 2y}$

20. $df = 0,14$

21. $df = 0,04$

22. $df = 1,7$

23. Exatamente: 0,0301; $df = 0,03$

24. Exatamente: 0,2805; $df = 0,28$

25. Demonstração.

26. a) 50   b) −200   c) 14.000   d) −60

27. a) $6x_0^2 \cdot \Delta x - \Delta y$
    b) $\dfrac{4x_0}{2x_0^2 + 3y_0^2} \cdot \Delta x + \dfrac{6y_0}{2x_0^2 + 3y_0^2} \cdot \Delta y$
    c) $-2 \operatorname{sen}(2x_0 + y_0^3) \cdot \Delta x - 3y_0^2 \cdot \operatorname{sen}(2x_0 + y_0^3) \cdot \Delta y$
    d) $2x_0 \operatorname{sen} y_0 \cdot \Delta x + x_0^2 \cdot \cos y_0 \cdot \Delta y$
    e) $2x_0 \cdot e^{x_0^2 + y_0^2} \cdot \Delta x + 2y_0 \cdot e^{x_0^2 + y_0^2} \cdot \Delta y$

28. a) $\dfrac{x^2 + 2xy}{(x+y)^2} \cdot \Delta x - \dfrac{x^2}{(x+y)^2} \cdot \Delta y$
    b) $\dfrac{2x}{x^2 + y^2} \cdot \Delta x + \dfrac{2y}{x^2 + y^2} \cdot \Delta y$

29. a) 21,5   c) $h \cdot (5x + 11y)$
    b) $0,45x + 0,6y$

30. a) 2,2   c) $h(-2x - 2y + 300)$
    b) $20 - 0,2x - 0,1y$

31. 0

32. real: $3,95525\ \pi\mathrm{m}^3$ aproximado: $3,9\ \pi\mathrm{m}^3$

33. Aumenta de duas unidades monetárias.

34. a) $12t + 9$ d) $(2t + 6t^2) \cdot e^{t^2 + 2t^3 - 1}$
    b) $3 \cos t - 2 \operatorname{sen} t \cos t$ e) $-8 \cdot t^{-9} - 7 \cdot t^{-8}$
    c) $\dfrac{20t - 2}{10t^2 - 2t + 1}$

35. a) $2,2 t^{4,2}$ b) $9,24 \cdot t^{3,2}$

36. a) $\sqrt{(168 - t)^2 \cdot 0,5 \cdot t}$ c) 28 e 112
    b) $t = 56h$

37. a) $-\dfrac{2}{3}$ c) $-\dfrac{\sqrt{2}}{4}$ e) $-\dfrac{25}{4}$ g) 1
    b) $-3x_0$ d) 0   f) −10   h) 2

38. a) 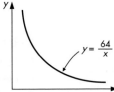   b) −16

39. a) 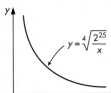   b) $-\dfrac{y}{4x}$

RESPOSTAS

40. Exercício resolvido.

41. a) $y - y_0 = -\dfrac{b^2}{a^2} \cdot \dfrac{x_0}{y_0} \cdot (x - x_0)$

    b) $y - 2 = 0$

    c) $y = x + \dfrac{a}{2}$

42. a) grau 1   h) grau 1
    b) grau 2   i) grau 0,8
    c) grau 2   j) grau 1,2
    e) grau 0

43. b) $3\left(\dfrac{y}{x}\right)^{0,5}$ e $3\left(\dfrac{x}{y}\right)^{0,5}$

    c) 1.200 para o trabalho e 1.200 para o capital.

44. b) $A \cdot \alpha \cdot \left(\dfrac{y}{x}\right)^{1-\alpha}$ e $A(1-\alpha) \cdot \left(\dfrac{x}{y}\right)^{\alpha}$

    c) $2.400\,\alpha$ e $2.400(1-\alpha)$

45. a) 8.000 litros   b) $ 2,00   c) $ 32,00

46. O salário será reduzido para $ 1,82 por homem-hora.

47. Permanecerá igual a $ 2,00 por homem-hora.

48. A produção aumentará para 9.680 litros por dia e o salário por homem-hora passará a $ 2,42.

49. Demonstração.

50. a) grau –1   b) grau 1

51.

	f_{xx}	f_{xy}	f_{yx}	f_{yy}
a)	0	0	0	0
b)	0	1	1	0
c)	4	0	0	2
d)	0	$-y^{-2}$	$-y^{-2}$	$2xy^{-3}$
e)	$-1,5x^{-1,5}y^{0,5}$	$1,5(xy)^{-0,5}$	$1,5(xy)^{-0,5}$	$-1,5x^{0,5}y^{-1,5}$
f)	$-\text{sen}\,x$	0	0	$-2\cos y$
g)	e^{x+y}	e^{x+y}	e^{x+y}	e^{x+y}

52. $f_{xy} = f_{yx} = -\dfrac{2xy}{(x^2+y^2)^2}$

53. Demonstração.

54. a) $\dfrac{x^4 y}{2} + 2x^2 + c(y)$ c) $18y^3$

    b) $x^3 y^2 + 4xy + c(x)$ d) $8x^3 - 2x$

55. 64

56. 70/3

57. 70

58. 40

59. 1/40

60. 125

61. 32/3

Capítulo 11

1. a) $(3, 2)$
   b) $\left(\dfrac{16}{3}, \dfrac{20}{3}\right)$
   c) $(0, 0)$
   d) Não existem.
   e) $(0, 0)$

2. Demonstração.

3. Demonstração.

4. Demonstração.

5. Demonstração.

6. a) $(1, -1)$, ponto de máximo
   b) $\left(\dfrac{10}{3}, \dfrac{11}{3}\right)$, ponto de mínimo
   c) $(0, 0)$, ponto de sela
   d) Não existe ponto crítico.
   e) $(x, -x), x \in R$, são pontos de mínimo.
   f) $(0, 0)$, ponto de mínimo
   g) $(1, 1)$, ponto de máximo
      $(1, 5)$ e $(3, 1)$, ponto de sela
      $(3, 5)$, ponto de mínimo
   h) $\left(0, -\dfrac{3}{2}\right)$, ponto de máximo
      $\left(10, -\dfrac{3}{2}\right)$, ponto de sela
   i) Não existem pontos críticos.
   j) $(1, 1)$, ponto de mínimo
      $(-1, 1)$, ponto de sela
   k) $(0, 0)$, ponto de sela
   l) $(x, 0)$ ou $(0, y)$ ou $x \in R, y \in R$ são pontos de mínimo.

7. $x = \dfrac{90}{23}$ e $y = \dfrac{18}{23}$

8. $x = 20$ e $y = 16$

9. a) $x = 1.375$, $y = 1.062,50$ e $L = 8.236.875$
   b) $p_1 = 3.250$ e $p_2 = 4.750$

10. $p_1 = 16$, $p_2 = 164/3$

11. $p_1 = \dfrac{100}{11}$, $p_2 = \dfrac{140}{11}$

12. $x = y = 2$

13. a) $x = 10/3$ e $y = 8/3$ b) $39/9$

14. $p = 340$, $q = 280$

15. Lucro máximo: 76.000

16. a) $L = -2x^2 - 2,5y^2 - 4xy + 97x + 100y$
    b) $x = 21,25$ e $y = 3$

17. a) $p_1 = 25$ e $p_2 = 50$ b) $p = 40$
    Sugestão: fazendo $p_1 = p_2 = p$, temos:
    em (I): $x_1 = 40/3 - 1/3\,p$;
    em (II): $x_2 = 45 - 1/2\,p$.
    Somando membro a membro e chamando $x_1 + x_2$ de x, teremos a equação de demanda: $x = \dfrac{175}{3} - \dfrac{5p}{6}$.

18. a) $p_1 = 140$; $p_2 = 190$ b) $520/3$

19. $y = x + 5,33$

20. $y = 2,9x - 0,3$

21. a) $y = 10,75x - 5$ b) $70,25$

22. a) $y = 143 - 4,6x$ b) $18,8$

23. a) $y = 9,5 + 0,5625x$ b) 23

24. a) $y = 58,5714 + 20,6786x$ b) 224

25. a) $(0,0)$ é ponto de mínimo e $(6,0)$ de máximo.
    b) $(0,0)$ é ponto de mínimo e $(0,3)$ de máximo.
    c) $\left(0, \dfrac{5}{3}\right)$ é ponto de mínimo e $(5,0)$ de máximo.
    d) $(0,0)$ é ponto de mínimo e $(3,5)$ de máximo.
    e) $(0,0)$ é ponto de mínimo e $(1,10)$ de máximo.
    f) $(0,0)$ é ponto de mínimo e $(0,10)$ de máximo.
    g) $(2,0)$ é ponto de mínimo e $(5,5)$ é ponto de máximo.

h) $(0,4)$ é ponto de mínimo e $\left(\dfrac{16}{3}, \dfrac{4}{3}\right)$ de máximo.
i) $(-2,-2)$ é ponto de mínimo e $(2,2)$ de máximo.
j) $(5,0)$ é ponto de mínimo.
k) $(4,0)$ é ponto de mínimo.
l) $(3,3)$ é ponto de mínimo.
m) $(0,0)$ é ponto de mínimo e $(0,1)$ de máximo.

26. Exercício resolvido.

27. a) $(-\sqrt{2}, \sqrt{2})$: ponto de mínimo. $(\sqrt{2}, -\sqrt{2})$: ponto de máximo.
    b) Não existem.
    c) $(1,1)$ é ponto de mínimo. Não existe ponto de máximo.
    d) $(0,0)$ é ponto de mínimo, $(0,5)$ e $(5,0)$ são pontos de máximo.
    e) $(1/2; 1/2)$ é ponto de mínimo. Não existe ponto de máximo.
    f) $(1,0)$ é ponto de mínimo e $(0,1)$ é ponto de máximo.

28. Exercício resolvido

29. 20 mesas e nenhuma cadeira

30. 0,6 kg de espinafre

31. 20 unidades de A e 15 de B

32. 142,86 de B e 535,71 de A

33. a) $\left(\dfrac{6}{5}, \dfrac{12}{5}\right)$, ponto de mínimo.
    b) $\left(\dfrac{6}{5}, \dfrac{18}{5}\right)$, ponto de mínimo.
    c) $\left(\dfrac{2}{3}, -\dfrac{1}{3}\right)$, ponto de mínimo.
    d) Não existe ponto de máximo nem de mínimo.
    e) $\left(\dfrac{1}{2}, \dfrac{1}{2}\right)$, ponto de mínimo.

34. a) $\left(\dfrac{\sqrt{2}}{2}, \dfrac{\sqrt{2}}{2}\right)$ é ponto de máximo e $\left(-\dfrac{\sqrt{2}}{2}, -\dfrac{\sqrt{2}}{2}\right)$, de mínimo.
    b) $(-1,1)$ é ponto de mínimo e $(1,-1)$ de máximo.
    c) $\left(1 - \sqrt{\dfrac{8}{5}}, \sqrt{\dfrac{2}{5}}\right)$ é ponto de mínimo e $\left(1 + \sqrt{\dfrac{8}{5}}, -\sqrt{\dfrac{2}{5}}\right)$ é ponto de máximo.
    d) $\left(-\dfrac{2\sqrt{5}}{5}, \dfrac{5 - 4\sqrt{5}}{5}\right)$ é ponto de mínimo e $\left(\dfrac{2\sqrt{5}}{5}, \dfrac{5 + 4\sqrt{5}}{5}\right)$ é ponto de máximo.
    e) $\left(\sqrt{3}, \dfrac{\sqrt{3}}{3}\right)$ é ponto de mínimo e $\left(-\sqrt{3}, -\dfrac{\sqrt{3}}{3}\right)$ é ponto de máximo.

RESPOSTAS   429

f) Não possui.

g) $\left(\dfrac{12}{7}, \dfrac{15}{7}\right)$, ponto de mínimo.

h) $\left(\dfrac{45}{13}, \dfrac{20}{13}\right)$, ponto de mínimo.

i) $\left(\sqrt{\dfrac{1}{6}}, \sqrt{\dfrac{2}{3}}\right)$, ponto de máximo e $\left(-\sqrt{\dfrac{1}{6}}, -\sqrt{\dfrac{2}{3}}\right)$, ponto de mínimo.

35. $x = 15/2$ e $y = 15/4$

36. Demonstração.

37. $x = 35{,}36$ e $y = 17{,}68$

38. $x_1 = 10$ e $x_2 = 5$

39. $q_1 = 8$ e $q_2 = 10$

40. $q_1 = 12{,}5$ e $q_2 = 6{,}25$

41. a) $x = 2{,}5$ e $y = 10$
    b) Demonstração.

42. $x = 2{,}5$ e $y = 3{,}75$

43. $x = 2{,}5$ e $y = 4$

44. a) $x = 40$ e $y = 30$
    b) \$ 5.000,00

45. Cada número deve valer $k/2$.

46. Cada número deve valer $m/2$.

Capítulo 12

1. a) 2
   b) 0
   c) 10
   d) $\dfrac{2a^2}{\sqrt{a-1}}$
   e) $\dfrac{5 + \sqrt{2}}{\sqrt{2}}$
   f) 0
   g) $\sqrt{2} - 1$

2. a) $2x + 3y + z^2 + 2\Delta x$
   b) $2x + 3y + z^2 + 3\Delta y$
   c) $2x + 3y + z^2 + 2z\Delta z + \Delta z^2$
   d) $2x + 3y + z^2 + 2\Delta x + 3\Delta y + 2z\Delta z + \Delta z^2$

3. a) $\{(x, y, z)\} \in R^3 \mid z \neq 3\}$
   b) R^3
   c) $\{(x, y, z) \in R^3 \mid x + y - z \geq 0\}$
   d) $\{(x, y, z, t) \in R^4 \mid x - y + z - t > 0\}$

4.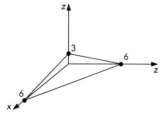

5. 18. É contínua.

6. Não.

7. Não.

8. a) $f_x = 3$ $f_y = 5$ $f_z = -6$
   b) $f_x = 2y + 2z$ $f_y = 2x + 3z$ $f_z = 2x + 3y$
   c) $f_x = 0{,}5x^{-0{,}5} + 2z^{0{,}25}$
      $f_y = 1{,}5y^{0{,}5}$
      $f_z = 0{,}5xz^{-0{,}75}$
   d) $f_x = \dfrac{1}{y - z}$
      $f_y = -\dfrac{z + x}{(y - z)^2}$
      $f_z = \dfrac{x + y}{(y - z)^2}$
   e) $f_x = 0{,}6x^{-0{,}7} \cdot y^{0{,}3} \cdot z^{0{,}4}$
      $f_y = 0{,}6x^{0{,}3} \cdot y^{-0{,}7} \cdot z^{0{,}4}$
      $f_z = 0{,}8x^{0{,}3} \cdot y^{0{,}3} \cdot z^{-0{,}6}$
   f) $f_x = 2x \cdot e^{x^2 + y^2 + z^2}$
      $f_y = 2y \cdot e^{x^2 + y^2 + z^2}$
      $f_z = 2z \cdot e^{x^2 + y^2 + z^2}$
   g) $f_x = 3(x + 2y + 3z)^2$
      $f_y = 6(x + 2y + 3z)^2$
      $f_z = 9(x + 2y + 3z)^2$
   h) $f_x = 0{,}5x^{-0{,}5} \cdot y^{0{,}5} \cdot z^{0{,}5}$
      $f_y = 0{,}5x^{0{,}5} \cdot y^{-0{,}5} \cdot z^{0{,}5}$
      $f_z = 0{,}5x^{0{,}5} \cdot y^{0{,}5} \cdot z^{-0{,}5}$

9. a) $f_x = 2y$
      $f_y = 2x$
      $f_z = -3t$
      $f_t = -3z$
   b) $f_x = 4 \cdot (x + yz - t)^3$
      $f_y = 4 \cdot (x + yz - t)^3 \cdot z$
      $f_z = 4 \cdot (x + yz - t)^3 \cdot y$
      $f_t = -4 \cdot (x + yz - t)^3$

c) $f_x = \dfrac{4x}{2x^2 + y^2 - zt^2}$

$f_y = \dfrac{2y}{2x^2 + y^2 - zt^2}$

$f_z = \dfrac{-t^2}{2x^2 + y^2 - zt^2}$

$f_t = \dfrac{-2zt}{2x^2 + y^2 - zt^2}$

10. $3x + 4y + 5z$

11. a) $\dfrac{\partial P}{\partial x} = 0{,}4 \cdot x^{-0{,}8} \cdot y^{0{,}3} \cdot z^{0{,}5}$

$\dfrac{\partial P}{\partial y} = 0{,}6 \cdot x^{0{,}2} \cdot y^{-0{,}7} \cdot z^{0{,}5}$

$\dfrac{\partial P}{\partial z} = x^{0{,}2} \cdot y^{0{,}3} \cdot z^{-0{,}5}$

12. $\dfrac{\partial C}{\partial x_1} = 2$ $\dfrac{\partial C}{\partial x_3} = 1$

$\dfrac{\partial C}{\partial x_2} = 1$ $\dfrac{\partial C}{\partial x_4} = 3$

13. a) $d_f = 2\Delta x + 3\Delta y + 4\Delta z$
    b) $d_f = 2x\Delta x - 2y\Delta y + 2z\Delta z - 2t\Delta t$
    c) $d_f = e^{x-y+t^2+z^2}[\Delta x - \Delta y + 2t\Delta t + 2z\Delta z]$

14. a) $2, 4$
    b) $0{,}35 + 0{,}1x + 0{,}1y$
    c) $4h + xh + yh$

15. Demonstração.

16. a) $8t$ c) $e^{t^3+t^2+t-2}(3t^2 + 2t + 1)$
    b) $\cos t - 2\,\text{sen}\, t + 4t^3$ d) $-4t^{-5} - 8t^{-9}$

17. x^2 e $-\dfrac{4y}{3}$

18. $-\dfrac{x}{z}$ e $-\dfrac{y}{z}$

19. a) grau 2   b) grau 2   d) grau 2

21. $f_{xx} = 0$ $f_{yx} = 1$ $f_{zx} = 1$
    $f_{xy} = 1$ $f_{yy} = 0$ $f_{zy} = 1$
    $f_{xz} = 1$ $f_{yz} = 1$ $f_{zz} = 0$

22. $x_1 + x_4$

23. $f_{x_1 x_1} = 2$
    $f_{x_1 x_2} = x_3 x_4$
    $f_{x_1 x_3} = x_2 x_4$
    $f_{x_1 x_4} = x_2 x_3$

24. a) $(0, 0, 0)$, ponto de máximo
    b) $(2, 1, 3)$, ponto de máximo
    c) $(0, 0, 0)$, ponto de máximo
    d) $\left(\dfrac{1}{3}, -\dfrac{2}{3}, \dfrac{1}{2}\right)$, ponto de mínimo
    e) $(0, 0, 0, 0)$, ponto de mínimo

Capítulo 13

1. $\begin{bmatrix} 2 & 3 \\ 3 & 4 \\ 4 & 5 \end{bmatrix}$

2. $\begin{bmatrix} 1 & 0 & 0 & 0 \\ 0 & 1 & 0 & 0 \\ 0 & 0 & 1 & 0 \\ 0 & 0 & 0 & 1 \end{bmatrix}$

3. $\begin{bmatrix} 0 & -1 & -1 & -1 \\ 1 & 0 & -1 & -1 \\ 1 & 1 & 0 & -1 \\ 1 & 1 & 1 & 0 \end{bmatrix}$

4. $a = 10$, $b = -2$, $x = 10$ e $y = 2$

5. $x = 0$ e $y = 0$ ou $x = 1$ e $y = 1$

6. $I_4 = \begin{bmatrix} 1 & 0 & 0 & 0 \\ 0 & 1 & 0 & 0 \\ 0 & 0 & 1 & 0 \\ 0 & 0 & 0 & 1 \end{bmatrix}$ $I_5 = \begin{bmatrix} 1 & 0 & 0 & 0 & 0 \\ 0 & 1 & 0 & 0 & 0 \\ 0 & 0 & 1 & 0 & 0 \\ 0 & 0 & 0 & 1 & 0 \\ 0 & 0 & 0 & 0 & 1 \end{bmatrix}$

7. a) $\begin{bmatrix} 2 & 6 \\ 4 & 7 \end{bmatrix}$ b) $\begin{bmatrix} 6 & 7 \\ 2 & 4 \\ -1 & 6 \end{bmatrix}$

c) $\begin{bmatrix} 3 & -1 & 0 \\ 1 & 8 & 6 \end{bmatrix}$ d) $\begin{bmatrix} 1 & 0 & 3 \\ -3 & 1 & 4 \\ 2 & 0 & 2 \end{bmatrix}$

8. a) $\begin{bmatrix} 5 & 6 \\ 2 & -1 \\ 7 & 1 \end{bmatrix}$ d) $\begin{bmatrix} 6 & 8 \\ 3 & -1 \\ 8 & 3 \end{bmatrix}$ g) $\begin{bmatrix} 17 & 26 \\ 9 & 2 \\ 23 & 8 \end{bmatrix}$

b) $\begin{bmatrix} 2 & 0 \\ 0 & -3 \\ 3 & -1 \end{bmatrix}$ e) $\begin{bmatrix} 13 & 14 \\ 5 & -5 \\ 18 & 3 \end{bmatrix}$ h) $\begin{bmatrix} 7 & 14 \\ 3 & 8 \\ 11 & -2 \end{bmatrix}$

c) $\begin{bmatrix} 4 & 8 \\ 2 & 4 \\ 6 & 0 \end{bmatrix}$ f) $\begin{bmatrix} -2 & 0 \\ -1 & 5 \\ -2 & -3 \end{bmatrix}$ i) $\begin{bmatrix} -11 & -14 \\ -4 & 0 \\ -16 & 0 \end{bmatrix}$

RESPOSTAS

9. a) $A^t = \begin{bmatrix} 1 & 2 \\ 0 & 3 \end{bmatrix}$; $B^t = \begin{bmatrix} 1 & 0 \\ 2 & 1 \end{bmatrix}$

   $A + B = \begin{bmatrix} 2 & 2 \\ 2 & 4 \end{bmatrix}$; $(A + B)^t = \begin{bmatrix} 2 & 2 \\ 2 & 4 \end{bmatrix}$;

   $A^t + B^t = \begin{bmatrix} 2 & 2 \\ 2 & 4 \end{bmatrix}$

10. a) $\begin{bmatrix} 3 & 3 \\ 4 & 6 \end{bmatrix}$ b) $\begin{bmatrix} 2 & -1 \\ 3 & 5 \end{bmatrix}$ c) $\begin{bmatrix} 1/2 & 2 \\ 1/2 & 1/2 \end{bmatrix}$

11. a) $\begin{bmatrix} 10 \\ 30 \end{bmatrix}$ c) $\begin{bmatrix} 5 & 12 \\ 10 & 21 \end{bmatrix}$

    b) $\begin{bmatrix} 2 & 7 \\ 3 & -6 \end{bmatrix}$ d) $\begin{bmatrix} 4 & 0 \\ 4 & 8 \\ 10 & 16 \end{bmatrix}$

12. [3 1]

13. $\begin{bmatrix} 3 & -1 \\ -5 & 2 \end{bmatrix}$

14. K = 2

15. a = –3, b = 6

17. a) $A^t = \begin{bmatrix} 2 & 3 \\ 1 & 4 \end{bmatrix}$; $B^t = \begin{bmatrix} 0 & 6 \\ 2 & 6 \end{bmatrix}$

    $AB = \begin{bmatrix} 6 & 10 \\ 24 & 30 \end{bmatrix}$; $(AB)^t = \begin{bmatrix} 6 & 24 \\ 10 & 30 \end{bmatrix}$

    $B^t A^t = \begin{bmatrix} 6 & 24 \\ 10 & 30 \end{bmatrix}$

18. Exercício resolvido.

19. a) I_2 b) A c) A d) I_2

20. a) $ 27.390,00 e $ 29.940,00
    b) Demonstração.
    c) Não.

21. a) $ 26.050,00, $ 32.550,00 e $ 30.800,00
    b) Demonstração.
    c) Só conseguirá um ganho positivo, caso ganhe o partido II.

22. Exercício resolvido.

23. a) $\begin{bmatrix} 1 & 2 \\ 1 & -3 \end{bmatrix} \begin{bmatrix} x \\ y \end{bmatrix} = \begin{bmatrix} 8 \\ 5 \end{bmatrix}$

    b) $\begin{bmatrix} 1 & 1 \\ 2 & -1 \\ 3 & 1 \end{bmatrix} \begin{bmatrix} x \\ y \end{bmatrix} = \begin{bmatrix} 1 \\ 6 \\ 0 \end{bmatrix}$

    c) $\begin{bmatrix} 1 & 2 & -1 \\ 1 & -1 & 5 \end{bmatrix} \begin{bmatrix} x \\ y \\ z \end{bmatrix} = \begin{bmatrix} 6 \\ 0 \end{bmatrix}$

    d) $\begin{bmatrix} 1 & 1 & -1 \\ 2 & 1 & 0 \\ 1 & -1 & 1 \end{bmatrix} \begin{bmatrix} x \\ y \\ z \end{bmatrix} = \begin{bmatrix} 1 \\ 0 \\ -3 \end{bmatrix}$

24. a) 5   b) –9   c) –6   d) –41   e) –56

25. a) S = {1/2}   c) S = {0}
    b) S = {2}   d) S = {1, 5/3}

26. –12 e 9

27. $A_{11} = 37$ $A_{12} = 12$ $A_{13} = -47$
    $A_{21} = -5$ $A_{22} = 10$ $A_{23} = 11$
    $A_{31} = 6$ $A_{32} = -12$ $A_{33} = 4$

28. a) –14   b) –45   c) 24   d) –3   e) –5

Capítulo 14

1. a) $\left(\dfrac{9}{7}, \dfrac{13}{7}\right)$ c) $(5, 5, -4)$

   b) $\left(\dfrac{44}{23}, -\dfrac{11}{23}\right)$ d) $(-3, 14, -5)$

2. m ≠ 2/3

3. a) (–4, 4)
   b) (1, 3, 4)
   c) (3 + z; –z; z), z qualquer
   d) (5 – y – z + 2w; y; z; –w, w), y, z, w quaisquer
   e) (2 – y; y; 3w; –2w; w), y, w quaisquer

4. a) $\left(\dfrac{2z}{5}, \dfrac{13z}{5}, z\right)$, z qualquer
   b) (1, 3, 2)
   c) Impossível.
   d) $\left(\dfrac{5+z}{5}, \dfrac{3z}{5}, z\right)$, z qualquer
   e) (2 – 2y, y), y qualquer
   f) Impossível.
   g) (7, –1, –2, –3)

5. y = 75 e r = 15%

6. a) $\begin{bmatrix} 12 & -1 \\ -11 & 1 \end{bmatrix}$

   b) $\begin{bmatrix} \frac{2}{7} & -\frac{1}{7} \\ -\frac{3}{14} & \frac{5}{14} \end{bmatrix}$

   c) $\begin{bmatrix} 1/2 & 0 \\ 0 & 1/3 \end{bmatrix}$

   d) $\begin{bmatrix} 6 & -1 & 1 \\ 2 & 0 & 1 \\ -7 & 1 & -2 \end{bmatrix}$

   e) $\begin{bmatrix} 1/2 & 0 & 0 \\ 0 & 1 & 0 \\ 0 & 0 & 1/3 \end{bmatrix}$

   f) $\begin{bmatrix} 1 & 0 & 0 \\ -2/3 & 1/3 & 0 \\ -1/9 & -5/18 & 1/6 \end{bmatrix}$

   g) $\begin{bmatrix} 1/2 & -3/2 & 11/4 \\ 0 & 1 & -5/2 \\ 0 & 0 & 1/2 \end{bmatrix}$

7. Demonstração.

8. a) $-\dfrac{1}{93}\begin{bmatrix} 6 & -7 \\ -15 & 2 \end{bmatrix}$

   b) $-\dfrac{1}{66}\begin{bmatrix} 5 & -8 \\ -7 & -2 \end{bmatrix}$

   c) $-\dfrac{1}{44}\begin{bmatrix} -10 & 2 \\ -8 & 6 \end{bmatrix}$

9. $y = 75$ e $r = 15\%$

10. 190 e 240

11. 195 e 320

12. 211, 339 e 434

13. 420, 567 e 1.078

14. a) 714 e 571   b) 50.000 homens-hora

Apêndice C

6. $y = 10 \cdot e^{-8x}$

7. $y = x^3 - 2x^2 - x + 9$

8. $y = \ln x + 18$

9. a) $y = 5x^2/2 + c$
   b) $y = -(3x^5/5 + c)^{-1}$
   c) $y = (3e^x + c)^{1/3}$
   d) $y = ce^x - 8$ ou $y = -ce^x - 8$
   e) $y = 50 - ce^{-10x}$ ou $y = 50 + ce^{-10x}$

10. $y = 50 \pm e^{-10x - \ln 50}$

11. $y = 3 + 2e^{(x^2-1)/2}$

12. $y = \dfrac{x^2 + c}{1 + \cos x}$

13. $y = x^3/2 + cx$

14. $y = 20.000 e^{0,02t}$

15. $M = 20.000 e^{0,25}$

17. a) e^{-3}
    b) $e^{-6} 6^5/5!$

19. $y = \dfrac{1}{-x^2 + cx}$

ÍNDICE REMISSIVO

A

Achando a inversa de uma matriz, 389-390
Adição de matrizes, 323
Ajuste de retas pelo método dos mínimos quadrados, 358 - 360
Alguns resultados sobre limites, 357-360
Análise dos pontos de fronteira, 288-297
Aplicação
    a reta de mínimos quadrados por meio de matrizes, 355
    de derivadas, 162-185
    o modelo do insumo-produto, 352-354
Assíntotas verticais e horizontais, 123

B

Bola aberta, 222-223, 273, 274, 275, 276

C

Calculando
    o determinante de uma matriz, 392-393
    o valor de uma expressão numérica, 378-380
    potências, raízes e logaritmos, 380-381
    valores com o assistente de função fx, 381
Cálculo da matriz inversa
    pela definição, 348-350
    usando cofatores, 350-352
Classificação de um sistema linear, 336-337
Coeficiente
    angular, 56, 57, 66, 146, 162
    linear, 56, 60, 71
Cofator ou complemento algébrico, 332
Complementar de um conjunto, 11
Concavidade e ponto de inflexão, 171-173
Côncavo para
    baixo, 171, 172
    cima, 171, 172
Condição inicial, 368
Conectivo
    ou, 8
    e, 8, 9
Conjunto
    aberto, 223-224, 253
    binário, 4
    das partes de um conjunto, 14-15
    denso, 22
    dos números
        fracionários, 5, 6
        inteiros não negativos, 4, 374
        naturais, 4, 20, 108
        pares positivos, 4
        primos, 4
    imagem, 42, 43, 44, 45, 46, 89, 90, 91, 92, 100, 105, 106, 257
    R^n, 222
    unitário, 4, 6
    universo, 6, 9, 32
    vazio, 6, 13, 15
Conjuntos, 3-19
    infinitos, 4
    numéricos, 20-35
Consumo autônomo, 73
Continuidade de uma função, 121-123
Convergência de sucessões, 109-111
Crescimento e decrescimento de funções, 162-171

Critérios para identificação de pontos de máximo ou mínimo, 278-283

Curva(s) de
aprendizagem, 102, 371, 372
demanda, 65, 67, 58, 154, 200
indiferença, 240
nível, 232, 237-240, 288, 289, 291, 293, 296, 299, 302, 303, 394
oferta, 66, 68, 202

Custo
fixo, 59, 219
marginal, 149-150, 149
médio de
fabricação, 48, 82
produção, 62
variável, 59, 61, 215

D

Decimais, 21, 22, 24

Definição de determinante
casos particulares, 330-332
por recorrência, 332-334

Depreciação linear, 71-72

Derivada(s), 128-161
da função
constante, 134
exponencial, 140-142
logarítmica, 135-136
potência, 134
das principais elementares, 134
de uma função num ponto, 131-132
para funções de duas variáveis, 243-272
parciais, 243-245, 308-309
de segunda ordem, 265, 313
sucessivas, 157

Determinantes, 315, 329-334, 339, 392

Diagrama de
flechas, 40, 41, 42, 43
Euler-Venn, 3

Diferença de conjuntos, 11

Diferencial de uma função, 147-149, 251-255, 309-310

Discriminante da equação, 28

Disjuntos, 10, 374

Distância entre dois pontos, 216-218
em R^3, 221-222

Domínio, 42, 49-50, 227, 306

E

Elástica, 155

Elasticidade(s), 153-156
cruzada, 251
da demanda, 154
da oferta, 155
parcial da demanda, 251
unitária, 155

Equação
diferencial, 366
do plano em R^3, 220
linear, 335

Equações
diferencias ordinárias (EDO), 366
diferencias parciais (EDP), 366
do primeiro grau, 25-27
do segundo grau, 28-30

Escalonamento de um sistema, 342-347

Espaço
amostral, 12, 17
bidimensional, 213
n-dimensional, 213-225
tridimensional, 219, 220, 232, 233

Estudo
completo de uma função, 173-178
de sinal de uma função, 53

Evento, 13, 374

Excedente
do consumidor, 201, 202
e do produtor, 200-203
do produtor, 202, 203

F

Fazendo figuras tridimensionais com o Mathematica, 393-395

Formas indeterminadas, 115-116

Fórmulas de Taylor e Maclaurin, 157-161

Função
composta, 139-140, 204, 255-257, 310-311, 361-362
constante, 55, 82, 134, 233
consumo, 72, 73, 151, 152
crescente, 56, 66, 162
custo, 50, 59, 60, 61, 79, 149,
custo total, 59
de Cobb-Douglas, 226

de demanda, 65, 67, 79, 80, 153, 167, 202, 261
de mercado, 65
de oferta, 66, 67, 155, 202
de produção, 93, 152, 226, 234, 239, 255, 262, 263, 298
densidade de probabilidade, 196
derivada parcial, 245-246, 308
derivada, 132-133, 134, 149, 157
do 1º grau, 55-58, 59, 60, 65-71
estoque, 184
exponencial, 94-98, 95, 103, 140, 141
exponencial geral, 141
inversa, 142-145, 142, 362
logarítmica, 100, 135-136
lucro, 59, 61, 79, 80, 166
polinomial, 82-83, 120
potência, 88-94, 134
poupança, 72-73, 151
quadrática, 74-79, 80-82
racional, 83-87, 207
receita, 59
seno e função cosseno, 136

Funções, 39-107
conceito, 43-44
crescentes e decrescentes, 51-52
custo, receita e lucro do 1º grau, 59-64
de duas variáveis, 226-242
de três ou mais variáveis, 306-316
definidas implicitamente, 257-261, 311-312
demanda e oferta do 1º grau, 65-71
diferenciáveis, 309-310
homogêneas, 261-264, 312-313
marginais, 149-157
não crescentes e não decrescentes, 52
reais de uma variável real, 44-49
receita e lucro quadráticas, 79-82
trigonométricas, 105-107

Gráficos de funções de duas variáveis, 231-237

Hipérbole, 84, 85, 86

I

Igualdade de matrizes, 321

Imagem, 44, 50, 51, 52, 76, 82, 88, 89, 114, 122, 129, 139, 227, 262, 306, 362, 381

Inelástica, 155

Inequações do primeiro grau, 27-28

Integração, 186
de algumas funções racionais, 207
por partes, 206
por substituição, 204-205
técnicas de, 203-209

Integrais, 186-209
duplas, 266-272
impróprias, 195

Integral
como limite de uma soma, 197-200
definida, 190-196
indefinida, 186-187, 203

Interceptos, 50-51, 88, 89, 90, 91, 92, 100, 105, 106

Interpretação geométrica da derivada, 146-147

Intersecção de conjuntos, 9

Intervalo aberto de, 30
a até infinito, 31-32
menos infinito até b, 32

Intervalo fechado de, 31
a até infinito, 32
menos infinito até b, 32-33

Intervalo semiaberto
à direita, 31
à esquerda, 31

Isorreceita, 240

Juros
capitalizados continuamente, 125
compostos, 103-105, 124-125
contínuos, 372

L

Lei da distribuição de renda de Pareto, 93-94

Limite
de funções, 111-115
e continuidade, 240-242, 307-308
pela direita, 112, 114
pela esquerda, 112, 114
trigonométrico fundamental, 127

Limites, 108-127
  infinitos, 117-118, 360
  nos extremos do domínio, 118-121, 173
Linha exponencial fundamental, 124-127
Logaritmos, 98-102
  calculando potências, raízes e, 380-381
  decimais, 99, 380
  propriedades dos, 99-102

M

Margem de contribuição por unidade, 61, 64

Matemática, 3, 18, 24, 39, 380, 381, 388, 389, 392

Matriz
  diagonal, 321
  identidade, 322, 349, 389
  inversa, 348-355, 389, 390, 391
  nula, 320, 323, 328
  oposta, 323
  quadrada, 320, 322, 330, 332, 350, 389
  simétrica e antissimétrica, 321

Matrizes e determinantes, 319-334

Máximos e mínimos, 314-316
  condicionados, 298-305
  para funções de duas variáveis, 273-305
  por meio da segunda derivada, 178-185

Método
  da designação de uma propriedade característica dos elementos de um conjunto, 5-6
  da enumeração ou método tabular, 4
  da separação de variáveis, 369-374
  da substituição, 298-299
  do fator integrante, 372-374
  dos multiplicadores de Lagrange, 299-305

Métodos de resolução de ED, 368-374

Modelo
  de crescimento exponencial, 94-98, 370
  do lote econômico, 183-185

Módulo ou valor absoluto, 33-35

Multiplicação de
  matrizes, 324-326
  número por matriz, 324

Multiplicador de Lagrange, 300

Multiplicando matrizes, 387-389

N

Noções sobre equações diferenciais, 366-377

Notas suplementares sobre
  derivadas, 361-365
  limites, 356-360

Número(s)
  irracional, 23, 24, 124
  inteiros, 3, 4, 5, 8, 20, 50, 199, 374
  racionais, 20-22, 25
  reais, 3, 4, 5, 8, 22-25, 24, 27, 30, 41, 49, 82, 100, 165, 213, 219, 222, 227, 306, 356

O

Obtendo
  a reta de mínimos quadrados, 386-387
  o gráfico de uma função de uma variável ponto a ponto, 381-385

Operações
  com matrizes, 323-329
  envolvendo conjuntos, 8-14

P

Ponto(s)
  crítico, 60, 275, 277, 278, 279, 285, 286, 315, 316
  de equilíbrio de mercado, 66
  de fronteira, 224
  de inflexão, 172
  de máximo, 52, 273
    absoluto, 53
    global, 274
    relativo, 52, 273
  de mínimo, 52, 273
    absoluto, 53
    global, 274
    relativo, 52, 273
  de nivelamento, 60
  de sela, 276
  interior, 223
  de fronteira de um conjunto, 224-225

Primeiras normas elementares para o estudo de uma função, 49-54

Primitiva, 186

Principais funções elementares e suas aplicações, 54-107

Processo de Poisson, 374-377

ÍNDICE REMISSIVO

Produtividade
   marginal, 152-153
   média, 93

Produto cartesiano, 15-19

Propensão marginal a consumir e a poupar, 73, 151-152

Propriedades
   da adição de matrizes, 323
   da multiplicação de matrizes, 326-329
   do módulo, 34
   dos logaritmos, 99
   operatórias das derivadas, 137-139
   operatórias das integrais, 187-189

R

Raio de convergência da série, 157

Receita marginal, 150-151

Regra
   da cadeia, 139-140, 255-257, 310-311
   de Cramer, 338-340

Regras de L'Hospital, 161

Relação binária, 214

Relações em
   R^2, 214
   R^3, 219-220

Resolvendo um sistema determinado com o uso da matriz inversa, 390-391

S

Significado geométrico das derivadas parciais, 247-251

Sistema(s)
   linear, 335-336
   de equações lineares, 335-355
   escalonados, 340-342

Solução
   de um sistema linear, 336
   de uma ED, 367-368
   geral da ED, 368
   particular da equação, 368

Subconjuntos, 6-8, 14, 15, 18, 30, 32, 40, 45

Subtração de matrizes, 324

Sucessão
   convergência, 109, 110
   divergência, 109

Sucessões divergem para
   mais infinito, 109
   menos infinito, 109

Sucessões ou sequências, 108-109

T

Taxa média de variação, 128, 129, 130, 131, 243, 244

Técnicas de integração, 203-209

Teorema
   da função implícita, 258, 301
   de Euler, 261-264, 312-313
   de Pitágoras, 23
   do valor médio, 162, 163, 364
   sobre funções deriváveis, 363

Transposta de uma matriz, 322-323

U

União de conjuntos, 10

Uso do Excel e do Mathematica, 378-395

V

Valor presente, 103, 105

Variável, 5
   dependente, 44
   independente, 44, 366, 372

Vértice, 75, 76, 77, 80, 290, 293, 296

Vizinhanças e limites, 356-357